不平等生成メカニズムの解明

――格差・階層・公正――

佐藤嘉倫／木村敏明
［編著］

ミネルヴァ書房

不平等生成メカニズムの解明
──格差・階層・公正──
【目 次】

序　章　社会階層と不平等……………………………佐藤嘉倫・木村敏明　1
　　　　　──格差を生み出すメカニズム
　　　1　社会階層と不平等教育研究拠点の制度　1
　　　2　社会階層と不平等教育研究拠点の活動　3
　　　3　本書のねらいと構成　6

第Ⅰ部　さまざまな分断線──不平等の諸相

第1章　正規雇用と非正規雇用……………………………………佐藤嘉倫　15
　　　　　──日本における格差問題
　　　1　非正規雇用の何が問題か？　15
　　　2　非正規雇用と正規雇用の格差の諸相　19
　　　3　雇用・福祉レジームの変容と正規雇用-非正規雇用格差　23
　　　4　非正規雇用と社会的排除　29

第2章　多民族国家の不平等………………………………………木村敏明　35
　　　　　──インドネシアにおける格差問題
　　　1　多民族国家インドネシア　35
　　　2　インドネシアにおける格差の諸相　40
　　　3　民族・宗教問題へ翻訳される格差　45
　　　4　共存のために　49

第3章　グローバリゼーションと社会の多元化がもたらす不平等
　　　　　──台湾の新しい格差問題
　　　　　　　　　　　　　　　　　　　　　　　　　　　　沼崎一郎　53
　　　1　政治と経済の変容　53
　　　2　社会の変容　62
　　　3　新しい不平等　71
　　　4　不平等の「個人化」と「国際化」　74

目 次

第4章 制度が生み出す不平等……………………………………永吉希久子 79
　　　——日本とスウェーデンの比較から
　1 階層化の装置としての制度 79
　2 日本とスウェーデンの社会保障制度の比較 84
　3 失業は社会的排除をもたらすか？ 89
　4 不平等と制度 92

第5章 家族政策にみる不平等………………………………………下夷美幸 99
　　　——母子世帯に焦点をあてて
　1 子どもの扶養問題としての母子世帯の貧困 99
　2 母親の就労と税制・社会保障制度 101
　3 母子福祉政策 106
　4 養育費政策 111
　5 家族政策と母子世帯の貧困問題 115

第6章 移民はどのようにして成功するのか…竹中歩・石田賢示・中室牧子 121
　　　——在日外国人の経済的達成と日本の社会階層化
　1 在日外国人の同化と経済的達成 121
　2 移民はどのように成功するのか 123
　3 データと分析手法 127
　4 統計分析の結果 128
　5 在日外国人の同化と成功 133

第7章 マイノリティと不平等……………………………………辻本昌弘 139
　　　——困難を生きる技法
　1 困難を生きる 139
　2 日系人の講集団 142
　3 参加者選抜 146
　4 面識関係 150
　5 技法，創造，伝達 154

iii

第Ⅱ部　理論的接近と提言──格差の解明と解消に向けて

第8章　制度と社会的不平等 …………………………………… 今井順　163
　　　──雇用関係論からの展開
　　1　不平等研究の課題　163
　　2　社会制度とそのフィールド　164
　　3　雇用関係というフィールド　166
　　4　雇用関係の発展と不平等の構造　173
　　5　雇用・福祉レジーム論へ　178

第9章　数理モデルによる不平等と主観的厚生の分析 ……… 浜田宏　187
　　1　地域の不平等は個人の幸福感を減少させるか？　187
　　2　解くべき問題は何か？　189
　　3　個人の剥奪と社会の不平等はいかなる関係にあるか　192
　　4　理論モデルと実証研究の対応　197

第10章　現代日本における所得の不平等 …………………… 瀧川裕貴　207
　　　──要因の多次元性に着目して
　　1　所得不平等への問い　207
　　2　集団間不平等と集団内不平等　209
　　3　対数分散による不平等の要因分解の方法　214
　　4　SSMデータを用いた不平等の分解　218
　　5　SSMデータからみた所得不平等の構成要因とその変動　221
　　6　分散関数回帰分析　225
　　7　所得不平等のゆくえ　228

目 次

第11章 学習能力と高校階層構造……………………………松岡亮二 233
―― 教育不平等の社会学的分析

1 社会階層と学習能力の関連 233
2 日本の高校制度 235
3 学習能力と学習活動の関連 237
4 マルチレベル・ロジスティック回帰分析 238
5 学習能力と高校トラックが規定する学習活動 242
6 学習能力を基盤とする教育不平等 245

第12章 就学前児童の健康格差が教育に与える影響……中室牧子 257
―― 経済学的なアプローチを用いた分析

1 就学前児童の健康はなぜ重要か 257
2 実証研究における因果推論の問題 259
3 非実験データを用いた実証研究 261
4 実験データを用いた実証研究 268
5 日本のデータを用いた研究 273

第13章 教育の地域間格差の政策科学的分析…秋永雄一・濱本真一 281
―― 義務教育教員の給与を事例に

1 義務教育費をめぐる争点 281
―― 「金を出すから口も出す」vs.「金を出しても口は出さない」
2 橘木・松浦モデルの独自性とその修正 283
3 N人ゲームの一般化モデルへの拡張 287
4 教育に投資する自治体／しない自治体 291
―― 実証的検討のための試論
5 人口流出と財政力低下の悪循環をどう断ち切るか 295

第14章　不平等と公正感 ……………………… 川嶋伸佳・大渕憲一　299

    1 日本人の公正観　299
    2 公正感と社会階層　303
    3 公正感の役割　312
    4 日本人の公正観──まとめと課題　316

終　章　よりよい社会を求めて ……………………………… 大渕憲一　321

    1 社会的格差の理論　321
    2 格差是正を阻む社会的要因　323
    3 格差是正を阻む心理的要因　325
    4 不平等の是正に向けて──必要性基準からみた不公正　332

あとがき　337

索　引

序 章

社会階層と不平等
―― 格差を生み出すメカニズム ――

佐藤嘉倫・木村敏明

1　社会階層と不平等教育研究拠点の制度

拠点の制度的背景

　本書は東北大学大学院文学研究科に設置された社会階層と不平等教育研究拠点（Center for the Study of Social Stratification and Inequality）の10年間の活動に基づいた研究成果をまとめたものである。

　本拠点は2003年夏に文部科学省の「21世紀 COE（center of excellence）プログラム」に採択されて活動を開始した。同プログラムは，政府の「大学の構造改革の方針」（2001年）に基づき，我が国の大学に世界最高水準の研究教育拠点を形成，研究水準の向上と創造的人材育成を図る目的で開始されたものであり，社会科学分野では全国で 26 のプログラムが採択となった。東北大学大学院文学研究科人間科学専攻は，佐藤嘉倫を拠点リーダーとし，他専攻・他研究科の教員も含めた15名の教員が事業推進担当者として参加する「社会階層と不平等研究教育拠点の形成」というプログラムで応募した。そして，厳しい選考過程を経て採択され，本拠点の形成にいたった。社会科学分野では唯一の文学研究科からの採択でもあった。当時の採択理由を見ると，「現代社会が直面する新しい課題に共同で取り組もうという意志」や「教育の分野」での「新しい工夫」があげられており，その後の拠点活動の方向性がすでにこの時点で練り上げられていたことがわかる。

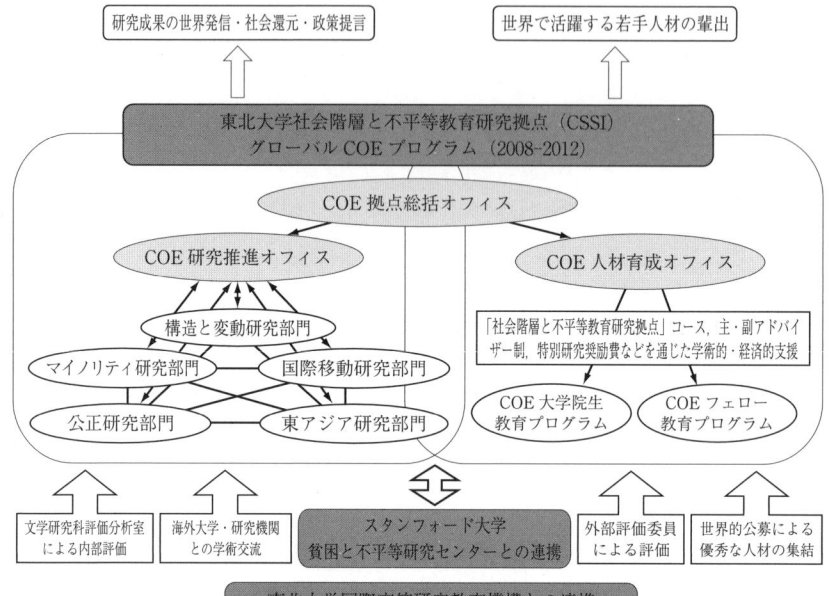

図序-1　社会階層と不平等教育研究拠点組織図

　「21世紀 COE プログラム」は2008年3月をもって終了となったが，本拠点は引き続き文部科学省の「グローバル COE プログラム」に採択されて活動を継続することとなった。同プログラムは「21世紀 COE プログラム」の基本的な考え方を継続しつつ，さらに国際競争力のある拠点形成をめざしたものであり，本拠点は社会科学分野で採択された14拠点のひとつとなった。2012年度まではこのグローバル COE プログラムで活動を継続している。

組織の特徴

　本拠点は，一方で研究成果の世界発信・社会還元・政策提言，他方で世界で活躍する若手人材の輩出という2つの目標を掲げて出発した。それらを有機的に結びつけながら実現していくため，組織面でも工夫がなされている（図序-1参照）。まず，全体を統括し基本的方針を決定する「COE 拠点統括オフィ

ス」が設置された。これは前言の通り，研究活動と教育活動を一体として推進していくという本拠点の理念に基づいている。一方，実働的には「COE 研究推進オフィス」と「COE 人材育成オフィス」の2つが置かれ，車の両輪のようにして実際の拠点活動を推進するという体制がとられた。教育プログラムの作成や改定にあたる人材育成オフィスには教員のみならず，学生やポスドクの研究者にも加わってもらい，教育を受ける側の視点からプログラムのあり方を点検するシステムを設けたことも本拠点の組織としての大きな特徴である。

また，同様の研究に取り組んでいる海外の研究機関とも緊密に連携をとりながら教育研究活動が行われている。特に米国スタンフォード大学「貧困と不平等研究センター」とは研究面での情報交換のほか，毎夏サマースクールを共催し研究者や学生の交流をはかってきた。それ以外にも台湾の中央研究院社会学研究所・民族学研究所，韓国の成均館大学サーベイリサーチセンター，米国プリンストン大学社会学部，英国ロンドン大学クイーン・メアリー・カレッジとは国際学術交流協定を結んでいる。

2　社会階層と不平等教育研究拠点の活動

21世紀 COE プログラムの下での活動

本拠点の基本的な目的は，社会階層と不平等の研究に関して従来の限界を突破して，その研究成果を世界に発信することだった。[1]社会階層研究や社会移動研究，不平等研究は，社会学の中で歴史のある研究分野であり，膨大な蓄積がある。しかし，どちらかといえば統計データの分析が中心となり，理論的な側面と定性的分析が弱いという問題があった。この問題を克服するために，そして社会階層と不平等の問題に多面的に取り組むために，本拠点では，社会学のみならず，行動科学，社会心理学，教育社会学，経済学，文化人類学，歴史学，宗教学・宗教人類学の専門家をメンバーとした。そして，4つの研究部門（社会階層と不平等の構造と変動研究部門（略称「構造と変動研究部門」），マイノリティ研究部門，東アジア研究部門，公正研究部門）を設置し，4部門の有機的連携によっ

て研究を推進した。構造と変動研究部門では，合理的選択理論や数理モデル，コンピュータ・シミュレーション等の最先端の理論を駆使して研究を推進するとともに，近代社会だけでなく前近代社会も視野に入れた歴史理論の構築をめざした。マイノリティ研究部門では，業績原理を社会の基本編成原理とする近代社会においていまだに存在する生得的属性による格差の実態を把握し，なぜそれが存続するのかを説明することを目的とした。東アジア研究部門では，東アジア諸社会と日本との比較を通じて，社会階層，社会移動，不平等の構造の共通点と相違点を確認し，より一般的な視座を確保することをめざした。そして公正研究部門では，社会階層と不平等の重要な判断基準である公正に焦点を当て，単なる平等主義は悪平等につながるという認識が社会に広まっていることを前提に，どのような不平等ならば社会的に認められるのかという公正問題に取り組むことを目的とした。

　本拠点は研究成果の国際発信にも重点を置いてきたため，英文叢書を刊行して研究成果を世界に問うことにした。上述した4つの研究部門および部門間の有機的連携の成果として，英文レポート（*CSSI Annual Report*）を毎年刊行し，8冊の英文叢書をオーストラリアのトランス・パシフィック・プレス社から刊行した。英文レポートによって本拠点の研究教育活動を世界に伝えることができたと自負している。また英文叢書は，*Equal Opportunities International*, *Pacific Affairs*, *The Journal of Politics* 等の国際的雑誌の書評で取り上げられるなど，研究成果の国際発信という目的の達成だけでなく，本拠点の世界的な知名度の向上にも貢献した。

グローバルCOEプログラムによる研究活動の展開

　21世紀COEプログラムは2008年3月で終了したが，幸いなことに後続のグローバルCOEプログラムに採択され，さらに5年間の活動継続が可能になった。21世紀COEプログラムと比べて予算規模が大きくなったので，本拠点専任の准教授と助教を採用して，研究教育活動の充実と高度化を図った。グローバルCOEプログラムでは，格差社会の問題に正面から取り組むことを目的と

した。より具体的に言うと，現実の格差がどのようなものかという実証問題，いかなる社会的メカニズムによって格差が生み出されているのかという理論問題，格差がいかなる社会的影響をもたらすのか，またいかなる政策的提言をすべきなのかという帰結問題，という3つの問題に取り組むことにした。

また現代社会の格差問題を考える際に，国際移民の問題を無視しては不十分である。現代日本においても，2011年時点で外国人登録者数は200万人を越えるほどの人数になっている（法務省「登録外国人統計統計表」）。国際移民をめぐる社会階層，不平等，格差の問題を解明するために，上述の4つの研究部門に加えて，新しく国際移動研究部門を設置した。

グローバルCOEプログラムの下でも，21世紀COEプログラムの時と同様に，研究成果の国際発信を重視し，英文レポートを毎年刊行するとともに，7冊の英文叢書を刊行した。これらの英文叢書も *Social Science Japan Journal* や *Journal of Regional Science* といった国際的雑誌の書評で取りあげられ，世界における本拠点のプレゼンスを高めることに貢献した。

しかしながら，研究成果の国際発信に精力を注ぐあまり，国内向け，とりわけ一般市民向けの情報発信が弱いことが本拠点内でも議論の対象となった。個々のメンバーは数多くの日本語による書籍や論文によって本拠点における研究成果を発信してきた。しかし本拠点としての情報発信は，本拠点主催の東京セミナーシリーズの成果をまとめた金子勝・橘木俊詔・武者陵司『グローバル資本主義と日本の選択——富と貧困の拡大のなかで』（岩波書店，2010年）と雑誌『経済セミナー』2012年6・7月号「Symposium 教育の経済学の展望」あるいは大西仁・吉原直樹監修『移動の時代を生きる——人・権力・コミュニティ』（東信堂，2012年），および日本語の *CSSI Newsletter* 等にとどまる。そこで本拠点では，10年間の研究活動の集大成として本書を刊行し，研究成果を一般市民に発信することにした。

3 本書のねらいと構成

本書のねらい——格差を生み出すメカニズム

　本書では，10年間にわたる本拠点の研究成果に基づいて，格差や不平等を生み出す社会的メカニズムを多面的に検討する。人々の間に，また集団の間になぜ格差や不平等が存在するのか。これは社会階層論や不平等論の根本問題である。本書では，この根本問題に対して，制度や歴史，文化，宗教，民族構成のようなマクロな社会的文脈と人々の属性や資質，能力のようなミクロな特性とが複雑に絡み合いながら格差や不平等が生まれる，という視点をとる。この文章だけだと抽象的でわかりにくいので，本書で扱われているテーマを具体例としながら，本書の視点について説明しよう。

　正規雇用者と非正規雇用者の格差はマスコミなどで頻繁に取り上げられてきた。それではなぜそのような格差が生じるのだろうか。第1章で佐藤嘉倫はこの問題を取り上げている。彼によれば，戦後日本で作りあげられてきた人々の生活保障をする制度が現実の変化に対応しきれていないために，非正規雇用者が制度と現実の谷間に陥っている。それゆえ，正規雇用者と非正規雇用者の格差が生じる，と主張する。

　また木村敏明は第2章でインドネシアにおけるジニ係数の時間的変化をインドネシアの歴史的出来事によって説明している。木村は，ジニ係数の地域的な違いをそれぞれの地域の歴史的特性によって説明し，さらに，このような経済格差が民族や宗教の問題に「翻訳」されるダイナミクスをあぶり出している。

　もう1つ例をあげよう。日本のひとり親世帯の子供の貧困率は50％を越え，OECD加盟国の中でもっとも高い。ひとり親世帯の多くは母子世帯なので，母子世帯の多くは貧困にあえいでいることになる。なぜそうなのか。下夷美幸は第5章で税制，社会保障制度，母子福祉政策，養育費政策がいかに母子家庭の貧困を生み出しているかを解明し，母子家庭と別れた父親が家族政策の射程外に置かれている問題点を指摘している。

上述したように，本拠点の特徴は多彩な人材がさまざまな視点から格差や不平等の解明に取り組んでいることである。本書の内容もそれを反映している。研究対象となる社会は日本だけでなくインドネシア，台湾，スウェーデンも含まれ，研究手法も統計分析，数理モデル，制度分析，歴史分析，事例研究とさまざまである。しかしどの章においても，マクロな社会的文脈とミクロな特性の相互連関から格差や不平等が生まれるという視点が貫かれている。

本書の構成

　最後に本書の構成について述べておこう。本書は2部構成をとる。第Ⅰ部は格差を生み出すメカニズムをどちらかといえば実証研究によって解明しようとする論考を集めている。ただし，実証研究と言っても統計分析にかぎらず，事例研究，歴史分析，制度分析などを含む広い意味で用いている。これに対して，第Ⅱ部では，制度分析や数理モデル等によって格差や不平等を生み出すメカニズムの解明をさらに進めるとともに，不平等を生み出す大きな要因になっている教育に関する論考を集めている。そして最後の2章は上述した格差の帰結問題に関連した公正の問題に取り組んでいる。

　第1章（佐藤嘉倫）は現代日本において深刻度を増している正規雇用と非正規雇用の格差問題をとりあげ，その発生メカニズムを理論的に明らかにしている。佐藤は，現代日本の正規-非正規間格差の実態を，賃金格差，移動障壁，結婚格差といった点から概観したうえで，それが生み出された背景を戦後日本において成立した「雇用・福祉レジーム」すなわち企業が国家に代わって雇用保障と福祉保障面で重要な役割を担う体制との関連で論じている。この体制下では「正社員（正規雇用者）」というポジションが2つの保障を享受するための前提条件となっていた。近年，不況や規制緩和で正社員の枠が縮小し非正規雇用が増加する一方，この体制自体はまだそれなりに維持されているがゆえに，非正規雇用者がさまざまな社会的排除を受けざるを得ない状況が生じていると佐藤は論ずる。制度と現実のずれが今日の非正規雇用者の困難をもたらしてい

るという指摘がたいへん興味深い。

　第 2 章（木村敏明）は多民族国家インドネシアの事例をとりあげ，経済発展に伴って生まれた格差の諸相とそれが民族・宗教問題として翻訳されていく事情とを論じている。木村はまず1980年代以降のインドネシアにおけるジニ係数をとりあげ，時代により，また地域により多様な仕方で現れる格差をそれぞれの時代や地域の歴史的特性と結びつけながら論じる。そのうえで，多民族国家インドネシアにおいて，そのような格差が「われわれが貧しいのは○○人（○○教徒）によって経済を牛耳られているからだ」といった語りに翻訳されることで暴力的な行動へと導かれる仕組みについて，いくつかの事例をあげながら検討している。格差の問題がそれぞれの地域の文脈で表現されることのわかりやすい実例である。

　第 3 章（沼崎一郎）は1990年以降，急速にグローバリゼーションと多元化が進展した台湾の社会をとりあげ，それがどのような新しい不平等を生み出しつつあるかを探求している。1990年代に台湾政治の民主化は飛躍的に進み，1996年には総統の直接選挙も行われた。一方，二大政党の競争の中，「外省人」vs.「本省人」，「福佬人」vs.「客家人」，漢人 vs.「原住民」といったエスニックな境界が前景化し，台湾政治のエスノポリティクス化がすすむとともに，「四大族群」言説が流布するようになった。加えて外国人労働者や外国籍配偶者など「新移民」の流入が台湾社会の多元化に拍車をかけている。沼崎はこのような台湾で新たな不平等が生まれつつあると指摘するとともに，そこには不平等の「個人化」と「国際化」という従来にはなかった特徴を見出すことができると指摘している。

　第 4 章（永吉希久子）は社会制度と格差や階層化が持つ関係に注目し，失業者の社会排除を事例として考察を行っている。失業は経済的貧困を招くばかりでなく，社会的サービスへのアクセス制限，ひいては社会関係や社会活動からの疎外といった不利益を失業者にもたらすことがある。永吉はこれらの不利益を「社会的排除」という概念でまとめたうえで，その発生メカニズムを社会保障制度との関連で考察している。具体的には対照的な社会保障制度を持つ日本

とスウェーデンを比較し，制度の違いが失業者の社会的排除にどのような影響を与えるかを分析している．その結果，社会的給付のような失業者の経済状態の改善をねらった施策が，特定層の雇用保護政策を伴う場合，必ずしも社会的弱者の社会的排除解消にはつながらないこと，また失業，特に長期的失業が経済的効果に還元できない何らかの効果を社会的排除に対して持っていることを永吉は指摘している．

　第5章（下夷美幸）は日本の母子家庭における貧困問題をとりあげ，それが生み出される仕組みを政策の側面からイギリスとの比較も交えて検討している．下夷は，日本の税制や社会保障制度が「男性稼ぎ主モデル」に基づいて設計され，そこでは子どもの扶養者が父親であることが想定されていると指摘している．一方，母子家庭に関わる母子福祉政策や養育費政策を見てみると母親への就労支援も父親からの養育費徴取も中途半端で，子どもの扶養の主体について明確なビジョンが存在していない．そしてこの「男性稼ぎ主モデル」の制度からのずれと，責任の再配分システムの不在が，母子家庭の困窮を生み出していることを示した．

　第6章（竹中歩・石田賢示・中室牧子）は日本における移民の経済的移動と階層化の問題を考察している．竹中らは従来の日本での移民に関する政策や学術的議論の基盤となってきた「同化理論」が，移民先の社会への統合に伴い移民の社会的・経済的立場が向上していくという「正の同化」を前提としてきたことを指摘する．しかし近年の研究では，移民先の社会への適応が必ずしも賃金の上昇につながらず，むしろ下降をもたらす「負の同化」という現象がみられることが明らかになっている．竹中らは日本在住移民の統計的調査に基づき，日本でもこの「負の同化」が移民，とりわけ欧米系移民の経済的移動を説明するうえで重要なモデルとなることを示すとともに，その背景に海外での教育や外国語のスキルなど海外で獲得された人的資本が移民の地位達成に重要な役割を果たす日本社会の事情があることを指摘している．

　第7章（辻本昌弘）は移民が資金を融通しあうため結成した講集団をとりあげて，マイノリティたちが直面する困難に立ち向う技法について論じている．

講集団は定期的会合で参加者たちが掛金を出し合い，その総額を毎回交代で特定の参加者が受領するという仕組みから成り立っている。したがって講集団はできるだけ多数の参加者を確保するのが望ましいが，不払いなどのトラブルを起こす者はできるだけ排除する必要がある。辻本はこのようなジレンマを解決する手段として，講集団にはそれがつくられることが講集団の基盤を強化してデフォルトを防ぐといった循環的な構造が組み込まれていることを指摘している。またそれ以外に講集団の助け合いがさまざまな技法によって支えられていることを明らかにしつつ，辻本は講集団研究の実践的意義がこれらの技法をそのまま真似ることではなく，他者の事例に学びつつ創造的に自らの困難を打開する方法を生み出す助けとなる点にあると指摘している。

　第8章（今井順）は社会的不平等を生み出す制度の本格的な分析である。今井は，雇用関係が近代社会でいかに構築されてきたかを歴史的にたどるとともに，それが政府（国家），使用者，労働者（労働組合）の交渉によって形成されてきたこと，また労働市場の制度や法制が雇用関係を形成する重要な要素であることを指摘する。そのうえで，非正規雇用者が戦後日本の雇用関係から生まれてきた正規雇用者の「産業市民権」から排除されているという問題を提起している。とりわけ2008年に改訂されたパート法が，非正規雇用者を正規雇用者と同等に扱うかのように見えて，内実は正規雇用者と同等の義務を果たさない非正規雇用者には権利を与えないという問題を孕んでいるという指摘が興味深い。

　第9章（浜田宏）は，地域レベルの不平等が主観的幸福感に負の影響を及ぼすという経験的知見の背後にあるメカニズムを数理モデルによって解明している。浜田は，発想を逆転させて，マクロレベルの不平等の水準が個人の意識（主観的幸福感）に影響を及ぼすのではなく，マクロレベルの不平等の水準が個人意識の集積として定義可能だと考える。そして，イザキの相対的剥奪度の定式化を導きの糸として，地域レベルの不平等の水準と主観的幸福感が論理的に結びつくことを示した。

　第10章（瀧川裕貴）は，所得不平等という不平等研究の中心的テーマの1つ

に取り組んでいる。瀧川は、対数分散により所得不平等を年齢集団、職業階層、従業上の地位、従業先規模、教育という5つの要因に分解し、1995年から2005年にかけての変化を見ている。さらに分散関数回帰分析により、他の要因を統制した後の個々の要因の影響を分析している。分析結果はさまざまだが、常時雇用者および大企業従業員・官公庁勤務者とそれ以外の集団との間で安定性の格差が拡大している兆候が見られた。

第11章（松岡亮二）は、高校生を対象に生徒の特性と学校の特性が生徒の通常授業外の学習活動に及ぼす影響を分析している。生徒の特性として家庭の社会経済的地位、数学得点、学習能力、性別を用い、学校の特性として学校ランク、学校種別（普通科・職業科）、公立・私立、都市規模を用いる。通常授業外の学習活動としては、発展学習への参加、補習授業への参加、数学の勉強の有無、学力を向上させるための勉強の有無を用いる。分析結果は多岐にわたるが、重要な知見は、他の変数を統制しても、生徒の学習能力と学校ランク、普通科高校が通常授業外における学習能力を引き起こしていることである。

第12章（中室牧子）は、就学前児童の健康状態が教育達成、ひいては収入に及ぼす影響を分析している。中室は、このテーマに関わる先行研究の方法論的な問題点を丹念に検討した後に、自ら収集した双生児データを用いて、出生時体重が中学3年生時の成績、教育年数、収入に及ぼす影響を分析した。その結果、出生時体重は中学3年生時の成績には影響を及ぼすが、教育年数や収入には影響しないことがわかった。ただし中学3年生時の成績は教育年数や収入に影響を及ぼす。したがって、出生時体重は中学3年生時の成績を介して教育年数や収入に影響することが想定されうる。

第13章（秋永雄一・濱本真一）は、義務教育費国庫負担金制度を廃止した場合、自治体の教育投資がどのような水準になるかをゲーム理論によって分析している。秋永と濱本は橘木俊詔と松浦司が提示したモデルをより一般化することで、義務教育費の国庫負担率が増加すれば、都道府県が教育投資をするインセンティブを持つようになることを示した。

第14章（川嶋伸佳・大渕憲一）は、人々の抱く公正感と社会階層との関係を分

析している。川嶋と大渕は，公正感を人々の社会全体の状態に関する判断であるマクロ公正感と個人的な判断であるミクロ公正感の2水準で考えることの重要性を指摘し，低階層者ほど，自分がふさわしい収入や社会的地位を得ていないと知覚し，それゆえミクロ公正感を弱めている，という知見を示している。

終章（大渕憲一）は，前章までの論考を踏まえた上で，格差是正を阻む心理的要因に着目する。格差が存在するにも関わらず人々が現状を受け入れる心理的メカニズムとして，大渕は公正世界信念，システム正当化，相補的世界観を検討し，社会的に恵まれない人々にもそのような心理的障壁が存在することを指摘する。そして，格差を是正するための社会運動や政策はこれらの心理的障壁の存在を考慮すべきであると主張する。さらに必要性に基づいた不公正の是正が現代日本において求められている格差是正の焦点になることを提示している。

注
(1) 本拠点では，研究プログラムと教育プログラムが車の両輪のようになっているが，本書は拠点の研究活動の成果なので，研究プログラムのみについて解説する。教育プログラムについては「あとがき」で触れている。

第Ⅰ部
さまざまな分断線
——不平等の諸相——

第 1 章

正規雇用と非正規雇用
——日本における格差問題——

佐藤嘉倫

1 非正規雇用の何が問題か？

非正規雇用の増加

　周知のように，日本において非正規雇用者の比率が増えている。図1-1は労働力調査から作成した非正規雇用者の比率の時間的変化である。まず労働者全体を見ると，1980年代は20％を下回っていたが，1990年代初めには20％に達し，1990年代半ばから急速に増加しはじめる。そして2000年代後半では30％を大きく越えるようになった。男女別にみると，さらに重要な変化がわかる。女性の場合，後述するように，既婚女性がパートタイムで働くなど，もともと非正規雇用者比率は高かった。1980年代半ばでもすでに30％を越えている。そしてその後は全体的傾向と同じパターンを示している。これに対して，男性の場合は，1990年代半ばまで10％以下だった。しかしその後は急速に増加し，2000年代後半では20％近くになっている。この男性非正規雇用者比率の増加は，かつては強い日本経済の原動力と称賛された終身雇用を中心とした日本型雇用慣行が弱体化し，正規雇用のパイが縮小していることを反映している。[1]

新中間層の非正規雇用化

　しかも，従来は労働市場の中核にいて安定した状況にあった新中間層でさえ，非正規雇用者になる可能性が高まっている。「2005年社会階層と社会移動全国

第Ⅰ部　さまざまな分断線

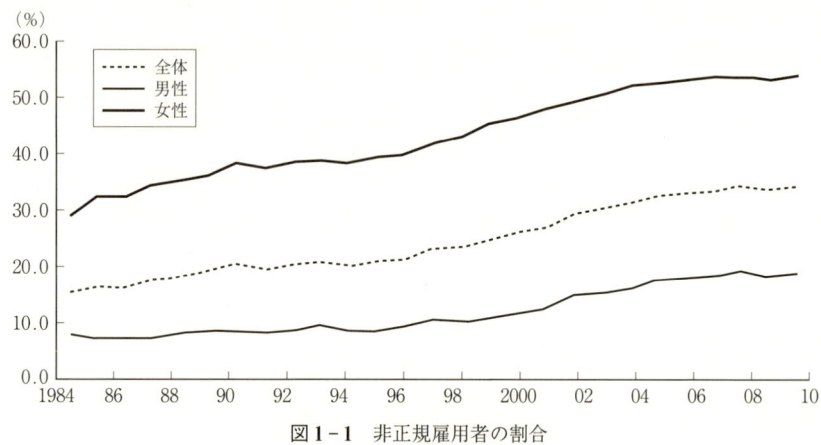

図1-1　非正規雇用者の割合
出所：労働力調査特別調査・労働力調査詳細集計より筆者作成。

表1-1　1995年と2005年の世代内移動表（実数）

	管理職	上層ホワイトカラー	下層ホワイトカラー	ブルーカラー	農業	計
管 理 職	137	12	19	23	2	193
上層ホワイトカラー	67	606	5	22	6	706
下層ホワイトカラー	33	10	630	121	11	805
ブルーカラー	30	28	66	1,096	28	1,248
農　　業	0	1	3	13	168	185
計	267	657	723	1,275	215	3,137

出所：2005年SSM調査データより筆者が算出。

調査」（略称：SSM調査）データを用いた私の分析によれば，労働市場の中核にいる労働者の一部は非正規雇用化の波に浸食されている（Sato 2011）[2]。この分析では管理職，上層ホワイトカラー，下層ホワイトカラー，ブルーカラー，農業という5つの階層を設定し，人々の1995年時点と2005年時点の階層所属を比較した[3]。一種の世代内移動表の分析である（表1-1）。この移動表に基づいてそれぞれの階層の対数オッズ比を算出した。オッズ比ないしはその対数をとった対数オッズ比は，特定の階層に入る相対的なチャンスを表現している。たとえば管理職の対数オッズ比は，値が0ならば1995年時点で管理職の人でも他の階層の人でも2005時点で管理職に入るチャンスが同じであることを意味す

表1-2 上層ホワイトカラーの従業上の地位の分布

	管理職	正規雇用	非正規雇用	自営	計
1995年	4.4%	78.3%	7.8%	9.5%	100%
2005年	4.9%	68.5%	15.2%	11.4%	100%

出所：2005年 SSM 調査データより筆者が算出。

る。しかし0より大きければ（小さければ），1995年時点で管理職の人の方が他の階層の人よりも管理職に入りやすい（入りにくい）ことになる。実際に計算してみると，管理職の場合，オッズ比は

$$\frac{1995年に管理職だった人が2005年に管理職に入るオッズ}{1995年に管理職以外だった人が2005年に管理職に入るオッズ}$$

$$=\frac{\dfrac{1995年に管理職で2005年も管理職の人の数}{1995年に管理職で2005年に管理職以外の人の数}}{\dfrac{1995年に管理職以外で2005年に管理職の人の数}{1995年に管理職以外で2005年に管理職以外の人の数}}=\frac{\dfrac{137}{56}}{\dfrac{130}{2814}}=52.96$$

となる。その対数をとれば，対数オッズ比は3.97である。同様に，他の階層の対数オッズ比を計算すると，上層ホワイトカラー5.64，下層ホワイトカラー4.46，ブルーカラー4.23，農業6.41となる。上層ホワイトカラーのオッズ比が農業を除く他の階層よりも高いことがわかる。このことは，1995年時点で上層ホワイトカラーならば他の階層よりも2005年も上層ホワイトカラーであるチャンスが高いという意味で，上層ホワイトカラーが他の階層に比べて安定していることを示している。また1995年に上層ホワイトカラーだった人のうち約1割が2005年に管理職に入っている。このことは，上層ホワイトカラーが依然として管理職参入へのメインルートであることを示している。これらは，この階層が労働市場の中核にいることを考えれば，ごく自明な結果である。

しかし職業階層と従業上の地位（正規雇用か非正規雇用か）を組み合わせると，別の構図が浮かび上がってくる（表1-2）。1995年時点で上層ホワイトカラーのうち正規雇用者は78.3%，非正規雇用者は7.8%である。表1-2には示していないが，下層ホワイトカラーとブルーカラーの非正規雇用者率がそれぞれ

21.7％，20.9％であることに比べれば，格段に低い非正規率である。しかし2005年になると，この値が15.2％と倍増する。下層ホワイトカラーとブルーカラーの非正規雇用者率もそれぞれ34.9％，36.4％と増加しているが，増加率では上層ホワイトカラーがもっとも高い。このように上層ホワイトカラーでさえ非正規雇用化の圧力に晒されている。

非正規雇用をめぐる理想と現実

　ただしこのような非正規雇用者率の増加は，それ自体では問題ではない。非正規雇用者は正規雇用者よりも流動性が高いので，自分に合わない仕事から離職して自分に適した仕事を見つけやすいだろう。または出産や育児，介護などで一時離職して後で仕事を見つけることもできるだろう。あるいは非正規雇用者は正規雇用者と比較して平均的に労働時間が短いので，ワーク・ライフ・バランスを取りやすいだろう。

　しかし現代日本ではこのように考えることは夢物語のようである。なぜなら非正規雇用者と正規雇用者の処遇があまりに違うからである。もし両者の違いが労働時間の違いだけならば，そして両者の間を自由に移動できるならば，人は自分のライフステージやライフスタイルに応じて，ある時は正規雇用者としてフルタイムで働き，ある時は非正規雇用者としてパートタイムで働くことが可能である。しかし現代日本では，いったん正規雇用者から非正規雇用者になると，所得や福利厚生の面で大きく不利になる。しかも後述するように，非正規雇用から正規雇用へ入ることは難しい。ここに非正規雇用者をめぐる問題がある。

　もちろん，望んで非正規雇用を選ぶ人々もいる[4]。しかしそうではなく，正規雇用者になることを希望しているのに非正規雇用者にならざるをえない人々もいる。本章ではこのような人々を対象として分析を進めることにする。まず非正規雇用者と正規雇用者の格差の実態をいくつかの局面から検討する。次に，なぜそのような格差が生じるのかについて理論的な検討を行う。

2 非正規雇用と正規雇用の格差の諸相

賃金格差

　本節では，いくつかの既存研究に言及しながら，非正規雇用と正規雇用の格差の実態について検討する。まずあげられるのが賃金格差である。図1-2は私が2005年 SSM 調査データを用いて作成したものである（佐藤 2008：23，図2改変）。まず調査対象者の収入を四分位階級に分けて，次にもっとも収入の高い第4四分位階級の割合を職業（専門職か熟練職か）と従業上の地位（正規雇用か非正規雇用か）に分けて算出した。たとえば正規雇用の専門職では約6割の人がこの高収入階級に入るのに対し，正規雇用の熟練職ではその比率が約4割に下がる。

　専門職と熟練職を比較すると，正規雇用でも非正規雇用でも前者の方が後者よりも割合が高い。それだけ専門職に高収入の人がいることを示している。従来の社会階層論ではこのような職業階層間の格差が問題とされてきた。しかし図1-2はそのような格差よりも正規雇用と非正規雇用の格差が大きいことを示している。同じ専門職でも，同じ熟練職でも，正規雇用の方が第4四分位階級の割合は断然高い。

　この格差に対してはさまざまな説明が可能である。第1に想定できるのは，正規雇用者と非正規雇用者とでは学歴や職業経験が違うので収入に違いがある，という説明である。経済学では，学歴や職業経験を人々が労働市場で報酬を得るための資本だと考え「人的資本」と呼んでいる（Becker 1993）。この考え方にしたがえば，非正規雇用者は正規雇用者よりも人的資本が少ないので，それに対する見返りとしての収入も低い，ということになる。第2に想定できる説明は，労働時間の違いである。平均して，非正規雇用者よりも正規雇用者のほうが長時間働いているので収入も高い，という説明である。

　私はこれらの説明には限界があると考える。まず労働時間の違いが問題ならば，非正規雇用者と正規雇用者の時間当たりの賃金を比較してみればよい（表

第Ⅰ部 さまざまな分断線

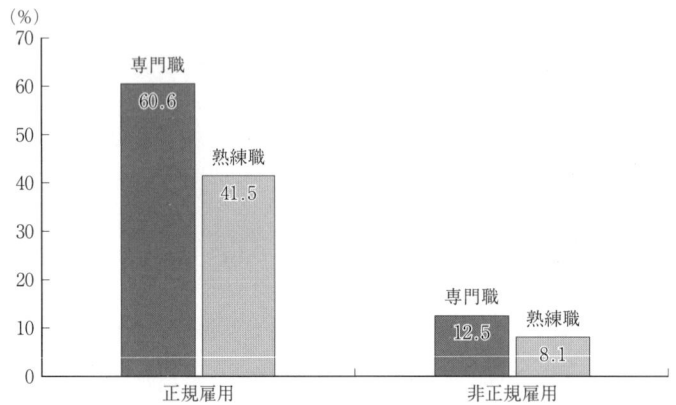

図1-2 職業別・従業上の地位別 第4四分位収入階級の割合
出所：佐藤（2008：23, 図2改変）

表1-3 フルタイム労働者に対するパートタイム労働者の賃金水準

国	%	(年)	国	%	(年)
日　　本	55.9	(2010)	イタリア	75.4	(2006)
アメリカ	30.7	(2010)	オランダ	85.3	(2006)
イギリス	71.7	(2010)	デンマーク	81.3	(2006)
ド イ ツ	82.1	(2006)	スウェーデン	83.4	(2006)
フランス	88.2	(2006)			

出所：独立行政法人労働政策研究・研修機構編（2012：169, 第5-5表）

1-3）。独立行政法人労働政策研究・研修機構によれば，日本の場合，フルタイム労働者の時間当たりの賃金に対するパートタイム労働者の時間当たりの賃金は前者の55.9％に過ぎない。この数字は，アメリカの30.7％よりは大きいが，フランスの88.2％やオランダの85.3％に比較するとはるかに低い（独立行政法人労働政策研究・研修機構編 2012）。

　それでは人的資本の違いがこの賃金格差を生み出しているのだろうか。しかしそうだとすると，直ちに，日本のパートタイム労働者はフランスやオランダのパートタイム労働者よりも人的資本が低いのか，という疑問が生じる。もちろんそのようなことはないだろう。日本とフランス，オランダの違いには人的資本ではなく別の要因が働いている，と考えるのが自然である。実際，太郎丸

博は労働時間や人的資本などの影響を取り除いても,非正規雇用者と正規雇用者の間には1.4倍から2倍程度の賃金格差があることを示した(太郎丸 2009:73-76)。したがって,他の要因を考える必要がある。次節では社会学的視点からこの要因について検討する。

移動障壁

収入の格差は結果の不平等の1つであり,それ自体も問題だが,もし非正規雇用者が正規雇用の職に容易に就けるならば,大きな社会問題にならないだろう。機会の平等が確保されているからだ。しかし多くの研究は非正規雇用と正規雇用の間に移動障壁があることを示している。労働力詳細調査の集計に基づいた簡単な計算からもそれはわかる。東日本大震災の影響を除くために,大震災以前の2009年平均の集計表を用いよう。(5) 2009年度の転職者数をみると,前職が正規雇用だった人123万人のうち正規雇用に就いた人は76万人,非正規雇用に就いた人は46万人である。一方,前職が非正規雇用だった人161万人のうち正規雇用に就いた人は34万人,非正規雇用に就いた人は127万人である。これらの数字を用いて,正規雇用に就く格差を見るためにオッズ比を計算した。前職が正規雇用でも非正規雇用でも正規雇用に就く可能性が等しいならば,つまり機会の平等が実現しているならば,オッズ比は1になる。しかしそれよりも値が大きいと,前職が正規雇用の人の方が前職が非正規雇用の人よりも正規雇用に就きやすくなっている。実際に計算すると,$(76/46)/(34/127)=6.17$ となる。つまり前職が正規雇用の人は前職が非正規雇用の人に比べて,正規雇用に就くチャンスが6倍もあることになる。非常に高い移動障壁である。

この障壁についても人的資本論による説明が可能である。単純に言えば,非正規雇用者は労働市場での人的資本の蓄積がなされていないので,正規雇用に移行できない,という説明である。2002年の「就業構造基本調査」を用いた玄田有史の分析はこの説明が経験的に正しいことを示している(玄田 2008)。彼のデータ分析によれば,学歴が高いほど,非正規雇用から正規雇用に移行しやすい。また前職で医療・福祉や教育・学習支援・複合サービス業のような専門

的技能を要する産業や建設業ないしは飲食店・宿泊業のような実践的技能を有する産業で働いていた人々は，製造業で働いていた人々より非正規雇用から正規雇用に移行しやすい。学歴や専門的技能，実践的技能は人的資本の一部と考えられるので，上述の説明は経験的に正しいことになる。逆に言えば，人的資本が不十分な人々，つまり学歴が低い人々や専門的技能・実践的技能を持たない人々は正規雇用への移行が困難になる。

　一方，低学歴層ほど初職で非正規雇用に入りやすいことが指摘されている（平田 2008；栃澤・太郎丸 2011）[6]。そうすると，低学歴層は初職からずっと非正規雇用に留まる可能性が高いという推測をすることができる。さらに言えば，出身階層が低いほど教育達成が低いことは社会階層研究の中でもっとも頑強な知見の1つである。そうなると，人的資本が低いとはいえ，低学歴者は本人の責任ではない要因（家族背景）によって非正規雇用セクターに留まる可能性がある。

結婚格差

　非正規雇用と正規雇用の格差は上述した所得格差に限られるものではない。結婚できる可能性についても格差がある。白波瀬佐和子は，ロジット分析により，男性の場合，収入が低いほど結婚しにくいことを示している（白波瀬 2005：66, 表3-3）。彼女は正規雇用−非正規雇用を説明変数に用いていないが，上述した両者の収入格差を考慮すれば，非正規雇用の方が結婚しにくいことを示唆する。実際，永瀬伸子は，正規雇用者よりも非正規雇用者の方が結婚しにくい分析結果を提示している（永瀬 2002）。また酒井正と樋口美雄はフリーター経験が婚姻時期を遅らせることを示している（酒井・樋口 2005）。

　これらの知見は，非正規雇用者が結婚できないまま歳をとり，「中高年フリーター」として高齢の親と同居し続ける可能性を示唆する。白波瀬はこの状況を「成人未婚子がいる低所得世帯の世帯主年齢は高く，親の収入といっても年金に頼る場合が少なくありません。ここから想像されるのは，例えば，年金生活者と無業の子，あるいは非正規雇用で生活をつなぐ子が同居するという

ケースで，定職につくことができない子どもとの生活を，年老いた親は自らの年金で支えるほかありません」（白波瀬 2010：93-94）と述べている。

社会的排除

以上，非正規雇用者と正規雇用者の賃金格差から始めて，非正規雇用と正規雇用の移動障壁，結婚格差，さらには中高年非正規雇用者とその面倒をみる高齢者の親，といった問題を概観してきた。これらの問題を1つの言葉で表わすとすれば，それは「社会的排除」である。非正規雇用者は労働市場において中核部分へのアクセスから排除されているだけでなく，結婚や安定した生活というライフチャンスの面でも排除されている。

しかも本章の冒頭で述べたように，非正規雇用者の割合が増えている。このことは社会的に排除される人々が増えていることを示唆する。さらに重要なことは，従来は労働市場の中核にいて安定した状況にあった上層ホワイトカラーでさえ，非正規雇用者になり社会的に排除される可能性が高まっている，ということである。

なぜ非正規雇用者はこのような状況に置かれているのだろうか。上述したように，人的資本論の視点からだけではこの問題に十分に答えることはできない。次節では，より社会学的な視点からこの問題にアプローチする。

3 雇用・福祉レジームの変容と正規雇用 - 非正規雇用格差

地位 - 役割構造

前節で提起した問題に答えるために，2つの考え方を押さえる必要がある。第1は地位 - 役割構造であり，第2は雇用レジームないしは雇用・福祉レジームである。まずは第1の地位 - 役割構造から検討しよう。これは社会学の基礎概念の1つである。社会が複雑になるにつれて，さまざまな役割が分化してくる。たとえばかつては資本家が経営に関わっていたのに，次第に資本家と経営者の分離が生じた。また企業の業務が複雑になるにつれて，1つの部署で行っ

ていた業務を分割して，複数の部署で担当するようになる。

　ここまでは役割の水平的な分化である。しかし役割間には命令権限などによって垂直的に結びつくものがある。また重要な役割とそれほどでもない役割がある。重要な役割に有能な人材を配置するためには，それなりの報酬を用意する必要がある。このようにして役割に社会的資源が不平等に配分され，地位の高低が生まれる。

　この発想を突き詰めたのが機能主義的社会階層論である（Parsons 1940；Davis and Moore 1945）。この理論が答えようとする問いは，なぜ社会に不平等が存在するのか，という根源的なものである。この問いに答えるための重要な仮定は，社会の存続のためには機能要件が満たされなければならない，というものである。上述した役割の重要性はこの機能要件をどれだけ満たすかという貢献度として設定される。そして，この貢献度に応じて社会的資源がそれぞれの役割に配分される，という議論が展開される。

　この理論には，社会の安定性を強調しすぎるとか，社会的資源の配分を行う主体が明確ではないといった問題がある。しかし個々人ではなく役割に，より一般的には社会的ポジションに社会的資源が配分されて，個々人はそのポジションを獲得する競争に参入する，という発想は，正規雇用と非正規雇用の格差を考えるにあたって重要である[7]。

雇用・福祉レジーム

　もし人的資本の高い人々が社会的資源の多く配分されている役割に就くならば，人的資本論が想定しているような状況が実現し，正規雇用と非正規雇用の格差は人的資本の違いによって説明されるだろう。しかし前節で述べたように，この説明は不十分である。それではなぜ不十分なのだろうか。このことを理解するためには，上述した雇用レジームないしは雇用・福祉レジームの歴史的形成過程を見る必要がある。

　宮本太郎は，人々の生活保障は社会保障と雇用保障からなるとし，前者の体制をエスピン‐アンデルセン（Esping-Andersen 1990＝2001）にならって福祉レ

ジームと呼び，後者の体制を雇用レジームと呼ぶ（宮本 2008）。そして両者の関係を問題にする。より具体的にいうと雇用レジームとは「労使関係と雇用保障制度，労働市場政策，経済政策や産業政策などが，雇用の維持・拡大をめぐってつくりだす連携関係を示すものである」（宮本 2008：23）。今井順は，両レジームの連携関係をさらに重視し，雇用・福祉レジームという用語を用いている（Imai 2011a；今井 2013）。確かに，宮本も指摘するように，日本では国家による社会保障支出は小さく，企業が社会保障機能をかなり担ってきた。国家はむしろさまざまな政策や制度による雇用保障を通じた生活保障を実現してきた（宮本 2008：3）。そうすると，雇用が保障されれば，社会保障は人々を雇用している企業の手にゆだねられるという構造が見えてくる。このように雇用保障と社会保障は密接にリンクしているので，宮本の議論を踏まえながら，本章では雇用・福祉レジームという用語を用いることにしよう。

　この用語を用いて結論を先取りすると，次のようになる。第2次世界大戦後に形成されてきた雇用・福祉レジームは弱体化しつつも，その中核部分はそれなりに維持されている。それゆえに，現実の変化に対応できていない。しかし現存のレジームを代替するレジームはまだ構築されていない。ここに，前節でみた正規雇用と非正規雇用の格差を生み出すメカニズムがある。このことを理解するために，戦後の雇用・福祉レジームの形成過程を簡単に振り返ることにしよう。

戦後雇用・福祉レジームの形成過程

　アベグレンによって研究され，広く世間に知られている日本型経営は，終身雇用，年功序列，企業内組合という3つの構成要素からなる（Abegglen 1958＝1958）。彼自身は必ずしもこれらの構成要素を肯定的に評価していたわけではないが，多くの人々にとってはこれらが日本の高度経済成長の原動力だと考えられた。終身雇用は雇用の安定を確保するとともに人事異動などにより企業内で適材適所を実現する。年功序列は収入の将来予測を可能にし，労働者の生活設計を容易にする。そして，企業内組合は労使協調路線を促進する。つまり日

本型経営は労働者の忠誠心とやる気（モラール），能力を最大限に引き出すシステムだと考えられた。

　もちろんこのシステムは周到な計算の上に作られたものではない。ある意味では労働運動を通じた労使交渉の産物と言えるだろう。戦前には，大企業において職員（ホワイトカラー）と工員（ブルーカラー）の間にいわば「身分」の違いがあった（尾高 1984；野村 1994；二村 1994）。職員は比較的雇用の安定が保障され，給料も月給だったのに対し，工員の雇用は不安定で給料も出来高賃金か時給ないしは日給だった（二村 1994）。

　上述した社会的ポジションの議論をここに適用すれば，「職員」や「工員」が社会的ポジションになっていることが明らかだろう。いったん「職員」というポジションを獲得することができれば，安定した雇用とそれに伴う安定した生活が保障される。ただし職員になるには大学か高等専門学校を出ていなければならないので，それ以下の学歴の者にはほとんどアクセス不可能なポジションである（二村 1994）。さらに興味深いことに，菅山真次の戦間期の日立製作所日立工場を対象とした研究によると，同じ職員でも官大卒，私大・高専卒，実業学校卒で賃金格差が明確にある，ということである（菅山 1989）。これは「職員」の内部にいくつかのサブ・ポジションが存在しているからである。

　これと類似した現象は現代でも見ることができる。それは役職への昇進である。企業内の序列的地位である役職に就くと，収入が上がる（鹿又 2001）。役職に就いたとたんに人的資本が向上するわけではないので，役職による高収入はまさに「役職」というポジションに配分された報酬である。

　さて，戦後の民主化の大きな流れの中で，労働組合ではこの職員と工員の身分差別を撤廃することが大きなテーマとなり，最終的には身分差別は撤廃された（二村 1994）。ただしここで注意すべきことは，1つの企業内で職員と工員の身分差別がなくなったということである。別の言い方をすると，労働組合は職員も工員も同じ企業のメンバーとして認められることを要求した。このことについて二村一夫は1948年7月の富士電機労働組合大会に言及して明確に指摘している（二村 1994）。彼は，この大会における「決議は，『われわれはすべて

同じ人間として』という言葉からはじまっており，まさに基本的人権にもとづく要求であるかに見える。だがこれにすぐ続くのは『平等に会社の運営に参加する機会が与えられるべきである』という言葉である。基本的人権にもとづく主張ではなく，自分が所属する集団，この場合は富士電機という会社の一員として，一人前に処遇さるべきことを要求しているのである」(二村 1994：60) と述べている。

企業市民権の確立とそこからの排除

　ただし，このように会社の一員として一人前に処遇されることで雇用の安定や年功賃金という「権利」を得るかわりに，労働者は企業に対してさまざまな義務を負うことになる。家族の負担を強いる単身赴任はその典型である。今井はこの権利 - 義務関係の成立を「企業市民権」の確立と呼んでいる (Imai 2011b)。

　上述したように，日本では企業を中心に雇用保障と社会保障を提供する雇用・福祉レジームを作り上げてきた。したがって企業市民権を得ることができれば，両方の保障を得られることになる。つまり「正社員（正規雇用者）」という社会的ポジションに両方の保障が配分されるため，そのポジションに入ることができれば，それらを享受できる。しかしこのポジションに入ることができなければ，保障が得られない。この保障を得られない大きな社会集団が2つある。1つは女性であり，1つは非正規雇用者である。

　野村正實が指摘するように，終身雇用制の傘の下で守られてきたのは，主に男性の大企業従業員である（野村 1994）。女性がその外に置かれたのは，男性稼ぎ主モデルという家族構造が存在したからである。簡単に言えば，男性は正規雇用者として定年まで働き，女性はそのような男性と結婚して専業主婦になるかパートのような非正規職に就く，という家族構造である。国による社会保障政策，福祉政策，税制などは，企業による雇用保障・社会保障と男性稼ぎ手モデルを前提として，またそれを補強する形で形成されてきたと考えてよいだろう。図 1-1 に示したように，女性の非正規雇用率は昔から高かったが，女

性が企業市民権を得られなくても，男性稼ぎ主モデルを前提とする社会では（フェミニストからの批判を除いて）このことは大きな社会問題とならなかった。

戦後雇用・福祉レジームの機能不全

　ところが，バブル経済の崩壊した1990年代初頭からこのシステムがうまく働かなくなってきた。その原因は多々ある。グローバリゼーションや産業構造の変動（サービス産業化）など，さまざまな要因が指摘されている。しかし本章では，原因ではなくこの雇用・福祉レジームの機能不全がもたらした結果に関心があるので，そちらに焦点を絞ろう。

　さて，この機能不全をいち早く捉え，対策を提言したのが，日本経営者団体連盟（経団連）の『新時代の「日本的経営」——挑戦すべき方向とその具体例』（新・日本的経営システム等研究プロジェクト 1995）という報告書である。この報告書で重要なことは，中核的従業員については終身雇用制を維持しながらも，それ以外の従業員に対しては雇用の流動性を進めようとしていることである。

　この報告書では，企業で働く労働者を3種類に分けて，各企業はそれぞれの置かれた環境や経営戦略に応じて，3種類の労働者を組み合わせる，という提言がなされている。この3種類とは，長期蓄積能力活用型（従来の長期継続雇用の下で働くグループ），高度専門能力活用型（専門的熟練・能力を持ち，必ずしも長期雇用を前提としないグループ），雇用柔軟型（雇用の柔軟性を確保できるグループ）という3つのグループである。

　第1の長期蓄積能力活用型グループは，ジェネラリストとして働く従来の正社員に近い。終身雇用制の下でさまざまな職場を経験して昇進していく労働者である。第2の高度専門能力活用型グループは，専門的能力を発揮するスペシャリストである。このようなスペシャリストは従来の終身雇用制の下でもいたが，報告書では「必ずしも長期雇用を前提としない」と明言していることに注意する必要がある。そして，第3の雇用柔軟型グループは，パートタイム，派遣社員，契約社員などからなる。賃金についても，第1グループは従来の月給制の選択肢があるが，第2グループは業績に応じた年俸制が基本になるなど，

グループによって異なった賃金体系が提案されている。

　雇用をめぐるこのような考え方の転換だけでなく，バブル経済崩壊後に企業が終身雇用制を維持する余力がなくなってきたこと，2001年からの小泉政権によって規制緩和が進められたことなどの社会情勢の変化により，図1-1で示したように，女性非正規雇用者だけでなく，男性非正規雇用者の割合も増大した。このことは男性労働者といえども企業市民権が剥奪されてきていることを意味する。

4　非正規雇用と社会的排除

ライフチャンスの剥奪

　この変化の影響は大きい。弱体化したとはいえ，まだ企業を中心とした雇用・福祉レジームと男性稼ぎ主モデルを前提に社会が動いているので，正規雇用というポジションに入れず企業市民権を持たない男性非正規雇用者は，労働市場だけでなく，他の社会の領域からも排除されうる。そしてさまざまなライフチャンスを剥奪されてしまう。たとえば結婚格差やホームレスがその典型例である。前節で述べたように，男性非正規雇用者は正規雇用者に比べて結婚の可能性が低い。もちろん結婚を望まない人もいるが，望んでいるのに非正規雇用であるがゆえに結婚できないとなると，労働市場の中核部分からの排除が結婚する機会を奪ってしまうことになる。

　またホームレスは男性が圧倒的に多い。厚生労働省の「ホームレスの実態に関する全国調査（概数調査）」によると，平成23年調査で10,890人のホームレスのうち男性は10,209人である。[11]2000年前後の5つの調査をまとめた岩田正美も圧倒的に男性が多いことを指摘している（岩田 2004）。厚生労働省の調査ではホームレスになる前の職業や従業上の地位には言及していないが，岩田は詳細な分析をしているので，ここで紹介しておこう。彼女のまとめた表によると，ホームレスになる直前の従業上の地位では，臨時・パートと日雇いをあわせて6割，対して正規雇用者は3割強である（岩田 2004：52, 表3）。正規雇用者が

3割もいることはホームレスになるルートの多様性を示しているが、やはり非正規雇用者が6割を占めている意味は大きい。またホームレスになった非正規雇用者のうちホームレスになる直前に社宅や寮に住んでいたり住み込みだったりした人の割合は7割である。これらの人々は職を失うとともに住むべき場所も失ってしまう。2008年の年末から2009年の年始にかけて東京の日比谷公園に開設された年越し派遣村は、このようにしてホームレスとなる人々が多いことを世間に知らしめた。

　この現象はある意味でたいへん皮肉である。戦後日本で形成されてきた雇用・福祉レジームでは、企業は雇用保障だけでなく住宅供給のような福利厚生も担ってきた。社宅がその典型例である。このため、職を失ったとたんに、雇用だけでなく住居まで失ってしまうことになる。

　このようにホームレスの問題の背景には雇用・福祉レジームの問題がある。したがってレジームが異なれば、ホームレス問題も異なる様相を呈しうる。たとえばフランスでは、家に住むことが権利として認められ（Emmanuelli 2012）、ホームレスのための社会運動でもホームレスの中流社会への統合をめざして住居を確保することが重視されている（Inaba 2012）。しかし日本ではホームレスが住居を確保する権利が強調されることはあまりないと思われる。このため、住居を得ることが難しく、それが理由で生活保護を受けることや職を得ることも難しくなっている（Malinas 2012）。

現実と戦後雇用・福祉レジームの谷間に陥っている非正規雇用者

　以上みてきたように、非正規雇用者は、彼ら・彼女らが占める社会的ポジションゆえに（ないしは正規雇用というポジションを占めることができないがゆえに）、労働市場の中核部分からの排除だけでなく、生活のさまざまな局面で社会的な排除を受けるリスクにさらされている。それは彼ら・彼女らの責任というよりも、変化する現実に雇用・福祉レジームが対応していないからである。多少弱体化しているとはいえ、いまだに日本の雇用・福祉レジームは、男性稼ぎ主モデルを暗黙の前提として、正規雇用者に焦点を当てている（今井 2013）。急速

に労働市場が流動化しているように見えるが，それは周辺部分で生じている現象であり，中核部分ではその規模は多少縮小しているとは言え，安定性は維持されている（佐藤 2009；Sato 2010）。非正規雇用者のさまざまな困難は，現実の急激な変化とそれに対応しきれていない雇用・福祉レジームの谷間に彼ら・彼女らが陥っていることから生じている。

注
(1) ただし後述するように，日本型雇用慣行の弱体化は全般的に生じているわけではなく，局所的に起こっている。
(2) SSM調査データの使用に関しては2005SSM研究会の許可を得た。またこの分析のためのデータ作成に関しては保田時男のプログラムを使用した。氏に感謝の意を表する。
(3) ここでいう上層ホワイトカラーは専門職と大卒以上の学歴を持つホワイトカラーである。下層ホワイトカラーは高卒以下の学歴を持つホワイトカラーである。
(4) 望んで非正規雇用者になった人が「本当に」それを望んでいたかどうかは微妙な問題である。正規雇用を望んでいたのにその見込みが立たないことから非正規雇用を「望むようになった」のかもしれない。または正規雇用者を夫に持つ妻が税制等により非正規雇用を望むように誘導されることもあるだろう（下夷 2013）。
(5) 太郎丸博も2007年平均の労働力詳細調査の集計表を用いて同様の方法で移動障壁の高さを指摘している（太郎丸 2009：65-68）。
(6) ただし，佐藤香の非正規雇用への入職を被説明変数とするロジスティック回帰分析によると，初めのモデルで統計的に有意だった学歴の影響がそのモデルに入職期間と中学校3年生時の成績を投入すると有意ではなくなる（佐藤 2011）。また石田浩は，男性については学歴の影響はないが女性の場合は影響があることを報告している（石田 2005）。
(7) 有田伸は移動レジーム研究会（2012年9月1-2日）の報告において，役割をより一般化した「ポジション」概念を用いて，階層格差の説明を試みた（有田 2012a；2012b）。本節の役割とポジションをめぐる議論は有田の議論およびホワイトの空席連鎖モデルを参考にしている（White 1970）。
(8) 年功賃金については，電産型賃金体系の成立がその出発点である（兵頭 1997）。この賃金体系は1946年の産別10月闘争と呼ばれる電力会社10社の企業別組合からなる日本電気産業労働組合協議会と会社側の交渉の結果，生まれたものである。その特徴は，生活保障給・能力給・勤続給の3項目からなり，生活保障給が約7割の

ウェートを占めるというものである。そしてこの生活保障給は実態生活費や年齢，家族数に基づいて算出された。まさに労働者の生活を保障する賃金である。
(9)　男性稼ぎ主モデルと税制・社会保障制度の関係については本書第 5 章で下夷美幸が詳細な分析をしている（下夷 2013）。
(10)　若年層の非正規雇用増加の要因については太郎丸博が詳細な検討を加えている（太郎丸 2009）。
(11)　http://www.mhlw.go.jp/stf/houdou/2r985200000191qr.html（2012年 9 月 17 日閲覧）
(12)　岩田正美はクラスター分析を用いてホームレスの 3 類型を提示している（岩田 2004）。
(13)　失業が社会的排除につながるより一般的なメカニズムについては，本書第 4 章で永吉希久子が詳細な分析をしている（永吉 2013）。

文献

Abegglen, James C., 1958, *The Japanese Factory: Aspects of Its Social Organization*, Free Press. （＝1958，占部都美監訳『日本の経営』ダイヤモンド社。）
有田伸，2012a,「問題の所在――日本の格差問題理解のために何が必要か？」移動レジーム研究会（2012年 9 月 1 - 2 日）報告資料。
有田伸，2012b,「社会階層と報酬格差を眺める視角」移動レジーム研究会（2012年 9 月 1 - 2 日）報告資料。
Becker, Gary S., 1993, *Human Capital: A Theoretical and Empirical Analysis, with Special Reference to Education*, 3rd ed., The University of Chicago Press.
Davis, Kingsley and Wilbert E. Moore, 1945, "Some Principles of Stratification," *American Sociological Review*, 10(2): 242-249.
独立行政法人労働政策研究・研修機構編，2012,『データブック国際労働比較（2012年版）』独立行政法人労働政策研究・研修機構。
Emmanuelli, Xavier, 2012, "Policies against Social Exclusion in France," Marc Humbert and Yoshimichi Sato eds., *Social Exclusion: Perspectives from France and Japan*, Trans Pacific Press, 75-85.
Esping-Andersen, Gøsta, 1990, *The Three Worlds of Welfare Capitalism*, Polity Press. （＝2001，岡沢憲芙・宮本太郎監訳『福祉資本主義の三つの世界――比較福祉国家の理論と動態』ミネルヴァ書房。）
玄田有史，2008,「前職が非正社員だった離職者の正社員への移行について」『日本労働研究雑誌』No. 580：61-77。

平田周一，2008，「非正規雇用の増加と格差の拡大——流動化と多様化は本当か」佐藤嘉倫編『2005年SSM調査シリーズ15　流動性と格差の階層論』(科学研究費補助金報告書) 2005年SSM調査研究会，133-152。

兵頭釗，1997，『労働の戦後史（上）』東京大学出版会。

Imai, Jun, 2011a, *The Transformation of Japanese Employment Relations: Reform without Labor*, Palgrave Macmillan.

Imai, Jun, 2011b, "The Limit of Equality by 'Company Citizenship': Politics of Labor Market Segmentation in the Case of Regular and Non-Regular Employment in Japan," Yoshimichi Sato and Jun Imai eds., *Japan's New Inequality: Intersection of Employment Reforms and Welfare Arrangements*, Trans Pacific Press, 32-53.

今井順，2013，「制度と社会的不平等——雇用関係論からの展開の試み」本書第8章。

Inaba, Nanako, 2012, "Comparison of Poor People's Participation in Social Movements in France and Japan," Marc Humbert and Yoshimichi Sato eds., *Social Exclusion: Perspectives from France and Japan*, Trans Pacific Press, 102-115.

石田浩，2005，「後期青年期と階層・労働市場」『教育社会学研究』76：41-57。

岩田正美，2004，「誰がホームレスになっているのか？——ポスト工業社会への移行と職業経験等からみたホームレスの3類型」『日本労働研究雑誌』No. 528：49-58。

鹿又伸夫，2001，『機会と結果の不平等——世代間移動と所得・資産格差』ミネルヴァ書房。

Malinas, David-Antoine, 2012, "Public Policies toward Homeless and the Politicization of Civil Society in Japan," Marc Humbert and Yoshimichi Sato eds., *Social Exclusion: Perspectives from France and Japan*, Trans Pacific Press, 86-101.

宮本太郎，2008，『福祉政治——日本の生活保障とデモクラシー』有斐閣。

永瀬伸子，2002，「若年層の雇用の非正規化と結婚行動」『人口問題研究』58(2)：22-35。

永吉希久子，2013，「制度が生み出す不平等——日本とスウェーデンの比較から」本書第4章。

二村一夫，1994，「戦後社会の起点における労働組合運動」坂野潤治・宮地正人・高村直助・安田浩・渡辺治編『シリーズ日本近現代史4　戦後改革と現代社会の形成』岩波書店，37-78。

野村正實，1994，『終身雇用』岩波書店。

尾高煌之助，1984，『労働市場分析——二重構造の日本的展開』岩波書店。
Parsons, Talcott, 1940, "An Analytical Approach to the Theory of Social Stratification," *American Journal of Sociology*, 45(6): 841-862.
酒井正・樋口美雄，2005，「フリーターのその後——就業・所得・結婚・出産」『日本労働研究雑誌』47(1)：29-41。
佐藤香，2011，「学校から職業への移行とライフチャンス」佐藤嘉倫・尾嶋史章編『現代の階層社会1　格差と多様性』東京大学出版会，65-79。
佐藤嘉倫，2008，「格差社会論と社会階層論——格差社会論からの挑戦に応えて」『季刊経済理論』44(4)：20-28。
佐藤嘉倫，2009，「現代日本の階層構造の流動性と格差」『社会学評論』59(4)：632-647。
Sato, Yoshimichi, 2010, "Stability and Increasing Fluidity in the Contemporary Japanese Social Stratification System," *Contemporary Japan*, 22(1&2): 7-21.
Sato, Yoshimichi, 2011, "New Middle Class at Risk in Japan?" Paper presented at the 106th Annual Meeting of the American Sociological Association.
下夷美幸，2013，「家族政策にみる不平等——母子世帯に焦点をあてて」本書第5章。
新・日本的経営システム等研究プロジェクト，1995，『新時代の「日本的経営」——挑戦すべき方向とその具体策（新・日本的経営システム等研究プロジェクト報告）』日本経営者団体連盟。
白波瀬佐和子，2005，『少子高齢社会のみえない格差——ジェンダー・世代・階層のゆくえ』東京大学出版会。
白波瀬佐和子，2010，『生き方の不平等——お互いさまの社会に向けて』岩波書店。
菅山真次，1989，「戦間期雇用関係の労職比較——『終身雇用』の実態」『社会経済史学』55(4)：1-33。
太郎丸博，2009，『若年非正規雇用の社会学——階層・ジェンダー・グローバル化』大阪大学出版会。
栃澤健史・太郎丸博，2011，「若年不安定就労層にみる地域格差」佐藤嘉倫・尾嶋史章編『現代の階層社会1　格差と多様性』東京大学出版会，81-96。
White, Harrison C., 1970, *Chains of Opportunity: System Models of Mobility in Organizations*, Harvard University Press.

第2章

多民族国家の不平等
――インドネシアにおける格差問題――

　　　　　　　　　　　　　　　　　　　　　　　　　　木村敏明

1　多民族国家インドネシア

地理的広がりと民族集団

　本章では，日本とも歴史的，経済的にかかわりの深いインドネシアにおける格差問題をとりあげる。両地域はともにアジア大陸の周辺に位置する島嶼からなり，大陸の文明の影響下でそれらを取り入れながら社会や文化を形成してきたという共通性を持つ。しかし日本の約5倍の陸地面積，約2倍の人口を持ち，歴史的にもインドやアラブ，西欧文明からの直接的な，しかも地域的に不均質な影響を受けたインドネシアでは，地域ごとに個性豊かな社会文化が育まれてきた。第2次世界大戦終結後，独立国家インドネシア共和国が船出するにあたっても，これらの多様性はむしろ強く意識されており，多くの民族集団が協調して作り上げる「多民族国家」インドネシアという自画像は，国営テーマパーク「タマン・ミニ」から学校教科書にいたるまで，各所で容易に目にすることができる。本章では，このような社会的文化的文脈の中で格差の問題がどのように表面化していくのかをとりあげる。このことは，私たちの身の回りでも進行しつつある社会の多様化を私たちがいかに考え，身を処するべきかを決めるうえで大きな手掛かりとなるに違いない。

　「サバン（スマトラ島）からムラウケ（パプア島）まで」と呼ばれるインドネシアの領地には，1万数千とみられる有名，無名の島々が分散している。[2]人口

が1,000万人を超えている島だけでも西からスマトラ島，ジャワ島，カリマンタン島，スラウェシ島の四島があり，さらに人口100万人を超えている島としては，マドゥーラ島，バリ島，パプア島，ロンボク島，ティモール島，フローレス島，ロンボク島をあげることができる。これらの水平的広がりに加え，火山帯に位置するこれらの島々には地殻運動によって形成された山脈により高低差が生み出され，それが生態学的な多様性をもたらしている。

　この地域に暮らす人々の多くはオーストロネシア語族に属しているが，上記の利用できる環境の相違に加えて，長期間にわたって波状的な移入がなされたこと，地域によっては海洋や熱帯雨林により比較的孤立した生活環境が維持されたこと，周辺文明の影響の濃淡などによって，地域的に相当程度の文化的言語的差異のある民族集団が形成されていった。オランダの法学者フォレンホッヘン（Vollenhoven 1918）はそれらを慣習法の観点から 19 に分類しているが，実際には相互に意思疎通が難しいレベルでのより小さな言語集団がその中に無数存在し，全体の実数を把握することは困難である。

　一方で，人口の分布には大きな偏りがみられる。ジャワ島は肥沃な土地に恵まれた人口の稠密な地域であったが，19世紀に集約的な農業の発達を背景として「人口爆発」とまで称される人口の急増がおこった。また，それらの富を背景に9世紀ころから数々の王国がこの地域に興隆と滅亡を繰り返した。これらのいわゆる「ヒンドゥー・ジャワ」王朝のもと，ジャワ島の政治的重要性は決定的なものとなり，それはオランダ統治のもとでも引き継がれた。植民地政庁がおかれたのは西ジャワのバタビアであり，その地が独立後にジャカルタと名前を変えてインドネシア共和国の首都となっている。インドネシアが多様性を持った多民族国家であることは間違いないが，現在でも全人口のおよそ半数が暮らすジャワ島とジャワ人が持つ優位性は忘れてはならない。

からみあう宗教と民族

　インドネシアでは3世紀あるいは4世紀ころ，ヒンドゥー教，仏教を含めたヒンドゥー文化が伝えられ，その最先端の知識は主に各地に成立しつつあった

国家の上層階級によって受容されていった。とりわけ，ジャワ島の内陸部に成立した灌漑農業を基盤とした諸王国で，国家機構や宮廷文化にヒンドゥー的要素は大きな影響を与え，マタラム，クディリ，シンゴサリ，そして14世紀に栄華を極めたマジャパイト王国などいわゆるヒンドゥー・ジャワ王朝がこの地に栄えた（Koentjaraningrat 1971）。

一方，海岸部には熱帯での特産物を求めてやってくる外来交易者と，彼らに内陸地域の産物を売ろうとする人々が集まり，多様な出身地の人々が集う港市が形成されていく。13世紀にインド洋交易がムスリム商人の主導で行われるようになると，港市の支配者たちの間に，イスラムに改宗する者が目立ち始めた。とりわけスマトラ島のアチェは，16世紀の中ごろから，交易を独占しようとするポルトガル勢力に対抗して西アジアとの結びつきを強め，ウラマー(7)たちを招いてイスラム化を進め，「メッカの玄関口」とまで呼ばれるようになった。17世紀にはスマトラ以外の地域でも支配者のイスラム改宗が進み，その中にはメッカに使節を送ってスルタンの称号を得る者も少なくなかった（弘末 2004）。ジャワも例外ではなく，北岸から次第にイスラムの影響力が広がり，16世紀に興った新マタラム国でイスラムはついに国教とされた。しかしレッグやクンチャラニングラートが指摘している通り，ジャワにおけるイスラムの浸透は非常に不均等で，ヒンドゥーの影響の強かった中部ジャワや東ジャワでイスラムは土着の宗教と混淆して「ジャワ宗教」と呼ばれるようなものへと変形をしたし，イスラムを受容しなかった地域も残った（Legge 1977＝1984, Koentjaraningrat 1971）。

ヨーロッパの列強がインドネシアに対する影響力を強めると，キリスト教の信者も拡大していった。カトリックは，ポルトガルの影響下にあった16世紀に宣教活動が本格化し，東ヌサトゥンガラ地方ではドミニコ会によって多くの信者が獲得された。一方プロテスタントは，オランダ植民地政府がキリスト教の宣教活動に積極的ではなかったこともあり，本格的なインドネシア人の改宗は19世紀になってのことである。19世紀から20世紀半ばまでの時期に，スマトラ，スラウェシ，カリマンタンなどの外島内陸に暮らし，イスラム化していなかった，バタック，トラジャ，ダヤクなどの民族がオランダやドイツの宣教団に

よってプロテスタントの信者となった（Aritonang and Steenbrink 2008）。

このようにインドネシアでは長い時間をかけて，さまざまな外来文化の影響を受けつつ，それらの宗教を受け入れていったのである。また，地理的，歴史的事情からその受容の仕方はきわめて不均質であり，民族の境界と宗教の境界が複雑にからみあっている。スマトラ島に居住するエスニック集団トバ・バタックとマンデリン・バタックのように，言語の特徴や氏族名に共通点が多い人々が，前者がプロテスタント，後者がイスラムを受容しているためまったく異なったアイデンティティを持っているといった事例も存在している。

多様性の中の統一

前述のように，インドネシアにおいて最大の民族集団はジャワ人である。とはいえ，インドネシアが多様な社会であることは否定しがたい。図2-1にみられるように，インドネシア語とジャワ語で全体の半数近くを占めるが，別の言い方をすれば，インドネシアの人口の半数近くがそれらの主要語以外の母語話者であるということになる。

さらに言えば，国民国家インドネシアはそもそも制度設計の段階でジャワ人の国家ではなく，多民族国家であるということを理念として掲げて出発をしたといえる。植民地支配下の1928年に独立運動家たちが採択した「青年の誓い」で「インドネシア国というひとつの祖国」，「インドネシア民族というひとつの民族」，「インドネシア語というひとつの言語」が独立運動の方針として確認され，その目標がジャワ人国家の形成ではないことが明確に示された。とりわけ，最大の話者人口を持つジャワ語ではなく，インドネシア語が共通語として想定されていることは，ジャワ主義との決別を明確に示すものであった。

宗教に関しても，インドネシアは国民の大半が信仰するイスラムを国教とせず，いくつかの公認宗教に建前上は同等の権利を認める「宗教国家」として歩む道を選んだ。建国の理念が定められた「建国五原則（パンチャシラ）」に「イスラム」ではなく「唯一の神の信仰」が国造りの土台として記されているのはそのためである。一方，後に述べるように，そこでいわれる宗教の範囲は国家

第2章　多民族国家の不平等

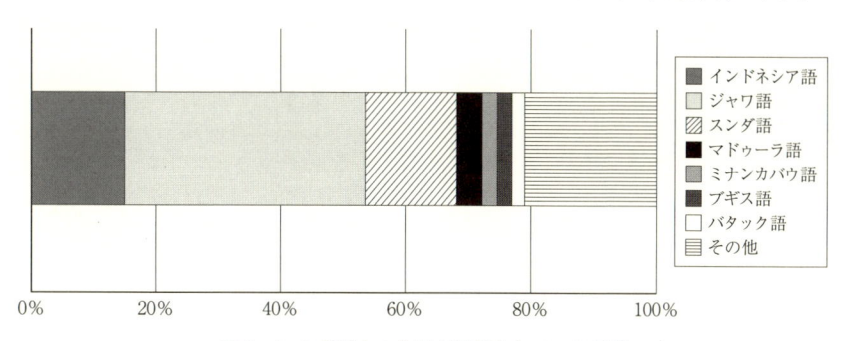

図2-1　5歳以上の住民が母語としている言語
出所：Penduduk Indonesia（Biro Pusat Statistik 1996）より筆者作成。

凡例：インドネシア語／ジャワ語／スンダ語／マドゥーラ語／ミナンカバウ語／ブギス語／バタック語／その他

による外延の管理を受け，現在では大統領令によってイスラム，プロテスタント，カトリック，ヒンドゥー，仏教，儒教の6つが公認宗教として認められている。

　このようにインドネシアは多様な文化的・宗教的背景を持った人々を1つの国民国家として統合していくことを自ら理念として掲げている多民族国家である。1950年にさだめられた国章では，霊鳥ガルーダが足でつかんだ幕のなかに国是「ビネカ・トゥンガル・イカ」すなわち「多様性の中の統一」と書かれているのを見ることができる。しかし，多くの論者が指摘しているように，このような統合は国内の多様な勢力のきわめて危ういバランスのもとに成り立っている。あるいは，そもそも統合がなされていないためにこのような理念が必要なのだという言い方も可能であろう。国是「多様性の中の統一」を掴み，人々を威嚇するように見下ろしながら羽ばたく霊鳥の足下では，さまざまな勢力によるせめぎあいが演じられ，時には霊鳥に致命的な影響を及ぼしかねない事態にまでいたっているのが現実である。インドネシア社会を分断する諸要素すべてを扱うことは不可能であるため，ここでは特に植民地時代から引き継がれたいわゆる「二重経済」の問題，そして宗教と政治をめぐる問題をとりあげて論じることにしたい。

第Ⅰ部　さまざまな分断線

2　インドネシアにおける格差の諸相

二重経済

　ブーケによって唱えられた「二重経済論」は，多くの批判を浴びつつも今日なおインドネシアの状況を考察するうえで有益な視点をもたらしている。ブーケは，当時オランダの植民地支配下にあったインドネシアの経済が二重構造をとっており，経済政策においてもそれが考慮されるべきであると主張した。彼によれば，19世紀になってオランダがプランテーションや鉱物資源の開発のために投入した資本により，インドネシアには大規模な商業都市，金融機関，貿易会社，大企業が生まれ，近代的な経済活動の基盤が形成された。これらの経済活動には主にオランダを始めとした外来の人々が参入し，インドネシア人は部分的にしか関わりを持たなかった。一方，多くのインドネシア人が生活する村落では，伝統的慣習に基づく互恵的な義務関係に支えられた共同体的結合と集約的農業経済が強固に保たれ，その力を失っていないとブーケは見た。そればかりか彼は，後者の経済を支える村落社会の特徴が個人主義的な経済的動機に還元されない社会的・宗教的な契機に基づくと考え，この二重性が過渡的なものではないことを指摘したのである (Boeke 1983)。

　彼のこの理論は，2つの経済をあまりにも単純化して対比していると多くの論者によって批判されたが，インドネシア社会のあり方を理解するための1つのモデルとしてその有効性を指摘する者も多い。J. D. レッグは，「大規模な企業の諸設備と伝統的な労働集約的経済活動とが併存」しているインドネシアや近隣アジア諸国の経済状況を理解するうえで，この二重経済の概念が一定の有用性を持つことを指摘した。そして，オランダ統治の後期に「西欧化された」エリートが誕生し，彼らが独立したインドネシアの指導層としてそれまでのオランダ人の立場を引き継ぐと，都市部エリートと農村大衆という新たな二重構造がインドネシア社会に現れたと彼は見る (Legge 1977＝1984)。

　今日のインドネシアにおける格差の問題を考えるうえでも，この枠組みはあ

る程度示唆的である。とりわけ地下資源，森林資源，プランテーションなどの開発が進められている地域では，オランダ植民地政府の権益を引き継いだエリート層と，地元民の格差は今日でも歴然としている。とはいえこのような格差は，ブーケの見た20世紀初頭とは異なり農村が市場経済に巻き込まれた今日ではまったく違った含意を持ち，容易に政治化されて民族間対立に火種を提供しているのである。

格差の時間的変化

　図2-2は，インドネシアにおける1976年以降のジニ係数の時間的変遷である。全般的に見てこの時期にジニ係数が危機的な水準とされる0.4を超えたことはなく，これだけを見ればインドネシアは極端に格差が顕著な社会とはいえないことがわかる。しかし微細に目を凝らせば，そこに時代的な変化を見出すこともできる。

　スハルトが政権を握った1960年代半ばから1970年代に入ると，積極的な外資導入やテクノクラートの登用などの経済開発政策が効果を現しはじめ，インドネシアは急速な経済発展を遂げる。特に70年代を通しては年率8％前後の経済成長率が続き，戦後の「アジアの奇跡」を代表する地域として注目された。しかしその一方で社会内にはそのような投資の直接的な恩恵を受けた人々とそうでなかった人々の間に次第に大きな格差が生まれていったのもこの時期であった。図2-2からもわかる通り，70年代の後半にはジニ係数が0.4近くにまで及んでいる。

　ジニ係数はその後80年代に次第に低下傾向を見せ，90年までは安定的に0.35を切る状態が続いたが，90年代に入り，格差は再び広がっていく傾向を見せる。この時期は80年代の後半にスハルト政権は海外からのさらなる投資を呼び込むため，大幅な金融の自由化を推進したことで，インドネシアに投機的な資金が流入していた時期にあたる。しかし，1997年にはじまるアジア金融危機の影響でインドネシアの経済は大きく減速し，経済成長率もマイナス10ポイント以上の下げを記録した。この時期にジニ係数は0.3近くにまで減少してい

第Ⅰ部　さまざまな分断線

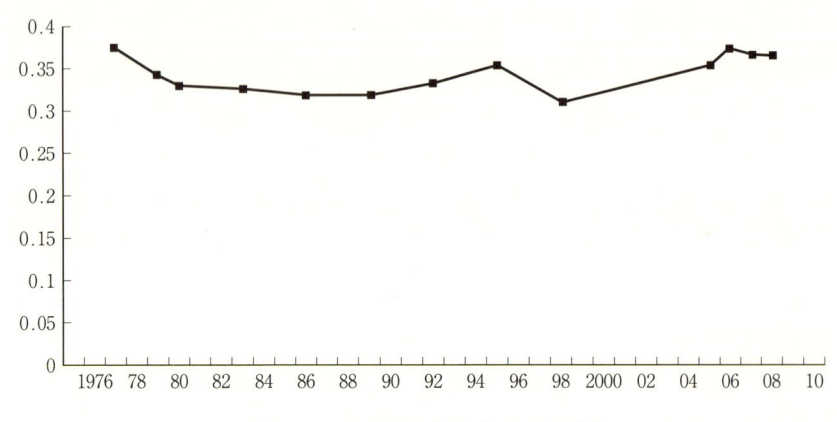

図2-2　ジニ係数の変遷（1976-2010年）

出所：Indikator Kesejateraan Rakyat（Badan Pusat Statistik 1983, 1985, 1989, 1990, 1998, 1999, 2008, 2009）より筆者作成。

る。国際協力銀行のレポートはその要因を分析して，都市部では全体的に支出が減少する中，とりわけ中上位層の支出レベルが大幅に低下したこと，農村部では全体的に支出が増加する中，とりわけ低位層の支出レベルが増加したことが，全体として格差の縮小を生んだと論じている（国際協力銀行 2001）。しかし，このようにして一時的に縮小した格差であるが，その後2000年代の半ばには再び0.35を超える水準にもどっている。つまり，90年代末の格差縮小は一時的な経済危機によるものにすぎず，インドネシア社会の構造的変化によるものではなかったため，経済活動が再び好調をとりもどすと，格差も再び拡大をはじめたということになる。

格差の地域的様相

次に，地域に注目してこのジニ変数の変化を見てみたい。図2-3は1986年の統計に見る州ごとのジニ係数の大きさを地図上に示したものである。1986年は上述の時間軸でいえば，格差が比較的少なく安定していた時期にあたり，この図で見てもインドネシアの多くの地域でジニ係数はそれほど高くないことがわかる。

第2章　多民族国家の不平等

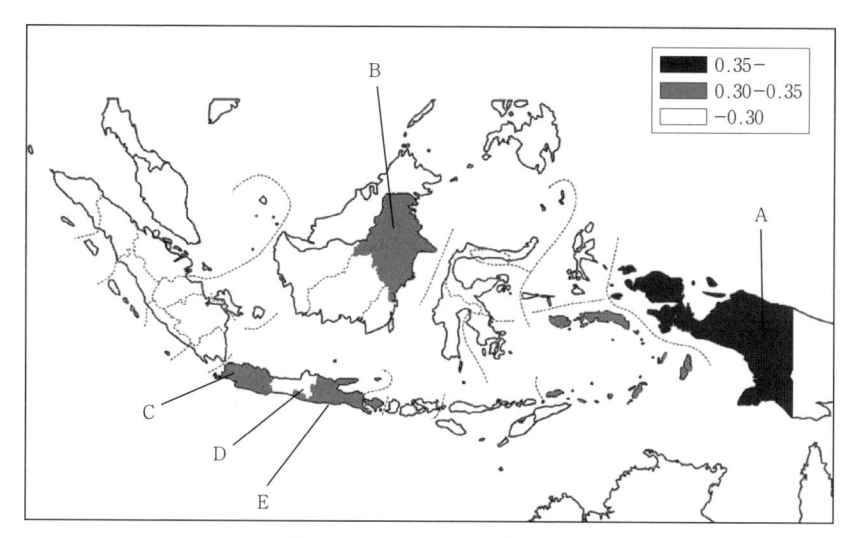

図2-3　州別ジニ係数（1986年）
出所：Indikator Kesejateraan Rakyat（Badan Pusat Statistik 1990）より筆者作成。

　図2-3中にAで示したもっとも格差の大きい州（0.375）はイリアンジャヤ州（現パプア州）である。パプア島は19世紀の後半に西欧諸国によって分割され，西半分がオランダ統治下の蘭領東インドに繰り込まれた。しかし，インドネシアの独立が承認された1949年のハーグ円卓会議では，この地域をインドネシアの一部とするかどうか結論が出ず，分離独立を主張するオランダとインドネシアの間で対立が生じた。オランダは1962年になってようやくこの地のインドネシア帰属を条件付きで認めたが，今日にいたるまで独立問題がくすぶり続けている地域である。石油・天然ガス・銅などの豊かな天然資源が存在しているが，その利益の配分をめぐる不平等がこのような格差を生んでいると考えられる。カリマンタン島の東カリマンタン州（B）もまた，地下資源の産出地であり，同様の構造が格差をもたらしたと思われる。ジャワ島に関しては，ジャカルタ，ジョグジャカルタ，スラバヤなどの大都市を擁する西ジャワ州（C），ジョグジャカルタ特別地区（D），東ジャワ州（E）で格差がやや大きい傾向がみられる。

第I部　さまざまな分断線

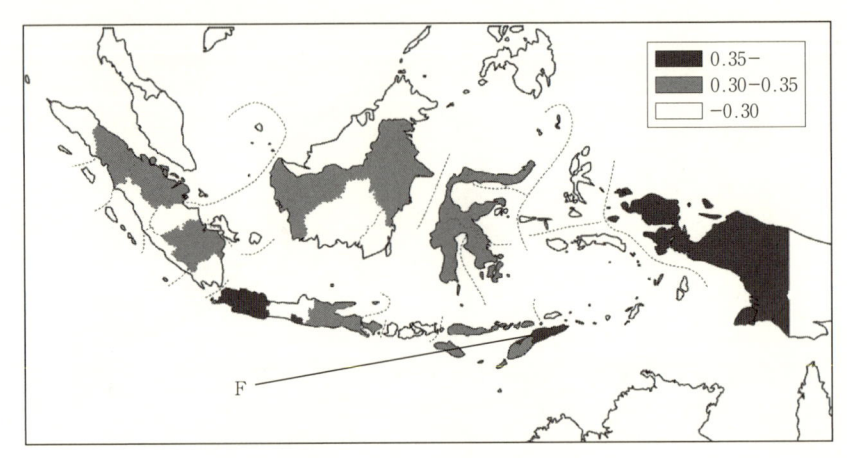

図2-4　州別ジニ係数（1996年）
出所：Indikator Kesejahteraan Rakyat (Badan Pusat Statistik 1998) より筆者作成。

　次に1996年の同様の統計を見てみよう（図2-4）。この時期は前述の通り97年の金融危機の直前にあたり，インドネシアは一桁後半の経済成長をコンスタントに達成する一方，経済的格差が増大していった時期である。地図を見ると，イリアンジャヤに加えて西ジャワやジョグジャカルタなどの大都市圏で格差が拡大し，ジニ係数が0.35を超過している。また，それまで比較的格差の少なかったスマトラ島，カリマンタン島，スラウェシ島などにおいても，この時期次第に格差が表面化しつつある様子をうかがうことができる。
　図中のFは東ティモールである。ティモール島はオランダとポルトガルで東西半分に分割されて植民地支配を受けてきたが，第2次世界大戦終結に伴って日本軍がこの地から去ると，東ティモール側はポルトガルの支配下に戻った。その後1970年代に独立への機運が高まる中，1975年，一部勢力と結託したインドネシア軍が侵攻し，翌年にはインドネシアの一州として編入された。90年代になり，独立を求めるデモ隊に軍が発砲したサンタクルス事件（1991年）などをきっかけにこの地域の緊張は高まり，図で示された96年は，2名の独立運動家がノーベル平和賞を授与された年でもあった。その後東ティモールは，国連監視下で行われた1999年の住民投票の結果を受けて2002年に独立を果たしてい

第2章　多民族国家の不平等

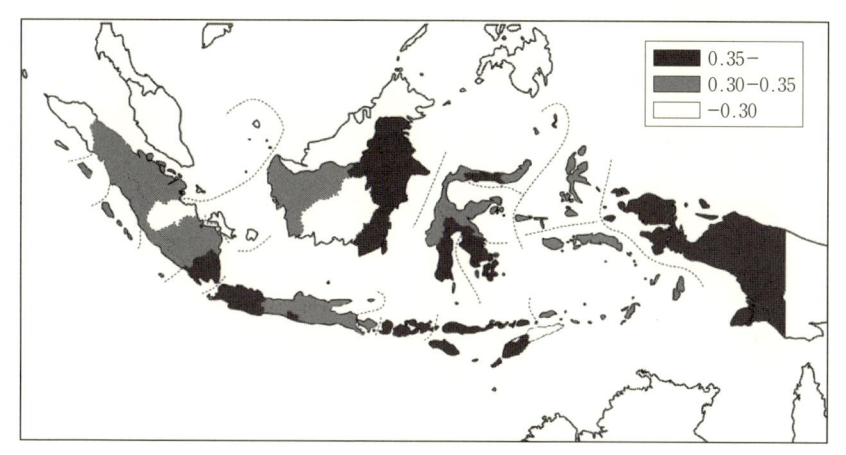

図2-5　州別ジニ係数（2009年）
出所：Indikator Kesejahteraan Rakyat（Badan Pusat Statistik 2009）より筆者作成。

る。図中の高いジニ係数はそのような社会の混乱を反映したものであろう。

　一方，2009年における格差の状況を示したのが図2-5である。インドネシアのほとんどの地域でジニ係数は0.35を超過するとともに，南スラウェシ（0.39）と東カリマンタン，パプア，ジョグジャカルタ（0.38）では0.4へと迫る勢いである。また，インドネシアの中でも経済の最後進地域の1つとされる東西ヌサトゥンガラ地方で格差が拡大する兆候がみられるなど，今後のインドネシアの安定にとって懸念されるような事態も進行しつつある。高い経済成長を保ちながら，これらの格差にどのように対処するかが，今日のインドネシア政府にとって重要な政策課題となっている。

3　民族・宗教問題へ翻訳される格差

わかりやすい物語装置としての民族

　多民族国家インドネシアでは，社会に内在する格差の問題が表に現れる際に，民族間問題という衣をまとって表面化することがしばしばある。日常生活においても，言語や生活習慣の違い，インドネシア語のなまりの違いなどが人々の

いわば「俗流民族学」的関心の対象となり，ステロタイプ化された民族像が作り上げられる傾向にある。「荒っぽい〇〇人」「陰険な〇〇人」「けちな〇〇人」などといったわかりやすいカテゴリーにあてはめられたそれらの民族像は，平時であればせいぜいエスニック・ジョークのネタに用いられる程度でとどまるが，大きな社会問題がそうしたカテゴリーで解釈され，物語化されると，事態はそれだけでは済まなくなることもある。

とりわけ移民が多い都市部では，経済的な格差が移民対地元民といった問題に容易にすり替えられてきた。「自分たちの暮らしている地域の経済がよそものの〇〇人によって牛耳られていて，自分たちはその恩恵に預かれない」といった言説は，〇〇にあてはまる民族名をかえつつインドネシアのどこでも耳にすることができるものである。このような論理は多くの場合，数名の移民成功者の事例をあげる程度で広く受け入れられ，時には暴力的な形で表現されることもある。

インドネシア政府はかねてからこのようなわかりやすい物語装置としての民族が持つ危険性に気が付いていた。とりわけスハルト政権下では，民族 (suku) 宗教 (agama) 人種 (ras) そして社会勢力間 (antara golongan) の問題 (SARA)[8] はタブーとされ，公の場でこれらについて発言することは厳しく禁じられてきた。しかしスハルト政権が崩壊し，このタブーの拘束力が失われると，人々はこのような物語が持つ魔力に抵抗することができなくなり，一部民族を標的とした暴力が社会を席巻した。

中国系住民

この標的に一番されやすかったのは中国系住民である (Schwarz 1994)。古くからインドネシア各地と中国との交流は盛んであったが，オランダ植民地統治下にあった19世紀後半から移民が急増した。彼らの多くはプランテーションや工場で労働者として働いたが，その社会的地位は不安定なものであった。1854年に出された「蘭印居留民区分法第109条」では蘭領東インド（現インドネシア）の住民を (1) ヨーロッパ人 (2) 准ヨーロッパ人 (3) 原住民 (4) 准原住民と分

類することが定められ，日本人は(2)に含まれたが中国人はインド，アラブ人とともに(4)のカテゴリーに分類された。国籍に関しても出生地主義を採用する植民地政府と血統主義を採用する清朝政府の間にはさまれ，多くの中国人が二重国籍者となった。独立後のインドネシア政府はこれらの中国人の帰属について一貫した政策をとらず，インドネシア国籍への繰り込みと排除を繰り返したため，その立場はいっそう不明確なものとなっていった（蔡 1993；唐松 1993）。

一方，スハルト政権下において，海外企業と協力関係を築いたアストラ・グループ，リエム・グループなど中国系の財閥が急成長をとげた（Robinson 1986＝1987）。しかしそのことは人々の中国系住民に対する不信感を増す原因となった。90年代には「3％の中国系住民がインドネシアの経済活動の7割を牛耳っている」などという話がまことしやかに語られるのをしばしば耳にした。このようなわかりやすい物語が，1998年の中国系住民を標的とした暴動の引き金となったことは疑いがない。

1997年に端を発するアジア金融危機後の混乱の中，年が明けたころからインドネシア各地でスハルト退陣を要求するデモが頻発し始めたが，その中で一部住民が暴徒化して中国系住民を襲うという事態が起きた。そのような中国系住民への暴力が頂点に達したのが，5月13日から15日までジャカルタなどで発生した大規模な暴動であった。これは国軍兵士がデモに参加した大学生を射殺したことへの抗議活動に端を発したが，その過程で無関係な中国系住民の住居への放火や暴力が一部住民の手で集団的に行われ，その結果1,000名を超えるとみられる中国系住民が殺害されたとされる（Purdy 2006）。

その他の「民族問題」と宗教

しかし，それ以外にも，それぞれの地域ではそれぞれの実情に応じた地域版の同様の話を聞くことは珍しくない。カリマンタン島各地では大規模な森林伐採事業とプランテーション開発に伴って先住民であるダヤク人の立ち退きや外来の移民の流入などの社会変化が生じ，民族集団間の紛争が発生している。西カリマンタンでは1996年以来しばしば地元のダヤク人と外来の移民，とりわけ

マレー人やマドゥーラ人との間で衝突が繰り返され，数百人の死者が出ている。『ジャワ・ポス』紙（2008年2月28日）のインタヴューに答えたあるダヤク人は，マレー人がいつも「ファーストクラス」であることを見せびらかし，ダヤク人が遅れたままでいることを望んでいるのだと証言している。

　さらにこのような民族の違いが宗教の違いと重ねあわされるとき，事態はよりやっかいになる。民族や文化の違いは相対主義的な解釈の余地を建前の上だけでも残しているが，宗教の違いの場合，異教徒に「悪」といったレッテルを張りつけてしまえばそれを滅ぼす行動は「善」であるといった単純な図式が成立しやすい。マルク諸島の事例はそのわかりやすい事例である。

　マルク諸島のアンボン島は16世紀からポルトガル人たちの貿易の拠点となり，後にオランダも17世紀はじめには一時期東インド会社の拠点を置いた。このように西欧諸国とのつながりが深かったことからこの地域はインドネシアの中でも比較的キリスト教信者の多い地域であり，ムスリムとクリスチャンの人口がほぼ拮抗する地域であった。しかし政府の移民政策によって70年代から南スラウェシ島のブギス人，ブトン人，マカッサル人のムスリムたちが大量にこの地に移住し，とりわけ商業分野で目立った活躍をはじめると，両者のバランスは崩れ始めた。

　スハルト政権崩壊後の1999年1月19日，アンボン人運転手（クリスチャン）とブギス人（ムスリム）の小競り合いが発端となり，いくつかの地区で大規模な衝突が発生した。この衝突は数十名の死者を出し，数日後には治安部隊によっていったんは収まったかに見えたが，クリスチャン対ムスリムの争いとして周辺各地に飛び火してしまう。各地で教会やモスクが焼かれ，ブギス人商人たちが働く市場が破壊される事件が相次いだ。それまでクリスチャンとムスリムが共存していた村でもお互いの家や宗教施設への襲撃が行われ，多くの人命が奪われた（Human Right Watch 1999）。2000年の4月以降には，イスラム急進派による「聖戦部隊（Laskar Jihad）」が送り込まれたこともあって事態はさらに悪化，インドネシア政府は非常事態宣言を出し，取り締まりを強化した。しかしそれでも事態は改善にいたらず，結局2002年までにおよそ9,000人の死者

と40万人の難民を生み出すことになってしまった (Schulze 2002)。

4 共存のために

　以上，本章では，多民族国家インドネシアにおける格差の現状とそれらが民族や宗教の枠組みに翻訳される傾向について概観してきた。もちろんここでとりあげた紛争の背景にあるのは格差の問題ばかりではなく，アジア金融危機後のポスト・スハルトをめぐる政治的混乱が直接の引き金であるとする見方が有力である。だとしても，暴動に加わった住民たちにとって，中国系住民やマドゥーラ人との間に仮想された「格差」が，破壊活動への参加への大きなモティベーションとなったことは否定できない。そしてこのような想定上の「格差」は，現実の格差が大きい社会ほど生み出されやすいだろう。

　先ほど見たように，インドネシアでは近年，経済的繁栄の陰で再び格差の拡大が急速に進行している。このような中，いかにして国家としての統合を保ち，安定した社会を築いていくことができるか，現在のインドネシア政府は大きな課題を抱えている。インドネシアの第4代大統領で，中国系住民の権利回復に尽力したアブドゥルラフマン・ワヒドは，インドネシア最大のイスラム団体NUの指導者としてたびたび信者たちに次のように呼びかけていた。すなわち，偉大なる神が創造したこの世が現実に多様な宗教や民族から構成されていることを忘れてはならない。多様性を否定しようとする精神は，同時に神の業を否定していることになる，と (Fakieh 2010)。もちろんこの言葉だけをもって民族・宗教間の対立紛争がなくなることはなかった。まして格差の問題の解決にはならないだろう。しかしこのような人物がイスラムの保守系団体の指導者一家に現れることに，インドネシアにおける多民族共存の歴史の中で培われた共存のための底深い叡智の水源の一端を見出すことができるように思う。

注

(1) インドネシア語には英語の nation におおむね相当するバンサ (bangsa) という

第 I 部　さまざまな分断線

言葉があるが，これは統合されたインドネシア国家の担い手たるただ1つの民族すなわち「インドネシア民族」という意味で用いられるイデオロギー的な色彩の強い概念である。それに対して，文化・言語によって区別される多様な諸集団はスク (suku) という概念で捉えられる。本章で民族という概念を用いる場合，このスクのことを指す。
(2) インドネシア内務省によれば，17,504 の島があり，そのうち名前が付けられているものだけでも 7,870 にのぼるという。
(3) マレーシア領，ブルネイ領を含む。
(4) パプア・ニューギニア領を含む。
(5) 東ティモール領を含む。
(6) 具体的には，1. アチェ，2. ガヨ・アラス・バタック，3. ミナンカバウ，4. 南スマトラ，5. マレー，6. バンカ・ビリトン，7. カリマンタン，8. ミナハサ，9. ゴロンタロ，10. トラジャ，11. 南スラウェシ，12. テルナテ，13. アンボン，14. イリアン，15. ティモール，16. バリ・ロンボク，17. 中部ジャワ・東部ジャワ，18. ジャワ王侯領，19. 西ジャワの19区域である。
(7) イスラムの教えに通じ，他のムスリムの指導的立場にある人物のこと。イスラム法学者。
(8) suku, agama, ras, antar golongan の頭文字を組み合わせたもの。

文献

Aritonang, Jan Sihar and Steenbrink, Karel, 2008, *A History of Christianity in Indonesia*, Brill.
Badan Pusat Statistik, 1983, *Indikator Kesejateraan Rakyat*, BPS.
Badan Pusat Statistik, 1985, *Indikator Kesejateraan Rakyat*, BPS.
Badan Pusat Statistik, 1989, *Indikator Kesejateraan Rakyat*, BPS.
Badan Pusat Statistik, 1990, *Indikator Kesejateraan Rakyat*, BPS.
Badan Pusat Statistik, 1998, *Indikator Kesejateraan Rakyat*, BPS.
Badan Pusat Statistik, 1999, *Indikator Kesejateraan Rakyat*, BPS.
Badan Pusat Statistik, 2008, *Indikator Kesejateraan Rakyat*, BPS.
Badan Pusat Statistik, 2009, *Indikator Kesejateraan Rakyat*, BPS.
Biro Pusat Statistik, 1996, *Penduduk Indonesia—Hasil Survei Penduduk Antar Sensus* 1995, Antar Jasa.
Boeke, Julius Herman, 1942 [1983], *The Structure of Netherlands Indian Economy*, AMS Press.

Berdrand, Jacques, 2003, *Nationalism and Ethnic Conflict in Indonesia*, Cambridge U. P.
Fakieh, Maman Imanulhaq, 2010, *Fatwa dan Canda GUS DUR*, Kompas.
弘末雅士, 2004, 『東南アジアの港市世界——地域社会の形成と世界秩序』岩波書店。
唐松章, 1993, 『インドネシア華人社会経済論——その社会・経済的地位の変容に関する研究』鳳書房。
Human Right Watch, 1999, *Indonesia; the violences in Ambon* (http://www.hrw.org/reports/1999/ambon/ 2012.10.8)
Khalik, Abdul, 2008, Ethnic based conflict continue to haunt West Kalimantan, *Jawa Pos*, 2008年2月28日号 (http://www.thejakartapost.com/news/2008/02/28/ethnicbased-conflict-continues-haunt-west-kalimantan.html 2012.8.1.)
Koentjaraningrat, 1971, *Manusia dan Kebudayaan di Indonesia*, Djambatan.
国際協力銀行, 2001, 『貧困プロファイル——インドネシア共和国』(www.jica.go.jp/activities/issues/poverty/profile/pdf/indonesia_fr.pdf. 2012.8.1)
Legge, John David, 1977, *Indonesia*, Prentice-Hall of Australia. (＝1984, 中村光男訳『インドネシア歴史と現在』サイマル出版。)
Purdy, Jemma, 2006, *Anti-Chinese Violence in Indonesia, 1996-1999*, University of Hawaii Press.
Robbinson, Richard, 1986, *Indonesia; The Rise of Capital*, Allen & Unwin. (＝1987, 木村宏恒訳『インドネシア——政治・経済体制の分析』三一書房。)
蔡仁龍, 1993, 『インドネシアの華僑・華人』, 鳳書房。
Schulze, Kirsten, 2002, *Laskar Jihad and the conflict in Ambon*, The Brown Journal of World Affairs IX.
Schwarz, Adam, 1994, *A Nation in Waiting*, Allen & Unwin.
Vollenhoven, Cornelis van, 1918, *Het Adatrecht van Nederlandsch-Indië*, Brill.

第3章

グローバリゼーションと社会の多元化がもたらす不平等
――台湾の新しい格差問題――

沼崎一郎

1 政治と経済の変容

　台湾は，総面積約36,000平方キロ，人口約2,300万人という小さな社会である。しかし，台湾の住民は，先住民と移民，出身地と母語，移民の経緯などの要因によってさまざまな集団に分かれ，その構成は複雑である。政治的には，17世紀初頭からのオランダ植民統治に始まり，短期間の鄭成功父子による支配，17世紀末から19世紀末までの清朝による統治，日清戦争から第2次世界大戦までの日本による植民統治，戦後は国共内戦に敗れて台湾に逃れた中国国民党（以下，国民党）の蒋介石・蒋経国政権による独裁支配，1990年代に入っては李登輝政権による民主化の実現，2000年には民主進歩党（以下，民進党）による平和的な政権奪取，そして2008年には国民党の政権復帰という激変の歴史をたどっている（若林 2008；若林編 2010）。経済的には，17世紀以来増加する漢族移民による商業的な農業開拓，20世紀前半の植民統治下における資本主義化と工業化の開始，20世紀後半の国民党政権下における輸出志向産業化と高度経済成長の実現，そして近年の急速なグローバリゼーションという激動の展開をたどっている（Gold 1986；涂 1975；劉 1975；隅谷・劉・涂 1992；渡辺・朝元編 2007；佐藤編 2008）。

権威主義的独裁から競争的民主主義へ

　台湾は，1990年代に入って大きく変化し始める（沼崎・佐藤 2012）。第1に，政治の「民主化」と「台湾化」が進行し，4年に一度の総統選挙が象徴するように，一種のエスノポリティクスが展開されるようになった。第2に，経済のグローバリゼーションにともなって，台湾でも資本と労働力の「国際化」が進行し，特に中国大陸に対する経済的な依存度が高まった。

　1949年の台湾撤退以来，蒋介石の率いる国民党は，戒厳令を敷いて，一党独裁の権威主義体制を維持してきた。蒋介石は1950年に総統（大統領）に就任し，1975年に死去するまでその地位にあった。総統在任中の蒋介石の死によって副総統の厳家淦が総統代行に就任したが，1972年から行政院長（首相）に就任していた息子の蒋経国が父の跡を継いで国民党中央委員会主席に就任して党内を掌握し，1978年には正式に総統に就任した。「外省人」第一世代の高齢化に伴い，支持基盤の拡大に迫られた蒋経国は，国民党の「台湾化」に舵を切り，1984年には「本省人」である李登輝を副総統（副大統領）に任命した[1]。政治の「民主化」も徐々に始まり，「党外」と呼ばれる野党の活動も次第に許容され，1987年には数十年続いた戒厳令が解除された。

　1988年，蒋経国の死後，李登輝が総統に昇格すると，民主化は一挙に加速する。李登輝は，国民党内に権力基盤を持たなかったが，民主化と台湾化を求める人々の支持を背景に，国民党政権内の保守派勢力を抑え込みながら，次々と政治改革を断行していく。1989年には，党外から発展した民進党が正式に成立し，特に台湾南部を中心に「本省人」の間に幅広い支持を得て，国民党に対抗する政治勢力に育っていった。種々の社会運動も盛り上がりを見せ，1990年3月には国会の全面改選等を求める学生運動も展開された。1992年には国会の全面改選が実現，1996年には総統の直接選挙が初めて実施された。この第1回総統選挙では，李登輝が圧勝して初の民選総統となる。このように，1990年代に入って，国民党と民進党を中心として，複数の政党が国会選挙と総統選挙を通して政権を争うという競争的民主主義の体制が成立したのである。

　2000年の総統選挙では民進党の陳水扁が勝利し，ついに平和的な政権交代が

第3章 グローバリゼーションと社会の多元化がもたらす不平等

実現した（小笠原 2010）。これは台湾政治の民主化が一応完成したことを意味する。陳水扁は2004年の総統選挙にも辛勝し，民進党政権は8年間続いたが，中国大陸との関係悪化や陳水扁政権幹部のスキャンダル等により，2008年の総統選挙では国民党の馬英九が圧勝，再び政権交代となった。2012年に馬英九は総統に再選され，2016年までは国民党政権が続く。

国民党と民進党の政治的競争の焦点として浮上したのは，中国大陸との統一か台湾地域の独立かという国家像をめぐる問題であり，それと絡んで「外省人」か「本省人」か，さらには本省人のなかでも人口的に多数派の「福佬人」（「閩南人」とも呼ばれる）か少数派の「客家人」か[2]，あるいは漢人か「原住民」[3]かといったエスニック・アイデンティティをめぐる問題であった。台湾政治は，エスノポリティクスの色合いを強めたのである。外省人の多くは国民党または国民党から分派した新党や親民党を支持する。民進党の支持者は，福佬人が多い。しかし，福佬人には国民党支持者も少なくない。客家人や原住民は，国民党支持者が多いようである。

国会議員選挙や総統選挙に際して顕在化するエスノポリスとあいまって，外省人・福佬人・客家人・原住民の4つのエスニックグループが台湾社会を構成するという言説が，1990年代以降に誕生した（王 2003；李 2008）。それぞれ歴史的経緯を異にして形成されてきた集団であり，その構成も意識も多様である。各集団の人口を正確に把握することは難しい。行政院客家委員會（2011）によると，2010年の調査では福佬人が67.5％，客家人（「大陸客家人」つまり外省人の客家を含む）が14.1％，外省人が7.1％，原住民が1.8％，その他が9.5％であった。

1990年代以降の政治の民主化と台湾化は，大陸の共産党政権との間に緊張をもたらした。李登輝総統は，1995年にアメリカを訪問して母校コーネル大学で講演して共産党政権の反発を招き，翌1996年の総統選挙前には台湾海峡において軍事的緊張が高まる事態となった。関係改善を図る動きもあったが，李登輝政権時代には緊張関係が続いたのであった。李登輝の跡を受けた陳水扁政権は当初共産党政権との関係改善に意欲的だったが，共産党側は民進党を台湾独立

派と見て警戒を解かず,関係は改善されなかった。2008年に総統に就任した国民党の馬英九は,大陸との交流を促進して関係改善に動き,2010年には「経済協力枠組協定」を締結,経済関係の自由化を推進している。政権交代によって,中国大陸との政治関係も大きく変動することとなった。

経済のグローバリゼーションと中国大陸依存度の増大

　このような政治的激動のなかで,1990年代以降の台湾経済はどのような変化を遂げてきたのだろうか。すでに1980年代には,台湾経済は大きな転機を迎えていた。それまでの高度成長時代には,安価な労働力に依存した労働集約型の輸出産業が台湾経済を支えていたが,賃金の上昇とともに国際競争力を失い始めたからである。

　しかし,図3-1および図3-2が示すように,多少の上下動は伴いつつも,台湾経済の成長は続いた。1990年に165兆ドルだったGDPは,2011年には約3倍の466兆ドルに達している。1人当たりGDPも,1990年には8,000ドルだったが,2011年には20,000ドルを超えている。図3-3が示すように,GDPの成長率は1980年代半ばから緩やかな低下傾向にある。台湾経済が成熟してきた結果である。2000年代に入ると,2001年と2009年にマイナス成長に落ち込んでいる。2001年にはITバブルの崩壊があり,IT産業の比重を高めていた台湾経済に打撃を与えた。2009年の落ち込みは,いわゆるリーマンショックが引き起こした世界不況の影響による。成長を続けているとはいえ,台湾経済は不安定さを増しているのである。

　失業率を見ると,1990年代後半から緩やかな増加傾向を示している(図3-4)。2つの突出した山は前述した二度のマイナス成長の影響であるが,1990年代半ばまでは3%未満で上下していた失業率が,2000年代には3%を超えて推移しているのである。このような失業率の上昇は,後に論じる所得分配の悪化の要因の1つである。

　経済構造の変化を見ると,1990年代には経済の成熟に伴ってサービス産業分野の比重が増し,それが内需拡大につながって,台湾経済の貿易依存度を押し

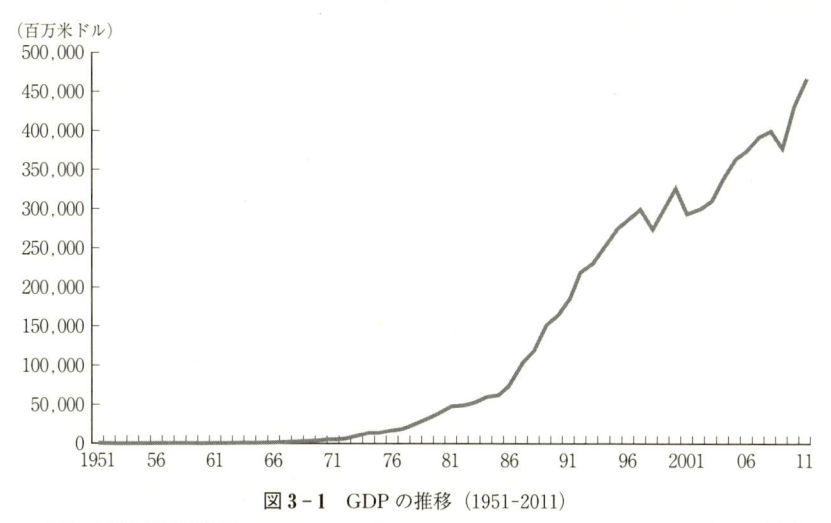

第3章　グローバリゼーションと社会の多元化がもたらす不平等

図3-1　GDP の推移（1951-2011）
出所：中華民國統計資訊網 Macro Database（http://61.60.106.82/pxweb/Dialog/statfile1L.asp）より筆者作成。

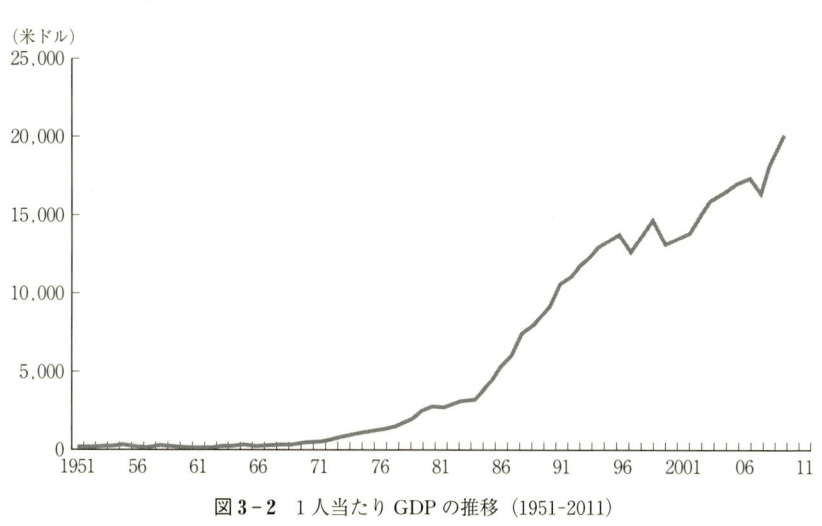

図3-2　1人当たり GDP の推移（1951-2011）
出所：中華民國統計資訊網 Macro Database（http://61.60.106.82/pxweb/Dialog/statfile1L.asp）より筆者作成。

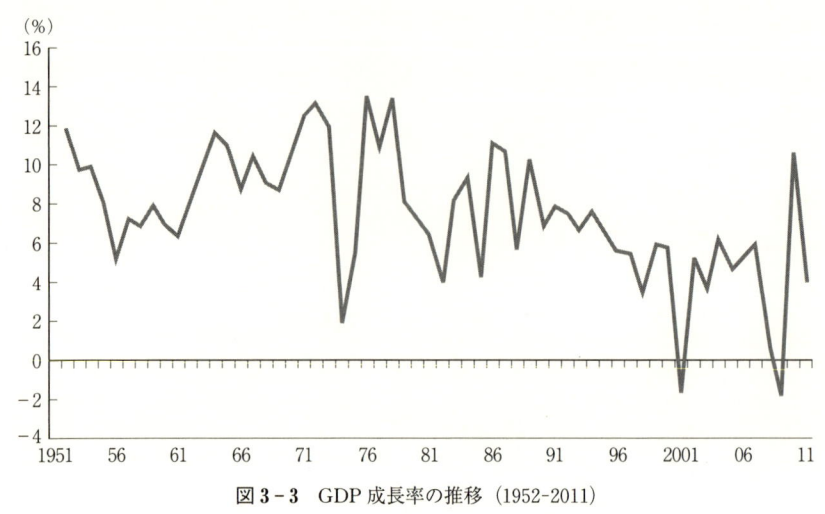

第Ⅰ部　さまざまな分断線

図3-3　GDP 成長率の推移（1952-2011）

出所：中華民國統計資訊網 Macro Database（http://61.60.106.82/pxweb/Dialog/statfile1L.asp）より筆者作成。

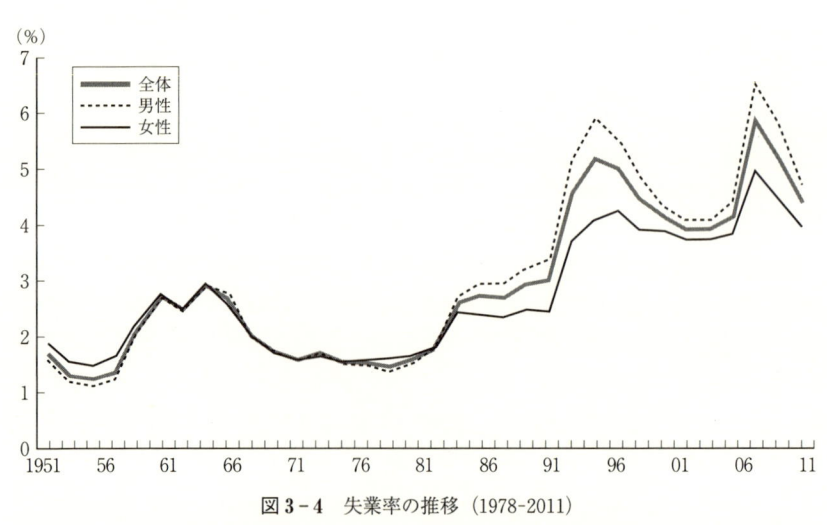

図3-4　失業率の推移（1978-2011）

出所：中華民國統計資訊網 Macro Database（http://61.60.106.82/pxweb/Dialog/statfile1L.asp）より筆者作成。

第3章　グローバリゼーションと社会の多元化がもたらす不平等

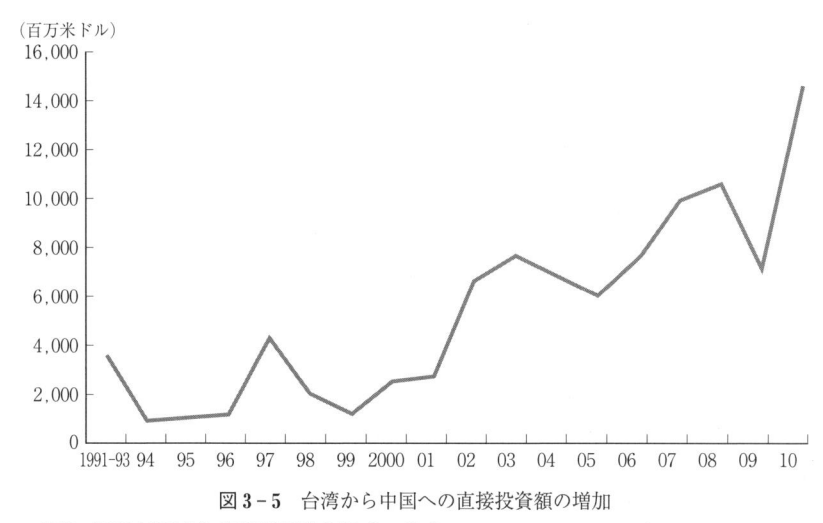

図3-5　台湾から中国への直接投資額の増加
出所：行政院大陸委員會『兩岸經濟統計月報』第220期（http://www.mac.gov.tw/ct.asp?xItem=96985&ctNode=5720&mp=1）より筆者作成。

下げた。ところが，2000年代に入ると，再び外需主導の経済成長へと転換し，貿易依存度も上昇している。その中核となったのが，1990年代半ばから急成長し，大企業化を果たしたIT産業である（佐藤 2007, 2008, 2010）。IT産業は高度な技術者を必要とし，彼らの報酬が高額化したことは，国民所得を押し上げたが，他の産業の労働者との所得格差の拡大ももたらした（佐藤 2010）。

台湾内における賃金上昇によって低賃金の労働力を抱える東南アジアや中国との競争にさらされた台湾企業は，コスト削減のため，1980年代後半から海外に工場を移転し始めた。当初はフィリピン・シンガポール・マレーシア・タイ・インドネシア・ベトナムの東南アジア6ヶ国が中心だったが，1991年に中国大陸への直接投資が解禁されると，中国大陸が主要な投資先となった。最初は中国大陸の安価な労働力を求めた投資が主だったが，2000年代に入ると中国大陸市場をねらった企業進出も増加するようになった。図3-5は，2000年代になって台湾からの中国投資が急増している様子を示している。

投資の増加は，貿易の増加につながり（図3-6），台湾から中国への輸出の増加をもたらした。中国に生産拠点を移した台湾企業の多くが，従来通り台湾

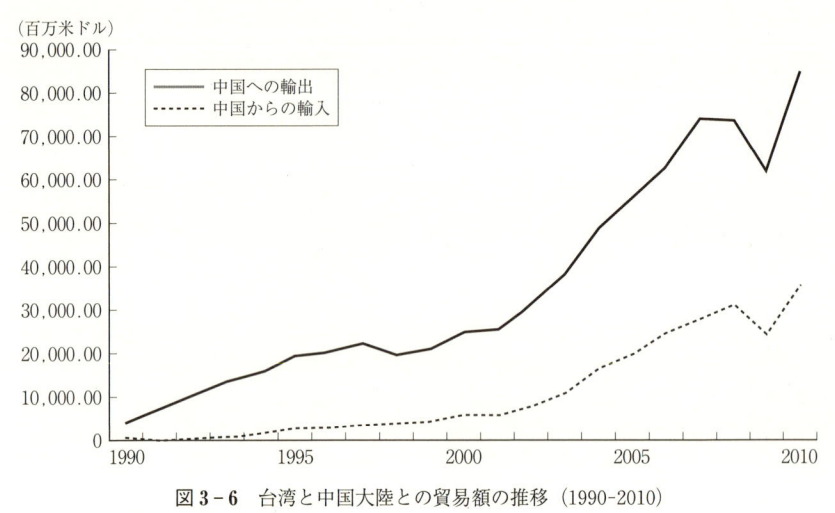

第Ⅰ部　さまざまな分断線

図3-6　台湾と中国大陸との貿易額の推移（1990-2010）

出所：行政院大陸委員會『兩岸經濟統計月報』第220期（http://www.mac.gov.tw/ct.asp?xItem=96985&ctNode=5720&mp=1）より筆者作成。

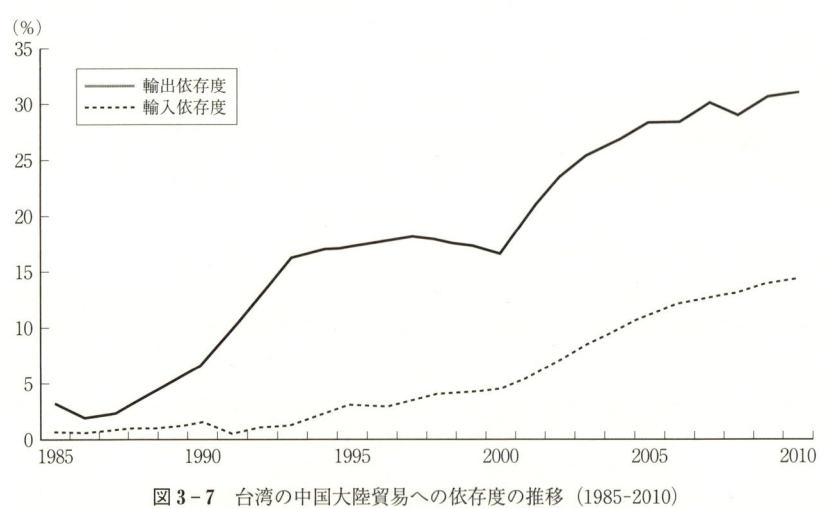

図3-7　台湾の中国大陸貿易への依存度の推移（1985-2010）

出所：行政院大陸委員會『兩岸經濟統計月報』第220期（http://www.mac.gov.tw/ct.asp?xItem=96985&ctNode=5720&mp=1）より筆者作成。

第3章　グローバリゼーションと社会の多元化がもたらす不平等

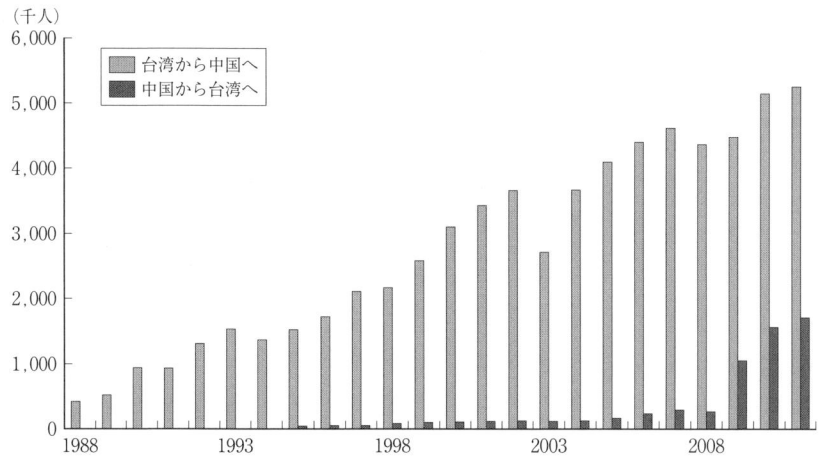

図3-8　台湾と中国大陸との間の旅行者数の推移
出所：行政院大陸委員會『兩岸經濟統計月報』第137, 169, 233期（http://www.mac.gov.tw/ct.asp?xItem=96985&ctNode=5720&mp=1）より筆者作成。

の供給業者から部品や機械設備を購入し続けたからである。一方，製品は欧米や日本市場に輸出されるので，中国から台湾への輸入は増加しているが，増加率は緩やかである。注目すべきは，台湾の貿易に占める中国大陸の比重が高まっていることだ（図3-7）。輸出依存度は1990年代半ばには15％を超え，2000年代後半には30％に達している。輸入依存度も，2010年には15％に迫る勢いを見せている。

中国大陸との人的交流も急速に拡大している（図3-8）。台湾から中国大陸への旅行者数は，1992年に100万人を超え，2010年には500万人を突破した。中国大陸から台湾への旅行者も，2009年から急増している。馬英九政権による開放政策の成果である。いまでは，台北市内の主要観光地には中国大陸からの団体旅行客が溢れているのである。

1990年代以降の台湾では，生産拠点の海外移転という点でも，台湾国内のIT産業の輸出志向という点でも，経済のグローバリゼーションが進展した。とりわけ中国大陸との経済関係が密接化し，生産拠点としても市場としても中国大陸の比重が大きく高まっている。

2 社会の変容

二元・二層構造から多元・多層構造へ

このような政治と経済の変化は，台湾社会を大きく「多元化」させる結果となった。本節では，その様子を概観する（沼崎 2012）。

日本統治期から蒋介石・蒋経国政権時代にかけて，台湾においては，「外来者」対「先住者」という二元的対立と，「支配層」対「被支配層」という二層的構造が重なる社会が形成された。

日本統治期には，外来者である日本人が政治的にも経済的にも支配層を成し，先住者であるオーストロネシア語族系諸民族と漢人移民とが被支配層であった。被支配層のなかでは，外来者の漢人移民と先住者のオーストロネシア語系諸民族との二元的対立が日本統治以前から存在した。さらに，オーストロネシア語系諸民族のなかでも，漢化せずに独自の文化を維持した山地居住の「生蕃」と漢化の進んだ平地居住の「平埔蕃」または「熟蕃」との二元的対立もあった。日本の植民政府は，日本人を「内地人」，漢人を「本島人」と呼び，「平埔蕃」（熟蕃）を「平埔族」，「生蕃」を「高砂族」と範疇化した。図3-9は，日本統治時代の二元・二層的構造を示す。

この構造を，蒋介石・蒋経国政権はそっくり受け継ぐことになる。外来者である国民党・軍・官僚など大陸出身者が日本人に替わって政治的にも経済的にも支配層を成し，先住者であるオーストロネシア語系諸民族と漢人は被支配層に留め置かれた。蒋介石政権期から，新しく大陸から移住した漢人は「外省人」，日本統治時代から台湾に在住していた漢人は「本省人」と呼ばれ，区別された。蒋介石政権はまた，オーストロネシア語族系諸民族についても日本統治時代の分断構造を基本的に維持した。平埔族の呼称は変わらなかったが，高砂族は「高山族」あるいは「山地同胞（山胞）」と呼ばれるようになった。山地同胞という呼称は，彼らも「中国人」の一部であるということを強調したものである。この様子を示したのが図3-10である。この二元・二層構造は，

第3章 グローバリゼーションと社会の多元化がもたらす不平等

```
┌─────────────────────────────┐
│      内地人（日本人）        │
└─────────────────────────────┘
┌──────────────────┬──────────┐
│  本島人（漢人）   │  高      │
│ ┌──────────────┐ │  砂      │
│ │   平埔族     │ │  族      │
│ └──────────────┘ │          │
└──────────────────┴──────────┘
```

図3-9　日本統治時代の二元・二層構造
出所：沼崎（2012：40）。

```
┌─────────────────────────────┐
│    外省人（大陸出身）        │
└─────────────────────────────┘
┌──────────────────┬──────────┐
│ 本省人（台湾出身）│  高      │
│ ┌──────────────┐ │  山      │
│ │   平埔族     │ │  族      │
│ └──────────────┘ │          │
└──────────────────┴──────────┘
```

図3-10　蒋介石・蒋経国政権時代の二元・二層構造
出所：沼崎（2012：41）。

1947年に発生した「二・二八事件」における国民党軍の弾圧と虐殺，その後の白色テロルによる政治犯の取締りといった強権主義的政策によって強化され，「省籍矛盾」と呼ばれる外省人と本省人との相互不信と葛藤が長く続くこととなる（何　2003）。

しかし，1970年代後半から1980年代にかけて，二元・二層構造が揺らぎ始める。第1に，外省人と本省人との間の垣根が低くなるとともに，両集団内部での差異化が進行した。第2に，経済成長とともに社会全体の中流化が進行するとともに，各エスニックグループ内で上昇と下降が見られた。そして，第3に，オーストロネシア語族系諸民族の間に「原住民」運動と呼ばれる権利回復運動が始まった。その様子を示したのが，図3-11である。

本省人内部では，福佬人と客家人の差異が言語的に顕在化し，客家人による言語保持運動・文化復興運動が勃興した。民進党を中心とする政治運動が「台湾民族主義」を掲げ，集会等で「台湾話」と称して福佬話（閩南語）を使い，自らのアイデンティティを激しく表出したことに，客家人が危機感を募らせた

第Ⅰ部　さまざまな分断線

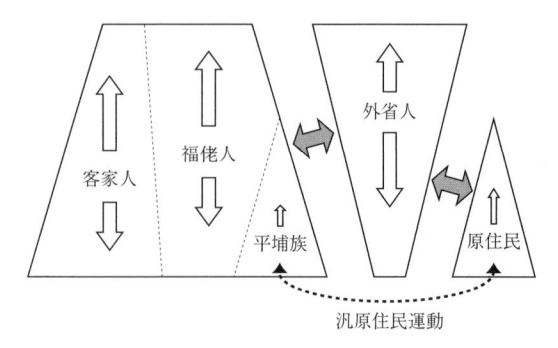

図3-11　二元・二層構造の流動化
出所：沼崎（2012：43）

のである（王 2003：133-145）。実は，日本統治時代から蔣介石・蔣経国政権時代にかけて，福佬人と客家人の差異は，長らく縮小傾向にあった（王 2003：129-132）。それが，政治の民主化とともに高まった「本省人意識」が色濃く「福佬中心主義」的であったために，それに対抗した「客家人意識」が高揚したのである。

　同時に，本省人と外省人との通婚の増加や双方のバイリンガル化の進行によって，1980年代には省籍矛盾が弱まり，省籍の垣根を越えた融合が進みつつあった（王 1993）。本省人内部の差異化が始まる一方で，省籍の境界が希薄化し，二元・二層構造の流動化が始まったのである。

　オーストロネシア語族系諸民族のなかでは，1980年代から「汎原住民アイデンティティ」を掲げた運動が始まる。1984年12月には「台湾原住民族権利促進会（原権会）」が組織され，言語と文化の違いを超えて，台湾の本来の主人である「原住民」全体の権利回復を求める運動が開始された（謝 1987；王 2003：112-119）。1990年代以降，政府の原住民政策は急速に進展し，特に民進党政権になって原住民の法的地位が確立した（黃樹民 2010）。1994年の国民大会では「山地同胞」という語が正式に「原住民」に変更され，1996年には行政院原住民委員会（2002年より行政院原住民族委員会）が中央省庁の1つとして設立された。1997年の第4次憲法改正では原住民族条項が加えられ，「国家は多元文化を肯定し，積極的に原住民族の言語と文化を擁護発展させなければならない」

（修正第10条第11項）こと，「原住民の地位と政治参加を保障し，教育と文化，交通と水利，衛生と医療，経済と土地および社会福祉に対して補助を保障し，その発展を促進する」（同第12項）ことが明記された。2004年には原住民向けのテレビ局が国営で開設され，2005年には「原住民族基本法」が成立した。こうして，「原住民」という新しいエスニックカテゴリーが誕生した。

1990年代になると，李登輝政権下の民主化と台湾化の急速な進展に危機感を募らせた外省人の間で「外省人意識」が顕在化してくる（王 2003：151-157）。2000年代に入り，陳水扁政権と大陸の共産党政権との対立が先鋭化すると，「外省人意識」はさらに高まった。これは，単に本省人や民進党に対する反発というだけでなく，半世紀以上にわたる台湾での生活体験に根差したエスニック意識の形成という側面もあった。たとえば「老兵」あるいは「榮民」と呼ばれる国民党軍退役兵の意識がそうである（胡 1993）。

このような流れを経て，台湾には，福佬人（閩南人），客家人，原住民，外省人という「四大族群」が存在し，それぞれが独自の歴史と文化・言語を有するという言説が生まれ，広く社会に流布するようになったのである。そして，それぞれの文化と言語は対等であり，台湾社会は複数の文化・言語を有する「多元社会」であるという認識が生まれた。

このようなエスニック構造の複雑化と，各族群内部での階層分化や職業の多様化とがあいまって，台湾社会は多元・多層構造を呈するようになったのである。

多元性の「個人化」と「国際化」

台湾社会をさらに多元化したのが，経済のグローバリゼーションに伴う「新移民」の流入である。新移民とは，1990年代以後に急増した東南アジア諸国からの外国人労働者（夏他編 2008；夏編 2009）と，中国大陸および東南アジア諸国から台湾男性に嫁いで来る外国籍配偶者（夏 2002；夏編 2005；顔 2006；張 2007）を指す。

図3-12が示すように，1990年代半ばから，インドネシア，マレーシア，

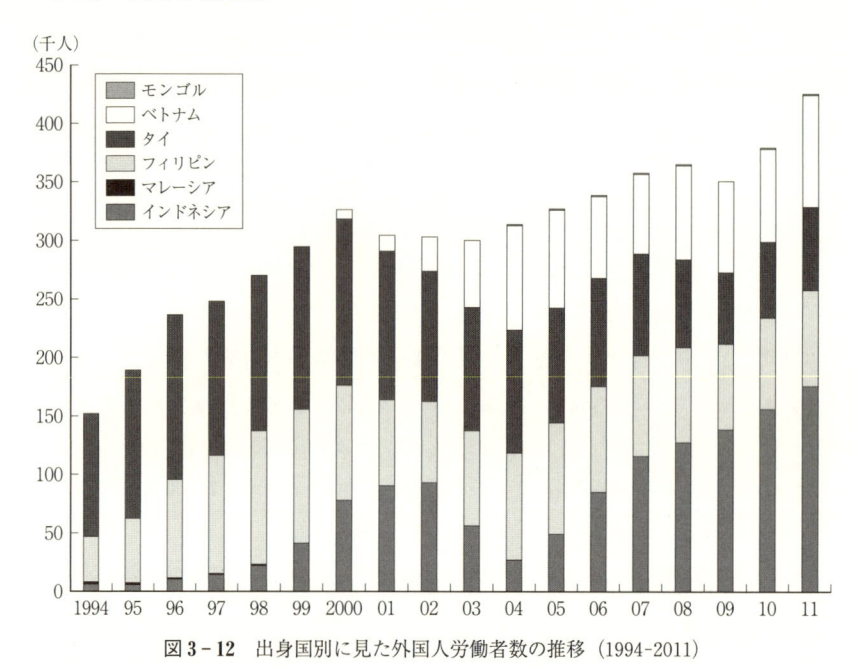

図 3-12　出身国別に見た外国人労働者数の推移（1994-2011）
出所：行政院勞工委員会　100年版勞動統計年報（2012年6月出版）p. 332（http://statdb.cla.gov.tw/html/year/year00/313050.htm）より筆者作成。

　フィリピン，タイといった東南アジア諸国から労働者が台湾に流入してくるようになった。2000年代に入ると，さらにベトナムからも労働者が流入している。またごく少数ではあるが，モンゴルからも労働者が移入し始めている。外国人労働者の総数は2000年に30万人を超え，2000年代半ばから増え続けて2011年には40万人を突破している。

　図3-13は，業種別に見た外国人労働者の増減を示す。注目すべきは，初期には製造業と建設業が主であったが，1990年代半ば以降は看護や介護の分野が増加していることである。1990年代には増加傾向にあった家政婦は，2000年代には減少傾向にある。

　製造業や建設業で働いているのは男性であり，看護師・介護士・家政婦として働いているのは女性である。外国人男性労働者は，台湾人男性に替わり，低賃金の非熟練工として，工場や工事現場の人手不足を穴埋めする形で流入して

第3章 グローバリゼーションと社会の多元化がもたらす不平等

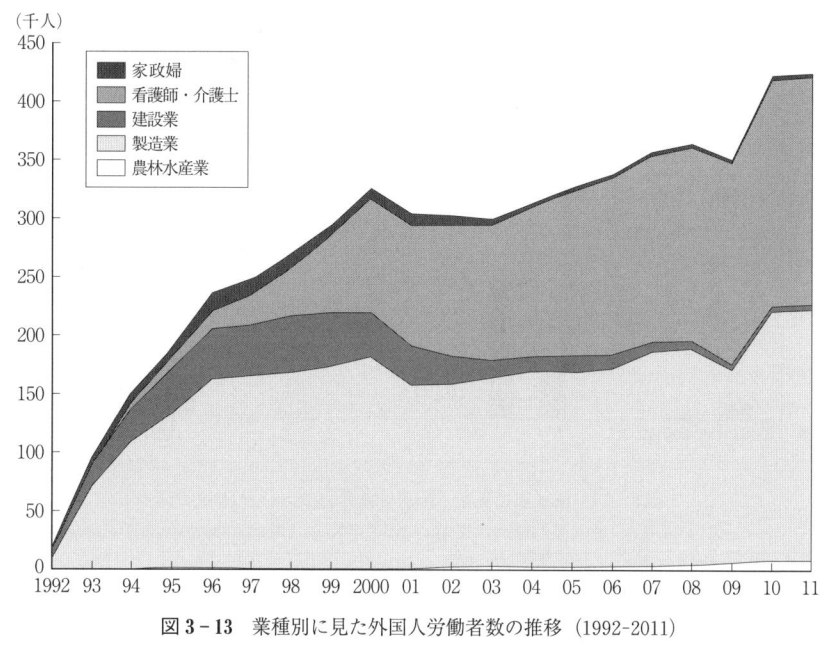

図 3-13 業種別に見た外国人労働者数の推移（1992-2011）
出所：行政院勞工委員会 100年版勞動統計年報（2012年6月出版）p. 328-329 (http://statdb.cla.gov.tw/html/year/year00/313050.htm) より筆者作成。

きた。彼らは，底辺のブルーカラー労働市場を「多元化」しているわけである。一方，外国人女性労働者は，少子高齢化に伴う看護・介護需要の増加，家庭環境の変化に呼応する形で流入している。彼女たちは，医療・福祉の補助労働市場を「多元化」しているばかりでなく，老人介護や家事・育児の補助労働者として台湾の家庭生活を「多元化」しているのである。

図3-14は，2011年時点での業種別国籍構成を示す。業種とジェンダーは深く関わっており，次のような傾向が見て取れる。インドネシア人労働者の大多数は女性で介護や看護の現場の補助労働者となっている。フィリピン人労働者は，介護や看護，家政婦として働く女性と，製造業で働く男性からなる。タイ人労働者は，製造業と建設業で働く男性が多い。

外国人労働者の参入による職場と家庭の「国際化」は，台湾社会の多元性に新しい次元を加えているのである。

第Ⅰ部　さまざまな分断線

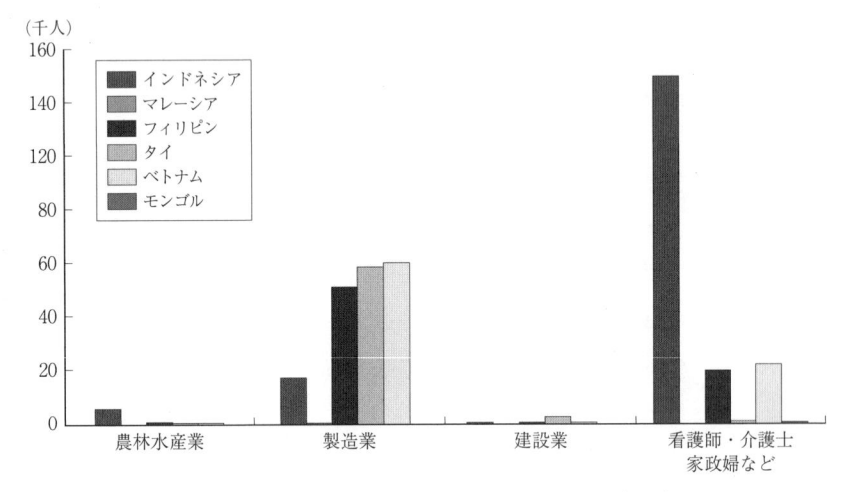

図3-14　業種別に見た外国人労働者数の出身国（2011）
出所：行政院勞工委員会　100年版勞動統計年報（2012年6月出版）p. 328-329（http://statdb.cla.gov.tw/html/year/year00/313050.htm）より筆者作成。

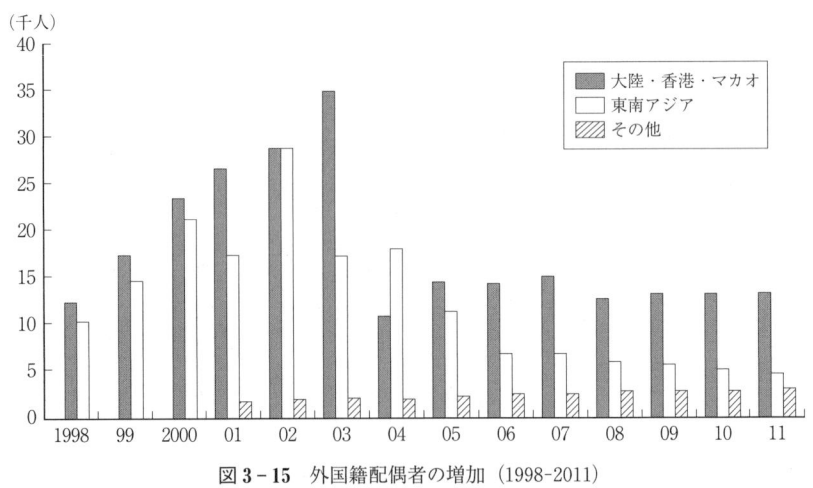

図3-15　外国籍配偶者の増加（1998-2011）
出所：行政院主計處『社會指標統計年報2011』（http://www.stat.gov.tw/ct.asp?xItem=31652&ctNode=538&mp=4）より筆者作成。

第3章 グローバリゼーションと社会の多元化がもたらす不平等

図3-16 35歳以上の未婚率の推移 (1996-2011)
出所：行政院主計處『社會指標統計年報 2011』(http://www.stat.gov.tw/ct.asp?xItem=31652&ctNode=538&mp=4) より筆者作成。

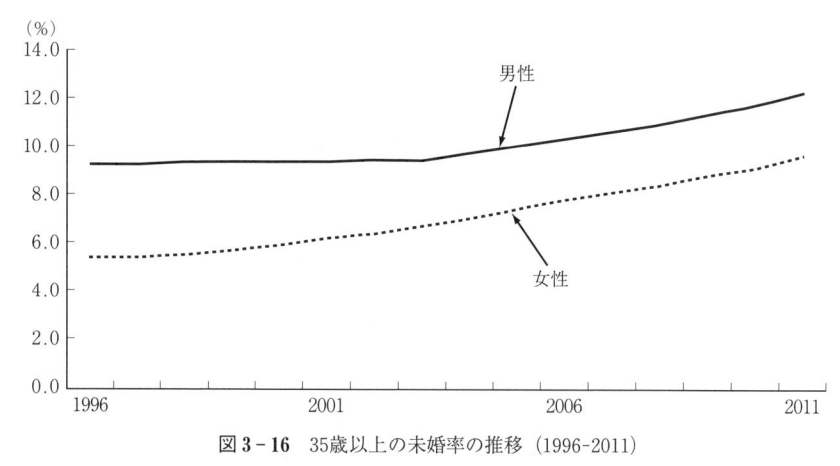

　図3-15が示す通り，外国人労働者以上に急増しているのが，外国籍配偶者である。その多くは，台湾男性と結婚した「外籍新娘（外国人花嫁）」だ。台湾女性の未婚化・晩婚化が進んでいることが背景にある（図3-16）。主に，中国大陸からと，インドネシアやベトナムといった東南アジアから嫁いで来る女性が多い。中国大陸出身者との婚姻は，1997年には台湾の婚姻総数の16％に上り，2003年には21％に達したが，東南アジア出身者との婚姻は，この間だいたい11％前後であった（王宏仁 2008：114）。台湾全体の結婚数の4分の1から3分の1が「国際結婚」という状況が，ここ十数年続いているのである。
　図3-15を見ると，少数ではあるが，その他の外国人との国際結婚も漸増している。こちらは，台湾人男性と結婚する外国人女性ばかりでなく，外国人男性と結婚する台湾人女性も多く含んでいると思われる。
　従来から国内のエスニックグループ間の通婚は見られたが，それとは比較にならないほどの「多元化」を外国籍配偶者は台湾の家庭にもたらしている。その多元化とは，ジェンダーや食生活，言語使用といった次元を含む。
　王宏仁らの研究（田・王 2006；Wang and Tien 2009）によると，ベトナム人女性と結婚する台湾人男性は，男性は主たる稼ぎ手であるべきと考え，妻には

「伝統的」婦徳を求める傾向があるという。一方，台湾に嫁いで来るベトナム人女性は，台湾の現代的な女性に比して，「伝統的」なジェンダー意識を持っていることが多い（李 2003）。このため，張（2007：69-94）は台湾人の夫とベトナム人の妻とは結婚と家族に関して似たような価値感を持っていると報告している。王宏仁（2008：115）は，経済的な理由だけではなく，台湾の古典的な「男性性」文化が東南アジアからの結婚移民の増加の一因であると主張する。

しかし，ベトナム人妻は，「良い嫁」として台湾人家庭に入ろうと努力する一方で，ベトナム人妻同士でベトナム料理を作る会を持ったり，家庭料理にもベトナム食を取り入れていくなど，ベトナム人というエスニシティを維持している（林開忠 2006）。また，張（2007：112-119）によると，ベトナム人妻たちは，家庭のなかで，相手に応じて，国語（標準中国語），福佬話，客家話（客家語），ベトナム語を使い分けている。台湾の多言語状況のさらなる「多元化」に一役買っているのである。

中国大陸出身女性は，漢文化と中国語を夫と共有しているはずが，大陸の漢文化と台湾の漢文化の違いは小さくない。大陸の「普通話」と台湾の「国語」との間にも違いはある。夫の両親が福佬人や客家人であれば，福佬話や客家話を覚えなければならない。台湾人男性と中国大陸出身女性との結婚も，家庭を「多元化」しているのである。

外国人労働者と外国籍配偶者は，台湾社会の多元性を「個人化」したという特徴を持っている。労働者の場合には，職場に一定数まとまって存在するが，集住して独自のエスニック・コミュニティを形成しているわけではない。外国籍配偶者は，たった1人で台湾人家庭に入り込んでいる。同国出身者同士のネットワークはあるとしても，台湾社会に広く散在している。たとえば，タイ人労働者であるとか，ベトナム人妻であるというのは，個人としての属性である。周囲の人々は，彼または彼女との個人的な関係を通して，タイ人あるいはベトナム人というエスニシティに触れる。職場では，台湾の諸言語に交じってタイ語が聞こえ，家庭でも台湾の諸言語に交じってベトナム語が聞こえる。台湾料理のなかに，ベトナムの味が加わる。

第3章　グローバリゼーションと社会の多元化がもたらす不平等

　外国人労働者と外国籍配偶者は，台湾社会の多元性を「国際化」する。外国人労働者は，送金や通信を通じて出身国と台湾との間に新たなエスニック関係のネットワークを生み出す。外国人配偶者は，結婚後も母国の親族との関係を維持し，台湾人夫を自身の親族関係ネットワークに巻き込む。労働者や配偶者の個人的なネットワークを介して，台湾社会が「国際化」されているのである。

3　新しい不平等

経済格差

　すでに述べたように，経済は成長を続けており，国民所得も上昇している。購買力平価ベースで見れば，台湾の1人当たりGDPは日本並みである。しかしながら，新しい経済格差が生まれている。

　図3-17が示すように，1980年代半ば以降，所得5分位の最上位と最下位の比で見ても，ジニ係数で見ても，所得分配の不平等度は緩やかに上昇している。先に示した図3-4の失業率と重ねると，特に1990年代以後になって所得格差が増大している可能性が高い。

　階級間の所得格差が拡大しているという調査もある。1992年と2007年の家計収支を比較した林宗弘（2009：128-130）は，資本家の所得が最も伸び，専門職と熟練工の賃金も上昇しているが，事務職や自営業者の収入は下降しており，非熟練工の賃金は伸びてはいるが最底辺レベルに留まっていると結論している。中間層の分解が見られるわけである。

　興味深い変化がもう1つある。所得5分位の最上位クラスと最下位クラスの間で，世帯規模と就業人数の格差が拡大しているというのである。2006年には，最上位クラスの平均世帯人数は4.37人，最下位クラスは1.82人，最上位クラスの平均就業人数は2.32人，最下位クラスは0.59人であった（蘇 2008：195）。2006年の平均就業人数の格差は3.93倍だが，1980年の格差は1.82倍に過ぎなかった（蘇 2008：195）。所得の高い世帯は複数の働き手がいることが多いのに対し，所得の低い世帯は働き手が1人未満ということは，独居老人のような単

第 I 部　さまざまな分断線

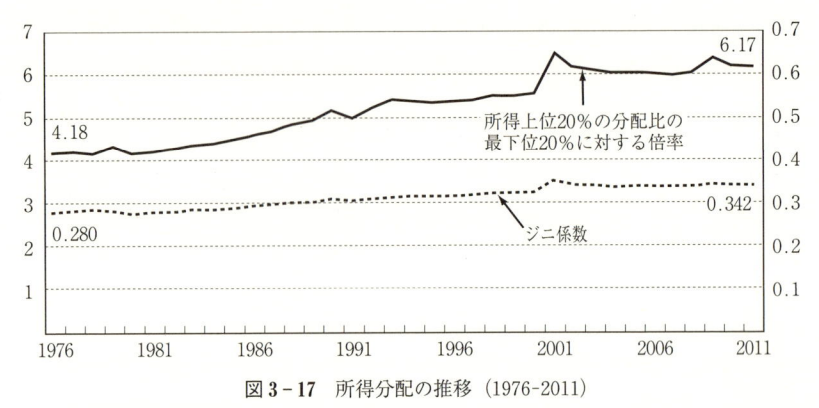

図 3-17　所得分配の推移（1976-2011）
出所：中華民國統計資訊網 Macro Database（http://61.60.106.82/pxweb/Dialog/statfile1L.asp）より筆者作成。

身世帯や母子家庭などの困窮化を示唆するものと思われる。

　もっとも所得格差が顕著なのは，「原住民」とその他の台湾人の間である。原住民の収入は，1985年の時点で，台湾全体の平均に比べ，山地および平地の原住民集落で57〜60％，都市の原住民でも67％に留まる（王甫昌 2003：109）。1991年時点でも，山地および平地の原住民集落で59〜62％，都市の原住民で72％である（王甫昌 2003：109）。この差がいっそう拡大している。2006年には原住民家庭の平均収入が32万元だったのに対して，台湾全体の平均は100万元を超えており，その差は3倍以上であった（章他 2010：90）。

ジェンダー格差

　大勢としては，女性と男性の間の社会的・経済的格差は縮まっているように見える。1981年と2006年を比較すると，女性の就業率は39％から49％に，大卒以上の労働力に占める女性比率は26％から45％に，女性賃金の男性賃金に対する比率も64％から79％以上に上昇している（林宗弘 2009：123）。1992年と2007年の比較では，専門職や管理職，資本家層に進出する女性が増加している（林宗弘 2009：124-125）。ジェンダー間格差が縮小する一方で，1970年より前に生れた世代と後に生まれた世代を比較すると，高級管理職や資本家層に進出する女性は，後者の方が少なくなっていることは，新たなジェンダー内格差の出現

を示唆する（林宗弘 2009：125）。

　離婚の増加や未婚化によって単身女性の世帯が増えているが，単身女性世帯や母子家庭は低所得者層に属する比率が高く，特に子どもを抱えていると困窮度が高まるという調査報告がある（薛 2004，2008）。国際結婚の状況を見ると，男性性や伝統的性別役割分業に関する価値観が，結婚できるか否かの格差につながっている可能性がある。

　さらに，単身で台湾に移住し，看護師や介護士，家政婦として働く外国人女性が増えているが，彼女たちの給与は決して高くないし，職場環境や住環境に恵まれないことも多い。藍（2008）は，「豊かな台湾人主婦」と「貧しい外国人家政婦」の格差を赤裸々に描写している。グローバリゼーションがもたらすジェンダー内格差が，台湾でも発生しているのである。

　より綿密な検証が必要であるが，種々の格差が同一ジェンダー内で拡大しており，しかもそれは「国際的」に広がっている可能性があることを強調しておきたい。

文化格差

　外国人労働者と外国籍配偶者の増加は，文化的資源の不平等を生み出している可能性がある。外国人労働者たちは，単に所得のうえで最底辺に位置づけられるだけではない。言語が不自由で，台湾の漢人文化にも馴染みが薄いために，困難な生活を余儀なくされているのである。そのうえ，彼らの多くが，台湾人の偏見と差別に晒されていると感じている。外国籍配偶者には，外国人労働者と同様，言語が不自由で，台湾の漢人文化に馴染めないことも多い（施他 2007b）。

　さらに，母親が外国人であるために，子どもの教育にマイナスの影響が出ることがある（施他 2007a）。会話ができても漢字が読めなければ，学校から渡されるプリントさえ理解できないし，子どもの勉強を十分見てやれないこともある。多国籍家族に生まれた子どもは，教育上のハンディキャップを背負う可能性が高いのである。

新しい「人種差別」も生まれている。たとえば，藍（2005）によると，「扱いにくいフィリピン人」家政婦に対して「従順なインドネシア人」家政婦という偏見が生まれ，フィリピン人家政婦が減少し，インドネシア人家政婦が増えたことがあった。

対照的に，経済のグローバリゼーションに伴って，台湾人男性の企業経営者や管理職の活動は国際的に広がっている。彼らは，教育程度も高く，多くは留学経験者であり，中国語と英語を駆使して国際市場で活躍している。当然，家族も海外生活経験を持ち，子どもたちはバイリンガル・バイカルチュラルに育つ。また彼らは積極的に子どもたちをバイリンガル・バイカルチュラルに育てようと努力する。そのためのバイリンガル幼稚園なども増えている。

したがって，経済のグローバル化は，新しい文化的不平等を生み出している可能性が高い。中上層の企業経営者や管理職が経済的にも文化的にも国際的なエリート層の仲間入りを果たしているのに対して，最下層の労働者は経済的にも文化的にも大きなハンディキャップを背負わされているからである。

4　不平等の「個人化」と「国際化」

以上，1990年代以降の台湾における政治と経済の変容と，それがもたらした社会の多元化の様相とを概観し，どのような新しい不平等が生まれつつあるかを探ってきた。結論として，不平等の「個人化」と「国際化」が進んでいると言えるのではないだろうか。

それを象徴するのが，新移民たちである。外国人労働者と外国籍配偶者は，言語的・文化的ハンディキャップを抱えるゆえに，それぞれ個人として，経済的，ジェンダー的，そして文化的な不平等に直面する可能性が高い状況に置かれている。格差の「個人化」である。そして，彼ら彼女らが「外国人」であり，母国とのネットワークを維持しているがゆえに，この新しい不平等は台湾の外に広がっている。グローバリゼーションと社会の多元化は，新しい格差を生み出すとともに，その格差を「国際化」するのである。

第3章　グローバリゼーションと社会の多元化がもたらす不平等

　外国人労働者の増加，特に看護や介護の分野における外国人労働者の増加は，台湾に限られた現象ではない。グローバルなケア労働市場の国際化が静かに進行しており，台湾はその一部として組み込まれているに過ぎない。そこでは，より高い賃金を求めた女性労働の国際移動が階層的に構造化されている可能性がある。これは，国際結婚市場も同じである。台湾における新しい不平等を理解するには，グローバルな格差システムの研究が不可欠となろう。今後の課題としたい。

注

(1) ここで，「外省人」とは1945年以降に中国大陸から移住した人々とその子孫を指し，「本省人」とは1945年以前から台湾に居住する人々とその子孫を指す。そして，「台湾化」(「本土化」とも呼ばれる) とは，台湾に根差した政治体制作りを意味し，具体的には「本省人」の積極登用を進めるということである。
(2) 「福佬人」は福建省南部からの移住者とその子孫で，福佬語(閩南語)を母語とする人々である。オランダ時代から清朝時代を通じて台湾へ移住し，台湾における漢人の中核となった。「客家人」は広東省および福建省からの移住者とその子孫で，客家語を母語とする人々である。福佬人からやや遅れて台湾に移住し，台湾西海岸などの特定地域に定着した。
(3) 漢人移民の流入以前から台湾に居住していたオーストロネシア諸語族系の先住者を指す。法律用語にもなっているので，本章では「原住民」と表記する。

文献

Gold, Tomas B., 1986, *State and Society in the Taiwan Miracle*, M. E. Sharp.
何義麟，2003，『二・二八事件——「台湾人」形成のエスノポリティクス』東京大学出版会.
胡台麗，1993，「芋仔與番薯——臺灣榮民的族群關係與認同」張茂桂編『族群關係與國家認同』業強出版社，279-325。
黃樹民，2010，「全球化與台灣原住民基本政策之變遷與現況」黃樹民・章英華編『台灣原住民政策變遷與社会發展』中央研究院民族學研究所，15-50。
李廣均，2008，「籍貫・四大族群與多元文化——國家認同之爭下的人類分類」王宏仁・李廣均・龔宜君編『跨戒——流動與堅持的台灣社會』群學出版，93-110。
藍佩嘉，2005，「階層化的他者——家務移工的招募，訓練與種族化」『臺灣社會學刊』

34：1-57。

藍佩嘉，2008，『跨國灰姑娘』行人出版社。

李美賢，2003，「離鄉・跨海・遠嫁・作『他』婦──由越南性別文化看『越南新娘』」蕭新煌編『台灣與東南亞──南向政策與越南新娘』中央研究院亞太區域研究專題中心，215-247。

林開忠，2006，「跨界越南女性族群邊界的維持──食物角色的探求」『台灣東南亞學刊』3(1)：63-82。

林宗弘，2009，「台灣的後工業化──階級結構的轉型與社會不平等，1992-2007」『臺灣社會學刊』43：93-158。

沼崎一郎，2012，「社会の多元化と多層化──1990年以後のエスニシティと社会階層」沼崎一郎・佐藤幸人編『交錯する台湾社会』アジア経済研究所，37-68。

沼崎一郎・佐藤幸人編，2012，『交錯する台湾社会』アジア経済研究所。

沼崎一郎・佐藤幸人，2012，「序章 台湾社会へのアプローチ」沼崎一郎・佐藤幸人編『交錯する台湾社会』アジア経済研究所，3-35。

小笠原欣幸，2010，「陳水扁の政権運営」若林正丈編『ポスト民主化期の台湾政治──陳水扁政権の8年』アジア経済研究所，27-61。

劉進慶，1975，『戦後台湾経済分析』東京大学出版会。

佐藤幸人，2007，『台湾ハイテク産業の生成と発展』岩波書店。

佐藤幸人，2008，「台湾企業の規模の拡大，内製化および企業間関係の深化とフォーマル化」佐藤幸人編『台湾の企業と産業』アジア経済研究所，25-65。

佐藤幸人，2010，「台湾における産業発展と技術者の役割」佐藤幸人編『アジアの産業発展と技術者』アジア経済研究所，63-101。

佐藤幸人編，2008，『台湾の企業と産業』アジア経済研究所。

施昭雄・陳俊良・許詩屏・桂田愛，2007a，「中国大陸及び東南アジアの外国籍配偶者移民の背景から考察する『新台湾之子』の教育問題とその対策」『福岡大学研究論集A』第6(6)：121-138。

施昭雄・陳俊良・許詩屏・桂田愛，2007b，「台湾における外国籍及び中国大陸籍配偶者の現状と展望」『福岡大学研究論集A』6(6)：139-154。

蘇國賢，2008，「台灣的所得分配與社會流動之長期趨勢」王宏仁・李廣均・龔宜君編『跨戒──流動與堅持的台灣社會』台北，群學出版，187-217。

隅谷三喜男・劉進慶・涂照彦，1992，『台湾の経済──典型NIEsの光と影』東京大学出版会。

田晶瑩・王宏仁，2006，「男性氣魄與『娶』的跨國婚姻──為何台灣男子要與越南女子結婚？」『台灣東南亞學刊』3(1)：3-36。

涂照彦，1975，『日本帝国主義下の台湾』東京大学出版会。
若林正丈，2008，『台湾の政治――中華民国台湾化の戦後史』東京大学出版会。
若林正丈編，2010，『ポスト民主化期の台湾政治――陳水扁政権の８年』アジア経済研究所。
王宏仁，2008，「台灣的移民接受政策與國家認同」王宏仁・李廣均・龔宜君編『跨戒――流動與堅持的台灣社會』群學出版，111-126。
Wang Hong-Zen and Tien Ching-Ying, 2009, "Who Marries Vietnamese Bride? Masculinities and Cross-Border Marriages," Wang Hong-Zen and Hsiao Hsin-Huang eds., *Cross-Border Marriages with Asian Characteristics*, Taipei: Center for Asia-Pacific Studies, Academia Sinica, 13-37.
王甫昌，1993，「省籍融合的本質」張茂桂編『族群關係與國家認同』業強出版社，53-100。
王甫昌，2003，『當代台灣的族群想像』群學出版有限公司。
渡辺利夫・朝元照雄編，2007，『台湾経済入門』勁草書房。
夏曉鵑，2002，『流離尋岸――資本國際化下的「外籍新娘」現象』台灣社會研究雜誌社。
夏曉鵑編，2005，『不要叫我外籍新娘』左岸文化出版。
夏曉鵑編，2009，『騷動流移』台灣社會研究雜誌出版。
夏曉鵑・陳信行・黃德北編，2008，『跨界流離――全球化下的移民與移工』（上・下）台灣社會研究雜誌出版。
謝成忠，1987，『認同的汙名――台灣原住民的族群變遷』台北，自立晚報社。
行政院客家委員會，2011，『99年至100年全國客家人口基資料調查研究』行政院客家委員會。
薛承泰，2004，「台灣地區貧窮女性化減少之探討――以1990年為例」『人口學刊』29：95-121。
薛承泰，2008，「台灣地區兒少貧窮――1991-2005年的趨勢研究」『臺灣社會學刊』40：89-130。
顏國鉉，2006，『嫁來台灣――新興移民的婚姻故事』新新聞文化事業。
章英華・林季平・劉千嘉，2010，「臺灣原住民的遷移及社會經濟地位之變遷與現況」黃樹民・章英華編『台灣原住民政策變遷與社會發展』中央研究院民族學研究所，51-120。
張翰璧，2007，『東南亞女性移民與台灣客家社會』中央研究院人文社會科學研究中心亞太區域研究專題中心。

第4章

制度が生み出す不平等
――日本とスウェーデンの比較から――

永吉希久子

1 階層化の装置としての制度

失業が導く社会的排除

　1990年代以降，ネットカフェ難民，年越し派遣村などのニュースが大きく報じられ，不安定雇用に従事する人や失業者の抱える困難に注目が集められている。彼らの困難を説明するために用いられたのが，社会的排除という概念である。社会的排除とは，大まかにいえば，ある人々や地域が，その社会で一般的とされる水準での社会参加ができない状態に置かれていることを指す。この概念は1960年代にフランスで生まれ，1980年代に長期失業が社会問題となる中，ヨーロッパで注目を集めるようになった。その後1990年代以降には，EU やブレア政権下のイギリスで政策の理念的指針として採用されるなど，社会政策を考えるうえでの重要な概念となっている（Beland 2007；岩田 2008）。

　社会的排除は，人々が抱える問題を社会の複数の領域にわたる不利の複合性・集積性や「関係」の不足に焦点を合わせて把握する概念である（岩田 2008；Room 1999）。たとえば，イギリスで1997年に立ち上げられた特別機関であるソーシャル・エクスクルージョン・ユニットにおいては，社会的排除は以下のように表現されている。

　　社会的排除は，たとえば失業，低いスキル，低所得，差別，みすぼらしい

住宅，犯罪，不健康，そして家族崩壊などの複合的不利に苦しめられている人々や地域に生じている何かを，手っ取り早く表現した言葉である。（岩田 2008：21）

　この表現にみられるように，社会的排除の概念は，人々の生活の多様な領域にわたる不利を視野に入れている。そのうえで，社会的排除は複数の領域での不利が集積するプロセスに注目する（岩田 2008；Room 1999）。つまり，社会的排除を論じることは，「失業が経済的貧困をまねき，貧困が孤立を招く」というような，個々の領域における排除の連続的な関係――排除の連鎖――が存在するのか，存在するとすればそのプロセスはどのようなものであるのかに焦点をあわせることでもある。

失業が排除を導くメカニズム
　この排除の連鎖の中で，失業は重要な位置を占めていると考えられている。つまり，失業はそれ自体が労働市場からの排除という社会的排除の一形態であるだけでなく，他の領域での排除を引き起こす重要な起点だとみなされている（Beland 2007；Van Berkel et al. 2002）。これは，EU理事会の報告書の中の，「雇用は社会的排除に対する最良のセーフガードである」という言葉によく表れている（Council of European Union 2002：5）。失業は他の領域における排除を引き起こす起点であり，失業の解消が社会的排除の解消になると考えられたのである。
　失業が他の領域における社会的排除を引き起こすメカニズムについて，先行研究では2つのメカニズムが検討されてきた。第1に，失業すると安定的な収入が失われるため，経済的貧困が生じやすい（de Graaf-Ziji and Nolan 2011；Gallie et al. 2003）。さらに，職がないことによって，利用できるサービスにも違いが生じうる。たとえば社宅について考えてみると，雇用が住居を得るための前提となっている。この場合，職を失うことは住居も失うことを意味する。つまり，失業によって単に収入が途絶えるということに加えて，失業していると

いうことが財やサービスへのアクセスの制限につながるのである。そして，失業が引き起こした経済的資源の不足は，他の領域での排除を生む（Burchardt et al. 1999；Gallie et al. 2003；阿部 2007）。阿部彩（2007）は首都圏で行った調査から，基本ニーズからの排除や，物質的排除だけでなく，社会関係の欠如，社会参加・活動からの排除など，制度からの排除を除く6つの領域における社会的排除のすべてが所得と関連を持つことを指摘している。ただし，所得をコントロールしてもなお，過去の非自発的な失業経験が現在の住居，社会参加や社会関係，制度からの排除を促進していることも指摘されており，失業が社会的排除を導く要因は貧困状態に還元できないことが示されている（阿部 2007）。

したがって，失業は経済的貧困を媒介する以外の方法でも，他の領域での社会的排除に影響を与えていると考えられる。就労には経済的メリットだけでなく，社会的地位を与える，集合的な目標に向けた活動に参加し，自らの能力で貢献する機会を与える，社会関係を形成する場を提供するなどの潜在的メリットがある（Jahoda 1981）。逆にいえば，失業することは，こうしたメリットを失うことを意味している。結果として失業者は，自尊感情や精神的健康の低下，孤立などを経験するのである（樋口 2006）。こうした失業の効果は，日本における若年無業者の研究においても確認されており，無業者や不安定就労者は安定就労者と比べネットワークが少なく，自分の能力に対して否定的であることが指摘されている（樋口 2006）。

以上のように，失業は経済的資源だけでなく，他の人々と関わる機会や能力を発揮する機会，他者からの承認をえる機会を奪うことによって，他の領域での社会的排除を引き起こすと考えられる。しかし，実際には失業と社会的排除の関連はそれほど明確ではない。たとえばガリーら（Gallie et al. 2003）は，両者の関連には国によって差があり，他の要因から影響を受けている可能性があることを指摘している。

本章では，失業と社会的排除の関連に影響を与えるさまざまな要因の中でも，社会保障制度に注目する。そして，失業が社会的排除へとつながる過程に社会保障制度がどのように関連しているのかについて考察する。

社会保障制度と失業者の社会的排除の関連

　社会保障制度に注目するのは，それが格差を作り出すからである。失業をはじめとしたリスクがどの程度生活に影響を与えるかは，社会保障制度が誰を対象に，どの程度の保障を行っているのかによって異なる。つまり，社会保障制度は，制度の対象者や保障の程度を規定することにより，社会の中の階層化の程度と構造に影響を与えていると言えるだろう。エスピン‐アンデルセン（Esping-Andersen 1990＝2001：25）の言葉を借りれば，「福祉国家は，ただ不平等な構造に介入しこれを是正しうるメカニズムであるばかりでなく，それ自体が階層化の制度」なのだ。

　武川正吾（2007）によれば，福祉国家は社会給付と社会規制という2つの側面に分けられる。社会給付とは，失業手当や生活保護等の再配分を行う制度であり，社会規制とは，国家による規制活動のうち，労働基準法や雇用機会均等法などに代表される労働市場に対する規制のように「市民生活の安定や向上に寄与することを直接の目的とした規制」（武川 2007：23）を意味する。本章では，これら2つの側面に加え，積極的労働市場政策にも注目する。積極的労働市場政策は，職業訓練や新規雇用の開発・助成などにより，失業者の労働市場への復帰をめざす政策であり，長期失業による社会保障の負担の増加が問題となる中，多くの先進諸国で採用されてきた（Walters 1997）。後述するように，積極的労働市場政策は，社会給付とは異なる形で失業者の社会的排除を緩和させうる。

　社会保障制度の3側面が失業者の社会的排除に影響を与えるメカニズムは，図4-1のように表すことができる。まず，社会給付や社会規制は，失業が経済資源の不足に与える影響へと介入する。当然のことながら，失業手当や生活保護等の社会給付は失業者の経済的資源を増やす。「脱商品化」の程度が高い，すなわち人々が市場に依存することなく生活を維持できる程度が高い社会であれば，失業が経済的貧困を生じさせる可能性は低くなる（Esping-Andersen 1990＝2001）。ただし，失業者の社会的排除を考えるうえでは，給付水準だけでなく受給資格も問題となる。たとえ給付水準が高くとも，それが拠出に基づいて

第4章 制度が生み出す不平等

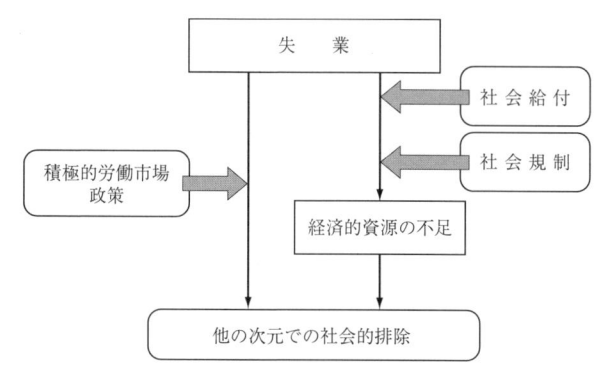

図4-1 失業と社会的排除の関連への社会保障制度の介入モデル

いる場合，長期間失業状態にある人や安定的な労働市場に入ること自体ができなかった人には十分な給付が与えられないからである。

さらに，失業が経済的資源の不足を導く過程は，社会規制にも影響をうけると考えられる。たとえば，正規職従業者の雇用保護が強い場合には，雇用者にとって解雇のコストが大きくなるため，雇用者はより高い生産性を期待できる人を雇用しようとし，結果的に低学歴者や女性，移民などが採用される可能性が低下する（Kogan 2006；OECD 2004）。つまり，雇用保護が強い場合には，人的資本が低いとみなされた人々が失業しやすくなるのである。これに加えて非正規雇用への規制が緩和されると，若年層や低学歴層，女性の非正規雇用での就労率が高くなる（OECD 2004）。これは，正規雇用者の雇用保護と非正規雇用の規制緩和が生じた場合，正規雇用者と非正規雇用者の間で二重労働市場が発生し，人的資本が低いとみなされた人々が後者に滞留することを示唆している。この場合，失業者は経済的に不利な状況に留め置かれるため，貧困状態が生じやすくなる（Atkinson 1998）。

一方，積極的労働市場政策は社会給付や社会規制とは異なるメカニズムによって失業者の社会的排除に影響を与えると考えられる。第1に，積極的労働市場政策は職業訓練や助成付き雇用などのプログラムを通じ，失業者に自らの技能を発揮・発達させる機会を与え，彼らの自尊感情を回復させる（Hansen et al. 2002；Wulfgramm 2011）。ハンセンら（Hansen et al. 2002）は，ヨーロッパの

83

6ヶ国でインタビュー調査を行い,助成付き雇用プログラムや職業訓練への参加者の多くが,自尊感情の回復や社会生活の改善を経験していることを指摘している。第2に,こうしたプログラムは,失業者に労働市場との接点を与え,社会的なネットワークを構築する機会を提供する。上記のハンセンらの調査では,職業訓練参加者の半数以上がネットワークの拡大を経験していることを示している。ただし,助成付き雇用プログラム参加者が同じ職場の「普通」の雇用者に,自らがプログラム参加者であることを話せずにいることや,彼らとの間にネットワーク形成ができないことなども指摘されており,積極的労働市場政策が社会的排除にもたらす効果は限定的であるとも考えられる。

　以下では,これらのメカニズムに注目し,日本とスウェーデンという対照的な社会保障制度をもつ国の比較を通して,社会保障制度の違いが失業者の社会的排除に与える影響についてより詳しくみていこう。

2　日本とスウェーデンの社会保障制度の比較

社会給付の比較

　まず,社会給付についてみていく。失業者に関連する社会給付として第一に挙げられるのは,失業手当である。日本においては,失業者への給付は雇用保険法に基づいており,国庫と保険料から給付が行われる。一方,スウェーデンの失業手当は失業者自身が加入している任意保険から給付され,任意保険の受給資格を満たさない人に対しては国庫からの基礎給付が支払われる。ただし,任意保険についても国庫負担が大部分を占めている。失業給付はともに65歳未満の人を対象としているが,日本では対象が被雇用者に限定されているのに対し,スウェーデンでは被雇用者と自営業者が対象となる。この点で,スウェーデンの失業手当の方がより対象が広い。

　給付額についてみると,給付による所得代替率は両国で大きな差はない(Van Vliet and Caminada 2012)。日本の給付額は年齢と以前の所得によって異なり,以前の所得が低いほど代替率が高くなっている。また,代替率を年齢別に

第4章　制度が生み出す不平等

みると，60歳以上65歳未満の人では45％〜80％とやや率が低く，その他の年齢層では50％〜80％となっている。これに対し，スウェーデンの任意保険の代替率は最初の200日は直前の賃金の8割，次の100日は7割となっている[(1)]。また，基礎給付では1日320クローナ（3840円程度，2012年8月時点）が給付されるが，パートタイムで働いていた場合には額が減じられる。

また，給付要件の厳しさについても両国は同程度である。どちらの国でも就労意思が要件となり，公共職業安定所に登録するなどの行動が求められるとともに，6ヶ月以上雇用されていたことが必要となる[(2)]。ただし，自己都合の退職の場合には日本では2年間で12ヶ月以上雇用されていたことが必要であり，スウェーデンの任意保険の受給は12ヶ月以上の加入が条件となる。

日本とスウェーデンで制度が大きく異なるのは，受給期間と受給要件を満たさなかった場合のセーフティネットである。受給期間についてみると，スウェーデンでは一律300日となっており，18歳未満の子どもがいる場合には，さらに150日が追加される。一方，日本の受給期間は雇用保険への加入期間に応じて異なり，加入が1年未満の場合や45歳未満で加入が5年未満の場合は，90日と非常に短くなっている[(3)]。このため，日本の失業者のうち失業保険を受給している割合は低く，2008年のデータでは23％にとどまる（International Labour Office 2010）。一方スウェーデンでは，失業給付の受給期間が過ぎた後でも，積極的労働市場政策に参加することで，任意の雇用保険の受給資格がある場合には元の賃金の65％が，基礎給付の対象の場合は1日223クローナが支給される。つまり，スウェーデンの積極的労働市場政策は長期失業者の生活保障としての機能も果たしている。

日本では，失業保険の受給からもれた層のセーフティネットは生活保護となる。生活保護の受給世帯のうち，失業等により所得が低下した層を含む「その他の世帯」の割合は1990年からの10年間で倍増している。生活保護の給付額は比較的高い水準にあり，同じ構成の世帯の平均所得の54％となっている。これはスウェーデンの66％と比べればやや低いものの，オランダと同程度，イギリスやドイツよりも高い水準にある（Jung 2007）。ただし，日本の生活保護制度

は補足性原理に基づいており，稼働能力や財産，所得を基準にした審査が行われるなど，給付は制限的である。生活保護の捕捉率の正確な値を示すデータは得られていないが，多くの研究で20％代というきわめて低い値であることが推定されている（藤澤 2008）。つまり，日本の生活保護制度の給付水準は諸外国と比べて低いわけではないが，制限的であるといえる。

以上のように，日本とスウェーデンはともに社会給付の給付水準は高いものの，日本は失業手当，生活保護ともに給付資格が制限的であり，失業手当の給付期限も短い。これに対し，スウェーデンでは，失業手当の給付は包摂的であり，また，保険の対象外となった場合でも，後に見る積極的労働市場への参加により給付を受けることができる。したがって，社会給付が失業者の社会的排除に効果を持つのであれば，失業が経済状況にもたらす効果は，スウェーデンでは小さく，日本では大きくなると考えられる。

社会規制の比較

次に，社会規制についてみていこう。ここでは，失業者の社会的排除にかかわると考えられる，正規雇用者の雇用保護と非正規雇用の規制緩和に注目する。図4-2はOECDが作成した2008年度の雇用保護のレベルの指標（OECD 2012c）を，正規雇用の保護と非正規雇用の規制のそれぞれについて，日本とスウェーデンで比較したものである。[4] この指標は，0を最低，6を最高とし，正規雇用の雇用が保護されているほど，非正規雇用への規制が強いほど，それぞれ値が高くなるようになっている。図4-2をみるとわかるように，正規雇用については，日本よりもスウェーデンで保護の度合いが高い。たとえば，スウェーデンでは，正規雇用者を本人に理由があって解雇する場合には少なくとも1度の事前警告が，経営上の理由で解雇する場合には労働組合と本人への通知が，それぞれ必要となる。解雇には客観的な理由が必要となり，不当解雇の場合には5年勤続で給与の16ヶ月分など，勤続年数に応じた額が賠償として支払われる（OECD 2012b）。これは，日本で公的に定められた解雇通知の方法がないことや，不当解雇の場合の賠償額が勤続20年でも一般的には給与の6ヶ月

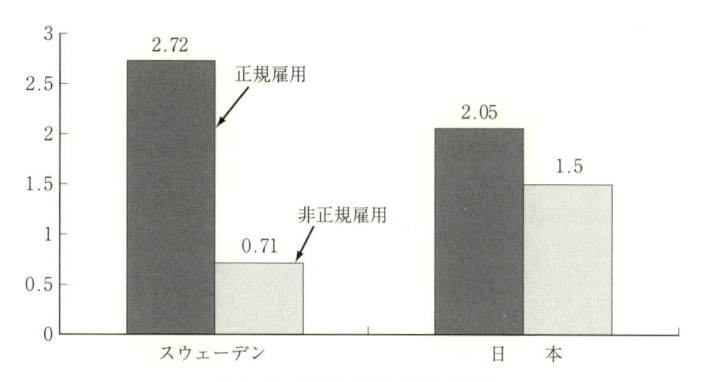

図4-2 雇用保護の程度の比較

分に過ぎないのと比べれば，厳格な保護だといえよう。

　一方，非正規雇用についてみると，スウェーデンのほうが規制の度合いが低い。スウェーデンでは非正規雇用の活用は幅広い業種で認められており，複数回の更新が認められている。しかし，季節労働者や67歳以上の有期労働者を除く通常の有期労働者の場合には，5年間のうち2年の累積雇用があれば正規雇用へと変換されるなど，日本よりも規制が厳しいといえるだろう（OECD 2012b）。逆に，派遣労働に関してはスウェーデンの方が規制緩和が進んでおり，職種や期限を問わず雇用することができる。これに対し，日本では派遣労働の職種が限られているなど，一定程度規制されている（濱口 2009）。

　日本とスウェーデンはともに正規雇用者の保護と非正規雇用の規制緩和が進んでいるが（OECD 2012a），その傾向はスウェーデンでより顕著である。さらに，スウェーデンの雇用保護法では人員整理の必要が生じた場合に，勤続年数の短い者から解雇される原則があるため，労働市場で不利な位置にいる層が安定的な雇用を得るのは難しくなる。このため，失業者が不安定層に滞留しやすくなる可能性がある。したがって，社会規制が失業者の社会的排除に効果を持つ場合，失業が経済状況にもたらす効果は，スウェーデンで日本より大きくなると考えられる。

積極的労働市場政策の比較

　スウェーデンでは失業手当の給付は最後の措置であり、失業者は第一に積極的労働市場政策の対象となる（伊藤 2001）。このため、長期失業者は積極的労働市場政策に参加することが義務付けられている。これに対し日本では、求職活動を行うことが失業給付を受けるための要件となるが、職業訓練などへの参加は義務付けられてはいない。

　2010年の日本とスウェーデンの労働市場政策に関する社会的支出の対 GDP 比を比べると、スウェーデンは日本の3倍程度になる（OECD 2012b）。さらに、個々の労働市場政策にかける費用の内訳をみると、日本では失業手当や早期退職を促す政策が含まれる「労働外での所得維持」についての費用が全体の半分以上を占めているのに対し、スウェーデンでは全体の4割弱にとどまる。その一方、職業紹介や新規雇用・雇用維持への助成などの積極的労働市場政策に、日本よりも多くの予算を割いている。

　なかでも、スウェーデンの積極的労働市場政策は、長期失業者や若年失業者など、労働市場への再参入が困難な層を対象としたプログラムに焦点をあわせている（Arbetsförmedlingen 2011）。たとえば、中心的なプログラムの1つとされている「職業と開発保障プログラム（Jobb- och utvecklingsgarantin）」は、職業安定所に登録してから60週が経過している長期失業者を中心的な対象とする。プログラムは3つのフェーズからなり、第1のフェーズ（30週）では、個別のカウンセリングをもとにした個別のカリキュラムの設計や、就職活動と就職活動にむけたジョブコーチによる指導が行われる。このフェーズで職が見つからない場合には、実際の職場での職業訓練やインターンシッププログラムを行う第2のフェーズ（60週）に移る。その後、助成付き雇用を含む就労を行う第3のフェーズに移る。このプログラムは、フルタイムの職が見つかるか、大学などの教育機関に進学することで修了する。つまり、このプログラムは、求職支援、職業訓練、助成付き雇用という積極的労働市場政策の主要プログラムを網羅的に提供することで、長期失業者を就労へと段階的に導くものであるといえるだろう。

もちろん，日本においても積極的労働市場政策は採用されてきたが，その重点はスウェーデンとは異なる。池永肇恵 (2008) によれば，1990年代以降，積極的労働市場政策の重点は企業内の能力開発推進策に置かれており，これに加えて高年齢雇用継続給付や育児休業給付など，高齢者や女性の就労促進に向けた政策がとられている。言いかえれば，日本の積極的労働市場政策は，失業者よりもすでに企業に雇用されている人の雇用の維持を中心としてきたといえるだろう。ただし，近年の経済状況や雇用環境の悪化を受け，雇用保険の対象とならない人に対する給付付きの職業訓練や，就労経験のない者や長期失業者などを対象にした助成付きの短期雇用プログラムなど，失業者の社会参加を促す政策も採用されている。しかし，その規模はまだ小さい。

ここから，積極的労働市場政策が失業者の社会的排除に影響を与えるとすると，失業が社会的排除に与える直接効果は，日本でスウェーデンよりも大きくなると考えられる。

次節では，これらの仮説を3つの社会調査データ，Luxembourg Wealth Study Database（以下，LWS），2006年度の European Social Survey（以下，ESS）(European Social Survey 2010) および2005年度の「仕事と暮らしに関する全国調査」[5]（以下，SSM）をもとに検証する。

3 失業は社会的排除をもたらすか？

失業の経済的貧困への影響

失業は経済的資源の喪失につながるのだろうか。図4-3ではLWSデータをもとに，再配分前と再配分後の所得について，失業者とその他の従業上の地位にいる人で，相対的貧困に陥る割合がどの程度異なるかを調べたものである。ただし，LWSは世帯データであるため，世帯主か配偶者のどちらかが就労している「就労世帯」，世帯主と配偶者のどちらかが退職者，もしくは世帯主が学生である「非労働力世帯」，このどちらにも含まれない「失業世帯」の3つ

第Ⅰ部 さまざまな分断線

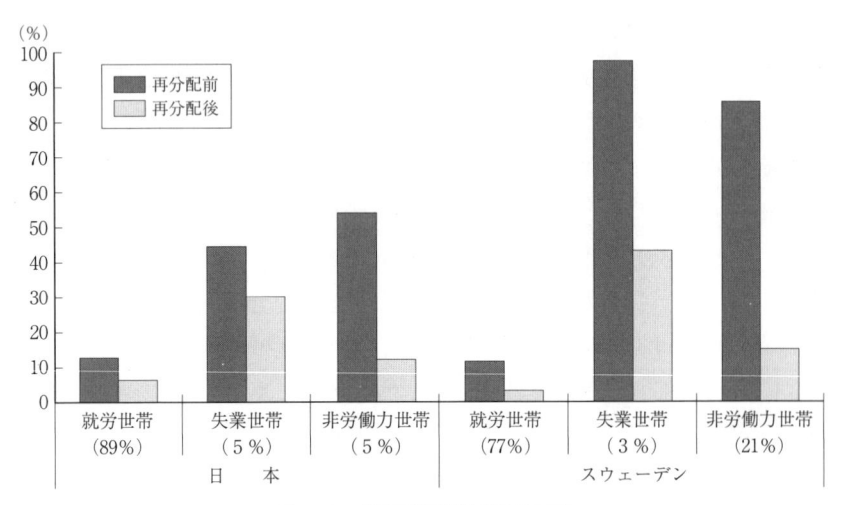

図4-3 世帯形態別相対的貧困率

に分けている。また，相対的貧困は，所得が等価所得の中央値の半分以下の場合を指す。

　図4-3をみると，スウェーデンでは失業世帯および非労働力世帯の再配分による相対的貧困割合の減少がみられ，再配分前には失業者世帯の97％が相対的貧困状態にいたのに対し，再配分後には43％となっている。しかし，相対的貧困に対しての失業世帯と就労世帯のオッズ比をとると21倍にも達しており，失業世帯が相対的貧困に陥るリスクは就労世帯よりもはるかに高いといえる。これに対し，日本では失業世帯の再分配による相対的貧困割合の大幅な減少はみられず，44％から30％への減少にとどまっている。その一方で，相対的貧困に対しての失業世帯と就労世帯のオッズ比は6倍にとどまる。したがって，社会給付が失業者の経済的資源に与える影響は日本よりもスウェーデンで大きいが，失業者の相対的貧困率は日本よりもスウェーデンで高く，経済的資源の相対的な不足がより生じやすいことがわかる。

失業者の社会活動への参加の比較

　上でみた相対的貧困リスクの違いは，失業者の社会的排除をまねくのであろ

表 4-1　失業の社会的排除への関連の比較

（表示はオッズ比）

	スウェーデン		日本	
	政治活動	社会関係	政治活動	社会関係
正規				
非正規	1.090	1.012	1.039	0.907
非労働力	0.813	1.457	0.887	1.067
失業	1.274	1.481	1.112	0.781
長期失業経験	1.704*	1.862+	0.734	1.249+
20代				
30代	0.514*	7.656*	0.392**	1.327
40代	0.561+	7.819*	0.270**	1.831**
50代	0.499*	12.252**	0.225**	3.536**
60代以上	0.402**	13.021**	0.155**	4.950**
男性	1.218	3.417**	1.448+	3.076**
教育年数	0.912**	0.885**	0.976	0.913**
既婚	0.504**	0.980	0.716	0.850
世帯員数	0.961	0.660*	0.882	0.873**
等価所得(注)	0.978	0.968+	0.982**	0.998
移民出身	2.710**	0.770		
定数	0.886	0.058**	1.376	0.396**
Cox & Snell 疑似決定係数	0.061	0.091	0.043	0.125
N	1,410	1,442	1,756	3,597

注：等価所得は日本では10万円単位，スウェーデンでは1000クローナ単位である。

うか。ここでは，ブルヒャルトら（Burchardt et al. 1999）の社会的排除の5領域のうち，経済的資源と就労にかかわる領域以外の残りの2領域（政治活動，社会関係）について分析を行う。政治活動については投票による政治参加を行っているか，社会関係については相談相手がいるかどうかをそれぞれ指標とし[6]，投票を行っていない場合，相談相手がいない場合を，排除されているとみなしている。また，従業上の地位については，正規雇用者，非正規雇用者，失業者，非労働力者の4つに分けている。非労働力者とは不就労者のうち退職者，学生，家事や育児を行っている者を，失業者とはその他の不就労者を指す。また，失業経験はその時点においてだけでなく，累積的に現在の社会的排除を生み出す

可能性があるため（阿部 2007），1年以上の長期失業経験が社会的排除に与える影響についても検討を行った。[7]

社会的排除の規定要因を二項ロジスティック回帰分析で調べた分析結果（表4-1）をみると，スウェーデンでは政治活動からの排除と社会関係からの排除の両方に，長期失業の経験が影響を与えている。一方，現在の失業状態は，長期失業の経験をモデルに含めた場合には，有意な効果を持たなかった。したがって，失業状態に置かれていることそのものよりも，長期的な失業状態に置かれることによって，社会関係や政治的活動からの排除が生じると考えられる。さらに，これらの社会的排除への失業の効果は，所得によっては媒介されていなかった（結果は省略）。つまり，失業経験があることは，経済状態に還元できない独自の影響を社会的排除に与えているといえる。

一方，日本の結果をみると，スウェーデン同様，現在の失業状態は社会的排除に影響を与えていない。これに対し，長期失業経験は社会関係から疎外されるリスクを高めている。さらに，この効果は所得の効果を除いた場合にも変化しなかった（結果は省略）。つまり，失業が社会関係についてのリスクを高める効果の中で，経済的資源の不足によって説明される部分は小さいといえる。また，政治活動からの排除は，失業経験とは関連がないことが示された。

4　不平等と制度

本章では，失業者の社会的排除に社会保障制度が与える影響を考察してきた。社会保障制度は，社会給付や失業者の参加を促す積極的労働市場政策を通して，失業者の社会的排除を抑制しようとしてきた。一方，非正規雇用の規制緩和と正規雇用者の雇用の保護は，労働市場において弱い立場にいる人たちの社会的排除を促進しうるものであった。こうした観点から，スウェーデンと日本の失業者の社会的排除の度合いについて，社会調査データの分析を通して比較した結果，以下のことが示された。

第1に，失業手当等の社会保障制度は失業者の経済的資源の喪失を抑制する

が，それでもなお失業者が相対的貧困に陥るリスクは就労者よりも高い傾向にあった。これは特にスウェーデンで顕著であり，再配分が失業者の相対的貧困割合を大幅に改善する一方で，再配分後にも失業世帯が相対的貧困に陥るリスクは就労世帯の21倍にもなっている。ここから，社会給付は失業者の経済的剥奪状態の改善に役立つ一方，正規雇用の雇用が保護される社会規制のもとでは，こうした保護から外れた不安定層が相対的に貧困な状態に滞留するというメカニズムの存在が示唆される。ESSデータの分析によれば，1年以上の長期失業に陥るリスクは，スウェーデンでは移民出身であることや，若年であることの影響を受けていたが（結果は省略），正規雇用者の雇用保護と非正規雇用の規制緩和によって二重労働市場が生じた場合，こうした人々の失業リスクが高まることはすでに指摘されている（Kogan 2006；OCED 2004）。すでにみたように，日本とスウェーデンの社会規制は二重労働市場を生じさせやすくなるものであった。この結果として，労働市場の中で弱い立場にいる人々の雇用が不安定となり，相対的貧困層へと滞留していると考えられる。

　第2に，長期失業経験があることは，日本とスウェーデンともに社会的排除のリスクを高める効果を持っていた。どちらの国においても，長期失業経験は社会関係からの疎外のリスクを高めている。さらに，現在の失業状態は有意な効果を持たなかった。ここから，失業期間が長引くことで社会関係が減少していくと考えることができる。日本では長期失業は社会関係を減少させるものの，政治活動における排除をまねくものではないが，スウェーデンでは政治的活動からの撤退もまねいていた。これらの結果は積極的労働市場政策が，社会関係を増加させたり，自尊感情を高めることによって，孤立や他の活動への意欲の減退を防ぐとの仮説に反する結果であり，今回の結果からは積極的労働市場の効果は確認できなかった。

　第3に，失業の効果は所得をコントロールしたうえでもみられたため，失業が社会的排除を生じさせるのは，経済的資源の不足を通じてのみではないことも確認された。ヤホダ（Jahoda 1981）が指摘するように，今日の私たちの社会において，働くということは単に経済的に生活を維持させる役割を果たしてい

るだけではない。就労は社会関係の起点や，肯定的なアイデンティティを維持するための場となることで，非生産活動領域においても，私たちの生活を形作っている。そのため，長期失業は経済状態に還元されない独自の効果を社会的排除に対して持つのである。

　本章では，失業から他の領域での社会的排除が生じる過程に社会保障制度が影響を与えうるのかを検討してきた。そして，社会調査データの分析の結果，少なくとも社会給付と社会規制に関しては，失業が社会的排除へとつながる過程に介入していることが示唆された。特に，スウェーデンにおいて，失業者の社会的排除のリスクが小さくないことは重要なインプリケーションを与えてくれる。それは，社会給付の充実は失業者のセーフティネットとはなるが，特定の層に限定した雇用の保護が維持されている場合には，そこからもれる社会的に脆弱な人々の社会的排除のリスクの解消には必ずしもつながらない，というものである。この場合，失業者の経済的な基盤はある程度安定しても，彼らが社会の中で分断された状況は維持されるのである。

　ただし，本章の分析は用いたデータや指標が二国で異なる点や，失業者自体の割合が小さいため，推定結果の頑健性が十分でないなどの限界があり，結果の一般化可能性には課題が残る。時系列データの分析や，より多くの国を含めた国際比較分析などを行うことで，本章の知見の妥当性を確認していくことが，今後の課題となる。

注
(1)　ただし，支給対象日1日当たり680クローナが上限となる。
(2)　スウェーデンの基礎給付の受給資格には労働時間も含まれており，6ヶ月以上月80時間以上雇用されていた，あるいは，過去12ヶ月以内に6ヶ月間の継続した期間に480時間以上雇用されていたことが必要となる。
(3)　自己都合での退職の場合は，年齢によらず，加入期間が10年未満の場合に受給期間が90日となる。
(4)　この指標は正規雇用については，①解雇手続きの不便性，②帰責理由のない雇用者の解雇の通知期間と在籍年数による退職手当，③解雇の困難さについて，非正規

雇用については，①有期雇用と②人材派遣の使用可能な範囲や期間等をそれぞれ基準として作成している（Venn 2009）。
(5) 二次分析に当たり，東京大学社会科学研究所附属社会調査・データアーカイブ研究センター SSJ データアーカイブから「2005年 SSM 日本調査, 2005」（2005SSM 研究会データ管理委員会）の個票データの提供を受けた。「仕事と暮らしに関する全国調査」は2005年 SSM 調査の実査名称である。
(6) 政治活動については，スウェーデンのデータでは最近の国政選挙で投票していない場合を，日本のデータでは国政選挙や自治体選挙の際の投票を「めったにしない」または「しない」場合に，政治活動から排除されているとみなしている。また，社会関係については，スウェーデンでは「個人的なことを話し合う相手がいない」場合を，日本では過去1年間に些細なことでも悩み事を誰にも相談したことがない場合を，社会関係から排除されているとみなしている。
(7) SSM 調査では過去の失業経験について直接尋ねた質問はない。そこで，職歴の中の失業期間に着目し，結婚や育児を理由とした退職や，定年による退職（定年または契約期間の終了を退職理由としており，かつ，その職が最終職にあたり，現在仕事を探していない場合）以外で，1年間以上無職の期間がある場合に，長期失業経験ありとした。

文献

阿部彩, 2007,「日本における社会的排除の実態とその要因」『季刊・社会保障研究』43(1)：27-40。

Arbetsförmedlingen, 2011, *Annual Report of The Swedish Public Employment Service 2011*, Arbetsförmedlingen.

Atkinson, Tony, 1998, "Social Exclusion, Poverty and Unemployment," John Hills ed., *Exclusion, Employment and Opportunity*, Center for Analysis of Social Exclusion, London School of Economics, 1-20.

Burchardt, Tania, Julian Le Grand and David Piachaud, 1999, "Social Exclusion in Britain 1991-1995," *Social Policy and Administration*, 33(3): 227-244.

Béland, Daniel, 2007, "The Social Exclusion Discourse: Ideas and Policy Change," *Policy and Politics*, 35(1): 123-139.

de Graaf-Ziji, Marloes and Brian Nolan, 2011, "Household Joblessness and Its Impact on Poverty and Deprivation in Europe," *Journal of European Social Policy*, 21(5): 413-431.

Esping-Andersen, Gøsta, 1990, *The Three Worlds of Welfare Capitalism*, Polity

Press. (=2001, 岡沢憲芙・宮本太郎監訳『福祉資本主義の三つの世界――比較福祉国家の理論と動態』ミネルヴァ書房。)

European Social Survey, 2010, *ESS-4 2008 Documentation Report. Edition 3.0.*, European Social Survey Data Archive, Norwegian Social Science Data Services.

Council of European Union, 2002, *Fight against Poverty and Social Exclusion: common objectives for the second round of National Action Plans―Endorsement*, 14164/1/02 REV 1 SOC 508, 25 November 2002, Council of the European Union.

藤澤三宝子, 2008,「日本の低所得と生活保護制度――JGSS データによる社会扶助受給決定要因分析を通して」『日本版 General Social Surveys 研究論文集』7 : 271-283。

Gallie, Duncan, Serge Paugam Paugam and Sheila Jacobs, 2003, "Unemployment, Poverty and Social Isolation: Is There a Vicious Circle of Social Exclusion?" *European Societies*, 5(1): 1-32.

濱口桂一郎, 2009,「EU 労働者派遣指令と日本の労働者派遣法」『大原社会問題研究所雑誌』604 : 25-35。

Hansen, Henning, Pedro Hespanha, Carlos Machado and Rik Van Berkel, 2002, "Inclusion through Participation? Active Social Policies in the EU and Empirical Observations from Case Studies into Types of Work," Rik Van Berkel and Iver H. Møller eds., *Active Social Policies in the EU*, The Policy Press, 103-135.

樋口明彦, 2006,「社会的ネットワークとフリーター・ニート――若者は社会的に排除されているのか」太郎丸博編『フリーターとニートの社会学』世界思想社, 49-74。

池永肇恵, 2008,「日本の労働政策の方向性――多様化への対応と政策効果分析の重要性」『PIE/CIS Discussion Paper』389 : 1-52。

International Labour Office, 2010, *World Social Security Report 2010/11*, International Labour Office.

伊藤正純, 2001,「高失業状態と労働市場政策の変化」篠田武司編『スウェーデンの労働と産業――転換期の模索』学文社, 199-230。

岩田正美, 2008,『社会的排除』有斐閣。

Jahoda, Marie. 1981, "Work, Employment, and Unemployment: Values, Theories, and Approaches in Social-Research," *American Psychologist*, 36(2): 184-191.

Jung, In-Young, 2007, "Social Assistance in Nine OECD Countries." Paper presented at the The 4th East Asian Social Policy research network (EASP) Conference, University of Tokyo.

Kogan, Irena, 2006, "Labor Markets and Economic Incorporation among Recent Immigrants in Europe," *Social Forces*, 85(2): 697-721.
OECD, 2004, *OECD Employment Outlook*, OECD.
OECD, 2012a, *Employment Outlook*, OCED.
OECD, 2012b, *Economic Outlook*, OECD.
OECD, 2012c, "OECD Indicators of Employment Protection" (http://www.oecd.org/employment/employmentpoliciesanddata/oecdindicatorsofemploymentprotection. htm, September 30, 2012).
Room, Graham J., 1999, "Social Exclusion, Solidarity and the Challenge of Globalization," *International Journal of Social Welfare*, 8: 166-174.
武川正吾, 2007, 『連帯と承認』東京大学出版会。
Van Berkel, Rik, Iver H. Moller and Colin C. Williams, 2002, "The Concept of Inclusion/ Exclusion and the Concept of Work," Rik Van Berkel and Ivar H. Moller eds., *Active Social Policies in the EU*, The Polity Press, 15-44.
Van Vliet, Olaf and Koen Caminada, 2012, "Unemployment Replacement Rates Dataset Among 34 Welfare States," *NEUJOBS Special Report*, 2: 1-70.
Venn, Danielle, 2009, "Legislation, Collective Bargaining and Enforcement: updating the Oecd Employment Protection indicators," *OECD Social, Employment and Migration Working Paper*, 84: 1-54.
Walters, William, 1997, "The 'Active' Society: New Designs for Social Policy," *Policy and Politics*, 25(3): 231-234.
Wulfgramm, Melike, 2011, "Can Activating Labour Market Policy Offset the Detrimental Life Satisfaction Effect of Unemployment?" *Socio-Economic Review*, 9(3): 477-501.

第5章

家族政策にみる不平等
——母子世帯に焦点をあてて——

下夷美幸

1　子どもの扶養問題としての母子世帯の貧困

　日本の母子世帯の貧困率が先進諸国の中でも突出して高いことは，近年，広く知られるようになってきた。2009年には，日本政府もひとり親世帯の子どもの貧困率を54.3％（2007年調査）と公表し，それが OECD 加盟国の中で最も高いことを認めている。この貧困率とは相対的貧困率と呼ばれるもので，OECD や日本政府が用いているのは，可処分所得の中央値の50％に満たない者の割合をいう。

　その後，2010年の「国民生活基礎調査」（厚生労働省）の結果には1985年以降の貧困率が掲載され（表5-1），ひとり親世帯の貧困率がつねに50％を超えていることが明らかにされている。そのほか，『子ども・子育て白書』や『子ども・若者白書』（いずれも内閣府）には，2010年版から「子どもの貧困」の項目が加わり，上記の政府公表の貧困率が示されるとともに，OECD 加盟国の貧困率の一覧表が国の順位を付して掲載されている。白書ではこれらの指標から，ひとり親世帯が特に経済的に困窮しているとの見解が示され，それに対する政策として，ひとり親世帯に対する就業支援策をすすめていること，児童扶養手当の支給対象を父子世帯に拡大したこと，生活保護の母子加算を継続すること，などが説明されている。

　このように，政府がひとり親世帯の貧困問題を公式に認め，政策課題に設定

表5-1 貧困率の年次推移

調査年	1985	1988	1991	1994	1997	2000	2003	2006	2009
	%	%	%	%	%	%	%	%	%
相対的貧困率	12.0	13.2	13.5	13.7	14.6	15.3	14.9	15.7	16.0
子どもの貧困率	10.9	12.9	12.8	12.1	13.4	14.5	13.7	14.2	15.7
子どもがいる現役世帯	10.3	11.9	11.7	11.2	12.2	13.1	12.5	12.2	14.6
大人が1人	54.5	51.4	50.1	53.2	63.1	58.2	58.7	54.3	50.8
大人が2人以上	9.6	11.1	10.8	10.2	10.8	11.5	10.5	10.2	12.7
名目値	万円	万円	万円	万円	万円	万円	万円	万円	万円
中央値 (a)	216	227	270	289	297	274	260	254	250
貧困線 (a/2)	108	114	135	144	149	137	130	127	125
実質値(1985年基準)									
中央値 (b)	216	226	246	255	259	240	233	228	224
貧困線 (b/2)	108	113	123	128	130	120	117	114	112

注：1994年の数値は兵庫県を除いたもの。貧困率は OECD の作成基準に基づいて算出。大人とは18歳以上の者，子どもとは17歳以下の者，現役世帯とは世帯主が18歳以上65歳未満の世帯。名目値とはその年の等価可処分所得，実質値とはそれを1985年を基準とした消費者物価指数（持家の帰属家賃を除く総合指数）で調整したもの。
出所：厚生労働省「国民生活基礎調査」2010年。

するようになったことは，問題解決に向けた一歩ではある。しかし，白書に掲げられている政府の取り組みは，父子世帯への支援の拡大を除き，いずれも従来の政策を超えるものではない。結局，政府がひとり親世帯の貧困率を公表してから3年を経た現在（2012年11月）にいたっても，貧困の撲滅に向けた積極的な対策は何らとられていない。

「ひとり親世帯」の貧困率は，母子世帯と父子世帯を合わせた世帯のものだが，2010年の「国勢調査」（総務省）によると，母子世帯は約756,000世帯，父子世帯は約89,000世帯で，ひとり親世帯の9割は母子世帯が占めている[2]。また，2011年の「全国母子世帯等調査」（厚生労働省）で世帯収入をみると，母子世帯は父子世帯に比べて年収が低く，とりわけ低収入に偏っていることから，ひとり親世帯の貧困は，およそ母子世帯の貧困と置き換えてみることができる。

ではなぜ，日本の母子世帯の貧困はこれほど深刻で，しかもそれが長年放置されているのだろうか。その構造を解明するには多面的な検討が必要だが，ここでは母子世帯にかかわる政策の面から探ってみたい。なぜなら，そもそも問題発生の背景には政策のあり方が関係しており，また，問題がいっこうに是正

第5章　家族政策にみる不平等

されないという現実は，政策の遅れを示しているからである。

　母子世帯の貧困はさまざまな立場や視点から捉えられるが，貧困世帯で暮らす子どもの視点からみると，子どもとしての人並な生活が親からも国からも保障されていない，ということになる。いいかえれば，貧困世帯の子どもは，私的にも公的にも十分に扶養されていない，ということである。こうしてみると，母子世帯の貧困は子どもに対する経済的扶養の問題と捉えられる。

　そして，母子世帯の約9割が離婚や婚外子出産による，いわゆる離別母子世帯である現在では，子どもの扶養義務者である父親の存在も見逃せない。そうすると，母子世帯の貧困は，子どもの生活保障に責任を負う，母親，父親，国の三者の問題とみなされる。

　このような問題意識から，本章では母子福祉政策と養育費政策をとりあげる。ここでの母子福祉政策とは，母子世帯を対象とした経済的支援や就労支援の政策を指す。また，養育費政策とは，父親からの養育費を確保するための政策をいう。これらの政策の検討を通して，先にあげた，なぜ日本の母子世帯の貧困率はこれほど高く，しかもそれが是正されないのかという問いについて考えてみたい。

　以下ではまず，母子世帯の母親の就労や収入に影響を与える基本的な制度として，税制・社会保障制度の特徴をおさえる（第2節）。つぎに，母子福祉政策と養育費政策のそれぞれについて，政策の主な動きとその内容をつかみ，さらにイギリスの政策との比較も交えて，その日本的特徴を検討する（第3・4節）。そして最後に，これらの政策を家族政策の観点から捉えなおし，子どもの扶養をめぐる親と国の関係を整理することで，日本の母子世帯の貧困問題について考えていく（第5節）。

2　母親の就労と税制・社会保障制度

ワーキング・プア

　冒頭で述べた通り，日本の母子世帯の貧困率は先進諸国でもっとも高いが，

それにくわえて、母子世帯の母親の就労率が高いことも、日本の特徴である。OECDの国際比較統計で主要国の母子世帯の母親の就労率（2007年）をみると、日本（85％）は、アメリカ（72％）、フランス（70％）、ドイツ（65％）、イギリス（52％）よりはるかに高く、スウェーデンのひとり親（父子世帯を含む・81％）をも上回っている（OECD 2011）。

通常、母子世帯の貧困率は母親が就労していれば、就労していない場合より低くなる。確かに、OECD加盟国のひとり親世帯の貧困率をみても（表5-2）、親が就労していない場合と就労している場合では、日本以外のすべての国で、就労しているほうが貧困率は低くなっている。つまり、就労が貧困から脱する回路になっているということである。

しかし、日本では就労している場合でも貧困率が低下していない。それどころか、わずかに上昇している。このように、日本の母子世帯の母親の多くは、働いていても貧困から脱することができない、いわゆるワーキング・プアである。

「全国母子世帯等調査」（厚生労働省）で、母子世帯の母親の就労状況についてみると（表5-3）、1980年以降、母子世帯の母親の就労率はつねに80％を超える高い水準となっている。

このように、従来から母子世帯の母親の大部分は働いているが、働いていない母親であっても就労意欲は強い。2011年の同調査では、働いていない母親の9割近くが就職を希望しており、働きたいのに働いていない理由は、「求職中（38.2％）」「病気（病弱）で働けない（26.8％）」などで、働ける状況にある母親はほぼ働いているといえる。しかし、その働き方はパート労働が多い。推移をみると、正規の職員・従業員が減少し、パート・アルバイト等の非正規労働が増える傾向が続いており、2011年では働いている母親の半数がパート・アルバイト等となっている。そのため就労収入も低く、平均年収（2010年）をみると、正規の職員・従業員が2,700,000円であるのに対し、パート・アルバイト等ではその半分以下の1,250,000円である。

第5章 家族政策にみる不平等

表5-2 子どものいる世帯の貧困率（2008年）：世帯の大人の就労状況別 (%)

	子どもの貧困		現役世代の子どものいる世帯						
			計		ひとり親世帯		ふたり親世帯		
	2008年	1990年代半ばからの変化	2008年	1995年からの変化	非就労	就労	就労者はいない	1人が就労	2人以上が就労
オーストラリア	14.0	1.0	11.6	0.6	74.7	16.8	68.0	13.5	1.0
オーストリア	7.9	0.7	7.2	1.7	57.9	25.9	31.8	16.0	1.9
ベルギー	11.3	1.2	9.9	0.7	68.3	17.5	70.0	16.1	0.9
カナダ	15.1	0.7	13.0	0.3	84.9	29.3	73.7	27.5	4.9
チリ	22.4	−3.8	12.4	−10.6	65.1	9.4	56.8	15.5	2.1
チェコ	8.4	2.9	7.2	3.0	84.1	15.7	84.9	7.3	1.9
デンマーク	3.7	1.7	2.9	1.3	33.9	5.1	29.2	7.8	0.6
エストニア	12.1	..	21.2	..	59.1	30.6	64.0	16.4	5.1
フィンランド	5.4	3.4	4.7	2.9	49.0	8.6	49.2	13.4	1.4
フランス	9.3	0.3	7.4	−0.8	45.7	16.5	21.8	10.5	2.3
ドイツ	8.3	0.2	7.6	1.0	46.2	11.6	23.2	3.7	0.6
ギリシャ	12.1	−0.2	11.6	0.4	81.5	12.3	37.3	21.8	5.3
ハンガリー	7.2	−3.1	6.4	−2.3	30.8	21.3	9.6	6.5	3.1
アイスランド	5.7	..	..	..	..	24.7	100.0	19.1	1.9
アイルランド	11.4	−2.0	9.7	..	62.4	10.8	21.8	9.0	1.2
イスラエル	26.6	12.1	22.5	9.7	81.1	29.6	86.4	37.5	3.6
イタリア	15.3	−3.6	14.0	−3.4	87.6	22.8	79.3	22.5	2.7
日本	14.2	2.1	12.2	1.0	52.5	54.6	37.8	11.0	9.5
韓国	10.3	..	8.6	..	23.1	19.7	37.5	9.5	5.3
ルクセンブルク	13.4	5.5	12.2	4.9	81.7	47.6	40.6	17.2	4.9
メキシコ	25.8	−0.2	22.2	0.4	48.2	31.6	68.7	34.7	11.2
オランダ	9.7	..	7.8	..	57.9	23.8	64.7	14.6	1.9
ニュージーランド	12.2	−0.5	9.6	−1.5	75.7	14.0	68.6	9.3	1.0
ノルウェー	5.5	1.8	4.6	1.6	42.5	5.9	45.4	7.3	0.2
ポーランド	14.5	..	12.5	..	79.0	20.4	52.2	26.9	4.3
ポルトガル	16.7	1.2	..	..	..	..	..	..	..
スロヴァキア	10.1	..	8.9	..	69.0	17.1	83.6	21.6	2.5
スロベニア	7.2	..	6.4	..	77.7	20.8	63.0	33.6	2.7
スペイン	17.7	0.9	16.2	1.3	68.8	26.7	88.8	29.3	5.2
スウェーデン	7.0	4.4	6.0	3.9	54.5	11.0	46.0	18.5	1.4
スイス	9.6	..	8.3	..	29.6	..	7.0	..	..
トルコ	23.5	3.9	19.3	2.5	44.5	28.3	25.8	20.0	16.1
イギリス	12.5	−4.9	11.2	−3.3	47.8	6.7	31.5	9.7	1.4
アメリカ	21.6	−0.6	18.7	0.0	91.5	35.8	84.1	30.6	6.6
OECD 平均	12.6	1.0	11.1	0.6	61.1	21.3	53.1	17.1	3.7

注：日本は2006年，デンマークとハンガリーは2007年，チリは2009年。
出所：OECD, 2011b, OECD Family Database, OECD (www.oecd.org/social/family/database 2012.9.30).

表5-3 母子世帯の母親の就業状況 (％)

調査年	就労している	従業上の地位						不就業	不詳
		計	正規の職員・従業員	派遣社員	パート・アルバイト等	自営業	その他		
1983	84.2	100.0	55.1	—	7.6	14.2	7.4	15.8	—
1988	86.8	100.0	55.5	—	19.4	12.2	12.9	13.2	—
1993	87.0	100.0	53.2	—	31.3	7.8	7.7	11.4	—
1998	84.9	100.0	50.7	—	38.3	5.7	5.3	13.6	—
2003	83.0	100.0	39.2	4.4	49.0	4.2	3.2	16.7	0.3
2006	84.5	100.0	42.5	5.1	43.6	4.0	4.7	14.6	0.9
2011	80.6	100.0	39.4	4.7	47.4	2.6	5.9	15.0	4.4

注：1983年・1988年の「正規の職員・従業員」「パート・アルバイト等」は、それぞれ「常用雇用者」「非常用雇用者」。1983年の「自営業」は、「自営業」と「農業」を合計したもの。2003年以降の「その他」は、「会社などの役員」（2011年のみ）、「家族従業者」「その他」を合計したもの。
出所：厚生労働省「全国母子世帯等調査」より作成。

「男性稼ぎ主モデル」の税制・社会保障制度

　母子世帯の母親はパート労働が多く、十分な収入が得られていないが、そのことは税制や社会保障制度のあり方とも深く関わっている。

　日本の税制や社会保障制度は原則として個人単位となっているが、男性稼ぎ主モデルを前提に、配偶者への配慮が制度に組み込まれている。男性稼ぎ主モデルとは、夫が市場労働に従事し、妻子を養うのに十分な家族賃金を得て家計を支え、妻は家庭で家事・育児に従事するというあり方である。共働きが増えているとはいえ、出産を機に退職して子育てに専念し、その後、パートとして就労する女性は現在も多い。このような女性のライフスタイルの選択に影響を与えているのが、妻を夫の被扶養者として扱う、男性稼ぎ主モデルの税制や社会保障制度である。

　その主なものとして、税制では配偶者控除・配偶者特別控除があげられる。日本の所得課税は個人単位となっているが、配偶者に所得がない場合や低い場合には、配偶者控除・配偶者特別控除が適用され、世帯への配慮がなされる。これは「配偶者」に関する扱いであり、制度は性別に中立的だが、実際には妻が夫に扶養されるケースがほとんどで、妻が専業主婦か、パート労働等で働い

ている場合にこの控除の対象となる。

　具体的には，妻の年収が1,030,000円以下であれば配偶者控除，1,030,000円を超えて1,410,000円未満であれば配偶者特別控除が適用される。減税となるのは夫の税金だが，妻が控除の範囲内で働けば，世帯として経済的恩恵が受けられることになる。また，妻の収入が1,030,000円を超えると，夫が配偶者控除を受けられないばかりか，妻自身の収入に対しても税金が課されることになる。このことは「103万円の壁」と呼ばれ，女性の就労を抑制するものとみられている。

　また，社会保障制度では，第3号被保険者制度が議論となっている（椋野・田中 2009：150-151）。第3号被保険者とは，国民年金の加入者のうち，会社員や公務員（第2号被保険者）に扶養されている配偶者のことを指す。これも制度上は性別に中立的だが，第3号被保険者のほとんどは勤め人の夫に扶養されている専業主婦やパート労働の主婦である。

　この第3号被保険者制度は，1985年の年金制度の改正で基礎年金ができた際に，専業主婦を含めた女性の年金権の確立として導入されたものである。従来の年金制度は，勤め人に扶養されている妻は年金制度に加入する義務はなく，老後は夫の年金で夫婦2人が暮らすことを前提に設計されてきた。それゆえ，妻は国民年金に任意で加入することはできたが，加入していない場合，離婚すると無年金になるという問題が生じていた。そうした問題を解消するために，妻本人の名義で年金を受け取ることができるよう導入されたのが，第3号被保険者制度である。

　第3号被保険者の場合，妻本人は保険料を支払う必要はなく，その保険料は夫が加入している厚生年金や共済年金が，妻の分の保険料も含めて一括して国民年金に拠出する仕組みとなっている。被扶養者として認められる収入は，1,300,000円未満である。よって，妻が就労して収入を得ていても，年収が1,300,000円未満であれば第3号被保険者となり，本人に保険料の支払いは生じないが，1,300,000円以上になると第3号被保険者の資格を失い，本人が保険料を支払わなくてはならない。

また，年収1,300,000円未満で被扶養者とする扱いは健康保険でも同様であり，妻の収入が1,300,000円以上になると，年金保険料だけでなく健康保険料も本人が支払わなくてはならなくなる。こうしたことから，被扶養者にとどまるか否かの経済的影響は，配偶者控除よりも大きいといわれており，これは「130万円の壁」と呼ばれている。

　男女共同参画会議の調査報告書（2012年）では，こうした「壁」によって，夫のいる女性の就労が抑制されている現実が示されている。報告書によると，既婚女性の所得は90〜110万円に集中しており，特に40〜50歳代でこの傾向が顕著にみられる。また，女性パート労働者の26％が，賃金・年収や労働時間を一定水準に抑えようとする「就労調整」を行っており，その理由は「自分の所得税の非課税限度額（103万円）を超えると，税金を支払わなければならないから（55.3％）」「一定額（130万円）を超えると，配偶者の健康保険，厚生年金等の被扶養者からはずれ，自分で加入しなければならなくなるから（43.2％）」「一定額を超えると配偶者の税制上の配偶者控除がなくなり，配偶者特別控除が少なくなるから（31.4％）」の順で高くなっている。[5]

　このように，男性稼ぎ主モデルの税制・社会保障制度によって，既婚女性の働き方はパート労働に方向付けられ，そして，そのパート労働の賃金や労働条件は，夫に扶養されている女性を前提に低く抑えられている。こうしてみると，自らが世帯主として子どもを扶養しなければならない母子世帯の母親が，これらの社会制度から受ける不利は大きい。

3　母子福祉政策

児童扶養手当

　母子世帯には，その低い収入にもかかわらず生活保護を受給する世帯が少ない。近年，受給率が上昇しているとはいえ，2010年で15％程度である。[6] 1980年代後半以降，生活保護は，いわゆる「適正化」政策により申請窓口での規制が強化され，母子世帯の受給も抑制されてきた。そのため，低所得の母子世帯の

多くは生活保護を受けずに、自らの就労収入に福祉の手当を加えて家計を維持している。そうした福祉の手当の中で、母子世帯にとって不可欠なものが児童扶養手当である。

　児童扶養手当は、主に離婚や婚外子出産などによる、離別のひとり親世帯を対象に支給される。1962年の制度開始から母子世帯のみに支給されてきたが、2010年8月からは父子世帯も対象となっている。手当は子どもが18歳の年度末まで、所得に応じて、たとえば子どもが1人の場合、10,000円弱から40,000円程度が支給される。受給者は年々増加しており、2010年末時点の受給者は約1,055,000人で、そのうち母子世帯が約970,000人である（厚生労働省 2012：188）。児童扶養手当を受給している母子世帯の割合を算出することはできないが、2010年の「国勢調査」（総務省）で、祖父母等と同居する場合を含む母子世帯数をみると、約1,080,000世帯となっており、ここから大多数の母子世帯が児童扶養手当を受給していると予想される[7]。

　児童扶養手当は、制度開始から現在までの約50年間、母子世帯の所得保障に重要な役割を果たしてきたが、制度の変遷からは国の母子世帯に対する姿勢がみてとれる。児童扶養手当は、死別母子世帯に支給される母子福祉年金（無拠出）を補完する制度として創設され、1985年の法改正までは、年金制度と連動する形で手当額も引き上げられてきた。つまり、この時期、国は死別と離別の区別なく、男性稼ぎ主を欠くことによる不利を、年金や手当で補填するという態度をとっていたといえる。

　しかし、1985年の法改正により、児童扶養手当は年金制度の補完的制度から純粋な福祉制度となり、手当額も年金とは切り離され、以後、一貫して減額されていく。さらにこの1985年の改正では、離婚した父親が一定所得以上の稼得がある場合には支給しない、という規定が盛り込まれている。最終的に、この規定は事実上、無期限の施行延期となったが、ここにはあくまで父親が稼ぎ主であり、国はその役割を補完も代替もしない、という国の姿勢があらわれている。

　その後、母子世帯の増加とともに児童扶養手当受給者も急増し、その給付費

が増大したことから，2002年には「児童扶養手当中心の支援」から「就業・自立に向けた総合的支援」への転換と称した，母子福祉政策の抜本改革が行われている。そのねらいは児童扶養手当の抑制であり，実質的な所得制限の強化がなされ，給付の削減が行われている。また，この2002年の法改正で見逃せないのは，受給期間が5年を超えると手当額が最大2分の1まで減額されるようになったことである。その後，この支給停止については，適用除外の届出書を提出し，就業や求職活動中であることなどを証明できれば，それまで通り受給することができるようになったものの，母子世帯の生活実態に関係なく，受給期間による手当の削減が制度化されたことは，子どもの扶養における国の役割の後退といえる。

母親への就労支援

2002年の母子福祉政策の改革で自立支援として重視されているのが，母親の就労支援策である。この改革で導入された主な施策としては，「母子家庭等就業・自立支援センター」「自立支援教育訓練給付金」「高度技能訓練促進費」があげられる。その内容と実績は次のようなものである。[8]

母子家庭等就業・支援センターは，就業に関する相談や情報提供のほか，技能講習などを行う施設で，都道府県・指定都市・中核都市の実施主体のすべてに開設されている（106ヶ所）。実績をみると，2012年度の相談件数は約90,000件に達しているが，就職件数は5,749件で，そのうち常勤職は2,356件にすぎない。

自立支援教育訓練給付金と高度技能訓練促進費は，スキルアップや資格取得を支援するために創設された給付金で，前者は指定された教育訓練講座を修了後，受講料の2割（上限100,000円）が支給される制度，後者は看護師などの養成機関で修学する場合に，その間の生活費（月額140,000円程度）が支給される制度である。2012年度の実績をみると，自立支援教育訓練給付金は，支給件数1,537件，就職件数880件で，そのうち常勤職はわずか315件である。高度技能訓練促進費は，支給件数7,969件，資格取得2,114件，就職件数1,714件で，そ

のうち常勤職が1,519件となっており，就職件数は少ないが常勤につながる支援として機能している。

前述の通り，母子世帯の母親はすでに就労しており，就労による経済的自立という政策目標を達成するには，より収入が高く安定した職に就くための支援が必要である。しかし，上記の政策以外を含めても，母子世帯の母親への就労支援策によって常勤職に就職した件数は，児童扶養手当の受給者数（約970,000人）に比べてきわめて少ない。今後も児童扶養手当の削減傾向が続き，有効な就労支援策もなければ，母子世帯の貧困リスクはさらに高まり，生活保護を受給せざるを得ない母子世帯がいっきに増大する可能性もある。

日本的特徴

母子世帯に対する政策において就労促進策に重点を移す傾向は，先進諸国に共通してみられる。ここでは，日本と同様に，社会政策が強固な男性稼ぎ主モデルの国といわれるイギリスの政策についてみてみたい[9]。イギリスでは，1997年に誕生した労働党政権によって「福祉から就労へ」という政策転換がなされ，母子世帯の母親に対しても就労促進策が実施されている。その背景には，政権発足当時，母子世帯の母親の就労率が50％にも達しておらず，所得補助（日本の生活保護にあたる公的扶助）に生活を依存する母子世帯が増大していたという実態がある（DWP 2006）。また，1997年時点の子どもの貧困率がEU主要国中で最悪の水準であったことから（DWP 2003），労働党政権は子どもの貧困対策を重要課題とし，貧困児童を「2004年度までに4分の1削減，2010年度までに2分の1削減，2020年度までに撲滅」するという政府目標を掲げたが，その達成のために，母子世帯の母親の就労促進が重視されたということもある。

イギリス政府が行った母子世帯の就労促進政策は，「ひとり親のためのニューディール」と呼ばれるもので，その特徴は対象者1人1人にパーソナルアドバイザーがつき，対象者の特性に応じた就職相談や職業訓練がなされることである。また，ジョブセンタープラスという公共職業安定所が整備され，ワンストップで就労支援と求職者向けの福祉給付の手配がなされている。

また，イギリスではニューディールのようなサービスだけでなく，就労促進策として，就労者向けの経済的支援を拡充している。支援は「働くことが割にあう」ようにするという考え方に基づき，従来の福祉の手当ではなく，税額控除によって行われている。なかでも，子どものいる低所得世帯への税額控除が増額されており，こうした経済的支援によって働いていない親を就労へと促している。実際，ひとり親の就労率は上昇しており，2005年の就労率は56.6％と，1997年からの7年間で11％ポイント高くなっている（DWP 2006）。

　前掲の表5-2でイギリスのひとり親世帯の貧困率をみると，親の就労の有無による差が非常に大きく，就労している場合の貧困率は6.7％で，就労していない場合（47.8％）の7分の1ほどにすぎず，他の先進諸国に比べてもきわめて低い貧困率となっている。イギリスの国内統計をみても，1997年以降，ひとり親世帯の貧困率が大幅に低下している（DWP 2012）。これは親の就労が増加したことの影響といえるが，就労自体によるというよりも，就労したことで政府からの給付が増えたことによるとみられている[10]。このように，イギリスでも母子世帯に対する政策は就労促進へと政策転換しているが，それは就労しながら受けられる経済的支援の拡充を伴っている。

　こうしてみると，ともに男性稼ぎ主モデルとみなされる日本とイギリスだが，母子世帯に対する国の態度は異なっている。イギリスの政策をみると，かつては母親が福祉に頼ることを認めていたが，現在は母親に就労を求めるとともに，母子世帯の母親の不利を補う経済的支援を拡充している。いずれも，男性稼ぎ主モデルにおいて不利となる母子世帯に対応した母子福祉政策といえる。一方，日本の政策をみると，国は母親の生活保護受給を拒否する態度をとっており，すでに就労している母親にいっそうの就労を要請しながら，それと同時に，母親の不利を補っている児童扶養手当を削減している。このような日本の政策は，男性稼ぎ主モデルの制度下で母子世帯の母親が負う不利への対処を欠き，男性稼ぎ主モデルとの整合性がとれていないといえる[11]。

4 養育費政策

養育費の実態

次に，別れて暮らす父親からの養育費を確保するための政策についてみてみたい。離別の母子世帯の場合，別れて暮らす父親も子どもへの扶養義務を負っており，養育費を支払うことでその義務を果たすことになる。

しかし，「全国母子世帯等調査」（厚生労働省）をみると（表5-4），2011年現在，父親から養育費を受けている母子世帯は約2割にすぎない。そもそも，母子世帯の6割には養育費の取り決めがない。取り決めがあるケースでも，支払われないケースや支払いが止まるケースも多く，取り決めをしている母子世帯で養育費を受けているのは5割である。受けている養育費の平均月額は，子ども1人の場合で約35,000円，2人の場合で50,000円となっている。

近年，養育費の受給率は約2割で停滞しており（表5-4），子どもと別れて暮らす父親の約8割は子どもを扶養していない。確かに，父親に収入がなければ養育費を支払うことはできないが，2007年の母子世帯の調査によると，離別の父親の収入は一般世帯主より3割程度低いものの，平均年収は3,760,000円で，年収2,000,000円以上が82％であるという（労働研究・研修機構 2012：168）。こうしてみると，支払える父親であっても支払っていないケースが少なくないといえる。しかし，それには養育費を確保するための制度や政策も関わっている。

司法における制度

養育費の問題は，従来から司法において扱われており，養育費を確保するための制度には，家庭裁判所の「履行確保制度」と民事執行法に基づく「強制執行制度」がある。これらが利用できるのは家庭裁判所で取り決めたケースや，取り決めを公正証書等の法的に有効な書面にしてあるケースに限られており，実際にこれらの制度を利用できる母子世帯は少ない。養育費を取り決めずに協

表5-4 離婚母子世帯の養育費の受給状況　　　　　　(%)

調査年	現在も養育費を受けている	養育費を受けたことがある	養育費を受けたことがない	不詳
1983	11.3	10.1	78.6	—
1988	14.0	10.6	75.4	—
1993	14.9	16.4	68.7	—
1998	20.8	16.4	60.1	—
2003	17.7	15.4	66.8	—
2006	19.0	16.0	59.1	5.9
2011	19.7	15.8	60.7	3.8

出所：厚生労働省「全国母子世帯等調査」より作成。

議離婚した場合や，取り決めても公正証書を作成していない場合には，まず家庭裁判所に養育費請求の申し立てを行うことから始めなくてはならない。実際，家庭裁判所への申し立ては増えており，子の監護に関する事件の新受件数をみると，2010年の養育費に関する調停事件は約18,000件，審判事件は約2,900件で，それぞれ10年前の1.5倍，2.7倍となっている（最高裁判所事務総局 2010）[13]。

しかし，履行確保制度や強制執行制度を利用できても，養育費が確実に支払われるとは限らない。履行確保制度は強制力が弱く，裁判所からの履行命令に父親が従わない場合でも，10万円以下の過料が課されるにすぎない。強制執行となれば父親の給与を差し押さえることができるが，申し立てに必要な情報や書類をすべて整備し，手続きをうまくすすめたとしても，父親が勤務先を退職すれば，父親の新たな勤務先や給与の支払い状況などを確認し，申し立ての手続きを最初からやり直さなくてはならない。これらの負担はすべて，養育費を求める母親の側にかかってくる。このように，母子世帯にとっての現実的な利用可能性という点でも，また養育費確保の実効性という点でも，これらの制度には問題がある（下夷 2008：2-8）。

福祉行政における取り組み

先に述べた通り，母子福祉政策については，2002年に「就業・自立に向けた総合的支援」への改革が行われたが，「養育費の確保」はその総合的支援の4

つの柱の1つに位置付けられている。以来，養育費の問題は司法のほか，母子福祉行政のなかでも扱われており，2007年10月には養育費相談支援センターが開設されている。

このセンターでは，情報提供や自治体で養育費相談にあたる人材の養成を行っているほか，母子世帯等からの相談を電話やメールで受け付けており，2007年10月の相談開始から2011年度までの相談総数は20,000件を超えている。相談件数は2010年度まで年々急増しており（2011年度は減少），2010年度は約7,000件の相談を受けている。相談者の約8割は母親で，養育費の請求手続き，算定，不履行に関する相談が多い（鶴岡 2012）。しかし，センターで行われている相談者への支援は，司法制度の活用方法を助言するなどの間接的なものにとどまっており，所在不明となっている父親の捜索や，父親との交渉，養育費の取り立てなどの直接的な支援は行われていない。

このように，母子世帯の自立支援の一環として，福祉行政においても養育費の確保が重視されるようになったが，母子世帯のニーズに応じた支援が行われているとはいえない。国は養育費の確保に消極的で，父親に直接関与する政策はなく，子どもに対する父親の扶養については父親本人の自発性にゆだねている。

日本的特徴

養育費の不払いは日本だけに生じている問題ではない。そのため，多くの国で，司法の制度とは別に，行政機関が養育費問題に取り組んでいる。ここでも，先ほどの母子福祉政策と同様，社会政策が男性稼ぎ主モデルのイギリスについてみてみたい。[14]

イギリスでは，1980年代後半の保守党政権下で，母子世帯の福祉依存と父親の養育費不払いへの批判が高まり，1991年に福祉行政部門のなかに養育費庁が創設され，1993年から養育費制度が実施されている。導入された制度は，行政機関が父親の扶養責任を厳しく追及するもので，養育費庁によって養育費の取り決めや徴収が行われる。公的扶助を受給する母子世帯はこの制度の強制適用

となり、その場合、徴収された養育費は母子世帯への福祉給付の償還に充てられる。したがって、養育費が支払われても、母子世帯の所得は増えない。つまり、これは福祉給付を父親から取り戻すために導入された制度といえる。

しかし、この養育費制度は開始当初から徴収トラブルが続出し、制度への批判が絶えなかったため、その後の労働党政権は、両親の合意に基づく養育費の取り決めと支払いを推進する、という新たな方針を打ち出し、2008年に養育費強制委員会という新しい公的機関を設置している。この委員会では、養育費制度を利用せずに、自主的に養育費の取り決めや支払いができるよう、それに必要な情報提供のサービスが行われている。一方、従来の養育費制度は新しい強力な制度に移行する予定で、それまでは運営の効率化と強制手段の強化をすすめながら、現行制度が実施されている。この改革によって、公的扶助の受給者に対する扱いも改善され、受給者の養育費制度への強制適用と、徴収された養育費による福祉給付の償還はいずれも廃止されている。2010年に発足した保守党・自由党連立政権もこのような政策を基本的に継承しており、イギリスの養育費政策は、両親による自主的な解決のための支援サービスと、行政機関が強力に関与する養育費制度という、2つの方向ですすめられている。

こうしてみると、養育費の確保に関しても日本とイギリスでは政策が異なっている。イギリスでは、養育費制度を導入して以後、国は離別した父親に対して扶養責任の遂行を迫っており、養育費制度によって強硬に追求したり、当事者支援によって柔軟に支援したりしている。いずれにせよ、父親に稼ぎ主役割を果たさせようと働きかけており、こうした積極的な養育費政策は、男性稼ぎ主モデルに即している。

それにくらべて日本は、養育費の確保が政策課題に位置づけられたものの、採用されている政策は消極的で、国が直接、父親に対して子どもの扶養を追求することもなければ、支援することもない。結局、養育費の問題は当事者の自力解決にゆだねられており、日本の養育費政策に男性稼ぎ主モデルとの関連を見出すことはできない。

5 家族政策と母子世帯の貧困問題

政策の基底にある家族像とその実現

　以上，母子世帯の貧困を母親・父親・国による子どもの扶養問題とみなし，税制・社会保障制度，母子福祉政策，養育費政策をみてきたが，最後に，これらの政策を家族政策の観点から捉えなおし，日本の母子世帯の貧困問題について考えてみたい。

　家族政策は多義的な概念だが，庄司洋子の定義によると，家族政策とは「国家，自治体等の政策主体が家族に対して一定の影響を及ぼす意図をもって策定・実施する個別の政策あるいはそうした諸施策の総体」であり，その政策目的は「家族一般を政策主体から見て望ましいとされる状態におくこと」である（庄司 1999）。

　そうすると，家族政策の基底には，一定の家族像が埋め込まれていると考えられる。そして，その家族像の実現に向けて政策主体からの働きかけがなされていることが，家族政策（の実行）といえる。このように捉えたうえで，ここまでみてきた政策について，子どもの扶養という観点から政策の基底にある父親像・母親像を探り，その実現に向けた国の働きかけの様相を検討してみたい。

母子世帯の子どもの扶養に関する家族政策の欠落

　日本の税制や社会保障制度は男性稼ぎ主モデルであり，「夫＝扶養者，妻＝被扶養者」というふたり親世帯を前提にしている。これは，子どもの扶養の観点からみると，父親を子どもの第一次的な扶養者とするあり方である。そこでこれを「父親扶養主モデル」と呼ぶと，国は税制や社会保障制度における配偶者の扱いによって，現実の家族をこのモデルに近づけようと働きかけているといえる。よって，これは父親扶養主モデルの家族政策として認められる。

　母子福祉政策については，児童扶養手当の削減の際にその時々の削減の根拠になりうるモデルが採用されており，家族像を見出すことは難しいが，2002年

改革後の児童扶養手当と就労支援からは，基本的に母親を子どもの第一次的扶養責任者とみなしていると考えられる。他方，養育費政策については，父親をターゲットにした積極的施策に乏しく，父親像が見いだせないことから，母子世帯の子どもの扶養については，「母親扶養主モデル」だといえる。しかし，国が母子世帯の母親たちを扶養主に仕立てようとしている政策としては，高度技能訓練促進費によって母親の資格取得をすすめているぐらいである。その規模はあまりに小さく，母親扶養主モデルの実現に向けた国からの働きかけはほぼないに等しい。

　そうすると，ふたり親世帯の子どもの扶養については明白な父親扶養主モデルの家族政策が展開されているが，それに対して，母子世帯の子どもの扶養については家族政策と呼べるものはない，といわざるを得ない。このことは，子どもの扶養についてはふたり親世帯のみが家族政策の対象となっており，離別の家族（母子と父）は家族政策の射程外におかれている，ということである。

　明白な父親扶養主モデルの家族政策のもと，ふたり親世帯の子どもに対しては父親扶養主がその扶養責任を担うが，それでは，母子世帯の子どもに対しては，そのような扶養責任を誰が担うのか。まさにその家族政策が存在しないため，同居親である母親，別居親である父親，そして国の三者間の責任体制が明らかでない。こうして，母子世帯の子どもについては扶養責任の再配分がなされないままで，父親扶養主モデルの家族政策のもと，同居親である母親が父親扶養主モデルとの乖離による不利を負いながら，子どもを扶養しているのである。こうしてみると，母子世帯の子どもの扶養についての家族政策が欠落していることが，日本の母子世帯の貧困率がかくも高く，それが放置されているという問題状況の背景にある，と考えられるのではないだろうか。そうだとすれば，子どもの扶養に関して，なぜ離別の家族（母子と父）は家族政策の射程外に置かれているのか，という問いに立ち戻って考えてみなければならない。

注
(1) 厚生労働省は「子どもがいる現役世帯の相対的貧困率の公表について（2009年11

月13日)」を発表している。これによると、2007年調査の相対的貧困率は、子どもがいる現役世帯では12.2%、そのうち、大人が1人いる世帯では54.3%、大人が2人以上いる世帯では10.2%となっている。

(2) ここでの母子（父子）世帯は、母親（父親）とその未婚の20歳未満の子からなる世帯である。よって、子の祖父母等と同居している母子（父子）世帯は含まない。

(3) 「全国母子世帯等調査」（厚生労働省）によると、母子世帯のうち、死別の母子世帯の割合は急速に低下しており、2011年には死別7.5%、離婚80.8%、未婚の母7.8%で、死別は未婚の母より少なくなっている。

(4) 日本では、2002年の母子福祉政策の政策転換によって、養育費の確保は、母子福祉政策の4つの柱の1つに位置付けられているが、ここでは母親による扶養と父親による扶養それぞれについての政策を検討するため、養育費政策を母子福祉政策から分けて扱う。

(5) 数値は、男女共同参画会議基本問題・影響調査専門調査会（2012）の32頁、および図表51・52によるもので、既婚女性の所得は、「国民基礎調査（2010年）」（厚生労働省）に基づく特別集計結果で、女性パートタイム労働者に関しては、「短時間労働者実態調査（2010年）」（労働政策研究・研修機構）の結果となっている。

(6) 国立社会保障・人口問題研究所の「『生活保護』に関する公的統計データ一覧」によると、母子世帯の生活保護受給率は、2009年の132.4‰から2010年は153.7‰へと急上昇している（http://www.ipss.go.jp/s-info/j/seiho/seiho.asp、2012年9月30日）。

(7) この母子世帯数は、子どもが20歳未満の世帯であり、児童扶養手当の支給対象児童の年齢である18歳以下とは異なる点に注意が必要である。

(8) 3つの事業の概要と実績は、厚生労働省雇用均等・児童家庭局・家庭福祉課（2012）、同・母子家庭等自立支援室（2011）による。

(9) 以下、イギリスの母子福祉政策については、下夷（2008、2012a）を参照。

(10) ひとり親の貧困率に限った分析ではないが、1997/98年から2008/09年までの、イギリスの子どもの貧困率の低下要因に関する分析によると、親の就労自体が子どもの貧困率の低下をもたらしたわけではなく、最大の低下要因は政府手当の増加であるという（Dickens 2011）。

(11) ここでは母子福祉政策と男性稼ぎ主モデルとの関係を検討しているが、それはいうまでもなく、男性稼ぎ主モデルの政策を支持しているからではない。男性稼ぎ主モデルと母子福祉政策の乖離や齟齬がある場合には、母子世帯の母親が不利を負う、あるいは、不利が是正されないという観点から検討しているものである。

(12) 2011年の「全国母子世帯等調査」（厚生労働省）によると、「養育費の取り決めを

している」が37.7％,「取り決めていない」が60.1％である。「取り決めている」のうち,「文書あり」が70.7％,「文書なし」が37.7％となっている。
(13) 最高裁判所事務総局 (2010) によると, 申し立ては母親からが多いが, 近年, 父親からの申し立ても増えている。
(14) 以下, イギリスの養育費政策については, 下夷 (2008, 2012a, 2012b) を参照。
(15) ここでは母子世帯の子どもの養育費として記述するが, 制度は母子世帯に限定したものではなく, 父子世帯の場合も同様である。
(16) 男性稼ぎ主モデルとの関係を検討することについては, 注(11)と同様である。

文献

男女共同参画会議基本問題・影響調査専門調査会, 2012, 『女性が活躍できる経済社会の構築に向けて』(2012年2月)。
Department of Work and Pensions (DWP), 2003, *Measuring Child Poverty*, DWP.
Department of Work and Pensions (DWP), 2006, *A New Deal for Welfare: Empowering People to Work*, (Cm 6730), TSO.
Department of Work and Pensions (DWP), 2012, *Households Below Average Income: An Analysis of the Income Distribution 1994/95-2010/11*, DWP.
Dickens, R., 2011, "Child Poverty in Britain: Past Lessons and Future Prospects," *National Institute Economic Review*, 218: R7-R19.
厚生労働省, 2012, 『厚生労働白書 (2012年版)』(http://www.mhlw.go.jp/toukei_hakusho/hakusho/, 2012年9月30日)。
厚生労働省雇用均等・児童家庭局・家庭福祉課「ひとり親家庭の支援について (2012年9月12日)」(http://www.mhlw.go.jp/seisakunitsuite/bunya/kodomo/kodomo_kosodate/boshi-katei/index.html, 2012年9月30日)。
厚生労働省雇用均等・児童家庭局・家庭福祉課・母子家庭等自立支援室「2010年度母子家庭等対策の実施状況 (2011年12月16日)」(http://www.mhlw.go.jp/seisakunitsuite/bunya/kodomo/kodomo_kosodate/boshi-katei/index.html, 2012年9月30日)。
椋野美智子・田中耕太郎, 2009, 『初めての社会保障 (第7版)』有斐閣。
OECD, 2011, OECD Family Database, OECD (www.oecd.org/social/family/database, 2012.9.30)。
労働政策研究・研修機構, 2012, 『シングルマザーの就業と経済的自立 (労働政策研究報告書 No. 140)』労働政策研究・研修機構。
最高裁判所事務総局, 2010, 『司法統計年報・家事事件編 (2010年度)』。

下夷美幸，2008，『養育費政策にみる国家と家族――母子世帯の社会学』勁草書房。
下夷美幸，2011，「養育費問題からみた日本の家族政策――国際比較の視点から」『比較家族史研究』25：81-104。
下夷美幸，2012a，「イギリスにおける養育費政策の変容――子どもの貧困対策との関連から」『大原社会問題研究所雑誌』649：1-15。
下夷美幸，2012b，「母子世帯と養育費」ジェンダー法学会編『講座 ジェンダーと法 第2巻――固定された性役割からの解放』日本加除出版，189-203。
庄司洋子，1999，「家族政策」庄司洋子・木下康仁・武川正吾・藤村正之編『福祉社会事典』弘文堂，136-137。
鶴岡健一，2012，「養育費の確保を巡る諸問題――養育費相談の窓から見えるもの」『ケース研究』312：50-85。

第 **6** 章

移民はどのようにして成功するのか
——在日外国人の経済的達成と日本の社会階層化——

竹中　歩・石田賢示・中室牧子

1　在日外国人の同化と経済的達成

移民の増加

　1989年の「出入国管理及び難民認定法」の改正から20年余りが経過した。その間，国内に居住する外国人は増加し，1988年には約94万人だった外国籍居住者は，2011年には200万人となった。外国籍人口は，日本全体のわずか1.7％を占めるにすぎないが，それでも，近年の増加を契機に，「多文化共生」や「移民問題」などの政策的議論が活発化した。人種的にも文化的にも同質的と言われる日本で（駒井 2006 ; Reitz ed. 2003），移民はどのように，どの程度まで，(1)「成功」を遂げることができるのか。そして，成功にいたるまでの道のりとは，どのようなものなのか。本章では，「成功」の定義を経済的な側面（賃金）に絞り，1989年以降に来日した，いわゆる「ニューカマー」の社会移動（世代内での経済的地位の変化）の動向とメカニズムを探る。

移民の同化理論

　従来，移民の社会移動を検証する際には，主に同化論（assimilation theory）が用いられてきた。一般に，同化とは，移民が文化的かつ社会的に，受け入れ国の人々と似通っていくプロセスとして定義され，同化に伴い，移民は経済的に上昇移動していくものと理解されている。移民の多くは，開発途上国から先

進国に移住するものだが,受け入れ国にて,新たな文化や言語を学び,その国特有の技能を身につけることで,徐々に経済的に上昇していくというプロセスをたどるものである (Alba and Nee 2003)。つまり,受入れ先での滞在が長くなればなるほど,経済的に上昇移動を果たすと考えられている。

　一方,時間の経過とともに経済的に「下降」するという「負の同化」議論 (negative assimilation) も指摘されている (Chiswick and Miller 2011)。これは,先進国から他の先進国へと向かう移民に限定されるもので,出身国と受け入れ国の文化や経済的水準が似通っている場合に起こる現象である。たとえば,英国やカナダから米国に移住する移民は,新たに言語を習得する必要がなく,受け入れ先で直ちに発揮できる技能を持ち合わせている場合が多いため,時とともに経済的「下降」をたどることがある (Chiswick and Miller 2011)。開発途上国からの移民の多くが,受け入れ社会の底辺に位置づけられるのに比べて,もともと移転可能な技能や言語能力を持ち合わせる移民は,移住当初に比較的高い賃金を得ることが多い。そのため,移住後に賃金が下降することがある。これは,受け入れ社会での同化が進んでも,必ずしも賃金の上昇には貢献しないということであり,長期滞在者の方が,短期滞在者よりも賃金レベルが低いことを意味するものである。

本章の議論――移民の同化と成功

　本章では,この「負の同化」に見られるように,同化を通してホスト社会特有の技能を身につけることが,移民の成功には必ずしもつながらないことを明らかにする。チスウィックとミラー (Chiswick and Miller 2011) が一部の移民のみに限定して論じた上記の理論が,日本ではより広く当てはまることを,筆者ら自身の研究で立証したからである (Takenaka et al. 2012)。冒頭に述べた1989年の法律改正が規定するように,日本は原則として,高い技術を持つ移民しか受け入れないという移民政策を採っている。高度技能人材しか受け入れないという日本の移民政策は,広く「負の同化」を生み出しやすい環境にあるといえるが,その要因は,政策のみでなく,移民を受入れる日本の労働市場の構造に

も由来する。「外国的な」技能や知識は，「日本的な」ものとは区別・差別化され，異なる労働部門へと導入されるからである。

　日本における移民の統合に関する議論の多くは，従来の同化論に基づいたものである。したがって，日本文化の習得や日本社会への同化が促され，社会の底辺に居残る移民に対しては，同化の欠如が経済的上昇を阻む原因としてしばし指摘されてきた。本章は，そうした議論を再考するものである。同化することが必ずしも成功を導かず，日本で取得した知識よりも，外国で受けた教育や外国特有の技能といった「海外資本」の方が，賃金により貢献するからである。この負の同化モデルは，アジア系移民よりも欧米系移民についてより顕著に見られるが，海外資本の特典は，後述するように，出身地域の違いにかかわらず付随するものである。この点を検討する前に，まず移民が一般にどう成功するのかについての議論を振り返る。

2　移民はどのように成功するのか

正の同化論

　移民の経済的な上昇は，一般的に，「正の同化 (positive assimilation)」プロセス (Chiswick and Millar 2011) をたどることが知られており，これが移民の社会移動を説明するのにもっとも有力な理論であると考えられている。入国時点で，移民は，同じ社会的背景を持つネイティブと比較すると，収入が低いことが多い。なぜなら，移民はホスト社会の労働市場で直ちに活用できるような技能を持ち合わせていないからである (Portes and Rumbaut [1996] 2006 ; Arbeit and Warren 2012 ; Kanas et al. 2011 ; Haskins 2008)。しかも，移民は発展途上国の出身であることが多く，彼らが母国で獲得した技能は，移民先の先進国ではそのまま通用しない場合がほとんどである。しかし，ホスト国での滞在期間が長くなると，彼らの経済状況は徐々に改善される。ホスト社会特有の技能を身につけ，同化していくからである (Chiswick 1978, 1979 ; Alba and Nee 2003)。こうした移民の姿を理論的に明らかにした「正の同化」モデルは，欧米諸国を始め

としたほとんどの移民受入れ国ですでに実証されている (Chiswick and Miller 2011)。

　一般に，ホスト国特有の技術を身につけるためには，移住先で教育を受けることが有益である。したがって，留学などの教育を介して労働市場に参入する移民は，経済的に成功を収めやすい傾向がある。ドイツの移民に関するカナスら (Kanas et al. 2011) の研究では，母国で教育を受けた移民よりも，移住先のドイツで教育を受けた移民のほうが，職業的地位や賃金が高いことが実証されている。同様に，米国の移民を対象にしたアクレッシュ (Akresh 2006) も，米国で教育を受けることが移民の職業的地位の改善につながると述べている。

　海外で取得した学位は，ホスト国で取得した学位に比べると，労働市場で低く評価される傾向にある (Arbeit and Warren 2012 ; Fong and Cao 2009)。海外で教育を受けた米国への移民は，米国内で教育を受けた移民よりも，14％も年収が低いという研究もある (Zeng and Xie 2004)。リ (Li 2001) もまた，海外で教育を受けたカナダ在住の移民は，カナダ国内で教育を受けた移民よりも年間10,000ドル近くも収入が少ないことを明らかにした。この海外の教育に対する「ペナルティ」は，海外の学位を評価するにあたっての雇用者側の選好に起因しているとみられるが，一般的に，海外の教育歴はホスト国の労働市場への移転が難しいといえる (Arbeit and Warren 2012)。

　しかし，海外の教育に対する「ペナルティ」は一様ではない。フォングとカオ (Fong and Cao 2009) は，社会ネットワークが広い個人ほどペナルティが小さくなることを明らかにした。また，アーバイトとウァレン (Arbeit and Warren 2012) は，カナダや英国で教育を受けた米国への移民は，南米やカリブ諸国で教育を受けた移民よりも専門職に就く傾向があるので，ペナルティは学位を得た国によって異なると述べている。したがって，海外で受けた教育の価値は，ホスト国と母国の間の言語的あるいは文化的な差に依存した「移転可能性」に応じて捉えられるといえる (Chiswick and Miller 2011)。

　以上をまとめると，正の同化モデルで重要なのは，ホスト国で受けた教育な

どの，ホスト国特有の人的資本の果たす役割である。移民の居住期間が長くなるほど，ホスト社会において経済的上昇を果たすことを前提とするこのモデルでは，いかに移民がホスト社会に同化するかが成功の鍵とされるからである。

負の同化論

これに対する負の同化論（negative assimilation theory）は，前述したように，労働市場の慣習や文化が似通っている先進国の間を移動する高度な技能を持つ移民の場合に見られる傾向である（Chiswick and Miller 2011）。彼らは，景気の改善に伴う需要増加など外生的な要因によって，自らの技能に対してもっとも高い見返りが期待される国に移住することが多いため，その経済的見返りは，一般に，時間の経過とともに低下していく。外生的な要因による高い見返りは長い期間持続しないためである（Chiswick and Millar 2011）。この意味では，負の同化は，移民の選別結果であるともいえる。高い見返りが期待される移民に起こり得る現象だからである。

過去の研究は，同一の個人を長期間追跡したパネルデータではなく，国勢調査などのデータを異なる時点間で観察しているため，厳密には，同じ個人の賃金が時間の経過とともに低下しているのではなく，ホスト国に居住している期間が短い人のほうが，長い人よりも賃金が高いということを表しているにすぎない。すなわち，国際的に移転可能な高度な技術を持ち，いつでも次の移動が可能な移民と，他国で高収入を得ることが難しいためにホスト国に居残る移民との平均的な賃金の差を観察しているだけという可能性もある。あるいは，帰国に伴うコストを賄う能力があるかどうかを反映しているかという見方もできる。移民はホスト国に長く滞在すればするほど，家庭を持ったり，新たな人間関係を築くので，母国へ戻ることのコストが次第に高くなるからである（Chiswick and Millar 2011）。

いずれにせよ，負の同化論は，ホスト社会特有の人的資本の蓄積が，必ずしも移民の経済的な上昇移動をもたらすわけではないことを示唆するものである。すべての移民が，ホスト社会に同化することによって経済的な便益を得るわけ

ではないのである。

日本の移民政策と議論

　日本の移民政策やそれに伴う政策的な議論は，正の同化論の枠組みの中で醸成されてきた。そもそも，日本政府が一定の技能を持つ移民しか受け入れないという政策も，非熟練の移民よりも高度人材のほうが容易に日本社会に適応し，統合するであろうとの見方に基づいている。さらに日本政府は，日本での教育を通じてより多くの技能移民を日本に誘致する留学生政策に積極的に取り組んでいる。こうした取り組みもまた，ホスト社会での教育が移民の経済的上昇を助長するだろうという正の同化論を根拠にしているものである。長引く不況や高齢化をうけて，政府は高度技能移民の受け入れを増加させることで，日本経済の再生を図ろうと試みる（グローバル人材育成推進会議 2012；法務省 2012a；塚崎 2008）。2010年以降内閣府が主導している「新成長戦略」でも，移民を通じて海外の技術や知識を取り入れることは主要な政策の１つと位置づけられ，こうした政策が技能移民の滞在や入国を促進するための「ポイント制」の導入にもつながっている（法務省 2012a）。

　このようなさまざまな政策の中で重要とされるのは，教育を通じて外国人の統合を促すというものである。「留学生30万人計画」や「アジア人財資金構想」（経済産業省 2007；文部科学省 2008）などの施策を通して，日本政府は留学生の増加に力を注いできた。その結果，1990年に41,000人だった留学生の数は，2010年には140,000人に達し（JASSO 2012），卒業後も日本にとどまり，働き続ける外国人も増加する傾向にある。法務省の調べでは，卒業後も日本に住み続ける外国人留学生は，1997年には2,600人程度であったのが，2008年には11,000人まで増えた（法務省 2009）。

　留学生は，「教育を介した移民」（Liu-Farrer 2009；Ziguras and Law 2006），あるいは「日本型人材育成移民」（坂中 2009）などと呼称されるように，高度人材移民を促す際の理想的な人材と考えられている。留学を通じてホスト社会や文化に慣れ親しんだ移民（元留学生）は，国際競争力を上げるために有利とさ

第⑥章 移民はどのようにして成功するのか

れる海外技能を持ち合わせるだけでなく，日本の労働市場に順応しやすいと考えられているからである（Suter and Jandl 2008 ; Ziguras and Law 2006 ; 寺倉 2009）。こうした見方に基づいて，新たに導入された高度人材に対するポイント制による優遇制度では，70点以上であれば入国を許可される仕組みになっているが，日本で学位を取得した外国人に対しては5ポイント，日本語に習熟している外国人には10ポイントのボーナスがそれぞれ与えられる（法務省 2012a）。このように，正の同化論が日本の移民政策の基本であり続けるなかで，同化することが必ずしも成功に結びつかないのであれば，これまでの政策的な議論の転換を余儀なくされることとなる。

3 データと分析手法

データ

ここからの議論は，筆者らの最近の研究（Takenaka et al. 2012）に基づくものである。この研究の一環として，2012年の2月から4月にかけて，インターネット調査を実施した。(3) インターネット調査は，外国人のモニターを持ち，移民コミュニティに特化した調査会社を経由して実施された。調査対象者は，1989年の「出入国管理及び難民認定法」の改正以降に入国した，いわゆるニューカマーと呼ばれる人々で，「在日」と呼ばれる韓国籍の長期滞在者（オールドカマー）は除外した。また移民の経済的統合と社会移動を分析するという目的に照らし合わせて，学生を除く16歳から69歳までの外国人で，短大卒以上の学歴を持ち，少なくとも3年以上日本で居住しているものを対象とした。なかでも，日本における主要な外国人グループである，中国系，韓国系，南米系，欧米系（米国，英国，カナダ，オーストラリア，ニュージーランドの英語圏）の4つの集団に絞った。2011年に日本に居住していたニューカマーを国籍別に見てみると，上記の4つの外国人グループが85％（139万人中118万人）を占めている（法務省 2012b）。しかし，南米系は他の国籍と比較してサンプル数が小さいことから，今回の分析では除外した。また，地域差をコントロールするため，

関東と関西の大都市圏の居住者に限定した。(4)この結果，分析可能なサンプルは412人となった（中国系87人，韓国系212人，欧米系113人）。

インターネット調査で収集したサンプルには代表性がないという指摘もあろうが，インターネット調査では一般に，都市部に在住する高学歴のモニターが多いとされているため，日本政府が受け入れ対象とする高度技能人材のサンプルを収集しやすいというメリットがある。現在のところ，外国籍の大規模な個票データを収集するに当たってはもっとも現実的な方法であるといえる。

統計分析の枠組み

分析の目的は，移民がどのように経済的な移動を果たし，そしてホスト国への同化が彼らの経済的達成をどう助長するのかを定量的に分析することである。そこで私たちは，移民の収入を被説明変数とする回帰分析を行った。ホスト国への同化が収入を増加させることを前提にしている従来の同化論が成り立つかどうかを検証するため，次の2つの説明変数の統計的有意性や推計パラメータの符号に注目した。1つは，ホスト国での居住期間である。これは移住してからの年数で計測する。もう1つは，ホスト社会特有の人的資本の有無である。これは日本で教育を受けたかどうかをあらわすダミー変数で計測する。次に，サンプルをアジア圏（中国・韓国）と欧米圏に分けた推計を行った。これは，移民の出身地域によって収入の決定要因や社会移動のメカニズムが異なる可能性を検証するためである。サンプルを2つの国籍グループに分ける分析を通じて，私たちは，負の同化がどのようにして生じ，そして，いつ，誰に生じるかを明らかにすることを試みる。(5)

4 統計分析の結果

インターネット調査の平均的な移民像

回帰分析の対象となった移民の平均像は，年齢が31歳で，母国で4年制の大学を卒業し，日本に8年間居住しており，現在，常勤の仕事についている。勤

務先は中規模もしくは大規模の企業で，一日の労働時間は，8時間である。年収は5,250,000円と，日本人の平均である4,120,000円（国税庁 2012年）よりもかなり高い。収入の差は，移民の間でも存在する。アジア系移民の平均所得が4,890,000円なのに対し，欧米系は6,210,000円と，1,000,000円以上も高いが，これは彼らの人的資本の差を反映するものである。欧米系は年齢もやや上で（欧米系が32.7歳なのに対し，アジア系は30.5歳），学歴も高い（25％の欧米系が大学院を修了しているのに対し，アジア系は20％）。しかし，日本語の習熟度に関しては欧米系はアジア系よりも低く，日本の大学で教育を受けた欧米人はほとんどいない。このことから，2つの国籍グループの間には，経済的統合パターンに差異があると考えられる。

移民の収入の決定要因――負の同化モデル

日本に居住する移民の収入の主たる決定要因は何か。データを用いた回帰分析の結果によると（Takenaka et al. 2012），日本での居住期間を表す変数の係数が負で，統計的に有意になっていることから，負の統合モデルが成り立つことが示される。具体的には，次の3つの点を確認することができる。

第1点目は，日本での居住期間が，収入にプラスの影響を与えていないことである。人的資本や国籍，性別，年齢など収入に影響を与える他の要因をコントロールしてもなお，平均的に，日本に居住している期間が長い移民ほど収入が低い。移民の正の同化論が広く一般に通用される欧米諸国とは異なり，日本における移民は，負の経済統合プロセスをたどっているものと考えられる。これは，日本政府の方針により，もともと高学歴・高技能の者が多いためでもあるが，こうした指針に沿って来日する外国人の多くが，時とともに経済的下降を経験することを示唆するものである。

第2点目は，日本で受けた教育が，必ずしも高収入につながらないことである。つまり，留学を通じて日本で受けた教育よりも，母国で得た教育のほうが高い収入につながるのである。したがって，日本の労働市場では，海外で獲得した資格や技能に対しての特典が大きいことが考えられる。しかも，教育レベ

ルのダミー変数は統計的に有意でなく，2年制の大学，4年制の大学，大学院の教育に対する経済的見返りに顕著な差は観察されない。要するに，日本の労働市場では，移民の賃金を決定するにあたり，一般的な教育レベルの差よりも，どこでどのような教育を受けたかという「質」が重要視されるといえるだろう。

　第3点目は，言語の習熟度の影響についてであるが，まず，高度な英語能力には，収入を引き上げる効果が見られる。英語は当然，海外で獲得した人的資本であるから，それが日本の労働市場で高く評価されていると考えられる。一方，日本語の習熟度も賃金を上昇させている。日本語はホスト社会に特有の人的資本の典型であり，この習熟度が賃金に正の効果を与えるということは，負の同化モデルよりも，正の同化モデルを正当化するものである。しかし，ここでは日本語能力と滞在期間の間に相関が見られないことから，日本語能力は日本に居住することによって得られた能力というよりは，むしろ海外で獲得した人的資本の一部であることが示唆される。

負の同化はいつ生じるのか

　では，負の同化論はどこまで広く一般に通用するのだろうか。ある特定の職業や国籍に限ったものであるか否かを検証するため，インターネット調査の対象となった外国人の職業を観察した。日本で教育を受けた外国人と，そうでない外国人の間で，職業的な地位達成にどのような差があるのかを見てみると，最高学歴の学位を海外で取得した移民の72％が専門職に就いているのに対して，日本で学位を取得した移民の場合は，51％にとどまっている。海外で学位を取得した移民の多くは，教育や翻訳，貿易，ITなどの業種で働いているものが多く，日本人が持つ技能と補完的である職業や業種が多い。一方で，日本で学位を取得した移民の多くは，販売や一般事務など日本人と同様の仕事に就き，日本人を競合相手とする傾向があることが見受けられる。JASSO (2005) が日本の大学を卒業した外国人留学生を対象に行った調査によると，彼らの多くは，翻訳・通訳 (28％)，技術開発 (11％)，販売 (11％) などの仕事に従事していた。端的にいうと，外国人留学生は卒業後，日本人と同様に，日本の会社組織の中

で内勤の一般事務に従事することが多いとわかる。それに比べて，海外で教育を受けた者は，より収入の高い専門職に就く傾向がある。

次に私たちは，欧米系とアジア系移民に差があるかどうかを分析した。チスウィックとミラー（Chiswick and Miller 2011）が指摘するように，同等な経済レベルの国家間を移住する高度な技術を有する移民のみに負の同化が生じているとすれば，この傾向は，先進国からきた高度技能人材にこそみられる現象と考えるのが自然である。この点を検証するために行った回帰分析の結果によると（推計結果などの詳細は Takenaka et al. 2012 を参照），負の同化は，アジア系よりもむしろ欧米系に顕著であることが明らかになった。欧米系移民の間では，日本での居住期間を表す変数の係数が負かつ統計的に有意であり，彼らの収入は時間の経過とともに低下していくことが示されている。他方，アジア系移民については，これは当てはまらない。しかし，両方のグループにおいて，日本で受けた教育（留学）は，収入に負の影響を与えている。したがって，海外で受けた教育に付随する特典は，出身国にかかわらず，彼らが日本で経済的に成功するための重要な手段となっていることがわかる。これはおそらく，海外で学位を取得する日本人の数が圧倒的に少ないことや，日本の政策が移民の受け入れを高度技能人材のみとしているために，英語を含む海外資本に対する供給が不足していることが原因の1つであると考えられる（Institute of International Education 2012 ; JASSO 2012）。

また，欧米系移民のサンプルを用いた推計において，日本での居住期間を示す変数の二乗項が，正かつ統計的に有意になっている点は重要である。推計パラメータを挿入して，欧米系移民の収入と居住期間の関係が時間の経過とともにどのように変化するかをみてみると，U字型になっていることがわかる。すなわち，最初の10年間は賃金が低下し，その後徐々に上昇していく過程が想定される。一方，アジア系については，居住期間を表す変数の係数は，二乗項も含めて統計的に有意ではない。

どこで学位を取得したかという情報を加えて，収入と居住期間の関係をみても，欧米系とアジア系には顕著な差があることがみてとれる。負の同化は，欧

米系にしか観察されず，アジア系移民の収入と居住期間の間に有意な関係は観察されない。サンプルに含まれるアジア系移民の職業歴をみてみると，日本で教育を受け，卒業後すぐに日本企業に勤務している者が多いことから，前述したように，日本人を競争相手としながら労働市場の中に組み込まれている様子がうかがえる。実際，アジア系移民に絞った推計結果では，日本人の賃金の決定因として非常に重要であると考えられている企業規模や労働時間が賃金に影響を与えていることが示されている（一方，欧米系移民の間では，企業規模や労働時間は統計的に有意ではない）。しかし決定的な差は，日本人の場合，年齢や経験の蓄積とともに賃金の上昇がみられるのが通常であるが，外国人の場合はそうではないということである。

　ここで重要なのは，「海外で蓄積した人的資本」が移民の成功の助けになることである。欧米系移民についても，アジア系移民についても日本で教育を受けたことのダミー変数は，統計的に負に有意である。すなわち，海外で教育をうけたことは，国籍にかかわらず日本の労働市場で高く評価される傾向をもたらすことが示唆されている。しかも，海外で蓄積した人的資本は時間とともに減耗しない。日本で教育を受けたことのダミー変数と居住期間の交差項は統計的に有意でないからである。すなわち，海外から持ち込んだ技能や知識は，賃金の時間的変化をもたらすわけではないが，賃金の水準を決定づけると考えられる。

　負の同化論は，日本に同化することが必ずしも外国人の成功につながらないことを示唆する理論であり，これは特に欧米系移民の場合に当てはまる。日本社会特有の人的資本が少ない欧米系移民は，自らの技能や知識が一番高く評価される来日当初に，もっとも高い賃金を得るからである。負の同化が日本において観察される背景には，前述した通り，高度技能人材のみを受け入れるという日本の政策があるが，その一方で，日本人を補完する目的で移民を取り込もうという思惑があるためと考えられる。これは，「外国人特有の技能」（法務省 2012a）に対する需要がある分野に特定の在留資格を付与する日本の移民政策に反映されている。高度技能人材の多くは，「国際的な教育者」（たとえば，外

国語の教師)や「特別な熟練労働者」(たとえば,料理人やスポーツ選手)などの分類の下で入国を許可されるのが現実である。

こうした負の同化から起きる可能性は,日本の労働市場の分断化である。日本の教育システムを介して組み込まれた場合,ほとんどの外国人は日本人と競合する労働部門で働くことになるが,海外で蓄積した技能を持つ移民は,特殊技能を最大限に活用するように日本人のスキルを補完することが期待される(Borjas 2006)。このように,移民は,出身地域や技能,そしてどこで学歴を得たのかによって,日本の労働市場に異なる形で組み込まれているのである。

5 在日外国人の同化と成功

「正の同化」政策と「負の同化」がもたらす影響

正の同化論は,移民の経済的達成を説明するうえで重要なモデルであるが,日本ではこの理論は必ずしも通用しないことを明らかにした。また,従来の見解に反して,日本の労働市場で外国人の賃金水準に影響を与えるのは,ホスト社会特有の人的資本ではなく,海外から直接持ち込まれた技能であることも示された。それは,政府がホスト国の教育を介して外国の人材を誘致し,育成しようとする現実を考えると皮肉な結果とも言える。グローバリゼーションが進み,労働者の国際移動が活発になる昨今,教育を通じた移民は,ますます重要な国家戦略であると見なされている(寺倉 2009)。こうした戦略は,時に「日本型人材育成移民政策」(坂中 2011)と称され,日本型「多文化」国家の構想にもつながってきた(総務省 2006)。しかし,私たちの分析結果は,この戦略は必ずしも移民の統合を促すわけではないことを示唆するものである。日本で教育をうけた移民の賃金は居住期間とは無関係で,正の統合のパターンを示していないからである。逆に,国際的に通用する技術を持った高度技能人材の移民は負の統合に伴い賃金が下降するため,日本はいずれ別の国に移住するまでの単なる踏み台もしくは,迂回路となってしまうこともあるだろう。

外国人の「負の同化」と日本の社会不平等

　教育経由の移民を組み込むための戦略はまた，社会的分断を強化する可能性もある。一般に，教育は国家を統合する機能を果たし (Anderson 2004)，そして，教育機会を広く社会に浸透することで，不平等を緩和させる装置にもなり得ると考えられている（小塩・妹尾 2003）。しかし，一方で，そうした戦略が，新たな社会的区分をつくりだす可能性も否定できない。アーバイトとウァレン (Arbeit and Warren 2012) は，教育の「質」が新たな階層をつくりだすメカニズムとして機能し得ると述べている。米国で取得した学位がもっとも価値が高く，発展途上国で取得した学位は価値が低いといったように，学位を取得した場所によって，異なる価値づけがなされるからである。

　本章の分析で明らかなように，在日外国人の経済的成功を左右する鍵は海外で養った知識や技能である。海外資本は，賃金の水準を決定づける重要な要因であり，特に，入国当初の賃金水準にもっとも強く影響するものと考えられる。日本の労働市場を分析した文献の多くが，初期の労働市場での経験が将来にわたって影響し，その労働者の生涯のキャリアに大きな影響を与えることを指摘しているからである (Esteban-Pretel, Nakajima and Tanaka 2011 など)。したがって，出身地域や学位を取得した場所などによって，入国時に相対的に賃金の高い「外国人的な」仕事にアクセスできるグループと，相対的に賃金が低く「日本人と競合するような」仕事にしかアクセスできないグループとで，社会的な分断が生じている可能性もある。

　一般に，日本では，日本の「いい大学」を出て，「いい会社」に入ることが「成功」につながると考えられている。しかし，日本で教育を受け，日本の企業の人事採用プロセスを経由して企業内で昇進するという，日本型キャリアパスに同化する経路は，外国人にとっては，もっとも有利な結果をもたらすものではない。日本社会の多様化と階層化が進み，若者をはじめ，多くの人々が「いい会社」に入れず，「いい仕事」を得られずに葛藤しているといわれる中，日本の主流キャリアパスとは異なる外国人の成功モデルは，日本人の間でも，新たな選択肢として視座を与えるものかもしれない。

注

(1) 日本政府は「移民」という用語を用いていないが，ここでは外国籍の長期滞在者を「移民」と呼ぶことにする。

(2) 日本政府は，公式には，非熟練の移民を受け入れていない。しかし現実には南米出身の日系人などが工場で単純労働に従事している。これらの移民は日系人として，家族のつながりを基盤に受け入れられている。

(3) インターネット調査は，本章執筆者の1人である竹中を研究代表者とする科研費基盤(B)「『多文化』時代における日本の社会不平等——人の移動と格差問題の関係を探る」によって実施されたものである。

(4) 関東・関西エリアの大都市圏には，東京都・神奈川県・千葉県・埼玉県・大阪府・京都府・兵庫県が含まれる。いうまでもなくこうした大都市圏にはさまざまな外国人が多数居住している。その一方で，多くの外国人居住者がいる愛知県は含まれていない。その理由は愛知県に居住する外国人は，自動車工場などで働くブラジル系などの特定のエスニックグループの移民が多いためである。

(5) 分析の詳細については，Takenaka et al. (2012) を参照。

文献

Akresh, Ilana Redstone, 2006, "Occupational Mobility among Legal Immigrants to the United States," *International Migration Review*, 40(4): 854-884.

Alba, Richard and Victor Nee, 2003, *Remaking the American Mainstream: Assimilation and Contemporary Immigration*, Harvard University Press.

Anderson, Benedict. 2004, *Imagined Communities*. Verso.

Arbeit, Caren A. and Warren, John Robert, 2012, "Labor market penalties for foreign degrees among college educated immigrants," mimeo.

Borjas, George J., 2006, "Making it in America: Social Mobility in the Immigrant Population," *The Future of Children*, 16(2): 55-71.

Chiswick, Barry R., 1978, "The Effect of Americanization on the Earnings of Foreign Born Men," *Journal of Political Economy*, 86: 897-922.

Chiswick, Barry R., 1979, "The Economic Progress of Immigrants: Some Apparently Universal Patterns," William Fellner eds, *Contemporary Economic Problems*, American Enterprise Institute, 357-399.

Chiswick, Barry R and Paul W. Miller, 2011, "The "Negative" Assimilation of Immigrants: A Special Case," *Industrial and Labor Relations Review*, 64: 502-525.

Esteban-Pretel, Julen, Ryo Nakajima and Ryuichi Tanaka, 2011, "Japan's Labor Market Cyclicality and the Volatility Puzzle", Discussion papers 11040, Research Institute of Economy, Trade and Industry (RIETI).

Fong, Eric and Xingshan Cao, 2009, "Effects of Foreign Education on Immigrant Earnings," *Canadian Studies in Population*, 36: 87-110.

Haskins, Ron, 2008, "Immigration: Wages, Education, and Mobility," Julia Isaacs, Isabel V. Sawhill and Ron Haskins eds, *Getting Ahead or Losing Ground: Economic Mobility in America*, The Brookings Institution, 81-90.

法務省, 2009,「留学生等の日本の企業等への就職」財団法人入管協会『国際人流』9：40-47。

法務省, 2012a,「高度人材に対するポイント制による優遇制度の導入について」(http://www.immi-moj.go.jp/info/120416_01.html, 2012. 8. 18)。

法務省, 2012b,「登録外国人統計表」(http://www.moj.go.jp/housei/toukei/toukei_ichiran_touroku.html, 2012. 8. 18)。

Institute of International Education, 2012, "Open Doors Data" (http://www.iie.org/en/Research-and-Publications/Open-Doors/Data/International-Students/By-Academic-Level-and-Place-of-Origin/2010-11, August 20, 2012)

JASSO (Japan Student Services Organization), 2005,「私費外国人留学生生活実態調査」(http://www.jasso.go.jp/scholarship/ryujchosait.html, Aug. 31, 2012).

JASSO (Japan Student Services Organization), 2012, "international Students in Japan" (http://www.jasso.go.jp/statistics/intl_student/data11_e.html, Aug. 31, 2012).

Kanas, Agnieszka, Barry R. Chiswick, Tanja Van der Lippe, and Frank Van Tubergen, 2011, "Social Contacts and the Economic Performance of Immigrants: A Panel Study of Immigrants in Germany," *IZA Discussion Paper* No. 5775.

経済産業省・文部科学省, 2007,「アジア人財資金構想」(http://www.ajinzai-sc.jp/index.html)。

国税庁, 2012,「民間給与の実態調査結果」(http://www.nta.go.jp/Kohyo/tokei/Kokuzeicho/minkan2011/minkan.html, August 31, 2012)。

駒井洋, 2006,『グローバル化時代の日本型多文化共生社会』明石書店。

Li, Peter S, 2001, "The Market Worth of Immigrants' Educational Credentials," *Canadian Public Policy*, 27(1): 23-38.

Liu-Farrer, Gracia, 2009, "Educationally Channeled International Labor Mobility: Contemporary Student Migration from China to Japan," *International Migration Review*, 43: 178-204.

文部科学省, 2008, 「『留学生30万人計画』骨子」(http://www.kantei.go.jp/jp/tyou kanpress/rireki/2008/07/29kossi.pdf, 2012.8.22)。

日本学生支援機構, 2012, 「平成23年度 外国人留学生在籍状況」(http://www.jasso. go.jp/statistics/index.html, 2012.8.15)。

小塩隆士・妹尾渉, 2003, 「日本の教育経済学——実証分析の展望と課題」ESRI ディスカッション・ペーパー no.69, 内閣府経済社会総合研究所。

Portes, Alejandro and Ruben G. Rumbaut, [1996] 2006, *Immigrant America: A Portrait*, 3rd edition, University of California Press.

Portes, Alejandro and Min Zhou, 1993, "The New Second Generation: Segmented Assimilation and its Variants," *The Annals of the American Academy of Political and Social Science*, 530(1): 74-96.

Reitz, Jeffrey, G. ed., 2003. *Host Societies and the Reception of Immigrants*. La Jolla: Center for Comparative Immigration Studies.

坂中英徳, 2011, 『日本型移民国家への道』東信堂。

総務省, 2006, 『多文化共生の推進に関する研究会報告書』。

Suter, Brigitte and Michael Jandl, 2008, "Train and Retain: National and Regional Policies to Promote the Settlement of Foreign Graduates in Knowledge Economies," *Journal of International Migration and Integration*, 9: 401-418.

Takenaka, Ayumi, Makiko Nakamuro and Kenji Ishida. 2012, "Negative Assimilation: How Immigrants Achieve Economic Mobility in Japan," ESRI Discussion Paper forthcoming.

寺倉憲一, 2009, 「留学生受け入れの意義——諸外国の政策の動向と我が国への示唆」『レファレンス』3月号：51-72。

塚崎裕子, 2008, 『外国人専門職・技術職の雇用問題——職業キャリアの観点から』明石書店。

Zeng, Zhen and Yu Xie, 2004, "Asian Americans' Earnings Disadvantage Reexamined: the Role of Place in Education," *American Journal of Sociology*, 109: 1057-1108.

Ziguras, Christopher and Siew-Fang Law, 2006, "Recruiting International Students as Skilled Migrants: the Global 'Skills Race' as Viewed from Australia and Malaysia," *Globalisation, Societies and Education*, 4: 59-76.

第7章

マイノリティと不平等
――困難を生きる技法――

辻本昌弘

1 困難を生きる

研究の視角

 本章章題はマイノリティと不平等であるが，マイノリティや不平等といった言葉はどのような人々や事態を指すのだろうか。これについてはさまざまな見解があろうが，何らかの意味で困難に直面している人々を含意することについては大方の同意が得られるに違いない。

 本章では，人々が困難にいかに立ち向かっていくのかという点に注目する。困難に直面した人々が，救済されないと何もできない無力な存在になっているとは限らない。困難を打開するユニークな技法を編み出し，たくましく生きている人々もいる。困難に直面した人々が駆使する技法には，私たちが学ぶべき知恵が秘められている。ここでは，困難を生きる人々に学ぶという姿勢をとる。

 その際，以下のような陥穽に落ちないよう注意しなければならない。1つは，困難と闘うたくましい姿を描き，その礼賛に終始してしまうことである。その裏返しとして，困難に耐え忍ぶけなげな姿を描き，お涙頂戴の物語をつくってしまうこともある。ひたすら礼賛したり，けなげな姿を描いたりする研究には，過剰な共感と美化，そして現実の歪曲が混入していないか。できすぎたお話から学ぶべきものはない。

 本章では，困難を打開するための技法が，時にはさらなる困難や苦しみを招

くことにも言及する。考えてみれば，完全無比の困難克服法などあろうはずがない。家族を飢えから守ろうと右往左往し，さまざまな手を打ち，うまくいくこともあればいかないこともある——こんなことを繰り返しながら，何とか困難をしのいでいくのが当たり前の人間の姿であろう。当たり前の人間の姿にこそ真に学ぶべきものがある。

移民と講集団

　本章では，困難を生きる技法として，アルゼンチンに暮らす日系人の講集団をとりあげる。日系人とは，日本からの移民とその子孫のことである（以下，日系人という表記はアルゼンチンの日系人をさす）。日本からアルゼンチンに渡航した移民は，豊富な資金を持っておらず，言葉に不自由し，アルゼンチンで通用する学歴や資格もなかった。このような苦境を乗り越えていくために活用されたのが講集団だった。

　講集団とは，参加者が資金を交換して助け合う慣習である。日本では，講集団のことを，頼母子講，模合，無尽などと呼んでいる。かつては日本各地で行われていたし，現在も盛んなところがある。講集団は，日本だけの慣習ではない。講集団は，さまざまな民族で行われており，世界各地の移民の間でも活発である（e.g., Ardener 1964；Ardener and Burman eds. 1995；Geertz 1962；Light 1972）。

　まず具体的に仕組みを説明しておこう。講集団は，参加者が集まる会合を定期的に開催する。日系人の講集団では，会合を毎月1回開催することが多い。会合では，参加者たちが所定の掛金を支払い，その総額（以下ではファンドと表記）を特定の参加者が受領する。このような会合を繰り返し，各参加者が順番にファンドを受領していく。3名で講集団を結成した場合は以下のようになる。A・B・Cは参加者，矢印は掛金の移動を示す。

　　　　第一会合　　　　B・C→A
　　　　第二会合　　　　A・C→B
　　　　第三会合　　　　A・B→C

第一会合では，BとCが掛金を支払い，その総額であるファンドをAが受領する。おなじようにして，BとCがファンドを受領すれば会期満了となる。この仕組みからわかるように，講集団は各人の資金を特定人物に集中させるものである。ファンドを受領する順番は，入札やクジ引きなどにより決められる。

ただし，以上の説明は極端に単純化したものである。現実の講集団はもっと多い人数で結成され，仕組みの細部は多様である。また，会期満了になるたびに新たな会期を始め，長年にわたり講集団を継続することも多い。

本章の構成

講集団は，さまざまな相貌を持つ。仕組みから考えれば，講集団は純然たる金融組織であるように思える。実際に講集団は資金調達を目的に結成されることがある。しかし，それがすべてではない。差し迫った資金調達の必要がないのに講集団が結成されることもある。このような講集団は，特別な目的を持たない儀礼的な慣習であるかのようにみえる。本章では，講集団の錯綜した相貌をすみずみまで見渡し，濃密な人間関係をつくり助け合いを実現していく講集団の知恵を明らかにする。

講集団の構図を図7-1に示した。これに基づき本章の構成を概観しておく。第2節では，日系人が講集団により困難を乗り越えてきたことを述べる。第3節では，資金交換の脆弱性が参加者選抜により克服されていることを述べる（図7-1上）。第4節では，面識関係の脆弱性が自己束縛により克服されていることを述べる（図7-1下）。第5節では，実践的観点から議論を行う。より広い理論的文脈に位置づければ，本章は埋め込みアプローチ（Granovetter 1985）の路線上にある。参加者選抜をめぐる議論は，濃密な人間関係のなかに資金交換を埋め込むことにより，助け合いを阻害する行動（支払うべき金を支払わない）を防ぐというものである。本章では，さらに一歩踏み込んで，なぜ濃密な人間関係が存在しうるのかという問いにも挑む。自己束縛をめぐる議論では，濃密な人間関係をつくるメカニズムを示す。

なお，本章は，既発表論文（辻本 2000, 2004, 2005, 2006, 2008；Tsujimoto

第Ⅰ部　さまざまな分断線

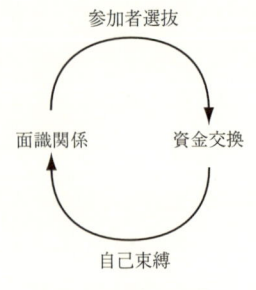

```
          参加者選抜
         ╱        ╲
        ╱          ↓
   面識関係       資金交換
        ↑          ╱
         ╲        ╱
          自己束縛
```

図7-1　講集団の構図

2002, 2011, 2012；辻本・國吉・與久田 2007）を要約し，不十分だった考察に抜本的な修正を加えたうえで，理論的総括を図ったものである。本章の主眼は理論的総括にあるので，既発表論文に収められている講集団の詳細な資料は示さない。

　著者は，日系人の講集団のみならず，沖縄の講集団についても調査を重ねてきた。アルゼンチンに渡った移民のかなりは沖縄出身であるので，両者には深い関わりがある。本章の中心は日系人の講集団であるが，適宜，沖縄の講集団にも言及する。

2　日系人の講集団

日系人の概要

　アルゼンチンは移民社会である。アルゼンチンは，19世紀前半にスペインからの独立を果たし，19世紀後半にはイタリアとスペインを中心とするヨーロッパからの移民を大量に受け入れた。ヨーロッパからの移民にくらべれば人数は少ないものの，日本人のアルゼンチンへの移住は20世紀初頭から半ばまで行われた。

　日本人の移民には，直接アルゼンチンに移住した者と，いったん近隣国に移住してからアルゼンチンに転住してきた者がいた。第2次世界大戦前はペルーやブラジルから転住してきた移民，戦後はボリビアやパラグアイから転住して

きた移民が多かった。現在では，30,000人以上の日系人がアルゼンチンに暮らしているといわれる。アルゼンチン各地に日系人が定着しており，地域により日系人の歴史や生活は異なる。本章の記述は，アルゼンチンの首都ブエノスアイレスとその近郊に暮らした日系人に関するものである。

近年まで，ほとんどの日系人は自営業をいとなんできた。第2次世界大戦前は，ブエノスアイレス都市部ではクリーニング店や喫茶店をいとなむ日系人が多く，ブエノスアイレス郊外では花卉栽培や野菜栽培をいとなむ日系人が多かった。戦後になると，喫茶店をいとなむ日系人は少なくなったが，近年までクリーニング店や花卉栽培をいとなむ日系人がたくさんいた。

日系人の自営業は講集団に支えられていた。戦前から戦後にいたるまで，日系人が講集団をどのように活用してきたのかみていく。

戦前の日系人

1920年ころまで，日本人の移民のほとんどは雇用されて働く労働者だった。このころの移民は，ブエノスアイレスの波止場にほど近い下町にあった長屋に身を寄せ，工場労働・港湾労働・家庭労働（裕福なアルゼンチン人家庭での掃除や給仕）などをしながら，何とか食いつないでいた。近年刊行された『アルゼンチン日本人移民史』には，当時の移民が，工場や港湾での仕事を転々としたり，あるいは家庭労働の口を探したりしながら，ぎりぎりの生活をしていた様子が記録されている（アルゼンチン日本人移民史編纂委員会 2002）。

このような苦境に日系人は屈しなかった。1920年代から1930年代にかけて，日系人たちは自営業を起業していった。ブエノスアイレス都市部では，日系人がいとなむクリーニング店と喫茶店が出現した。ブエノスアイレス郊外では，花卉栽培や野菜栽培をいとなむ日系人が増えた。新たにアルゼンチンに来た移民も，すでに自営業を経営している日系人のもとで働きながら，自らの自営業起業を目指すようになった。

自営業を起業するために活用されたのが講集団だった。自営業を起業するにはまとまった資金が必要となる。しかし，戦前の日系人は十分な資金を保有し

ていなかったし，日本からの大きな援助もなかった。日系人は，自営業の起業資金を講集団により調達していた。日系人の記録には，戦前の日系人にとって講集団が唯一の資金調達手段だったこと，自営業がさかんに起業された1920年代から1930年代にかけて講集団が活発に行われていたことが記されている。

　自営業をいとなむ日系人が増えると，日系人による同業組合が結成されるようになった。日系人の同業組合には講集団を組織しているものが多かった。『アルゼンチン日本人移民史』に，戦前に花卉栽培をいとなんだ日系人の回想が掲載されている。そこでは，銀行は利用できず頼りになったのは講集団だけだったこと，自営業を起業する時，あるいは雹や嵐によって花卉を栽培する温室が破損した時には，同業組合から資金を調達したことが語られている。

戦後の日系人

　第2次世界大戦後になると，喫茶店をいとなむ日系人は少なくなったが，クリーニング店や花卉栽培をいとなむ日系人は近年まで多かった。

　戦後，アルゼンチンに来た移民も，自営業を起業するために講集団を活用した。たとえば，1960年代から1970年代にかけて，ボリビアからアルゼンチンに転住してきた移民の体験にもそのことが現れている。戦後のボリビアに沖縄からの移民が入植してオキナワ移住地をつくったが，天災や農業不振のためアルゼンチンに転住した人々がいた。これらの人々は，ほぼ無一文のままアルゼンチンでの生活を始めた。それにも関わらず，短期間のうちにクリーニング店の起業に成功した者がいた。その背景には，複数の講集団に加入したうえで，ファンドを同時に受領して起業資金を調達するという戦略があった。彼らは，筆者のインタビューで，当時を振り返りながら自分一人では何もできないが講集団があったから自営業を起業することができたと語っている。

　危機への対処にも講集団が活用された。たとえば，家族に病人がでた人，あるいは自営業の運転資金が不足している人には，周囲の親しい知人が講集団を結成することを勧め，その講集団に加入してあげた。この場合，危機に直面している人が第一会合でファンドを受領した。こうして講集団があれば，危機に

第7章 マイノリティと不平等

見舞われた際にも素早く資金を調達できた。
　戦後における講集団の最盛期は1960年代から1970年代だといわれる。このころ，自営業の起業や事業拡張を図る日系人が多かったので，講集団が活発になったと推測される。沖縄出身の日系人の歴史をまとめた『アルゼンチンのうちなーんちゅ80年史』によれば，このころの日系人は講集団に明け暮れ，なかには数十の講集団に加入し日曜日には講集団の会合を駆け回る者がいたという（アルゼンチンのうちなーんちゅ80年史編集委員会 1994）。
　1980年代後半になると，アルゼンチンの経済的不調と日本の好景気のもとで，日本に出稼ぎに行く日系人が増えた。近年は，かつてにくらべれば自営業を起業する者は少なくなった。日系2世・3世（移民の子世代・孫世代）になると企業に雇用されて働く者も多い。それでも講集団は消滅していない。現在の講集団には日系2世・3世も加入し，危機への対処，不動産や自動車の購入などに活用されている。

講集団の有効性

　移民は，豊富な資金を持たずに渡航し，言葉に不自由し，アルゼンチンで通用する学歴や資格もなかった。移民は自営業の経営に活路を求めた。その際に役立ったのが講集団だった。戦前・戦後を通じて，日系人は自営業の起業資金を講集団により調達していた。また予期せぬ危機に対処するためにも講集団は活用されてきた。
　これらの有効性は，各人の資金を特定人物に集中させるという講集団の仕組みから生じる。わずかな資金しか持っていない個人が，独力でまとまった資金を蓄えるには長い時間がかかってしまう。一方，講集団を結成すれば，1人1人はわずかな資金しか持っていなくとも，まとまった資金を素早く調達することができる。[1] 講集団は，1人では不可能なことを，複数の人間により可能にするものである。
　ただし，講集団はどのような状況でも有効であるわけではない。基本的に，講集団は一時点で一名に資金を供給する仕組みである。したがって，全員を同

時に襲うような危機（たとえば社会全体を襲う大災害）には無力であろう。また，マクロな経済問題により講集団の運営が難しくなることもある。1980年代のアルゼンチンはハイパー・インフレーションに見舞われた。ここでは詳述しないが，通貨価値が急変するハイパー・インフレーション下で日系人の講集団にさまざまな問題が生じていた。

3　参加者選抜

資金交換の脆弱性

　前節では講集団の有効性を明らかにした。しかし，講集団の資金交換には脆弱性がある。それは，ファンド受領後の掛金不払いが発生しうることである。ファンド受領後の掛金不払いをデフォルトと表記する。

　デフォルトを具体的に説明する。第1節では，3名で結成した場合を例に講集団の仕組みを説明した。この例で，第一会合でファンドを受領したAは，第二会合と第三会合でデフォルトを起こせば自分の利益を増やすことができる。ファンドを受領した参加者にはデフォルトを起こす誘因がある。また，掛金を支払いたくとも支払う金がないために，やむをえずデフォルトを起こす者もいる。いずれにせよ，デフォルトが起こると，ファンドをまだ受領していない参加者は損害を被ってしまう。

　これは机上の空論ではない。戦前・戦後を通じて，日系人はデフォルトに悩まされてきた。1920年代から1930年代にかけて多くの日系人が講集団を活用して自営業を起業したが，この時期にデフォルトが起こっていたことも記録に残されている。なかには，デフォルトを起こして日本に逃亡するという悪質な事件もあったようである。戦後もデフォルトの発生が記録されている。1960年代から1970年代にかけて講集団が活発に結成されたが，このころの記録にはデフォルトを起こした者への言及がある。戦後にも，デフォルトを起こして近隣国に逃亡した者がいたようである。

　デフォルトが起こると，被害者の泣き寝入りに終わってしまうことが多い。

第7章　マイノリティと不平等

デフォルトによる損害を被った経験を，怒りを込めて話す日系人もいる。講集団は困難を乗り越えていくのに役立ったが，デフォルトによる損害を被り，ひどい苦しみを味わった日系人もいた。デフォルトが頻発するのなら，誰も講集団に加入しなくなってしまう。講集団により困難を乗り越えていくためには，デフォルトを抑制しなければならない。

参加者選抜

　デフォルトを抑制するのは参加者選抜であることがこれまで指摘されてきた (e.g., Hechter 1987＝2003 ; Koike, Nakamaru, and Tsujimoto 2010)[2]。本章では，講集団を結成する際に，将来に掛金不払いを起こしそうな者や，過去にデフォルトを起こした者が参加者に含まれないようにすることを参加者選抜と定義する。

　参加者選抜があるので，講集団には誰でも加入できるわけではない。たとえば，収入がまったくない人，ふだんのふるまいに問題がある人，たやすく遠方に逃亡できる人は，将来に掛金不払いを起こしそうだとみなされ，講集団への加入が難しくなる。また，過去にデフォルトを起した者を講集団に加入させないことは，デフォルトを起こした者に対する制裁になる。とりわけ，戦前の日系人の場合には，資金調達手段は講集団しかなかったので，講集団に加入させないことがデフォルトを起こした者に対する強力な制裁になったに違いない。

　筆者が調査を実施した日系人の講集団では，以下のような参加者選抜がみられた。友人同士の移民が結成した講集団では，過去にデフォルトを起した者は加入できないとされ，新たな人物が加入するには既存の参加者の紹介が必要であるとされていた。2世や3世が結成した講集団でも，新たな人物が加入するには既存の参加者の紹介が必要であり，既存の参加者から信頼されない者は加入できないとされていた。さらに，デフォルトを起こした者の名前は世間に知れ渡ると語る日系人もいた。噂が広まることにより，デフォルトを起こした者があらゆる講集団に加入できなくなるのなら，参加者選抜は制裁としての実効性を増す。

第Ⅰ部　さまざまな分断線

ゆるやかさ

　上に述べたのは，日系人がデフォルトに悩まされてきたということ，さらに，デフォルトを抑制するために参加者選抜が行われてきたということである。ここには矛盾があるように思える。参加者選抜が行われてきたのなら，日系人がデフォルトに悩まされることはなかったのではないか。

　参加者選抜があってもデフォルトを完全には防ぎきれない理由がいくつかある。まずもっとも単純な理由をあげる。人間の能力には限界がある。将来に掛金不払いを起こしそうな者を参加者選抜で排除するといっても，ある他者が掛金不払いを起こすかどうかを100％の正確さで予測することはできない。移民のように浮き沈みの激しい生活を強いられている人々の場合には，なおさら予測が難しくなる。だから，参加者選抜を行ってもデフォルトを完全に防ぐことはできない。

　デフォルトを防ぎきれない理由が他にもある。困難に直面した人々は参加者選抜をゆるやかにしないと講集団を結成しえない。そのため，ある程度のデフォルトの発生は避けられなくなる。これは，「困難を生きる」という本章のテーマに深く関わるので，以下にくわしく論じる。

　1960年代から1970年代にかけて，日系人の間で講集団が活発になるとともにデフォルトも発生していた。このころ，アルゼンチンの邦字新聞がデフォルト問題をとりあげ，①講集団は個人信用を基礎に成立しているので参加者を精選しなければならないが，②ファンドが一定金額に達するようにするために参加者の選択がおろそかになっていると論評している（『らぷらた報知』1970年4月30日）。①では参加者選抜の重要性を説いているのだが，②ではファンドの金額を大きくするために参加者選抜がゆるやかになっているとしている。ファンドの金額が小さすぎると，自営業の起業や危機への対処に役立たない。ファンドの金額を大きくするには，参加者人数を増やす必要がある。かつての日系人は生計が十分に安定しておらず，たいていの者が程度の差はあれデフォルトを起こす可能性を抱えていた。このような状況下で参加者人数を増やすには，参加者選抜をゆるやかにしなければならなかった。

さらに，別のゆるやかさもある。沖縄の講集団を対象にした調査では，実質的にはデフォルトを起こしている者が，参加者選抜により排除されない場合がみられた。一時的に掛金を支払えなくなった参加者には，他の参加者が個人的に資金を融通し，掛金不払いが問題として表面化しないようにする。生計が不安定な人々が講集団を結成するとき，一時的な掛金不払いまでとがめていては，講集団に参加できる者がいなくなってしまう。参加者選抜により排除されるのは掛金不払いを頻繁に起こす者だけである。同様のことは日系人の講集団にもあてはまると推測される。

以上が示すのは，生計が不安定な人々が講集団を結成しようとすると，「デフォルトの抑制」と「参加者の確保」のトレード・オフに直面するということである。参加者選抜を厳しくするほどデフォルトは抑制できるが，十分な数の参加者を確保することが難しくなる。逆に，参加者選抜をゆるやかにするほどデフォルトは発生しやすくなるが，参加者の確保は容易になる。このトレード・オフのバランスをとるよう参加者選抜を一定程度ゆるやかにしなければならない。参加者選抜をゆるやかにすれば，デフォルトを完全に防ぐことはできない。デフォルトの損害をときに被ることは，講集団を行うためのコストだとみなすことができる。戦前・戦後を通じて，日系人の間でデフォルトが発生していた背景にはこのような事情があった。

本節の議論をまとめる。講集団を行うためには参加者選抜が不可欠である。参加者選抜は特定の人々を助け合いの輪から排除する。「困っている人を助けましょう」といった精神論を振りかざすだけでは助け合いを維持できない。裕福な人であれば，どんな人にでも救いの手を差し伸べられるが，自分も困難にもがいているとき，あらゆる人を助けて共倒れになるわけにはいかない。一方，参加者選抜が厳しすぎても講集団は行えなくなる。裕福な人であればつねに掛金を支払えるが，生計が不安定な人はときに掛金を支払えなくなってしまう。生計が不安定な人々が講集団を行うためには，参加者選抜をゆるやかにし，ときに発生する掛金不払いに耐えねばならない。困難な時こそ人にやさしくあらねばならないのである。

4 面識関係

講集団と面識関係

　面識関係とは，お互いの過去と現状を熟知しあう間柄のことである。お互いについての情報を十分に所持しあっている間柄といってもよい。
　参加者選抜を行うためには面識関係が必要である。なぜなら，お互いのことを熟知していないと，過去にデフォルトを起したことがあるかどうかわからないし，将来にデフォルトを起しそうかどうかもわからないからである。悪質なデフォルトを起こした前歴があるか，現在の生計状態はどうか，ふだんのふるまいに問題がないか——こういった情報を熟知しあう面識関係がないと，参加者選抜の確度が低下してしまう。だから，講集団は面識関係で結ばれた人々により結成される。講集団の参加者たちは，よく知らない人が講集団に加入してくることを警戒する。
　講集団を結成している日系人は，たとえ同じ日系人であっても面識のない人が講集団に加入してくることを避けようとする。日系人の講集団を支えているのは，「おなじ日本人」といった抽象的な関係性ではなく，個人として顔がよく見える間柄，すなわち面識関係である。面識関係の存在が講集団を行うための必要条件である。

面識関係の脆弱性

　ここで，講集団の検討をいったん措き，面識関係そのものに考察をくわえる。事前に面識関係の性質を明らかにしておくことが，以降の分析を展開するうえで不可欠である。
　面識関係には脆弱性がある。面識関係はきわめて消失しやすい。たとえば，知人としばらく会わないと，その知人の近況などわからなくなり，疎遠になってしまう。面識関係は，そのまま放っておくと，たちまち消失してしまうのである。面識関係は，労力をかけてつねに更新しておかないと存在しえない。

面識関係の消失を避けるには，特に用事がなくとも知人同士が定期的に会い，お互いの近況を教えあうことが必要になる。しかし，これは容易ではない。忙しくて時間に追われていると，特に用事がなくとも知人と会うなどということは後回しにしてしまう。時間にゆとりがあるとしても，個人的なことに時間を費やし，知人と会うことは後回しにすることがある。さらに，知人同士で会うとなっても，各人の都合のつく日時がなかなか一致しない。この日程調整は，二者間ではそれほど難しくないが，多数の人間が集まろうとすると非常に難しくなる。「みんなでそのうち集まろうよ」とよく言うが，現実にはなかなか集まれない。こうして面識関係が蝕まれていく。

　面識関係の消失があらゆる場合に問題になるわけではない。たとえば，かつての農村では，四六時中，村人同士が顔を会わせていたので，それほど問題にならなかったであろう。しかし，現代では面識関係が消失しやすくなっている。日系人についていえば，クリーニング店をいとなむ日系人は都市に分散して暮らしていた。クリーニング店の店舗同士が離れているほうが経営上望ましいからである。花卉栽培や野菜栽培をいとなむ日系人の居住地は，おおまかにはいくつかの地域に集まる傾向があったが，四六時中，顔を会わせるような環境ではなかった。

　日系人について，面識関係の存在は自明視できることではない。日系人のあいだで，面識関係がいかに強化されているのか，この点を次に論じる。

自己束縛

　現実には，さまざまな形で面識関係が強化されている。日系人の間では，たとえば，おなじ仕事をしている同業仲間とか，日本の郷里をおなじくする同郷仲間により講集団が結成されてきた。この場合，講集団の外部で維持されている面識関係を用いて講集団を結成していることになる。しかし，上述の面識関係の脆弱性を踏まえれば，講集団の外部で維持されている面識関係を持ちだすのでは説明の先送りであり，どのようにして同業仲間や同郷仲間の間で面識関係の消失が防がれているのかという疑問が残るだけである。むしろ，ここで注

目したいのは，同業仲間や同郷仲間が定期的に集まるために講集団を結成するという当事者の語りがしばしば聞かれることである。このような語りは，講集団を用いて同業仲間や同郷仲間の面識関係を強化していることを示唆している。以下では，講集団そのものに面識関係を強化するメカニズムがあることを論じる。

　講集団は，3つのメカニズムより面識関係を強化している。第1に，講集団を継続することにより，誰がデフォルトを起こした人物あり，誰がデフォルトを起こさなかった人物であるかという履歴情報を参加者は蓄積していく。面識関係を構成する情報には，この履歴情報が含まれていなければならない。履歴情報により，過去にデフォルトを起こした者を排除するという参加者選抜が可能になるからである。また，講集団を一緒に結成する相手を選ぶ際に，これまで一緒に講集団を行い，なおかつ悪質なデフォルトを起こさなかった人物だという履歴情報が最大の安心材料となる。

　第2に，講集団の会合が面識関係を強化する場になる。たいていの講集団の会合は，掛金のやりとりにくわえて，会食や酒宴を楽しみながらゆっくり歓談する場となっている。たとえば，沖縄出身移民の講集団なら，沖縄伝統の山羊汁を堪能しながら，参加者たちが楽しいひと時を過ごす。アサードとよばれるアルゼンチン料理を囲みながらの会合を催している講集団もある。参加者がじかに顔を会わせる会合は，お互いの近況を報告し合い，さまざまな情報を交換する場である。これに関連するのは，講集団を行う目的として「みんなで集まって親睦を深める」ことを参加者が強調することである。このような発言は，講集団の会合が面識関係を強化する場になっていることと符合する。

　第3に，講集団の参加者は，参加者同士が定期的に会うように自己束縛をしている。講集団を結成すれば，参加者は，事前に決めた日程で定期的に開催される会合に出席しなければならなくなる（たとえば，毎月第三日曜日などと日程が決められる）。会合に出席して掛金を支払うという義務を果たさないと，参加者選抜により仲間から排除されるおそれがある。つまり，講集団を結成すれば，定期的に会うように自分たちで自分たちを束縛することになる。この自己束縛

に関連するのは，講集団の会合に出席するのが面倒だとか，会合を欠席するわけにはいかないといった，参加者からしばしば聞かれる発言である。多忙な毎日を送っていると，特に用事がなくとも知人と会って歓談するなどということは後回しにしたくなる。そんな場合でも，講集団を結成してしまえば，何とか都合をつけて会合に出席しなければならなくなる。自己束縛は，自分たちの行動の自由を自分たちで制限することによって，面識関係を強化するものである。

　以上のうちで理論的にもっとも重要なのは自己束縛である。第1と第2のメカニズムは，講集団に限らず，知人同士が会って何かをやりとりすればたいてい生じるものである。面識関係の脆弱性で問題になったのは，知人同士が会うこと自体の難しさだった。自己束縛こそ，知人同士が定期的に会うことを実現するメカニズムである。

講集団の構図

　ようやく図7-1全体を見渡す準備が整った。結局のところ，図7-1が示すのは「講集団を行うほど講集団を行いやすくなる」ということである。より具体的に述べると，面識関係があるから，参加者選抜によりデフォルトを抑制し，資金交換を行うことができる（図7-1上）。一方，資金交換を行うなかで，参加者たちは定期的に会うように自己束縛をし，面識関係を強化する（図7-1下）。ここには，面識関係があるから資金交換を行うことができ，資金交換を行うから面識関係がいっそう強化されるという円環的な構図がある[4]。

　「講集団を行うほど講集団を行いやすくなる」ということ踏まえれば，差し迫った資金調達の必要がないのに講集団を行うという現象をよく理解できる。講集団の調査をしていると，当事者が執拗なまでに講集団を行おうとしていると感じられる。なかには，講集団が時間的・金銭的に重い負担になっているとこぼす当事者さえいるのだが，それでも講集団を行う。慣習化した儀礼のように，講集団を行うこと自体に価値をおいているかのようである。その背景にあるのは，いざという時に講集団から資金を調達するには，常日頃から講集団を行って，講集団を行いやすくしておかねばならないということだろう。差し

迫った資金調達の必要がないからといって講集団を行わないでいると，面識関係が消失してしまい，いざという時に講集団を行えなくなってしまう。また，面識関係は，講集団のみならず，日常のさまざまな問題解決に役立つ。常日頃から講集団を行って面識関係を強化しておけば，何らかの問題が生じた時に，助力・助言を求めたり集団行動を組織したりしやすくなる。ただひたすらに講集団を行っておくことが困難を生きる力を高める。

ただし，講集団は閉鎖的である。講集団は，限定された範囲の人々が濃密な人間関係をつくって助け合うものであり，未知の人々とのつながりを生み出す開放性を持っていない。最近の風潮では「外部に開かれていること」が望ましいとされがちだが，閉鎖的な集団と開放的な集団のどちらが有効であるかは状況に依存する。極端な例を挙げれば，抑圧的な国家権力と闘うために閉鎖的な結社が必要になることがある。また，差別・偏見により排斥されているマイノリティのように，外部の人々とのつながりをつくることを強者により妨げられてしまうこともある。もちろん，閉鎖的な集団には弊害もある。濃密な人間関係に満ちた閉鎖的な移民コミュニティが持つ利点と弊害を論じた研究もある (Portes 1998；Portes and Sensenbrenner 1993；佐藤 2008)。

日系人についていえば，移住してから最低限の生活基盤を築くまでは講集団が役立ったことは疑いえない。また，講集団という「集団」が閉鎖的であることと，講集団を行っている「人」が閉鎖的であることは同義ではない。現時点では十分に論じることができないが，講集団のような閉鎖的な集団と開放的な集団を日系人が使い分けている可能性もあろう。[5]

5 技法，創造，伝達

精巧な技法

講集団による助け合いは，多岐にわたる技法に支えられている。参加者選抜と自己束縛は，講集団の根幹をなす技法である。講集団の技法は，これらにとどまらない。講集団で印象的なのは，ときどきの状況に応じて，創意工夫に満

ちた技法を当事者が次々に繰り出してくることである。アルゼンチンや沖縄の講集団では，たとえば以下のような技法がみられた。

　第1に，講集団には，座元（発起人とも呼ばれる）という特別な地位をおくものがある。座元とは講集団の運営の中心になる人物であり，第一会合でファンドを受領する権利や掛金の優遇をあたえられるが，デフォルトによる損害を参加者が被ったら弁済しなければならない。これにより，参加者は損害のリスク・ヘッジを行い，座元はデフォルトが生じないよう細心の注意をもって講集団を運営するようになる。これに関連して，座元の力量を勘案して講集団に参加するかどうか決めると語る者，座元の経済力に不安を感じたら早くファンドを受領すると語る者がいる。

　第2に，ファンドの受領順番を決める方法として，入札やクジ引きといった方法が使い分けられる。入札の仕組みは複雑なので詳述しないが，基本的には，ファンド受領者がファンド未受領者に支払う金額（一種の利子）を入札し，入札額がもっとも高い者がファンドを受領する。入札を用いれば，ファンドを受領する時期を参加者が選ぶことができる。しかし，入札額が高騰して参加者の大きな負担になり，デフォルトの引き金になる危険がある。クジ引きを用いれば入札額の高騰という問題を回避できる[6]。

　第3に，新規加入者の扱いである。新規加入者のファンド受領は，会期後半の会合に限定されることがある。参加者は，よく知らない者が自分たちの講集団に加入しデフォルトを起こすことを警戒する。ファンド受領を会期後半に限定すれば，デフォルトを意図する者の加入を防止できる（デフォルトで荒稼ぎするには，できるだけ早くファンドを受領しなければならない）。また，新規に加入するには既存の参加者の紹介が必要であり，新規加入者がデフォルトを起こしたら紹介者が損害を弁済するとされることもある。この場合も，参加者たちは損害のリスク・ヘッジを行い，紹介者はしっかりした人物だけを紹介するよう動機づけられることになる。以上のような制限的扱いを新規加入者は受けるが，講集団を継続しながら他の参加者との面識関係を強化し，やがて十全な参加者となる。さきに講集団は閉鎖的であると述べたが，それは大枠でのことであり，

細部をみてみれば，デフォルトを回避しながら未知の人と助け合う間柄になっていく工夫がある。

　第4に，講集団の会合が楽しい歓談・会食の場になるように，工夫と努力がなされていることが多い。講集団の会合は，面識関係を強化する役割を担っている。会合を気分よく過ごせるように，そして会合に出席すること自体が楽しみとなるように，料理や飲み物に工夫が凝らされる。また，一時的に掛金を支払えない者がいたとしても，そのことを他の参加者に知られないようにする座元もいる。掛金を支払えない者がいると，参加者がデフォルトの発生を心配するからである。

技法の創造

　ここまで，多岐にわたる技法を仔細に論じてきた。読者は，あまりにも特殊な現象を扱った研究だという印象を抱いたかもしれない。冒頭で述べたように，講集団は世界各地で行われており，この点からいえば，特殊どころかかなり普遍的な現象である。しかし，以下の意味でなら，講集団はきわめて特殊な現象であるともいえる。

　まず，講集団は誰でも行えるわけではない。多岐にわたる技法を体得し，状況に応じて使い分けられるようになるには，相当の修練が必要である。講集団が活発な地域に生まれ，講集団に慣れ親しみながら育った人でないと，講集団を行うことは難しい。また，講集団が役立つ状況は限定されている。講集団は，社会全体を襲うような危機には無力である。マクロな経済問題のせいで円滑に運営できないこともある。講集団の会合は時間を消費するので，講集団を行うことにより他の活動に大きな支障をきたすこともあろう。

　誰でも行えるわけではなく役立つ状況も限定されているのならば，講集団を研究することに意義があるのかという疑問が湧いてくる。わかりやすくいえば，何らかの困難に苦しんでいる人が本章を読んだとしても，講集団を行うことができないのなら，まったくの徒労ではないかという疑問である。この疑問を解くためには，研究の実践的意義を明らかにしなければならない。

第7章 マイノリティと不平等

　講集団を研究する実践的意義は，講集団を普及させることにあるのではなく，困難を打開する方法を各人が創造する一助になることにある。一般に，私たちの行動は，何らかの前提に導かれている。たとえば，思い込みや固定観念と呼ばれるものである。思い込みや固定観念は一概に否定すべきものではない。思い込みや固定観念がないと信念ある行動をとれなくなる。しかし，特定の思い込みや固定観念にひたすら囚われていると，斬新な行動を創造できなくなってしまう。自分が囚われている思い込みや固定観念を揺るがす契機になるのは，自分とはまったく異なる他者のやり方を知ることである。思いもかけない他者のやり方を知ったとき，私たちは感嘆し，あるいは戸惑い，自らの思い込みや固定観念を揺さぶられる。講集団とは無縁だった人々が，講集団に秘められた知恵を知ることで「では，自分たちはこうしてみたらどうか」「まだ，工夫の余地があるのではないか」といった新たな着想を得られる可能性がある。あるいは講集団の限界を知ることが，失敗を避けるうえで役立つ可能性もあろう。たとえ講集団を行わないとしても，講集団を知ることが困難を打開する自分なりの方法を創造する手掛かりになる。[7]

　本章の冒頭で，困難を生きる人々に学ぶという姿勢を提示した。その場合の学びは，他者から教えてもらったことをそのまま真似るという受け身のものであってはならない。本当の学びとは，他者のやり方を参考にしながら，困難を打開する方法を自分で創造することにある。

技法の伝達

　本章を閉じるにあたり，困難を生きる技法をさらに提案しておく。それは，お互いのことを伝えあい学びあうことである。世界のあちこちで，さまざまなマイノリティの人々が，何とか困難を打開しようともがき，それぞれの困難を生きる技法を編み出している。その技法を伝えあい学びあうことが，困難を生きる技法のさらなる創造につながる。抱えている困難は1人1人違うから，他者のことを学んでも意味がないのではない。抱えている困難が1人1人違うとしても，他者から学ぶべきなのである。[8]

第Ⅰ部　さまざまな分断線

注

(1) 1人で蓄えるより講集団の方が素早く資金を調達できるということは，会期の早い時点でファンドを受領した者にあてはまる。会期の最後にファンドを受領すると，1人で蓄えるのと変わらない。現実の講集団は，この問題にさまざまな対処をしているが，議論が非常に細かくなるので本章では詳述しない。

(2) 小池ら（Koike, Nakamaru, and Tsujimoto 2010）は，デフォルトを抑制するには，参加者選抜にくわえて，ファンド受領前に掛金不払いを起した者がファンドを受領することを禁止するルールが必要だとしている。

(3) このことは，たとえば異郷の地で病に倒れた同胞を，日系人が見捨てているということではない。このような場合には講集団とは別の形で助けの手が差し伸べられる。

(4) 図7-1は，説明の便宜を図るための素描であり，厳密なものではない。たとえば，図7-1では参加者選抜と自己束縛は別々のメカニズムにみえるが，本文で解説したように参加者選抜と自己束縛は表裏一体のものである。

(5) 面識関係の議論には，コールマンやパットナムの社会関係資本論と関連する部分がある（Coleman 1990；Putnam 1993＝2001）。また，社会関係資本には，閉鎖的（結束型）なものと開放的（橋渡し型）なものがある。このような観点から講集団に言及した研究もある（吉田 2001）。

(6) 講集団を数理モデル化し，クジ引きと入札を比較した研究がある（Besley, Coate, and Loury 1993）。

(7) ここでの議論は，異文化を知ることは自文化を知ることにつながるという文化研究の古典的な考え方と関連する。

(8) 本章は，JSPS科研費24530782の助成を受けたものである。

文献

Ardener, Shirley, 1964, "The Comparative Study of Rotating Credit Associations," *Journal of the Royal Anthropological Institute of Great Britain and Ireland*, 94: 201-229.

Ardener, Shirley and Sandra Burman eds., 1995, *Money-Go-Rounds: The Importance of Rotating Savings and Credit Associations for Women*, Berg.

アルゼンチン日本人移民史編纂委員会編，2002，『アルゼンチン日本人移民史　第一巻　戦前編』在亜日系団体連合会。

アルゼンチンのうちなーんちゅ80年史編集委員会編，1994，『アルゼンチンのうちなーんちゅ80年史』在亜沖縄県人連合会。

Besley, Timothy, Stephen Coate, and Glenn Loury, 1993, "The Economics of Rotating Savings and Credit Associations," *American Economic Review*, 83(4): 792-810.

Coleman, James S., 1990, *Foundations of Social Theory*, Belknap Press of Harvard University Press.

Geertz, Clifford, 1962, "The Rotating Credit Association: A "Middle Rung" in Development," *Economic Development and Cultural Change*, 10(3): 241-263.

Granovetter, Mark, 1985, "Economic Action and Social Structure: The Problem of Embeddedness," *American Journal of Sociology*, 91(3): 481-510.

Hechter, Michael, 1987, *Principles of Group Solidarity*, University of California Press.（＝2003，小林淳一・木村邦博・平田暢訳『連帯の条件――合理的選択理論によるアプローチ』ミネルヴァ書房。）

Koike, Shimpei, Mayuko Nakamaru, and Masahiro Tsujimoto, 2010, "Evolution of cooperation in rotating indivisible goods game," *Journal of Theoretical Biology*, 264: 143-153.

らぷらた報知，1970年4月30日，「最近の不景気反映 "頼母子講"が動揺」。

Light, Ivan H., 1972, *Ethnic Enterprise in America: Business and Welfare Among Chinese, Japanese, and Blacks.* University of California Press.

Portes, Alejandro, 1998, "Social Capital: Its Origins and Applications in Modern Sociology," *Annual Review of Sociology*, 24: 1-24.

Portes, Alejandro and Julia Sensenbrenner, 1993, "Embeddedness and Immigration: Notes on the Social Determinants of Economic Action," *American Journal of Sociology*, 98(6): 1320-1350.

Putnam, Robert D., 1993, *Making Democracy Work: Civic Traditions in Modern Italy*, Princeton University Press.（＝2001，河田潤一訳『哲学する民主主義――伝統と改革の市民的構造』NTT出版。）

佐藤嘉倫，2008，「社会関係資本の光と影――社会的ジレンマと社会関係資本」土場学・篠木幹子編『個人と社会の相克――社会的ジレンマ・アプローチの可能性』ミネルヴァ書房，157-173。

辻本昌弘，2000，「移民の経済的適応戦略と一般交換による協力行動――ブエノスアイレスにおける日系人の経済的講集団」『社会心理学研究』16(1)：50-63。

Tsujimoto, Masahiro, 2002, "Rotating credit association: Traditional organization for cooperative behavior," *Tohoku Psychologica Folia*, 61: 74-82.

辻本昌弘，2004，「アルゼンチン移民の頼母子講と金融機関」『いわき明星大学人文学

部研究紀要』17：118-129。
辻本昌弘，2005，「資源交換と共同体――講集団の社会心理学的研究」『東北大学文学研究科研究年報』55：64-76。
辻本昌弘，2006,「アルゼンチンにおける日系人の頼母子講――一般交換による経済的適応戦略」『質的心理学研究』5：165-179。
辻本昌弘，2008,「社会的交換の生成と維持――沖縄の講集団の追跡調査」『東北大学文学研究科研究年報』58：113-129。
Tsujimoto, Masahiro, 2011, "Status, Selection, and Exchange in an Okinawan Mutual Aid System," Kunihiro Kimura ed., *Minorities and Diversity*, Trans Pacific Press, 100-112.
Tsujimoto, Masahiro, 2012, "Migration, Economic Adaptation and Mutual Cooperation: Japanese Rotating Savings and Credit Associations in Argentina," Naoki Yoshihara ed., *Global Migration and Ethnic Communities: Studies of Asia and South America*, Trans Pacific Press, 163-175.
辻本昌弘・國吉美也子・與久田巌，2007，「沖縄の講集団にみる交換の生成」『社会心理学研究』23(2)：162-172。
吉田秀美，2001，「社会関係資本とマイクロファイナンス――ベトナムを事例に」佐藤寛編『援助と社会関係資本――ソーシャルキャピタル論の可能性』アジア経済研究所，149-171。

第Ⅱ部

理論的接近と提言

――格差の解明と解消に向けて――

第8章

制度と社会的不平等
―― 雇用関係論からの展開 ――

今井　順

1　不平等研究の課題

　過去20年程の間，グローバリゼーションの進展と産業構造の転換の中で，日本の被雇用者セクターにおける不平等の構造には大きな変化が起こった。日本では，バブル経済崩壊後の低成長にあえぐ企業が，知識・サービス経済化と激化する国際競争への対応を加速するためにさまざまな労務管理改革を企図し，そのために必要な法制度改革を求めたことなどから，雇用労働の分野でも多くの規制改革・緩和が実現した (Imai 2011a)。改革の果実を活用した企業は労働力と技能調達における外部労働市場への依存を強め，被雇用者の35％にも及ぶ非正規労働者を生み出すこととなった。日本の非正規雇用は，社会保障への包摂に大きな問題を抱えているうえ (小倉 2008)，正規雇用への転換が非常に難しいことから (太郎丸 2009 ; Lee and Shin 2009)，その拡大は「格差社会」の中心的なメカニズムであると考えられた。これまで日本における被雇用セクターの不平等構造を特徴づけてきた大企業・中小企業格差に，正規・非正規雇用格差が加わった状況になっていると言うことができるだろう (Imai and Sato 2011)。

　非正規雇用の拡大は，社会学の不平等研究に対して，それらをどのように位置づけたらよいのかという根源的な問いを発している。これまで不平等研究の中心的な役割を担ってきた階級・階層研究は，基本的に先進産業化諸国の不平等状況について同じ階級・階層モデルを前提とし，その固定化に対する関心か

第Ⅱ部　理論的接近と提言

ら，階級・階層間における人々の流動性を，世代間・世代内移動に着目して計測してきた。観察された社会間の違いは，産業構造の違いや，それぞれの社会に特有の追加的変数——日本の場合は企業規模や雇用形態——をアドホックに援用することによって記述・説明してきた（DiPrete 2005, 2007；佐藤 2008）。すなわち階級・階層研究は，格差の記述や「誰がよりよい位置につくのか」といった問いに対して優れた知見を積み重ねてきたものの，そもそも「労働市場における位置とは何か」，「それぞれの地位がなぜ異なる機会や資源と結びついているのか」，「それはどのように作られ，また変化するのか」といった問いに十分な注意を与えてこなかったと言える（Morris and Western 1999；Kenworthy 2007）。

　この章では，こうした課題に答えることをめざす試みの1つとして，制度としての雇用関係に着目する。雇用関係は産業化——工場労働や企業組織，労働市場の登場——とともに現れた社会関係であり，場合によっては非常に先鋭化した労使対立や社会不安の中から，人々はそれを制御（レギュレート）する規則，規範や認識枠組み（文化）を発展させてきた。後述する通り，雇用関係を社会的に形成・制御することは，雇用という領域に安定的な社会関係を構築することであると同時に，そこから発生する不平等についての合意を形成することに他ならない。本章ではまず，新制度論や経済社会学の知見に立脚し，制度を歴史的でダイナミックな社会的構築物と定義する。そのうえで，制度としての雇用関係を成立させる争点を整理し，それらをめぐる使用者・労働者・国家（以下「政労使」）による重層性な社会的・政治的交渉という各社会に共通の過程が，社会的不平等の構造（階級関係や階層構造，またそれぞれの社会に特有な「位置」間の関係）を形成する論理を提示し，例を交えて明確化していきたい。

2　社会制度とそのフィールド

　まず，この章で用いられる「制度」という用語について簡単に定義しておきたい。組織社会学における新制度論の定義同様，制度とはまず狭義には社会的

に標準化・自明化された相互行為のパターンを意味し，公式・非公式な規範や意味世界（認識枠組み・文化）が相対的に安定した社会関係を指す（Jepperson 1991；Giddens 1984；Scott 2008）。こうした定義は制度が社会の安定に対して果たす重要な役割を捉えているが，制度の形成（制度化）やその変化といったダイナミズムを把握することができない静態的なものである。そこで本章では，制度が意味をもたらすと同時に（機能的）効果[1]（Jepperson 1991；Maurice and Sorge 2000；Voss 2001；Scott 2008）を持っている点をあわせて指摘したい。これは制度が「社会的な課題を解決する仕組み」であると同時に，「それに対する人々の政治的文化的動員」の結果であり，その安定と変化のダイナミクスはこれら二側面から捉えられることを示している（e.g. Walby 2009）。すなわち，制度は効果と意味によって規定される社会的フィールドを持ち，それらに対して異なる利害を持つ人々が交渉・妥協することによって構築・維持・転換される，ダイナミックなプロセスの産物である（DiMaggio and Powell 1991；Fligstein 2001；Bourdieu and Wacquant 1992；Fligstein and McAdam 2012）。

　近代的工業化社会において，人々は社会生活を営むために，さまざまな課題に対して集合的・社会的解決を与えている。課題に対して個人や組織はさまざまな利害を持ちうるが，制度は公式・非公式な規範や意味を編成し社会関係にパターンを作ることでこうした課題に対する効果を構築する。日常用語で「制度」（教育や雇用など）と呼ぶさまざまな仕組みは，効果を生み出す特定の社会関係のパターンを安定化させる社会的な努力の証である。こうした仕組みは特定の機会構造・資源配置の状況を作り出し，その中を生きる人々にパターンを構成する規範と意味を自明化させ，特定の態度・行動を促進することでその効果を実現する。例えば戦後日本は労使の妥協から終身雇用慣行を生み出したが，長期勤続や年功賃金などの仕組みは，年齢階層的なキャリア構造・ライフステージに沿った資源配分という状況を作り出した。多くの被雇用者がその中を競争的に歩み，企業の要請に対して従順な態度・行動を身につけることによって終身雇用が秩序として成立し，生産と生活の必要を長く満たしてきたのだ。

　こうした安定した制度の成立とは，それが実現する効果に対する人々の政治

的文化的動員の結果であり，それが作りだす不平等やその統治・管理・調整に対する人々の同意の存在をも意味している。特定の社会的領域における社会関係の相対的な安定とは，社会的課題を解決する際に持ち上がる争点に対し，関連する，または関連を主張する主体がその利害を制度の規範や意味に反映させるために関与し，その他の主体と相争う過程で交渉された秩序（negotiated order）である（Bourdieu and Wacquant 1992：103）。制度の効果やその背後にある権力関係は，それが問題であると認識されなければ，正当化されたパターンとして疑われず，場合によっては不可視のままその効果を発揮し続ける。例えば，終身雇用の持つ雇用の硬直的側面を使用者が問題化しなければ，被雇用者にとっての安定という効果は維持される。サービス残業や過労死を告発する者がなければ，さらには終身雇用に埋め込まれた男性稼ぎ主イデオロギーを言葉にする者がなければ，限度のないコミットメントを求める職場統制の在り方や内蔵するジェンダー秩序の権力関係も維持される。逆に言えば，こうした効果や意味に対する異議申して立てと争点の形成によりフィールドは活性化・可視化され，意味と規範の転覆，そして社会関係のパターン＝制度を変化させる力・勢力を生み出すことになる。

　この章ではこうした動態的な「制度」理解に基づき，雇用関係の制度的構築とその結果争点として生じる社会的不平等の関係について，議論を進めていきたい。

3　雇用関係というフィールド

雇用関係の成立

　雇用関係とは，労働者と使用者の関係であり，両者の間で契約や移動のパターンが交渉されることで，不平等の構造に大きな影響力を持つ関係である。歴史的には，資本主義的産業化と近代国家の形成が市民権（シチズンシップ）の勃興と交差するところに形作られた比較的新しい制度である[(2)]。市民権の勃興とは，すなわち生得的な社会的地位が人々の権利と義務を規定する前近代的・封

建的権威関係に対し，個人主義的な権威関係——契約関係——の優位が構築されるという社会関係の転換を指す（Bendix [1964] 1996）。「契約関係」という概念の中心には，個々人への所有権，すなわち彼・彼女ら自身をすら社会生活のあらゆる領域でその意のままに処分できるという権利の付与，という約束事がある。「雇用」という領域は当時産業化によって生まれつつあった新しい社会領域であり，「雇用関係」は使用者と労働者が「労働契約」を結ぶことから生じる重要な社会関係となった。契約関係の「中心的な約束事」——個々人の個々人による自由な処分——は，雇用という領域においては「契約の自由」と「移動の自由」という重なり合う2つの具体的な争点として現れた。これら2つは近代国家において，労働契約と労働市場を近代的な制度として成立させるために，少なくともイデオロギーのレベルにおいて重要な役割を果たした。

　こうした争点に対応し実際に制度を成立させる仕組みは，まず第1に非常に複雑なものであり，そしてまた社会的・歴史的文脈によって多様である。制度を支える仕組みの複雑性は，労働市場と労働契約に特有の問題点を制御する必要から生じている。1つは労働市場における買い手と売り手の原理的な不平等であり，いま1つは労働契約の不確定性である。前者に関しては，やはり「市民権の勃興」に後押しされる形で形成された解決方法が2つあり，不平等な力関係を如実に表してしまいがちな「売り手と買い手の自主的な調整」を排除している。1つ目は，労働者が労働条件について集団として使用者と協議することのできる回路の整備，すなわち団体交渉を含む労使関係の制度化である。労働組合という組織が「結社の自由」の保障に基礎づけられ，社会権の充実をめざす人々にとってますます正当性を持った交渉の回路として認識されるようになることは，近代国家の形成にとっても重要なことであった（Marshall [1950] 1992：88-9）。もう1つの解決法は，労働市場の構造や規則自体に市民権に基づく平等を埋め込むこと，そしてその具体策について政労使が利害を調整する仕組みを構築することである（Fligstein 2001）。

　2つ目の問題点は，労働契約の不確定性である。労働契約の不確定性とは，「労働」と「労働力」を区別するマルクスの議論でもともと指摘された問題で

ある。マルクスにとって，労働市場で売買される商品は「労働力」であり，「労働力」はそのままでは「労働」をなさない。「労働」は，組織された労働過程に「労働力」が投入されて初めて実現されるのであって，労働契約の段階では「労働」が確定されていない事実を指摘している（Marx [1867] 1976）。現代においても，この点は雇用関係を特徴付ける重要な論点であり続けている。ポランニーは労働力について，それが人間の能力から切り離せない以上完全な受け渡しが不可能な商品であり，ゆえに不確定性を持たざるを得ないと考えているし（Polanyi [1944] 2001），それゆえ「労働契約の履行」――「労働」の実現――は，つねに組織・職場レベルにおける使用者と労働者の間の交渉，そしてその結果としての労働者の働きぶりに委ねられているとも議論されている（Rubery and Grimshaw 2003；Goldthorpe 2007）。労働契約の実現は，そこに不確定性が存在することにより，労働過程の組織とそれに対する労働者からの同意の動員状況に委ねられているのである。

　これら「契約の自由」や「移動の自由」といった原理的争点についての交渉は，労働者にとっての機会構造と資源配分の仕組みを作り出し，また契約を契約たらしめる権利と義務のセット――産業市民権を形成する（Marshall [1950] 1992；Streeck 1992；Jackson 2001）。また，こうした制度的解決方法の複雑さは，それを構築する政治的交渉の多元的・重層的な性質ゆえ，社会的・歴史的文脈により大きな多様性を持つことになる。1つの社会における雇用関係を分析し理解するということは，歴史的文脈においてこの複雑さを解きほぐすことに他ならない。以下，「売り手と買い手の原理的不平等」と「労働契約の不確定性」をめぐる争点についてより詳しく確認し，これら争点を制御する規則・規範・認識枠組みをめぐる交渉が，「契約（と努力）」と「移動」という雇用関係の2つの側面とどのように関わっているのか整理する。

売り手と買い手の原理的不平等

　労働市場に原理的に存在する売り手と買い手の間の不平等は，先に述べた主に2つの領域で交渉されるが，そこで争点となるのは使用者と労働者の間で結

第8章　制度と社会的不平等

ばれる契約関係である。上述した通り，契約関係は産業化と近代国家の形成に呼応して生まれてきた，雇用関係の中核をなす社会関係である。そこには通常，契約期間，仕事の内容，賃金や給付・手当のプロファイル，労働時間やその他のフォーマルな労働条件が含まれるが（Tilly and Tilly 1994；Boyer and Julliard 1998），それらのヴァリエーションこそが，労使による団体交渉および労働市場の構造と規則作りという，2つの領域での交渉に強く規定されることになる。

　第1に，労使関係が契約条件の主たる部分を形作っていることに異論はないだろう。個人による交渉では使用者と労働者の間の不平等を解消し難く，よって市場の変動が直接契約内容に反映され易くなるため，労働者の生活を不安定にしがちである。労働組合による集団的交渉は，こうした不平等を是正するきわめて有効な交渉手段となった。この交渉における労働者側の資源は，何といっても彼らが提供する労働力であるが，より正確にはその量と質に対する彼らの所有権であろう。労働者が特定の単位で組織され，技能とその供給量を管理できているなら，使用者に対して非常に強い交渉力を持つことができる。この交渉力は，労働力の価格交渉力であると同時に移動交渉力ともなりうる。例えば英米における熟練労働者の職能別組合（Craft Unions）は，熟練労働者がむしろ同業者組合として徒弟制による技能形成を独占し，技能の供給量を管理することで，交渉力を持ち熟練労働の価格を高く維持することに成功していた。また，その影響力は賃金のみならず職務定義，さらには労働過程の組織編制のあり方にも及び，その結果労働者が企業の枠を超えて移動することを可能にした（Streeck 2011）。

　第2に，労働市場の構造と商品交換の規則や労働基準をめぐる法制が，そもそも契約可能な内容のヴァリエーションの大枠に影響を与えていることを指摘しておかなければならない（氏原 1989）。労働市場は社会的な構築物である。政労使による政治的交渉は，この市場における「商品」を定義し，交換のための基本的な規則を設定し，売り手と買い手が対等に契約内容を交渉できるよう仕組みを整えなければならない（Campbell and Lindberg 1990；Fligstein 2001）。こうした仕組みは，「労働市場法制」や「労働基準法制」の制定という形で，

169

関連主体によって交渉される。近代的な労働市場を構成するこれらの法制のもっとも根本的な前提は、前近代的な慣習とは一線を画す「市民権」の基準を、憲法や ILO などによって示される国際的基準に準拠しつつ設定することであるが（中山他 1999；浜村他 2002），実際には「市民権」的価値の増進という抽象的な制約の中で，関連主体が利害を追及し，実際の法制度の中に反映させようとしている。使用者と労働者にとってこうした交渉の場は，（コーポラティズム・多元主義により異なるが）政府によって設定される政策過程へのアクセスポイントであり，自分たちの利害を法に反映させる機会となっているのである。

　こうした政治的交渉の結果は，契約関係の公的な側面すべてに関連し，契約関係のあり方に直接反映される。労働基準は契約関係の双方に対して権利と義務を，特に買い手・売り手となる資格（年齢・健康状態・法的能力・差別的取り扱いの禁止等）を規定する。市場取引で用いることのできる契約の種類なども規定されるが，契約の長さ，フルタイム・パートタイムの別，月や日ごとの労働時間は，人々が使用者の下で「労働者」になってよい期限を定めている。商品交換の規則もまた，採用や解雇，労働市場で仲介を行ってよいプレイヤーの資格などに定められているし，最低賃金もまたこうした交渉の結果であり，当然契約関係を拘束している。

労働の不確定性

　こうして整備・交渉される労働契約だが，それを締結するだけで労働が実現するわけではない。労働契約が契約として成り立つためには，経営権行使の正当性を労働者が認識し，実際の労働過程に適切な「努力」を投入することに対する同意——すなわち労働契約の遂行に対する「期待」「モラル」「義務」といったより非公式な規範や「当然とみなされている (taken-for-granted)」認識枠組みが，デュルケームの指摘した「契約の非契約的な基礎」として成立していなければならない (Thompson 1966, 1993；Gutman 1977；Durkheim [1893] 1964；森 1988)。こうした労働契約の非公式な側面は，労働過程の組織や労務管理制度のあり方——たとえば賃金（契約）や昇進（移動）の仕組みとそれらに対す

る人事評価の影響力——に呼応して交渉される部分が多く (Behrend 1957), 経営権そのものが成立しているのか (労働者が使用者の命令を正当なものと認めているか), また要求される努力が適当なものだと認識しているかが, 契約関係の十全な成立とその遂行にとって不可欠の要件となっている。

その意味で, 労働組織への着目は重要である。[6] 購入した「労働力」を「労働」に転換するには, 結局労働過程を組織し, 労務管理制度の工夫によってそこに労働者の努力を動員しなければならない。すなわち, 労働者に経営権を承認させ, 彼・彼女らを適切に統制する必要がある。つまり企業組織とは, 雇用関係の構築という観点からすれば, 団体交渉や法制度といった社会レベルと同様に重要な, 組織・職場レベルの政治的交渉の現場であるということになる。このレベルにおいて使用者は, 市場競争や技術変化に対応しながら, 生産過程を設計し労働を組織しなければならない。一方労働者にとっては, 実際の契約・努力の量と質, 技能形成や上昇移動の見込みといった労働生活をカバーする幅広い要素が, これらのレベルで具体的に組織・決定されることになる。こうした意味で, 企業組織というのは, 使用者と労働者が直接に彼らの関係を交渉する, 重大な現場であると認識されなければならない。

組織レベルの交渉については, 団体交渉の他, 労務管理諸制度がその主たる争点であり, 「労働者の参加」が大きな問題として認識されてきた (小池 1977 など)。労務管理諸制度は, 採用と解雇・職域定義・配属と配置転換・賃金制度・技能形成とキャリア形成・昇進制度・労働時間制度や人事評価などさまざまな職場統制の手段を含む。これらの項目が具体的にどちらの利害を反映して定義・設計・実行されるのかは, 雇用関係にきわめて大きな影響を与えている。労務管理制度に埋め込まれた論理や認識枠組みは, 最終的に職場レベルにおける労働者の反応によって試されることになる。ある特定の労務管理制度についての職場レベルの政治的交渉とは, その制度設計が内包する地位・努力・キャリアについての論理と認識枠組み (表8-1, 職場レベルの列参照) についての政治的交渉ということになる。たとえば, 使用者の利害が反映された労務管理制度を, どの程度労働者が「当然視するようになるか」が, 職場の権威・統制関

表8-1　雇用関係の構造，その政治的交渉の重層性と多元性

交渉のレベル／雇用関係の諸側面	社会レベル	組織レベル 団体交渉 労務管理制度	職場レベル 権威関係・職場統制，産業市民権の個人レベルでの意味
契　約	団体交渉 労働市場法制・労働基準法制	労働契約の種類 労働契約ごとに異なる期待 賃金や福利厚生 職務割り当て	社会的地位についての了解
努　力	労働基準法制（労働時間法制）	指揮命令 労働時間管理 人事評価	常識的な仕事ぶり
移　動	団体交渉 労働市場法制・労働基準法制	配属・配転 昇進・キャリア形成 内部労働市場／外部労働市場	キャリア概念

出所：Imai（2011a：15）。

係の安定を測る１つの試金石となる。

雇用関係の二側面と交渉の重層性

　ここまで，雇用関係は雇用という新しい社会的領域に成立した新しい社会関係であり，生産と生活の必要を満たすと同時に，その制度化をめぐる政治が契約と移動にかかわる機会構造と資源の状況，そしてそれらにかかわる規範と意味世界の構築に大きな影響力を持つことを議論してきた。表8-1は，雇用関係を契約（努力）と移動の側面に分け，さまざまな争点をその交渉レベル別に分類したものである。ここに示された各争点について，政労使，特に労使がその影響力を争い，公式・非公式な規範や意味の構造を作ることになる（「職場レベル」の詳細などは Imai 2011a を参照のこと）。

　以下，こうした雇用関係の構造とその政治的交渉が不平等のダイナミズムとどのように関連するのか，これまでになされてきた研究に依拠しながら具体的な例を挙げつつ論じていきたい。第１に，労使の団体交渉は雇用関係形成のもっとも重要なダイナミクスであるが，労働運動の歴史的起源・組織基盤や戦略などが，雇用空間（機会構造・資源配分・規範と意味）の形成に持つ重要性を

歴史的な事例に依拠して指摘する。そのうえで，雇用関係の形成という産業化社会に共通の過程に着目することにより，比較へのパースペクティブが開けることに触れる。第2に，本章では労使の団体交渉のみならず，労働市場・基準法制を雇用関係を形作る重要な要素として整理している。その不平等への影響について，昨今の日本を事例にして指摘する。

4 雇用関係の発展と不平等の構造

労使関係の重要性——労働運動への着目から国際比較へ

　雇用関係をめぐる政労使交渉は，産業化の時期，資本形成のパターンと関わりつつ (Jackson 2001)[7]，労働者組織の組織単位や運動方針の特徴が，労働者を分断・階層化するもっとも重要な要因となっている (Western 1998)[8]。たとえば西ヨーロッパのいくつかの社会では，職業ギルドの伝統から生まれた職業別組合が社会・組織レベルの政治的交渉に大きな影響力を発揮し，賃金や雇用保障のパターン，社会保障や福祉へのアクセスあるいはその他の労働条件を，それぞれの職業に結びついた契約として決定している (Crouch 1993；二村 1987)。すなわち労働側組織がどのような原則で組織され，どのような争点について何を交渉可能であると捉え，何を自分たちの権利・義務として考えるのかといった点に着目することにより，機会構造と資源配分の仕組みをよりよく理解することができる。また，ここで構築される権利と義務のセット——産業市民権が，労働者の社会的地位を定義する働きを持つことを確認するのも重要である。先の西欧の例でも，職業別交渉の結果としての賃金や社会保障における不平等は，当該社会において正当なものとして認識されている。この権利と義務に関する了解こそが，当該社会の成員間で当然とみなされる「社会的地位についての了解」を特徴づけ，結果として労働者間の不平等を職業階層として正当化・構造化している (Marshall [1950] 1992)。

　日本の労働運動についても，同様の機能を果たしていることを確認することができる（以下 Smith 1988；二村 1987 より）。明治における日本の労働運動は，

それまでの身分制度が転覆し地位秩序の混乱期となった産業化初期に，労働者が被差別的な境遇から脱することを目的として組織された。彼らは工場や職場のコミュニティを基盤に，過去の農民運動などの組織・戦略レパートリーを資源として活用しながら，地位の構造そのものと，人々をその中に位置づけ，また人々がその中を移動する際の規範のあり方を交渉した。まず，当時職場内の階層構造は教育と職種によって固定化されつつあったが，労働者はこの流れに抵抗し，経験と組織への貢献度に対する評価によって組織内を上昇移動できる開放的な仕組みを要求した。こうした構造への要求は，西欧の労働運動のような，職業階層の成立と並行する普遍的な原理に基づく権利（たとえば，同一労働同一賃金）の要求ではなく，それぞれの組織内における「尊厳への権利（the right to benevolence）」という，独自の上昇規範の形成と同時に起こっていた。

ここで短くまとめた事例から，労使交渉が雇用空間と地位秩序の形成に与える影響力のポイントをいくつか挙げることができる。まず，職場別・企業別労働組合の勃興とその運動方針は，特定の企業への所属によって異なる労働条件の水準を形成し，所属によって労働者を分断・階層化することになった。組織内では，移動について開放的な階層構造が作られたのと同時に，この階層秩序は労働者が「組織メンバーシップ」に基づき，(1) 評価を許すという職場の権威・統制関係と，(2) 評価に基づく不平等を受け入れることによって成立している（Smith 1988；二村 1987）。労働者は組織内における尊厳・名誉という報酬を求め，それを測る人事評価とその結果としての序列化を受け入れている。そのため，一連の労使交渉は，特定の機会構造と資源配分の仕組みを作り出すと同時に，「社会的地位についての了解」，ひいては「不平等についての了解」を作り出していることがわかるだろう。

また，契約を契約たらしめる産業市民権に着目することで，その構築がダイナミックな過程であるにもかかわらず，経路依存性を作り出す過程でもあることがわかる。日本においては，（近代以前に存在していたと考えられる）組織メンバーシップに基づく尊厳と名誉による（労働市場成立以前の）地位の階層構造への了解が，労働運動を介して姿を変えつつ，産業社会の新しい組織――企業と

労働市場——の中における権威関係と階層・不平等構造に対する了解の論理に，翻訳・再利用されていた（Smith 1988）。つまり，近代的な契約関係を成立させるために必要な契約の非契約的基礎が，人々が新たな社会的地位の構造に位置づけられることを受け入れるための規範として，主に労働運動を介して（再）形成されていることになる。このダイナミズムが，日本の例のような過程をたどるか，より功利主義的で個人主義的なイデオロギーを織り込むのかによって，階層構造や不平等のパターンとそれに対する了解のあり方に多様性が生じることを確認しておきたい（Streeck 1992）。

こうした多様性への感度を保ったまま，雇用関係と不平等の関係について国際比較を行うための類型論へのひな型となる考え方が，フリグスタイン（Fligstein 2001）によって提示されている。彼は政労使の権力関係を雇用関係の社会学理論の中心に据え（Fligstein 2001 : 101），それが実現するキャリアパターンに着目しその類型化を試みている。雇用に関わる諸主体の関心の1つに，「労働力」と「技能」の形成・利用・移転を自らの統制の下におくことがあるが（すなわち労働者にとっては自らの移動を自己決定すること）（Fligstein and Fernandez 1988 ; Streeck 2005），彼は交渉によってもっとも優勢な主体が自分に都合のよいキャリア概念を確立・維持することでそれを達成し，またそれぞれの社会に特有のキャリアパターンを実現すると考えた。彼はこうした交渉とキャリア概念の関係に，3つの理念型を提示している。職業別組合が影響力を持つ場合のキャリア概念は vocationalism と呼ばれ，特定の職業もしくは産業内でのキャリア移動が当然視される。専門的な技能を持つ職業団体が，技能の養成を高等教育機関に依存しながらも影響力を持つ場合は professionalism と呼ばれ，やはり職業内移動が標準化される。使用者が影響力を持ち，労働者は企業内組合の中に閉じこもり，企業特殊的な技能訓練が労働者を養成する場合は mangerialism と呼ばれ，企業内労働市場の移動が当然視されるようになる。

彼の理論枠組みは，政労使の交渉とそれぞれの社会で当然視されるキャリア概念の関係を強調している。しかし，特定のキャリア概念は特定の機会構造と資源配分状況の中で正当化されているという論理を補助線として引けば，この

第Ⅱ部 理論的接近と提言

表 8-2 雇用関係のタイプと世代内移動，不平等のパターン

	日　　本	アメリカ	ドイツ
支配的な主体 （フリグスタインによる分類）	使用者 (managerialism)	使用者，専門的職業団体 (managerialism, professionalism)	職業別・産業別労働組合 (vocationalism)
キャリア移動のパターン	企業内	外部労働市場，企業内，もしくは専門的職業内	職業内，もしくは産業内
不平等の単位・パターン	企業（規模）	個人，職業	職業

出所：Fligstein (2001) を参考に筆者作成。

類型論が不平等の類型論に拡張できることがわかる。表 8-2 は，フリグスタインが指摘した日米独の政労使の権力関係の実際のタイプと移動パターンに，それと相応すると考えられる不平等のパターンを加えたものである。

　フリグスタインの議論によれば，終身雇用慣行による雇用の安定がなければ，日本はほぼ理念型に近い managerialism であり，移動パターンは企業内が支配的となると指摘する。相応する不平等は，終身雇用慣行に埋め込まれたジェンダーを除けば，企業規模の影響力が大きい。[10]ドイツは職業別・産業別組合が強く，移動パターンは職業内もしくは産業内となり，不平等のパターンに影響力を持つ変数は職業が相応する。アメリカは基本的に managerialism の伝統が強く，移動も個人主義的な外部労働移動が支配的だと考えるのが一般的であろう。しかし，ワグナー法後の職業別・産業別組合，また戦後の高学歴化と連動した専門職集団など，労働側組織が間歇的に活性化しており，職業や産業の発展した歴史的なタイミング等によってハイブリッドな状況となっている。重要なのは，政労使の権力関係と移動・不平等パターンに関連を見出すことが可能なことであり，この着想に基づきその他社会の類型化も可能であろう。

労働市場・基準法制への着目の有効性——現代日本の事例

　労働市場・基準法制における政労使の交渉は，そもそも労働契約が可能な「労働力商品」を定義しており，団体交渉と併せて「労働市場の位置」構築の問題を考えるにあたり重要である。どの先進工業国でも，正規（典型・標準

雇用は戦後の経済拡大の中で「期間の定めのない契約」を中心に制度化されてきた。前節で素描した通り、それぞれの正規雇用は労使関係のパターンを反映し、異なる単位に基づき異なる産業市民権を形成している。ここ20年ほどの間、非正規（非典型・非標準）雇用はどの社会でも拡大しているが、そのヴァリエーションはそもそもの正規雇用と労使関係のヴァリエーションを反映していると考えることが重要である（Shire and Jaarsveld 2008）。ここでは近年の日本における非正規雇用問題に焦点を当てて、このポイントを明確にしておきたい。

　戦後日本における正規雇用の産業市民権は、企業中心、正規雇用中心的に形作られていった。その権利は、戦後に職場・企業別に組織された労働組合運動が大きく盛り上がり、雇用と賃金の安定、そして彼らなりの平等を体現する職工差別の撤廃を求めたことによって基礎づけられた。結論から言えば、これらの要求は年功賃金（ライフステージ調整給）と企業福祉を柱とする終身雇用慣行を実現したし、またその職員・工員を問わない「従業員」への適用は、その後の経済発展の果実をより広い人口に分配する制度的基盤となり、力強い中間層の形成を後押しすることとなった。高度成長から石油危機にかけて、春闘は経済成長の果実を分配する効果的な仕組みとなったし、正規雇用に対する雇用の保護は社会的な規範となり、解雇権濫用法理や失業回避的雇用保険法の成立に反映された。また、国の雇用・福祉施策は企業福祉と相互補完的に、時にそれを促進する形で発展した。義務の項目は、特に石油危機以降の労働運動の退潮の中で、「フレキシブルな能力」「生活態度としての能力」という企業からの要請を受容したことで明確化していった（熊沢 1997）。権利と義務はつねに量的に均衡しているわけではないが、バブル崩壊直前においては前掲の権利に対して、(1) 配転・転勤・人事評価（昇進）についての経営権や (2) 企業の組織事情優先への要請受容が組み合わさり、サービス残業などに表れるような独特の産業市民権を構成していた。[11]

　バブル経済の崩壊後の低成長期に、それまでの雇用関係が硬直的であるとして不満を表明したのは使用者であった（1995年の『新時代の「日本的経営」』など）。使用者主導のこの労働市場法制改革の政治過程は、さらなる労働の退潮によっ

て急速に進むこととなった。正規雇用労働者の雇用の保護のみを主張した労働側は，規制緩和委員会の台頭という政治過程のプラットフォーム自体の変化の中で埋没し，有期契約の拡大や労働者派遣の規制緩和による新たな「労働力商品」の創出を止めることができなかった。また，そうした雇用形態を通じて提供される技能・労働力に対して影響力を持たなかったし，現在も彼らを組織化し利害を代表することはできていない。こうした状況によって，規制改革は企業にとっての資源となった。数量・機能両面にわたるフレキシビリティの達成のために非正規雇用を活用し，いまやその割合は若者や女性を中心に被雇用者の35％を占めるにいたっている。

　非正規雇用労働者は昇給・昇格という組織内での上昇移動機会から排除され，また労働者・市民であれば当然有資格である雇用・健康保険や年金への加入も進まない（厚生労働省 2011）。こうした正規・非正規間格差は，「企業規模」とは別の特徴を持っている（Imai and Sato 2011）。すなわち，企業規模による格差は連続的なヒエラルキーだが，非正規雇用に対しては社会的排除への遠心力が働いている。たとえば2008年に改訂されたパート法には，差別的取扱いを受けてはならない「正規と同視すべきパート」の条件として職務変更や移動の有無と範囲を採り上げている。しかしこれは正規雇用という地位には使用者の要請によるフレキシビリティに応える義務が刻印されており，むしろその義務を果たさない非正規雇用者に一定の権利が与えられないのは当然だという論理が広範に行き渡っていることを示している（Imai 2011b）。しかし同時に，近年の「格差」の社会問題化は，新たな雇用関係が「生活」への必要に応えていない状況に対する告発であり，政治的・文化的動員という側面から見れば，明らかに調整局面にあることを示しているとも言えるだろう。

5　雇用・福祉レジーム論へ

　本章では，制度と不平等の関連について特に雇用関係に着目しながら，雇用関係を成立させるさまざまな争点について労働者・使用者（そして国家）が争

い，妥協を作り出すダイナミクスが，それぞれの社会に特有の不平等構造を形成していることを主張してきた。雇用関係とは生産と生活に関わる要求を実現するさまざまな仕組みと，それに対する政治的・文化的動員が交渉される，歴史的また現在進行中の過程である。社会・組織・職場といった諸レベルにまたがる争点は，それぞれのレベルで重層的に交渉され，雇用関係を形成・維持する規則・規範・意味の構造を作り出す。それらを反映したさまざまな仕組みは「契約（と努力）」と「移動」の機会構造と資源配分を規定し，同時に産業市民権という権利と責任のセットがその中を生きる労働者の志向性を定位する。こうして作り上げられた雇用関係は，生産と生活の要求に対して十分なパフォーマンスを発揮すれば規則・規範・意味への動員は力強く進展するが，逆の場合は抵抗やアノミー的状況を招くことになるだろう。提示した2つの例では，こうした産業社会に普遍的なダイナミクスから，特に労働側組織に着目し労使関係を考察することの重要性とその比較研究への可能性，そして団体交渉のみならず労働市場・基準法制に着目することの有効性について指摘した。

しかし社会的不平等への理解をもう一歩進め，労働市場における位置の構造とその変化を理解するためには，雇用関係を中心としつつも，福祉や技能形成・教育といったさまざまな近隣フィールドとの関連を考える必要がある（Rubery 2010：498-499）。特に福祉領域とのかかわりは重要であろう。本章で採用している産業市民権という用語も，戦後日本の例からも明らかな通り，雇用と福祉の連結状況——雇用・福祉レジーム（もしくはネクサス）——の考察によってより正確に現実を捉えることが可能になる概念である（Ebbinghaus and Manow 2001；Manow 2001；Swenson 2002；宮本 2008）。雇用関係を中心に据えつつも，産業市民権の形成に着目し，雇用と福祉の連結をシステマティックに理解する枠組みが求められている。また，本章の枠組みの射程は被雇用者セクターに限られるが，雇用・福祉レジーム論は自営セクターをも射程に収めており，その議論はこれまでの階級・階層論の発見（日本における地位の非一貫性など）と整合性があるものと考えられる。戦後社会を支えてきたさまざまな仕組みは調整圧力の下にあり，制度と不平等の関係にはますます注目していかなけ

ればならない。

注
(1) 特定の機能が期待されて制度は編成されるが，合意によって意図された機能を実現できない場合もあるうえ，他の制度との相互作用により予期できない効果を持つ場合もありうるので，(機能的) 効果という用語を用いる。
(2) 無論この「交差」のタイミングは社会によって大きく異なっている。ジャクソンは，社会によって異なる雇用関係の多様性を説明する重要な変数の1つとして，このタイミングを指摘している (Jackson 2001)。
(3) ネオコーポラティズムをめぐる議論では，労働組合運動の資源動員構造と政策参加の様態が多元主義とコーポラティズムといったパターンに分類され，それぞれどの程度労働者の利害を代表することのできる能力を持っているかが問題関心の中心であった (Schmitter 1974；稲上他 1994)。
(4) 当然こうした労働者の影響力は経営の硬直性を生み出す。生産過程の機械化が求められる時代になってもそれに対する彼らの抵抗が根強かったことが，結局，少なくともアメリカの使用者に熟練の解体 (deskilling) 戦略を取らせることとなった (Streeck 2011)。
(5) 市場に対するこのような見方は，「市場の社会構築」を強調する経済社会学の議論に基づくものである。商品市場であれ金融市場であれ，市場とは政治的・文化的な構築物であり，労働市場も同様である。特にこの議論が国家に与える役割は特徴的である。経済学の市場理論では，国家は外在的な変数，場合によってはその機能を阻害する要因だが，経済社会学の理論にとっては，市場取引を構成する諸制度が成立し正常に機能するために必要な正当性を供給する主体として重視される。労働市場の場合も，使用者と労働者の出会いが自動的に市場を作るとは考えず，統治・調整する主体としての国家が，近代的制度としての労働市場の設立には必要であると主張する。市場の取引とは，関連する主体間で「所有権」や「交換の規則」が定義され，それらが国家の権威の下で運用されて初めて，持続的に可能になるものである (詳しくは，Campbell and Lindberg 1990；Fligstein 1996, 2001 を参照のこと)。
(6) 労働契約の不確定性を認識することについてストリークは，「『労働』と『労働力』の区別は，労働組織の社会学への扉を開くこと」であると指摘している (Streeck 1992：42)。
(7) それぞれの社会における資本の組織化・コーポレートガバナンスの多様性は，使

用者と労働者の関係と相互規定的であると指摘している。この意味で，日本における縦横の系列関係は，労使関係の形成と制度的相補性を構築しつつ発展しており，「企業規模」変数の不平等に対する重要性を説明するうえで重要であろう（系列関係の発展過程については Lincoln and Gerlach 2004 を参照のこと）。
(8) 分断・階層化のみならず直接報酬に着目しても，労働組合の組織率や賃金交渉の集権化の度合いなどの変数は，スキル偏向的技術変化仮説など労働経済学的議論よりも適切にアメリカ社会における不平等拡大を説明していることが指摘されている (Diprete 2005；Western 1998；Morris and Western 1999；Kenworthy 2010)。
(9) むろん戦後の日本のように，この論理が社会全体に浸透していたわけではない。むしろジャクソン (Jackson 2001) が財閥や系列について指摘した通り，こうした実践はさまざまな実践のなかの1つにすぎなかったかもしれない。
(10) ライフステージ調整給とそれに基づく企業福祉の発達は，そもそも性別役割分業を内包していたことで日本社会にジェンダーという大きな亀裂をもたらした（大沢 1993）。そのうえで，縦横の系列や元請下請関係の再制度化 (Lincoln and Gerlach 2004；稲上 2003) は労働条件をも企業間関係における位置によってヒエラルキー化し，不平等に対する「企業規模」という代理変数の重要性を高めていった。1980年代にいたるまで，雇用と賃金の安定に対して労働組合は時に激しく戦ったが，企業を単位とした階層構造に対して不満が表明されたことはなく，「企業規模」に基づく地位の秩序に対しては了解が成立していたと考えるべきだろう。
(11) こうした企業へのメンバーシップに基づく産業市民権のあり方は，「企業市民権」と呼ぶことができる (Imai 2011a, 2011b；Gordon 1985)。
(12) 雇用・福祉レジームへの着目は，不平等研究における被説明変数の再考も促す。例えば，表8-2でアメリカとドイツは，同様に「職業」が不平等を形成する主たる論理と指摘されている。しかし，雇用・福祉レジーム論の立場から「生活保障リスク」に着目すれば，最小限の福祉社会であるアメリカではドイツで同じ職業に就いている人よりも大きなリスクを持っていることになり，両社会におけるその意味合いは大きく異なる。よって，雇用領域で同様に低い立場にある人々の，実存的な変化への欲求の強さは異なることとなり，社会変化への含意も異なることが予想される。

文献

Behrend, Hilde, 1957, "The Effort Bargain," *Industrial and Labor Relations Review*, 10(4): 503-515.

Bendix, Reinhard, [1964] 1996, *Nation-Building & Citizenship: Studies of Our*

第Ⅱ部　理論的接近と提言

Changing Social Order, Enlarged Edition, Transaction Publishers.
Bourdieu, Pierre and Löic J. D. Wacquant, 1992, *An Invitation to Reflexive Sociology*, University of Chicago Press.
Boyer, Robert and Michel Julliard, 1998, *The Contemporary Japanese Crisis and The Transformations of The Wage Labour Nexus*, CEPREMAP Working paper series, No. 9822.
Campbell, John L. and Leon N. Lindberg, 1990, "Property Rights and the Organization of Economic Activity by the State," *American Sociological Review*, 55(5): 634-647.
Crouch, Colin, 1993, *Industrial Relations and European State Traditions*, Clarendon Press.
DiMaggio, Paul J. and Walter W. Powell, 1991, "The Iron Cage Revisited: Institutional Isomorphism and Collective Rationality in Organizational Fields," Walter W. Powell and Paul J. DiMaggio eds., *The New Institutionalism in Organizational Analysis*, University of Chicago Press, 63-82.
DiPrete, Thomas A., 2005, "Labor Markets, Inequality, and Change: A European Perspective," *Work and Occupations*, 32(2): 119-139.
DiPrete, Thomas A., 2007, "What Has Sociology to Contribute to the Study of Inequality Trends? A Historical and Comparative Perspectives," *American Behavioral Scientist*, 50(5): 603-618.
Durkheim, Emile, [1893] 1964, *The Division of Labor in Society*, The Free Press.
Ebbinghaus, Bernard and Philip Manow, 2001, "Introduction: Studying Varieties of Welfare Capitalism," Bernard Ebbinghaus and Philip Mano eds., *Comparing Welfare Capitalism: Social Policy and Political Economy in Europe, Japan and the USA*, Routledge, 1-24.
Fligstein, Neil, 2001, *The Architecture of Markets: An Economic Sociology of Twenty-First- Century Capitalist Societies*, Princeton University Press.
Fligstein, Neil and Roberto M. Fernandez, 1988, "Worker Power, Firm Power, and the Structure of Labor Markets," *The Sociological Quarterly*, 29(1): 5-28.
Fligstein, Neil and Doug McAdam, 2012, *A Theory of Fields*, Oxford University Press.
Giddens, Anthony, 1984, *The Constitution of Society: Outline of the Theory of Structuration*, Polity Press.
Goldthorpe, John H., 2007, *On Sociology, Second Edition, Volume Two: Illustration*

and Retrospect, Stanford University Press.

Gordon, Andrew, 1985, *The Evolution of Labor Relations in Japan: Heavy Industry, 1853-1955*, Harvard University Press.

Gutman, Herbert, 1977, *Work, Culture and Society*, Vintage Books.

浜村彰・唐津博・青野覚・奥田香子, 2002, 『ベーシック労働法』有斐閣。

Imai, Jun, 2011a, *The Transformation of Japanese Employment Relations: Reform without Labor*, Palgrave Macmillan.

Imai, Jun, 2011b, "The Limit of Equality by 'Company Citizenship': Politics of Labor Market Segmentation in the Case of Regular and Non-Regular Employment in Japan," Yoshimichi Sato and Jun Imai eds., *Japan's New Inequality: Intersection of Employment Reforms and Welfare Arrangements*, Trans Pacific Press, 32-53.

Imai, Jun and Yoshimichi Sato, 2011, "Regular and Non-Regular Employment as an Additional Duality in Japanese Labor Market: Institutional Perspective on The Career Mobility," Yoshimichi Sato and Jun Imai eds., *Japan's New Inequality: Intersection of Employment Reforms and Welfare Arrangements*, Trans Pacific Press, 1-31.

稲上毅, 2003, 『企業グループ経営と出向転籍慣行』東京大学出版会。

稲上毅・D. ヒュー・ウィッタカー・逢見直人・篠田徹・下平好博・辻中豊, 1994, 『ネオ・コーポラティズムの国際比較——新しい政治経済モデルの探索』日本労働研究機構。

Jepperson, Ronald L., 1991, "Institutions, Institutional Effects, and Institutionalism," Walter W. Powell and Paul J. DiMaggio eds., *The New Institutionalism in Organizational Analysis*, University of Chicago Press, 143-163.

Jackson, Gregory, 2001, "The Origins of Nonliberal Corporate Governance in Germany and Japan," Wolfgang Streeck and Kozo Yamamura eds., *The Origins of Nonliberal Capitalism: Germany and Japan in Comparison*, Cornell University Press, 121-170.

Kenworthy, Lane, 2007, "Inequality and Sociology," *American Behavioral Scientist*, 50(5): 584-602.

Kenworthy, Lane, 2010, "Institutions, Wealth, and Inequality," Glenn Morgan, John L. Campbell, Colin Crouch, Ove Kaj Pedersen, and Richard Whitley eds., *The Oxford Handbook of Comparative Institutional Analysis*, Oxford University Press, 399-420.

小池和男, 1977, 『職場の労働組合と参加——労資関係の日米比較』東洋経済新報社。

厚生労働省,2011,『就業形態の多様化に関する総合実態調査』(http://www.mhlw. go.jp/toukei/itiran/roudou/koyou/keitai/10/index.html,2012年12月7日アクセス)。

熊沢誠,1997,『能力主義と企業社会』岩波書店。

Lee, Byoung-Hoon and Kwang-Yeong Shin, 2009, "Job Mobility of Non-regular Workers in the Segmented Labor Markets: Cross-national Comparison of South Korea and Japan," paper presented at the international symposium in globalization and East Asian Societies, Jinan University, China, April.

Lincoln, James R. and Michael L. Gerlach, 2004, *Japan's Network Economy: Structure, Persistence and Change*, Cambridge University Press.

Manow, Philip, 2001, "Business Coordination, Wage Bargaining and the Welfare State: Germany and Japan in Comparative Historical Perspective," Bernard Ebbinghaus and Philip Manow eds., *Comparing Welfare Capitalism: Social Policy and Political Economy in Europe, Japan and the USA*, Routledge, 27-51.

Marshall, Thomas H., [1950] 1992, "Citizenship and Social Class," Thomas H. Marshall and Tom Bottomore, *Citizenship and Social Class*, Pluto Press, 1-51.

Marx, Karl, [1867] 1976, *Capital, Volume 1*, translated by B. Fowkes, Penguin Books in association with New Left Review.

Maurice, Marc and Arndt Sorge eds., 2010, *Embedding Organizations: Societal Analysis of Actors, Organizations and Socio-economic Context*, John Benjamin Publisling.

宮本太郎,2008,『福祉政治――日本の生活保障とデモクラシー』有斐閣。

森建資,1988,『雇用関係の生成』木鐸社。

Morris, Martina and Bruce Western, 1999, "Inequality in Earnings at the Close of the Twentieth Century," *Annual Review of Sociology*, 25: 623-657.

中山和久・林和彦・毛塚勝利・金子征史・清水敏・山本吉人,1999,『入門労働法[第3版]』有斐閣。

二村一夫,1987,「日本の労使関係の歴史的特色」『日本の労使関係の特色(社会政策学会年報第31集)』御茶の水書房,77-95。

小倉一哉,2008,「非正規労働者の雇用・労働条件と公平・公正」『雇用における公平・公正――「雇用に公平・公正に関する研究委員会」報告』連合総合生活開発研究所,79-105。

大沢真理,1993,『企業中心社会を超えて――現代日本を「ジェンダー」で読む』時事通信社。

Polanyi, Karl, [1944] 2001, *The Great Transformation: The Political and Economic Origins of Our Time*, Beacon Press.

Rubery, Jill, 2010, "Institutionalizing the Employment Relationship," Glenn Morgan, John L. Campbell, Colin Croucn, Ove Kaj Pedersen and Richard Whitley eds., *The Oxford Handbook of Comparative Institutional Analysis*, Oxford University Press, 497-525.

Rubery, Jill and Damian Grimshaw, 2003, *The Organisation of Employment: An International Perspective*, Palgrave Macmillan.

佐藤嘉倫, 2008, 「分野別研究動向(階級・階層)——研究の展開とフロンティアの拡張」『社会学評論』59(2): 388-404。

Schmitter, Philippe C., 1974, "Still the century of corporatism?" *Review of Politics*, 36(1): 85-131.

Scott, W. Richard, 2008, *Institutions and Orgtanizations: Ideas and Interests (Third Edition)*, Sage Publications.

Shire, Karen and Danielle D. van Jaarsveld, 2008, "The Temporary Staffing Industry in Protected Employment Economics: Germany, Japan and the Netherlands," paper presented at the Sloan Industry Studies 2008 Annual Conference, MIT, Boston, MA.

Smith, Thomas C., 1988, *Native Sources of Japanese Industrialization, 1750-1920*, University of California Press.

Streeck, Wolfgang, 1992, *Social Institutions and Economic Performance: Studies of Industrial Relations in Advanced Economies*, Sage Publications.

Streeck, Wolfgang, 2005, "The Sociology of Labor Markets and Trade Unions," Neil J. Smelser and Richard Swedberg eds., *The Handbook of Economic Sociology*, Russell Sage Foundation and Princeton University Press, 254-283.

Streeck, Wolfgang, 2011, "Skills and Politics: General and Specific," MPIfG Discussion Paper 11/1, Max Planck Institute for the Study of Societies, 32.

Swenson, Peter A., 2002, *Capitalists against Markets: The Making of Labor Markets and Welfare States in the United States and Sweden*, Oxford University Press.

太郎丸博, 2009, 『若年非正規雇用の社会学——階層・ジェンダー・グローバル化』大阪大学出版会。

Thompson, Edward P., 1966, *The Making of the English Working Class*, Vintage.

Thompson, Edward P., 1993, *Customs in Common: Studies in Traditional Popular Culture*, The New Press.

第Ⅱ部　理論的接近と提言

Tilly, Chris and Charles Tilly, 1994, "Capitalist Work and Labor Markets," Neil J. Smelser and Richard Swedberg eds., *The Handbook of Economic Sociology*, Russell Sage Foundation and Princeton University Press, 283-312.

氏原正冶郎, 1989,『日本の労使関係と労働政策』東京大学出版会。

Voss, Thomas R., 2001, "Institutions," Neil Smelser and Paul Baltes eds., *International Encyclopedia of the Social and Behavioral Sciences*, Elsevier: 7561-7566.

Walby, Sylvia, 2009, *Globalization and Inequalities: Complexity and Contested Modernities*, Sage Publications.

Western, Bruce, 1998, "Institutions and the Labor Market," Mary Brinton and Victor Nee eds., *The New Institutionalism in Sociology*, Russell Sage Foundation, 224-244.

Yamamura, Kozo, and Wolfgang Streeck eds., 2001, *The Origins of Nonliberal Capitalism: Germany and Japan in Comparison*, Cornell University Press.

第9章
数理モデルによる不平等と主観的厚生の分析

浜田　宏

1　地域の不平等は個人の幸福感を減少させるか？

ヨーロッパ・アメリカ・日本の傾向

　アレシナら (Alesina et al. 2004) は Euro-barometer Survey (1975-1992) および United States General Social Survey (1981-1996) を用いて，社会における不平等度と個人幸福感の関係を分析した結果，次のような傾向を見出した。すなわちヨーロッパ諸国とアメリカでは，不平等度（ジニ係数）が高い地域に住む人ほど，低い主観的幸福感を持つ傾向があること，である。小塩・小林 (Oshio and Kobayashi 2009, 2011) は JGSS (Japanese General Social Sorveys) と国民生活基礎調査のデータを用いて，日本における地域レベルの不平等（都道府県別のジニ係数）と主観的幸福感の関連を分析して，アレシナらと同種の傾向が存在することを示した。また社会学・経済学・公衆衛生学の分野で多くの研究が，地域レベルの不平等と個人の健康自己評価が負の相関を持つという知見を示している (Subramanian and Kawachi 2004 ; Wilkinson and Pickett 2006 ; Ichida et al. 2009 ; 小林 2009)。主観的幸福感と健康自己評価では測定対象が異なるが，広い意味では個人の厚生 (individual well-being) の代理指標と見なすことができるだろう。これらの実証研究はいずれも所得不平等が個人の厚生に負の影響を与えることを示しており，多くの研究者の関心を呼んでいる。しかしながら両者の関連に関する理論的なメカニズムについては，はっきりと特定されたとは

言いがたい。[1]

不平等と個人的厚生の関係に関するメカニズムの特定,という場合私たちは形式的には2つの問題を区別しておかなければならない。

1. ある地域レベル（たとえば県）のジニ係数が,その地域レベル（たとえば県）の主観的幸福感の**平均**に対して負の影響力を持つのはなぜか,という問題（マクロレベルの相関の問題）。
2. ある地域レベル（たとえば県）のジニ係数が,その地域（たとえば県）に住む**個々人の主観的幸福感**に対して負の影響力を持つのはなぜか,という問題（マクロレベルの変数とミクロレベルの変数の関連の問題）。

実証分析の仮定

実証研究において採用されているモデルには多少の差異はあるが,基本的には以下のようなものである。

$$y_{is} = \alpha G_s + \beta X_{is} + \gamma Z_s + \varepsilon_{is}.$$

y_{is} は地域 s における個人 i の主観的幸福感,G は地域 s のジニ係数,X_{is} は地域 s における個人 i の属性,Z_s は地域レベルの変数,ε_{is} は誤差項である（Oshio and Kobayashi 2011）。X, Z をコントロール変数とみなせば,本質的な関係は

$$y_{is} = \alpha G_s + \varepsilon_{is}.$$

という線形モデルである。これまでの先行研究は,係数 α が負で統計的に有意であることを示すことで,地域レベルの不平等と個人の幸福感との間の関連を実証してきた。

個人の主観的幸福感をミクロな水準の変数と見なせば,地域の不平等度はマクロな水準の変数である。注意すべきは,両者の関連を理論的に特定することと,マルチレベルモデリングによってデータに潜む変数間の構造を明らかにすることとは違う,ということである。マルチレベル分析は,ミクロレベルの線

形回帰の切片や傾きにマクロな変数の効果を外挿することで，ミクロレベルでの説明変数の効果が文脈によって異なるのかどうか，また，異なる場合はどのような形式で効果が異なるのか，を示すことはできるが，それらの効果がいかなるメカニズムによってもたらされるのかまでは示さない。

　平岡（2010）は健康格差研究の動向をレビューした論文の中で，このテーマに関する研究を社会疫学の枠内のみで展開していくのには限界があり，社会学的な概念や理論に依拠せざるをえないため，社会学を含む社会科学者がこのテーマの研究に参入して，所得不平等もしくは社会の階層化と健康を結びつける理論枠組みを明確にしたうえで，学際的な研究を展開する必要があると述べている。そこで本章では，地域レベルの不平等度がなぜ個人の幸福感に負の影響を及ぼすのかを説明する社会学的・経済学的理論モデルの提示を試みる。

2　解くべき問題は何か？

不平等回避とリスク回避

　不平等と主観的厚生の関係についての実証的先行研究はいずれも，地域のジニ係数を説明変数（独立変数）として，個人の主観的幸福感を応答変数（従属変数）として仮定している。だが少なくとも直感的な水準では，地域あるいは一般的な社会というマクロなレベルで定義された変数が，個人の主観的意識に直接的な効果を持つことを想像しづらい。特にジニ係数のような特殊な関数によって定義される変数の場合は，両者の直接的な関係を想定しがたい。たとえば不平等の増加が原因で治安が悪化して，その結果，個人の幸福感が低下する，ということはありえるかもしれない。しかし，この場合，不平等と幸福感の関係は疑似相関に過ぎない。問われているのは，他の変数をコントロールした場合でも観測される，地域不平等と幸福感の直接的な負の関係である。

　小塩・小林（Oshio and Kobayashi 2009）は不平等回避と個人のリスク回避を関連させた説明を紹介している。その概要は次の通りである。「すべての個人がリスク回避的であると仮定する。所得不平等の増加は『無知のベール』のもとで，

その経済に参入する個人のリスクを増加させる(その結果リスク回避的な個人の効用は低下する)」。直感的には,社会の不平等度が悪化すると,リスク回避的な個人にとっての将来の期待利得が減少して,その結果現在の時点における主観的厚生が低下するという事態を想像しうる。この仮説は伝統的な経済学の考え方にも矛盾はしない。しかしながら論理的には社会レベルでの不平等回避と個人レベルのリスク回避は独立に存在しうる (Fehr and Schmidt 1999 ; 武藤 2006)。

一方,アレシナら (Alesina et al. 2004) は分析結果を説明する仮説として以下の2つを提唱している。

1. 個人は所得分布に関して特定の理想像を持っている。その理想像からの逸脱,特に不平等の拡大や貧困の増加は,幸福感を縮小させる。ただし所得分布の理想状態は社会経済的地位によって異なる(それゆえに,望ましくない社会経済的地位に位置する個人は,より不平等回避的である)。
2. 個人は観測された不平等を,将来の不確実性の代理指標と見なしている。個人がリスク回避的であるほど,所得不平等に対して敏感である。

先行研究の説明の問題点

以上確認してきたように,よく考えてみると,地域レベルの不平等が個人の主観的幸福感に負の影響をおよぼすメカニズムは,自明ではない。1の説明は平等分配を望む低所得階層についてはよくあてはまりそうだが,高所得階層については,現実の不平等が効用を低下させる効果は弱いと予想できる。心理学や行動経済学の知見で知られているように,自分が他者よりも多くもらっていることの罪悪感よりも,自分への分配量が他者よりも少ないことの剥奪感の方が効用への影響は強いからである。

2. については個人が現在の所得階層上どこに位置するのかにかかわらず成立しそうだが,個人が観測された不平等度を知っているという仮定が強すぎる。よく知られているように,不平等度の記述・分析でしばしば用いられるジニ係数は,所得ベクトル $x=(x_1, x_2, ..., x_n)$ に対して,

第❾章 数理モデルによる不平等と主観的厚生の分析

$$G=\frac{1}{2\mu n^2}\sum_{i=1}^{n}\sum_{j=1}^{n}|x_i-x_j|$$

という式で定義される。μは所得ベクトルxの平均である[2]。ここでは社会にn人が存在すると仮定している。また，基準化のために各個人の所得は0以上であり，$\mu>0$と定義しておく。最小値0の場合に完全平等を意味し，最大値が$1-1/n$でもっとも不平等な状態（1人による所得の独占）を意味する[3]。

たとえばデータを分析した結果，都道府県のジニ係数が主観的幸福に対して有意な効果を持っていたとしても，個々人が，自分が居住する都道府県のジニ係数を既知の情報として知っていたとは考えにくい。また上述した定義式からも明らかなように，ジニ係数は簡単に頭の中で計算できるような数値ではない。実際のところ，社会学者や経済学者などの社会科学者にしてみたところでデータからジニ係数を計算する場合はコンピュータを用いるのが普通であり，手計算で数値を求めたりはしない。

また仮に個人が官庁統計などの公表されたデータに基づき居住地域のジニ係数を知る機会があったとしても，それが高いのか低いのかを知ることは難しい。例えば2000年度，2003年度，2006年度の国民生活基礎調査によれば各都道府県のジニ係数の平均は0.370であり，最小値は0.308，最大値は0.436である。自分の居住地域の不平等度の高低を知るためには，約0.13のレンジ内における，該当ジニ係数の相対的な大小を把握する必要があるが，日常的な人間の思考範囲内で，そのような情報の把握は不可能である。したがって，観測された地域の不平等度が個人の主観に影響するという場合，各個人は，漠然と居住地域の不平等度が高いか低いかを知っており，そのことが当人の主観的な幸福感を低下させると考えるのが自然である。しかしそのように解釈したところで問題は先送りにされる。なにゆえに，漠然と関知された不平等と個人レベルの主観的幸福感という2つの変数の間に関連が見られるのか？

因果の逆転

そこでわれわれは次のような考え方を提唱したい。マクロな不平等度が個人

の意識に影響を及ぼすのではなく，そもそもマクロな不平等度が，個人意識の集積として定義可能なのだと。つまりわれわれの考える因果関係は，先行研究における計量分析が想定する因果とは逆向きである。

しかし上記のアプローチを採用するとき，われわれは当然次の問いに答えなくてはならない。客観的な所得をもとに算出されるジニ係数が，いかにして，個人意識の集積として定義可能なのか？　と。その問題を解く鍵は社会学の伝統的な概念である相対的剥奪（relative deprivation）であり，その指数化に関するに関するイザキの定理にある。

3 個人の剥奪と社会の不平等はいかなる関係にあるか

個人の相対的剥奪度

個人レベルでの主観的厚生と社会レベルでの不平等度との数学的な関連を明確化した先行研究に，イザキによる相対的剥奪指数の定式化がある。イザキの先駆的な定式化以降，剥奪度指数の性質に関する数学的な理論分析が進んでいる（Hey and Lambert 1980 ; Berrebi and Silber 1985 ; Chakravarty and Chakraborty 1984 ; Bossert, D'Ambrosio and Peragine 2004 ; Ebert and Moyes 2000）。その発展は理論分野だけにはとどまらず。相対的剥奪と経済的不平等度（ジニ係数）の観点から経験的なパラドクスの説明を試みる，実証分析と理論モデルの統合的アプローチも発展している（Wodon and Yitzhaki 2009 ; Ishida et al. 2012 ; Kosaka et al. 2012）。本章では，これらのアプローチを参照して，社会的不平等度と個人の社会的厚生（主観的幸福感）の関係を考察する。

相対的剥奪感とは，人々が望ましいと思う水準と現実に達成している水準とのギャップからもたらされる不満のことである。社会の中で人々が望む地位や富や財を不平等に分配したときに生じる個人の意識の1つである。このような相対的剥奪感という個人的意識と，ジニ係数という社会全体の不平等度指数との関連を明確に示したものが，イザキ（Yitzhaki 1979）の定理である。そのオリジナルモデルは所得の分布関数の積分を個人の剥奪度として定義して，個

人の剥奪度の平均が基準化しないジニ係数に一致することを示している。後にヘイとランバートによって比較のプロセスに焦点を当てた再定式化がなされ，その数学的構造がより明確になった。以下，簡単にヘイとランバートによる定式化を概説しておこう。

ある社会（地域と読み替えてもさしつかえない）の所得ベクトルを $y=(y_1, y_2, ..., y_n)$ と定義する。「所得が y_i である個人 i」が，自分と「所得が y_j である個人 j」を比較したときに感じる剥奪度を次のように定義する。

定義1（特定の他者 j に対する個人 i の剥奪度 degree of individual deprivation of i against j）。

個人 i が他者 j に対して抱く剥奪度を

$$d(y_i, y_j) = \begin{cases} y_j - y_i, & y_i \leq y_j \\ 0, & y_i > y_j \end{cases} \qquad (1)$$

と定義する（Yitzhaki 1979 ; Hey and Lambert 1980）。

式(1)は，条件分岐する関数で，その条件は，$y_i \leq y_j$ つまり自分より所得が高い人と比較した場合（上段）と $y_i > y_j$ つまり自分よりも所得が低い人と比較した場合に分かれる（下段）。前者の場合，他者との差額 $y_j > y_i$ を不満に感じ，後者の場合は不満を感じない（したがって値は0である）。例えば所得300万円の人が所得500万円の人と比較すると，差し引き $500-300=200$ の剥奪感が生じるが，300万円の人が自分よりも低い200万円の人と比較しても剥奪感は生じない。

ある社会において個人が感じる所得に関する相対的剥奪度は，まわりにいる他者（たち）がどれだけの額の所得をどのような割合で得ているかに依存する。特定の他者に対する剥奪度とは別に，社会に存在する他者一般に対する個人剥奪度を次のように定義できるだろう。すなわち，社会に存在するさまざまな他者（準拠集団）と自分の所得を比較したときに感じる剥奪度の平均が，他者一般に対する個人剥奪度である。このような比較の基準となる他者のことを社会

学では準拠集団と呼んできた。[4]

　地域レベルの不平等度が個人の幸福感に影響を及ぼす，という場合，準拠集団は同じ地域に住む人々であると仮定するのが自然である。

平均としての個人相対的剥奪度

定義2　（個人剥奪度 degree of individual deprivation）。ある地域の所得ベクトルを

$$y = (y_1, y_2, ..., y_n)$$

とおく。個人 i が同じ地域のメンバー（全員）を準拠集団として選択した場合に感じる相対的剥奪度は，準拠集団と自分をペアワイズに比較したときに感じる剥奪度の平均である。明示的には

$$\forall i, \quad \bar{d}(y_i) = \frac{1}{n}\sum_{j=1}^{n} d(y_i, y_j) \quad (2)$$

である。記号 $\bar{d}(y_i)$ は「集団に所属する個人 i が準拠集団として集団内の他者全員を準拠集団として選択した場合に感じる剥奪感の平均値」を表している。記号 $\bar{d}$ は，この値がさまざまな他者との比較の平均であることを強調している。また定義式右辺の関数 $d(y_i, y_j)$ は式（1）によって定義した特定の個人に対する剥奪度である。記号 $\bar{d}(y_i)$ における y_i はこれが，個人 i を基準に定義された関数であることを意味する。

　なお所得分布が連続である場合，連続確率変数の期待値の定義より，所得 y である人の剥奪度は $d(y, z)$ の平均

$$\bar{d}(y) = \int_0^{y^*} d(y, z) f(z) dz \quad (3)$$

である。ここで $f(z)$ は所得分布の確率密度関数であり，y^* は，その社会の所得額の最大値（一番お金を持っている人の所得額）である。記号 $\bar{d}(y)$ は，離散的な場合と同様に，この値が $d(y, z)$ の平均値であること（社会に存在する，さま

第9章 数理モデルによる不平等と主観的厚生の分析

ざまな他者 z との比較の平均であること）を強調している。

経験的には所属集団内の他者と自己とを比較するとき，「自分自身とは比較しない」という仮定をおくのが自然だが，指数の単純化のために，以下では自分自身と比較すると仮定する。なお定義上，自分自身と比較しても剥奪感は 0 なので，実質的な違いは平均を計算する場合に n で除するか，$n-1$ で除するかの違いであり，集団人数が大きくなるほど，その違いは小さくなる。単純化のために，ある地域に住んでいる人の剥奪度は，その地域に住むすべての他者との比較によって定義できると仮定する。

定義にしたがって，ある地域（社会）の所得ベクトルが (100, 200, 300, 400) である場合の，個人剥奪度を計算してみよう。個人剥奪度は $\bar{d}(100)$, $\bar{d}(200)$, $\bar{d}(300)$, $\bar{d}(400)$ の四種類存在する。所得が 100 である個人の感じる剥奪度は，定義式より

$$\bar{d}(100) = \frac{1}{4}\{(100-100)+(200-100)+(300-100)+(400-100)\} = 150$$

である[5]。同じように，所得 200，300，400 である個人の感じる剥奪度を順番に計算すると，

$$\bar{d}(200) = \frac{1}{4}\{0+0+(300-200)+(400-200)\} = \frac{300}{4} = 75$$

$$\bar{d}(300) = \frac{1}{4}\{0+0+0+(400-300)\} = \frac{100}{4} = 25$$

$$\bar{d}(400) = \frac{1}{4}\{0+0+0+0\} = 0$$

である。各個人の剥奪度をさらに平均することで，社会全体の剥奪度 D を定義できる。この例の場合は

$$D = \frac{\bar{d}(100)+\bar{d}(200)+\bar{d}(300)+\bar{d}(400)}{4} = \frac{150+75+25+0}{4} = 62.5$$

である。社会全体の剥奪度 D は個人剥奪度 $\bar{d}(y_i)$ の平均であることに注意する。つまり個人剥奪度がすでに平均値なので，社会全体の剥奪度は平均の平均である。一般的には次の通りである。

個人相対的剥奪度の平均としての社会相対的剥奪度

定義3（**社会全体の相対的剥奪度** degree of societal deprivation）。個人剥奪度の集団平均を，その社会の相対的剥奪度 D と定義する。明示的には

$$D = \frac{1}{n}\sum_{i=1}^{n}\bar{d}(y_i) = \frac{1}{n}\sum_{i=1}^{n}\left\{\frac{1}{n}\sum_{j=1}^{n}d(y_i, y_j)\right\}$$

である。連続の場合，社会全体の剥奪度 D は個人剥奪度 $\bar{d}(y)$ の平均だから確率密度関数 $f(y)$ を用いて，

$$D = \int_0^{y^*} \bar{d}(y) f(y) dy \qquad (4)$$

と定義できる。

社会全体の剥奪度 D には当然ながら個人剥奪度 $\bar{d}(y_i)$ のように，個人を示す添え字 i が不要である。なぜなら D はすべての個人 i についての平均だからである。

相対的剥奪とジニ係数の関係

このようにして定義された社会全体の剥奪度 D（個人剥奪度の平均値）と社会の不平等度ジニ係数 G との間には次のような非自明な関係が存在する。

命題（**相対的剥奪度とジニ係数**）。所得不平等度を表すジニ係数 G と社会全体の剥奪感 D との間には次の関係が成立する（Yitzhaki 1979）。

$$D = \mu G$$

ここで μ は所得分布の平均である。

証明。付録参照[6]。

簡単な例を用いて命題の内容を確認しておこう。所得ベクトル（100, 200, 300, 400）の平均値 μ は 250 であり，所得ベクトルの不平等度を表すジニ係数

第❾章　数理モデルによる不平等と主観的厚生の分析

を定義

$$G=\frac{1}{2\mu n^2}\sum_{i=1}^{n}\sum_{j=1}^{n}|x_i-x_j|$$

に基づいて計算すると $G=0.25$ である。所得平均値とジニ係数の積は

$$\mu G=250\cdot 0.25=62.5$$

である。この値は先ほど計算した社会の相対的剥奪度 $D=62.5$ と一致する。命題はこの一致が偶然ではなく，社会全体の的相対的剥奪度 D と「所得平均値×ジニ係数」はつねに一致するという論理的事実を述べている。ジニ係数は，定義から明らかな通り，社会の成員すべてのペアの所得額の差を合計して，基準化した指数である。一方，イザキの相対的剥奪指数 D は，個人が自分よりも裕福な人と自分を比較したときに感じる不満を平均した量をさらに社会全体で平均化した指数である。一見したところ，異なる量を測定している2つの指数の間に $D=\mu G$ という綺麗な関係が表れることは非常に興味深い結果である。

この命題は，社会全体の不平等度を示すジニ係数が，個人の感じる相対的剥奪度を平均して基準化したものに等しいことを示している。見方を変えれば，ミクロな水準における個人の（特定の他者に対する）剥奪度 $d(y_i, y_j)$ をもとに，

$$\frac{1}{n}\sum_{i=1}^{n}\left\{\frac{1}{n}\sum_{j=1}^{n}d(y_i,y_j)\right\}=\mu G$$

という集計を経て，不平等度ジニ係数に到達できることを意味する。つまり，$d(y_i, y_j)$ という他者との比較によって決定される相対的な不満という個人の意識と，マクロな不平等度を表すジニ係数は，論理的に飛躍することなく接続可能なのだ。

4　理論モデルと実証研究の対応

社会全体が m 個の地域に分割されると仮定する（具体的には都道府県のような区分を想像すればよい）。各部分集団に含まれる人数は $n_1, n_2, ..., n_m$ で

$n_1+n_2+\cdots+n_m=n$ である。いま，各部分集団に所属する個人の相対的剥奪度と，その集団のジニ係数を部分集団人数分増殖して，全体の要素数が等しい2つのデータベクトルを作ったと仮定する。

$$d=((\underbrace{\bar{d}(y_{11}),\bar{d}(y_{12}),\ldots,\bar{d}(y_{1n_1})}_{\text{集団1の個人剥奪度}}),(\underbrace{\bar{d}(y_{21}),\bar{d}(y_{22}),\ldots,\bar{d}(y_{2n_2})}_{\text{集団2の個人剥奪度}}),\ldots,(\underbrace{\bar{d}(y_{m1}),\bar{d}(y_{m2}),\ldots,\bar{d}(y_{mn_m})}_{\text{集団 }m\text{ の個人剥奪度}}))$$

$$G=((\underbrace{G_1,G_1,\ldots,G_1}_{\text{集団1のジニ係数}(n_1\text{個})}),(\underbrace{G_2,G_2,\ldots,G_2}_{\text{集団2のジニ係数}(n_2\text{個})}),\ldots,(\underbrace{G_m,G_m,\ldots,G_m}_{\text{集団 }m\text{ のジニ係数}(n_m\text{個})}))$$

個人剥奪度のベクトル d に線形変換を施したベクトルを個人の主観的幸福感のベクトルと仮定する。

$$y^*=ad+b, \qquad a<0$$

定数 a が負であるのは，剥奪度が増加するほど幸福感が低下するという関係を表している。すると

$$y^*=((\underbrace{y_{11}^*,y_{12}^*,\ldots,y_{1n_1}^*}_{\text{集団1の主観的幸福度}}),(\underbrace{y_{21}^*,y_{22}^*,\ldots,y_{2n_2}^*}_{\text{集団2の主観的幸福度}}),\ldots,(\underbrace{y_{m1}^*,y_{m2}^*,\ldots,y_{mn_m}^*}_{\text{集団 }m\text{ の主観的幸福度}}))$$

$$=((\underbrace{a\bar{d}(y_{11})+b,a\bar{d}(y_{12})+b,\ldots,a\bar{d}(y_{1n_1})+b}_{\text{集団1の主観的幸福度}}),(\underbrace{a\bar{d}(y_{21})+b,a\bar{d}(y_{22})+b,\ldots,a\bar{d}(y_{2n_2})+b}_{\text{集団2の主観的幸福度}}),$$

$$\ldots,(\underbrace{a\bar{d}(y_{m1})+b,a\bar{d}(y_{m2})+b,\ldots,a\bar{d}(y_{mn_m})+b}_{\text{集団 }m\text{ の主観的幸福度}}))$$

いま集団 j の主観的幸福感の平均値を y_j^* と表すことにすれば

$$y_j^*=\frac{1}{n_j}\sum_{i=1}^{n_j}y_{ji}^*=\frac{1}{n_j}\sum_{i=1}^{n_j}(a\bar{d}(y_{ji})+b)=aD_j+b$$

である。ベクトル G, y^* を集団別にまとめれば

$$y^*=(y_1^*,y_2^*,\ldots,y_m^*)=(aD_1+b,aD_2+b,\ldots,aD_m+b)$$
$$G=(G_1,G_2,\ldots,G_m)$$

第9章 数理モデルによる不平等と主観的厚生の分析

となる。

命題。ベクトル G, y^* の相関係数は -1 である。

証明。イザキ命題より，$y_j^* = aD_j + b = a\mu_j G_j + b$。よって，$G, y^*$ は完全相関する。$a<0$ という仮定より，相関係数は -1 である。

上記の命題は主観的幸福感の地域平均値を応答変数とする回帰モデルに対応しており，地域内での幸福感の分散を無視している。このような対応はしばしば統計学的には集計回帰によって生じる生態学的誤謬と見なされる。確かに，幸福感と地域レベルのジニ係数の関連を記述する，もっとも単純な計量モデルである $y_{is}^* = \beta_0 + \beta_1 G_s + \varepsilon_{is}$ の観点からすると，マクロレベルの集計回帰は，誤差分散の過小評価により見かけ上の相関が強くなっただけに見える。しかし，これまでに確認してきたように集計回帰 $y_j^* = a\mu_j G_j + b$ こそが，理論的・数学的根拠を持つ関係であり，これは生態学的誤謬ではない。むしろ典型的なミクロ－マクロリンクモデルの1つと見なすべきである。このリンクが直感的にイメージしやすいように，命題が導出されるプロセスと実証分析との対応を図9-1に示す。

数理モデルの分析によって得たインプリケーションと，データ分析による実証研究との対応を確認しておこう。ここまで述べてきたように，数理モデルの世界では，主観的幸福感と地域レベルのジニ係数は，個人の剥奪度から論理的に導出される。図9-1の黒い矢印で結ばれたベクトルの関係が，その導出過程を示している。これらの概念間の論理的な関係は数学的に証明できるので不明な点はない。そしてここが重要な点だがこの対応は，数理モデルの世界だけで成立する事実ではない。すでに多くの計量研究が，モデルの予想が正しい場合に得られる知見を実証している。図9-1右側の点線矢印が，実証研究で示された概念間の対応（ほとんどの場合は線形結合モデル）を示している。

本章では所属集団外の他者が準拠集団として選択される場合の相対的剥奪感については考慮しておらず，その意味では基礎となるもっとも単純な条件下での理論モデルしか提示していない。今後はモデルを一般化することで，たとえ

第Ⅱ部　理論的接近と提言

```
所得ベクトル y                                    ミクロレベル
y=((y_{11}, y_{12} …, y_{1n_1}), (y_{21}, y_{22} …, y_{2n_2}), …, (y_{m1}, …, y_{mn_m}))
                    ↓ 個人剥奪度関数
個人剥奪度ベクトル d
d=(d̄(y_{11}), d̄(y_{12}), …, d̄(y_{1n_1}), …, d̄(y_{m1}), d̄(y_{m2}), …, d̄(y_{mn_m}))
     集団1の個人剥奪度                集団mの個人剥奪度
                    ↓ 一次関数 y*=ad+b
主観的幸福感ベクトル y
y*=(y*_{11}, y*_{12}, …, y*_{1n_1}, y*_{21}, y*_{22}, …, y*_{2n_2}, …, y*_{m1}, y*_{m2}, …, y*_{mn_m})
     集団1の主観的幸福感  集団2の主観的幸福感     集団mの主観的幸福感
                    ↓ 平均値
主観的幸福感ベクトル y*（要素は各地域の幸福感の平均）
y*=(y*_1, y*_2, …, y*_m)=(aD_1+b, aD_2+b, …, aD_m+b)
                    ↓ 完全相関（イザキ定理）
ジニ係数ベクトル G（要素は各地域のジニ係数）
G=(G_1, G_2, …, G_m)                             マクロレベル
```

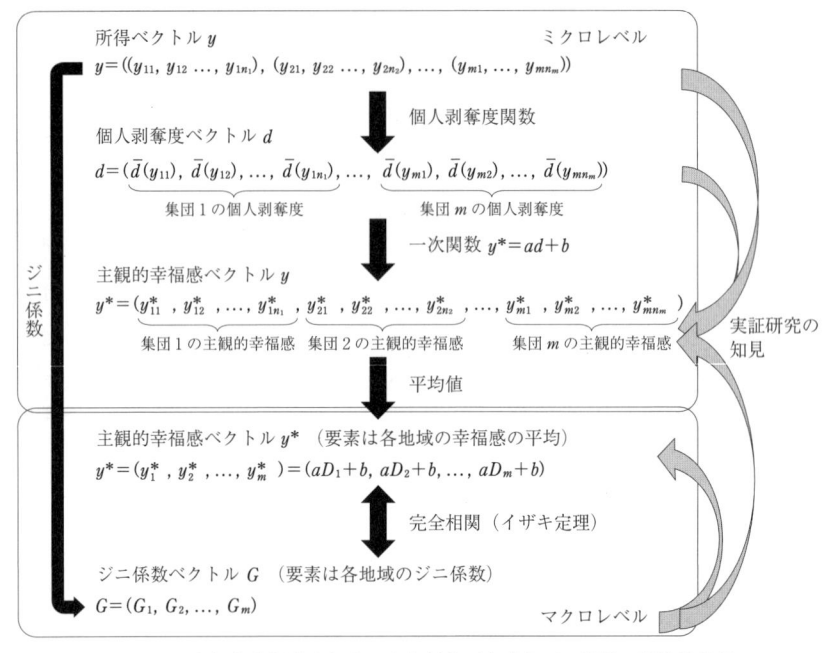

（左側ブラケット：ジニ係数、右側：実証研究の知見）

図9-1　主観的幸福感を経由した相対的剥奪感とジニ係数の数学的関係
注：黒い矢印は数学的関係を，右側の点線矢印は実証分析で確認された対応を表す。

ばある集団から別の集団への人々の移動（都市化やグローバリゼーションに伴う労働力の移動）が，幸福感や剥奪感にどのような影響を及ぼすのかを理論的・実証的に明らかにすることが課題の1つとなろう。

付録

命題（相対的剥奪度とジニ係数）の証明。この証明はオリジナルには連続関数を用いて定式化されている（Yitzhaki 1979）。以下に示すのは離散的な場合に簡略化した髙坂ら（Kosaka et al. 2012）の説明に基づく。はじめに所得ベクトルを昇順にならびかえ，$y=(y_1, y_2,…, y_n)$ ただし $y_1 \leq y_2 \leq \cdots \leq y_n$ と仮定する（一般性は損なわれない）。まず社会全体の剥奪度 D を次のように変形する。

$$D=\frac{1}{n}\sum_{i=1}^{n}\bar{d}(y_i)=\frac{1}{n}\sum_{i=1}^{n}\left\{\frac{1}{n}\sum_{j=1}^{n}d(y_i, y_j)\right\}=\frac{1}{n^2}\sum_{i=1}^{n}\left\{\sum_{j=1}^{n}d(y_i, y_j)\right\}$$

ここで総和部分だけを取り出して展開すると

$$\sum_{i=1}^{n}\left\{\sum_{j=1}^{n}d(y_i, y_j)\right\} = \sum_{i=1}^{n}\{d(y_i, y_1)+d(y_i, y_2)+\cdots+d(y_i, y_n)\}$$

$$=d(y_1, y_1)+d(y_1, y_2)+\cdots+d(y_1, y_n)$$
$$+d(y_2, y_1)+d(y_2, y_2)+\cdots+d(y_2, y_n)$$
$$\vdots$$
$$+d(y_n, y_1)+d(y_n, y_2)+\cdots+d(y_n, y_n)$$

である。和の各項を行と列を転置してから行列の形でならべると

$$\begin{pmatrix} d(y_1,y_1) & d(y_2,y_1) & d(y_3,y_1) & \cdots & d(y_{n-2},y_1) & d(y_{n-1},y_1) & d(y_n,y_1) \\ d(y_1,y_2) & d(y_2,y_2) & d(y_3,y_2) & \cdots & d(y_{n-2},y_2) & d(y_{n-1},y_2) & d(y_n,y_2) \\ d(y_1,y_3) & d(y_2,y_3) & d(y_3,y_3) & \cdots & d(y_{n-2},y_3) & d(y_{n-1},y_3) & d(y_n,y_3) \\ d(y_1,y_4) & d(y_2,y_4) & d(y_3,y_4) & \cdots & d(y_{n-2},y_4) & d(y_{n-1},y_4) & d(y_n,y_4) \\ \vdots & \vdots & \vdots & \cdots & \vdots & \vdots & \vdots \\ d(y_1,y_{n-1}) & d(y_2,y_{n-1}) & d(y_3,y_{n-1}) & \cdots & d(y_{n-2},y_{n-1}) & d(y_{n-1},y_{n-1}) & d(y_n,y_{n-1}) \\ d(y_1,y_n) & d(y_2,y_n) & d(y_3,y_n) & \cdots & d(y_{n-2},y_n) & d(y_{n-1},y_n) & d(y_n,y_n) \end{pmatrix}$$

となる。ここで関数 $d(y_i, y_j)$ の定義と所得ベクトルが昇順に並んでいるという仮定から,すべての要素は $y_j - y_i$ もしくは 0 に置き換えることができる。たとえば $y_1 \leq y_2$ という関係から

$$d(y_1, y_2) = y_2 - y_1 \text{ であり}, \quad d(y_2, y_1) = 0$$

である。以下すべての要素を明示的に書けば

$$\begin{pmatrix} 0 & 0 & 0 & \cdots & 0 & 0 & 0 \\ y_2-y_1 & 0 & 0 & \cdots & 0 & 0 & 0 \\ y_3-y_1 & y_3-y_2 & 0 & \cdots & 0 & 0 & 0 \\ y_4-y_1 & y_4-y_2 & y_4-y_3 & \cdots & 0 & 0 & 0 \\ \vdots & \vdots & \vdots & \cdots & \vdots & \vdots & \vdots \\ y_{n-1}-y_1 & y_{n-1}-y_2 & y_{n-1}-y_3 & \cdots & y_{n-1}-y_{n-2} & 0 & 0 \\ y_n-y_1 & y_n-y_2 & y_n-y_3 & \cdots & y_n-y_{n-2} & y_n-y_{n-1} & 0 \end{pmatrix} \quad (5)$$

となる。

第Ⅱ部　理論的接近と提言

　行列（5）は主対角成分がすべてゼロであり主対角成分よりも上の成分もすべてゼロである。すなわち上半分の三角形に位置する要素がすべてゼロの行列となっている。そして剥奪度の総和部分 $\sum_{i=1}^{n}\left\{\sum_{j=1}^{n}d(y_i,y_j)\right\}$ は行列（5）の要素の総和に等しい。ここで行列は単に，総和の各項を見やすく整理するために使っていることに注意する。

　次にジニ係数の定義式 $G=\dfrac{1}{2\mu n^2}\sum_{i=1}^{n}\sum_{j=1}^{n}|y_i-y_j|$ における総和部分 $\sum_{i=1}^{n}\sum_{j=1}^{n}|y_i-y_j|$ の行列を使った表現を考える。$\sum_{i=1}^{n}\sum_{j=1}^{n}|y_i-y_j|$ は以下に示す行列の要素をすべて合計した値に等しい。

$$\begin{pmatrix} 0 & |y_1-y_2| & |y_1-y_3| & \cdots & |y_1-y_{n-2}| & |y_1-y_{n-1}| & |y_1-y_n| \\ |y_2-y_1| & 0 & |y_2-y_3| & \cdots & |y_2-y_{n-2}| & |y_2-y_{n-1}| & |y_2-y_n| \\ |y_3-y_1| & |y_3-y_2| & 0 & \cdots & |y_3-y_{n-2}| & |y_3-y_{n-1}| & |y_3-y_n| \\ |y_4-y_1| & |y_4-y_2| & |y_4-y_3| & \cdots & |y_4-y_{n-2}| & |y_4-y_{n-1}| & |y_4-y_n| \\ \vdots & \vdots & \vdots & \cdots & \vdots & \vdots & \vdots \\ |y_{n-1}-y_1| & |y_{n-1}-y_2| & |y_{n-1}-y_3| & \cdots & |y_{n-1}-y_{n-2}| & 0 & |y_{n-1}-y_n| \\ |y_n-y_1| & |y_n-y_2| & |y_n-y_3| & \cdots & |y_n-y_{n-2}| & |y_n-y_{n-1}| & 0 \end{pmatrix} \quad (6)$$

　この行列は主対角線を中心に対称である。また主対角線より下の成分を見ると，すべて絶対値記号を外しても値は変わらないので，行列（5）と等しい。したがって（6）の成分の総和を1/2倍した値は，（5）の成分の総和に等しい。ゆえに

$$\sum_{i=1}^{n}\left\{\sum_{j=1}^{n}d(y_i,y_j)\right\}=\frac{1}{2}\sum_{i=1}^{n}\sum_{j=1}^{n}|y_i-y_j|$$

が成立する。結局

$$D=\frac{1}{n^2}\sum_{i=1}^{n}\left\{\sum_{j=1}^{n}d(y_i,y_j)\right\}=\frac{1}{2n^2}\sum_{i=1}^{n}\sum_{j=1}^{n}|y_i-y_j|=\mu G$$

となる。　　　　　　　　　　　　　　　　　　　　　　　　　　（証明終わり）

注
(1) そもそもデータが示す傾向の実証段階で，分析結果に一般的法則といえるほどの

頑健性は確立されていない。例えばアレシナら（Alesina et al. 2004）の分析ではアメリカよりもヨーロッパ諸国において，地域不平等度が個人の主観的幸福感に及ぼす影響が統計的な意味で明確であるという。また小塩・小林（Oshio and Kobayashi 2009, 2011）の分析でもロジスティック分析の従属変数（主観的幸福感）のカテゴリーの定義によっては，都道府県別ジニ係数は有意な効果を持たない。リンチらの98件の論文に基づくメタレビューによると，所得不平等が豊かな国の内部での健康の差異，あるいは国々の間での健康の差異の主要な要因であるという考えかたは支持できないという（Lynch et al. 2004）。

(2) 所得ベクトルとは社会の成員のすべての所得を並べたものである。例えば3人からなる社会のメンバーが100, 200, 300という所得を持っている場合，その社会の所得ベクトルは（100, 200, 300）である。

(3) なおジニ係数を $G=\dfrac{1}{2\mu n(n-1)}\sum_{i=1}^{n}\sum_{j=1}^{n}|x_i-x_j|$ と定義する流儀もあるが，本質的な意味は同じで，この場合は最小値が0で最大値が1になる。

(4) 理論的にも実証的にも，このような準拠集団が誰であるか，あるいはどのような範囲に分布しているのかを特定することは重要な課題である。このテーマは独立の研究として成立するために，別の機会に論じる。

(5) 定義に基づき，自分自身との比較も含まれることに注意する。

(6) イザキによる証明の重要な一部分はアトキンソン論文の命題に依拠している（Atkinson 1970；Yitzhaki 1979；Hey and Lambert 1980）。イザキ（Yitzhaki 1979）における「社会全体での相対的充足感S」の定義は$S=\mu(1-G)$だが，個人の感じる充足度を

$$D(y, z) = \begin{cases} 0, & y \leq z \\ z-y, & y > z \end{cases}$$

と定義する場合には，相対的充足度の社会的平均は$S=\mu(1-G)$ではなく，μGである（Hey and Lambert 1980）。

文献

Alesina, Alberto, Rafael Di Tella, and Robert MacCulloch, 2004, "Inequality and happiness: are Europeans and Americans different?" *Journal of Public Economics*, 88(9-10): 2009-2042.

Atkinson, Anthony B. 1970, "On the Measurement of Inequality," *Journal of Economic Theory*, 11: 244-263.

Berrebi, Z. Moshe and Jacque Silber, 1985, "Income Inequality Indices and Deprivation: A Generalization," *Quarterly Journal of Economics*, 100(3): 807-810.

第Ⅱ部　理論的接近と提言

Bossert, Walter, Conchita D'Ambrosio, and Vito Peragine, 2007, "Deprivation and Social Exclusion," *Economica*. 74: 777-803.

Chakravarty, S. R. and A. B. Chakraborty, 1984, "On Indices of Relative Deprivation," *Economics Letters*, 14: 283-287.

Ebert, Udo and Patrick Moyes, 2000, "An axiomatic characterization of Yitzhaki's index of individual deprivation," *Economics Letters*, 68: 263-270.

Fehr, Ernst and Klaus M. Schmidt, 1999, "A Theory of Fairness, Competition, and Cooperation," *Quarterly Journal of Economics*, 114(3): 817-868.

Hey, John D. and Peter J. Lambert, 1980, "Relative deprivation and the Gini coefficient: comment," *Quarterly Journal of Economics*, 95(3): 567-573.

平岡公一, 2010, 「健康格差研究の動向と社会学・社会政策領域における研究の展開の方向」『お茶の水女子大学人文科学研究』6：135-148。

Ichida, Yukinobu, Katsunori Kondo, and Hiroshi Hirai, 2009, "Social Capital, Income Inequality and Self-Rated Health in Chita Peninsula, Japan: a Multilevel Analysis of Older People in 25 Communities," *Social Science and Medicine*, 69: 489-499.

Ishida, Atsushi, Kenji Kosaka, and Hiroshi Hamada, 2012, "A Paradox of Economic Growth and Relative Deprivation," Mimeographed (under review).

小林美樹, 2009, 「所得不平等が主観的健康に及ぼす影響」『生活経済学研究』29：17-31。

Kosaka, Kenji, Atsushi Ishida, and Hiroshi Hamada, forthcoming, "A Formal-theoretic Approach to China puzzles: An Application of Relative Deprivation Theory to 'Unhappy Growth' and Differential Migrant Workers' Subjective Well-being," 『中国都市研究』.

Lambert, Peter. J. 2001, *The Distribution and Redistribution of Income*, third edition. Manchester University Press.

Lynch, John, George Davey Smith, and Sam Harper, 2004, "Is Income Inequality a Determinant of Population Health? Part I. A Systematic Review," *The Milbank Quarterly*, 82(1): 5-99.

武藤正義, 2006, 「多様な社会的動機の基礎理論——利他志向と平等志向の視点から」『理論と方法』21(1)：63-76。

Oshio, Takashi, Kayo Nozaki, and Miki Kobayashi, 2011, "Relative income and happiness in Asia: Evidence from nationwide surveys in China, Japan, and Korea," *Social Indicators Research*, 104(3): 351-367.

第❾章　数理モデルによる不平等と主観的厚生の分析

Oshio, Takashi and Miki Kobayashi, 2011, "Area-level income inequality and individual happiness: Evidence from Japan," *Journal of Happiness Studies*, 12(4): 633-649.

Subramanian, S. V. and Ichiro Kawachi, 2004, "Income inequality and health: What have we learned so far?" *Epidemiologic Reviews*, 26: 78-91.

Wilkinson, Richard G. and Kate E. Pickkett, 2006, "Income inequality and population health: A review and explanation of the evidence," *Social Science and Medicine*, 62: 1768-1784.

Yitzhaki, Shlomo, 1979, "Relative deprivation and the Gini coefficient," *Quarterly Journal of Economics*, 93(2): 321-324.

Yitzhaki, Shlomo and Quentin Wodon, 2009, "May Growth Lead to Higher Deprivation Despite Higher Satisfaction?" *The World Bank Policy Research Working Paper* 4921.

第 10 章

現代日本における所得の不平等
――要因の多次元性に着目して――

瀧川裕貴

1 所得不平等への問い

所得不平等を問うとは

　あらためていうまでもなく，所得は人々のライフチャンスを大きく規定する主要因の1つである。所得は人々の消費や生活を規定するだけでなく，健康や社会的なつきあいのあり方まで大きく左右する (Wilkinson 2005＝2009)。所得は人々の福祉や厚生に対して唯一ではないにせよ，もっとも重大な帰結をもたらす要因の1つであり，それゆえ所得の不平等がいかにして生じるかはきわめて重要な探求課題であるといえる。

　しかし，従来の社会学は必ずしも所得の不平等について十分な分析の目を向けていたとはいいがたい。むしろ，社会学者はどちらかというと機会の不平等に彼らの関心を向けることが多く，より具体的には社会階層間の世代間移動の分析に力を注いできた (Erikson and Goldthorpe 1992 ; Wright 1997 ; Breen ed. 2004 ; 石田・三輪 2009)。この背後には，「近代化」がもたらす社会構造の変化とはどのようなものであるか，といった社会学の古典的な問題関心が存在する (原・盛山 1999)。

　これに対して，近年になって，最初は米国で，それから後に日本においても所得不平等に関して大きな関心がよせられるようになってきた。このような関心の移行は米国や日本における所得不平等化の進展を反映している。現代社会

における所得不平等拡大の背景には技術変化,移民,グローバル化,労働組合の衰退,高齢化といったいわゆる「後期近代」に特徴的な社会的諸変化が存在するとされている。それゆえ,社会移動論が機会の平等についての問いを通じて近代社会とはどのようなものであるかを問うてきたのと同じように,所得の不平等への問いは私たちの生きる現代社会がどのような変化に直面しているのかを問うことに通じているといってよいだろう。

こうした大きな問題背景を念頭に置いたうえで,現代日本における所得不平等に関する議論に目を向けてみよう。現代日本社会の所得不平等化に関する議論は1990年代後半から活発化し,現在でも多くの活発な論議が展開されている(橘木 1998;大竹 2005)。現在の議論の状況をみると,不平等拡大の正確な程度や今後の趨勢についてはともかく,現代日本において1990年代から2012年にいたるまで(ジニ係数等で測定された)所得の不平等が徐々に拡大しつつあるということについては意見の一致をみているといってよいだろう。問題の焦点の1つは,所得の不平等化が現実に生じていることを前提として,それがいかなる要因によってもたらされたかという点にある。

本章の目的と構成

本章もこのような問題関心を共有するが,現代日本の所得不平等の変動についての真の要因を直接に特定するのは,限られた紙幅とデータ制約上の理由から難しい。その代わりに,本章では,むしろ現代日本の不平等の拡大要因について考えるための背景的知見を提供することを目的としたい。すなわち,本章で取り組むのは,1990年代から2000年代にかけての日本の所得の不平等がさまざまな次元からみて,どのような要因によって構成されていたのか,またそれらの諸要因に変動があるとすればそれはどのようなものであり,なかでも注目に値するのはどの次元であるか,といった問いである。

本章では,これらの問いに取り組むに際して,所得不平等の分析について従来の社会学とは異なるアプローチをとる。後で説明するように,本章では,社会集団間の不平等だけでなく,集団内不平等それ自体にも固有の関心を向け分

第10章 現代日本における所得の不平等

析することを試みる。こうすることによって，従来の格差社会論では必ずしも注目されてこなかった不平等の諸側面に光をあてることをめざしたい。

そこで，次節ではまず本章の理論的立場を，集団間不平等と集団内不平等の対比というキー概念とともに説明する。第3節では，対数分散により不平等を分解する方法について説明する。第4節で，データと変数について説明した後，第5節では，1995年と2005年の社会調査データを用いて，現代日本における所得の不平等のさまざまな次元について分析する。最後に，分散関数回帰分析の手法を用いて同じデータに関する多変量解析を行う。

2 集団間不平等と集団内不平等

所得不平等への従来のアプローチ

前節で述べたように，所得不平等の分析という研究領域は，従来の社会学においてはどちらかというとマイナーな領域であったが，近年の日本や米国における所得の不平等化の進展を反映して，この領域に対する関心が高まりつつある (Morris and Western 1999 ; Morgan et al. eds. 2006 ; 佐藤編 2008)。

では所得不平等に対する社会学的アプローチとは何か。もっともオーソドックスなのは，学歴や社会階層，ジェンダーといった社会的カテゴリーや社会集団に着目して，それらの集団の間での平均所得の格差を考察するアプローチである (Sato 2008 ; 長松 2008 ; 鹿又 2008)。このアプローチの背後にあるのは，社会的カテゴリーや社会集団がいかにして人々のライフチャンスを階層化していくか，といった社会学者に特徴的な問題関心である。

ここで分析の主対象となっているのは，集団間不平等である。集団間不平等とは，ある量Xの集団ごとの平均の差のことをいう。所得であれば，集団平均所得の差である。これは所得の平均量に着目した線形回帰分析によって分析することができる。たとえば，職業階層を「説明」変数とした回帰分析を行って係数が「有意」となれば，職業ごとの平均所得に差があると考えることができる。さらに回帰分析を用いれば，他の変数を統制して着目している変数に固有

の効果を見積もることも可能である。

集団内不平等への着目

　他方で，集団間不平等のみに着目したアプローチは必ずしも社会の不平等の要因や変動を全体的に理解するには適していない。集団間不平等は社会の全体的不平等の重要な，しかしある一側面に過ぎず，集団的差異に還元されない不平等も社会内には存在するからである。たとえば，人々はまったく個人的な事情や不運によって不利な状況に置かれることもあるだろうし，あるいは体系的であっても，何らかの観察されざる要因により，不利益を被る場合もあるだろう。さらにいえば，（社会学者が通常想定するように）集団や社会的カテゴリーが人々の状態に対して何らかの「効果」を持つとしても，その「効果」がたとえば，所得水準そのものではなく，所得の不安定性やリスクに影響を及ぼすことも考えられる。後で説明するように本章ではこの最後の要因に特に注目した分析を試みる。

　このように集団間不平等に還元し得ない不平等にはさまざまな側面があるが，形式的にいえば，集団間不平等に還元されない差異はすべて集団内における不平等，つまり集団内不平等だということになる。だから，全体社会の不平等は集団間不平等と集団内不平等の2つの要因から成り立つといえる。

　したがって，社会の不平等の変化は必ずしも集団間の不平等度の変化によって引き起こされるものとは限らない。このことはほぼ自明なことであるが，一般の耳目を集める「格差社会論」やジャーナリスティックな議論では，格差の拡大を集団間不平等の拡大と根拠なく同一視してしまうことが多い（「格差の拡大は階層間の所得格差の拡大の証拠だ」など）ので，よく覚えておく必要がある。

　さて，集団間不平等のみに着目するアプローチは，残余としての集団内不平等については明示的な分析をしない。あくまでそれは注目している集団の差によって説明できなかった残りの部分だということになる。しかしながら，集団内不平等は必ずしも単なる残余カテゴリーというわけではない。ある社会の不平等の全体的要因やその変動を理解するという目的にとっては，むしろ集団内不平等にも積極的な意味をみいだし，これに着目して分析を進めていくことが

必要である。

　では,集団内不平等がそれ自体積極的な意味ないし固有の効果を持つとはどういうことだろうか。[1]それはある集団ないし社会的カテゴリーに属することによるリスクないし不安定性を意味すると考えることができる[2]。たとえば,私たちは職業を選択する際に,安定した生活を求めて公務員をめざすか,あるいは一攫千金を求めて起業をするか,といったことを考えるかもしれない。その際の選択基準は,公務員と自営・経営という2つの社会的カテゴリーの間の平均所得だけでなく,それらが職業としてどの程度安定的であるか,といった基準でもあるだろう。つまりここではある社会的カテゴリーに固有のリスクや不安定性なるものが存在して,それが考慮されているといえるわけである。さらに同じ社会集団であってもその集団内不平等の程度が歴史的に変動することもありうる。たとえば,日本の労働者を集団として捉えた場合,その報酬体系が「年功制」から「成果主義」に変化することにより,その集団内不平等度がかつてより上昇したといえるかもしれない。これは制度によって当該集団固有の属性としての不平等度や安定性が変化した例だと考えることができる。そこで集団内不平等の歴史的変化を分析することは,当該社会の制度や規範の変化を考察することにもつながっていくといえる。

　もちろん集団内不平等について上記の解釈があてはまらない場合もある。これは区分けする集団に相対的な概念だから,集団の区分が粗ければ粗いほど,数値上は「集団内不平等度」が高くなる。したがって,集団内不平等を先のように不安定性やリスクとして解釈するためには,集団区分けが人工的なものではなく社会的に通用した意味のあるものであり,かつその集団の特性が人々に対してリスクや不安定性をもたらすとの想定が理論的に意味のあるものであることが必要である。

不平等の分解と集団間不平等・集団不平等

　さてここまで集団間不平等と集団内不平等という区別について説明してきた。実はこの区別は近年の日本社会の格差拡大をめぐる議論において,ある限定さ

れた意味においては，すでに取り上げられてきたといってよい。後述するように現代日本の格差社会論では不平等の要因分解という手法がよく用いられている。この手法は不平等を集団間不平等と集団内不平等の区別に分解するものであり，その意味でいえば，集団内不平等の概念は不平等の要因分解の手順に含まれているといえる。とはいえ，不平等の要因分解の文脈において用いられる集団内不平等はあくまで分解の一構成要素にすぎず，必ずしも集団内不平等それ自体の固有な意味に焦点をあてた分析が行われているわけではない。以下でこの点について説明しよう。

一般に，ある社会の不平等度が変化したとき，その変動を，a) 集団間不平等の変動，b) 集団内不平等の変動，c) 集団比率の変動，の3つに分解することができる。そのためのもっとも標準的な手法は対数分散によって測定された不平等の分解である。この方法では所得の対数値の分散によって不平等を測定し，そのうえで，全分散を集団間分散と集団内分散によって分解する。経済学者の大竹文雄（大竹 2005）はこの手法を用いて，日本社会の所得不平等の拡大は基本的には集団間不平等の拡大ではなく，むしろもともと不平等度の高い集団の比率が増大したことに主として起因すると論じた。より具体的には，日本社会全体の不平等を，(a) 年齢集団間の不平等，(b) 年齢集団内の不平等，そして (c) 年齢集団の構成比によって分解し，近年観察される日本の所得不平等の拡大趨勢をもともと不平等度の高い年齢集団（高年齢層）が人口比に占める割合が大きくなったことの結果だとしたのである[3]。

対数分散による要因分解は，集団間不平等と集団内不平等によって全不平等の構成要因を分解するという点で，社会全体の不平等の要因や変動をみるのに便利な手法であり，本章でもこの手法を用いてデータを検討する。他方で，実は集団内不平等固有の効果に着目するという本章の立場からすると，この手法には限界がある。というのは，対数分散による不平等の要因分解は一度に単一の社会的カテゴリーないし集団に基づく分解しか行うことができないからである。したがって，ある社会的カテゴリーに着目した分解を行った際に得られた集団内不平等の程度が果たしてそのカテゴリーに固有の効果であるのか，それ

とも何らかの他のカテゴリーに媒介された効果であるのかを区別することができない。

たとえば，ある年齢集団内の不平等を取り上げてみよう。年齢集団内不平等についてはそれ自体，さまざまな要因が考えられる。たとえば，ある年齢になると勤続年数等が長くなり「成功」した人と「失敗」した人との間の収入差が拡大するから高年齢層の不平等度は高いと考えることもできるし（固有の年齢効果），あるいはある特定の年齢層に，たとえば自営業等の不安定度の高い人々が集中しているために表面的にその年齢層の不平等度が高いように見えるのかもしれない。後者は通常の平均量の回帰分析でいう一種の媒介効果であるといえよう。

まとめると対数分散による不平等の要因分解は確かに全体の不平等を集団間不平等と集団内不平等に分解することができるが，他方で平均量の重回帰分析のように複数のカテゴリーの効果を統制して注目するカテゴリーの効果を取り出すといったことはできない。要因分解で取り出すことのできる「集団内不平等」は潜在的にはさまざまな要因によって媒介された効果が混在しており，その集団に固有の効果であるとはいえない。したがって，一次元的な不平等の要因分解はあくまで記述的に不平等を分解する手法であり，不平等を「引き起こす」社会的要因を特定するものではない[4]。

本章の分析方法

そこで理念的には次のような分析が理想となる。つまり，さまざまな社会的カテゴリーや集団の集団間不平等への固有の効果と集団内不平等に関する固有の効果を見積もったうえで，それらの全体的不平等に対する寄与を比較検討するという分析である。こうすれば，たとえばいかなる社会的要因が不平等化を考えるうえでもっとも重要であるかを特定することができるし，そうすることで場合によっては不平等を緩和するための政策的対処を行うことも可能となるかもしれない。

しかし残念ながら，現時点では上のような目的に完全に適う確立された分析

手法は存在しない。とはいえ，さまざまなカテゴリーの集団内不平等の固有の効果を見積もる方法ならば存在する。それは分散関数回帰分析という手法である（Western et al. 2008；Western and Bloome 2009；Western and Rosenfeld 2011；Mouw and Kalleberg 2010）。この方法を用いると，ちょうど平均量の回帰分析でさまざまな変数の効果を統制した後に，注目している変数の効果を見積もることが可能であるのと同様のやり方で，ある集団カテゴリーに固有の集団内不平等の効果を測定することができる。本章では，この方法を用いて，集団内不平等の固有の効果を推定し分析することにしたい。

あらためて本章の目的について述べよう。本章では，1995年から2005年にかけての日本社会の不平等を集団間不平等のみならず，集団内不平等の実態とその変化も含めて分析する。その際，不平等を規定する複数の次元を同時に考慮にいれるよう試みる。そこでまずいくつかの重要な社会的カテゴリーに基づいて，対数分散による不平等の要因分解を行う。これはいわば単純な記述統計であるが，日本社会全体の不平等の構成要因について，全体的でかつ多次元的な見通しを与えることが期待できる。たとえば，いかなるカテゴリーの集団間で格差が広がっているかのみならず，いかなるカテゴリーの集団内において不平等度，すなわち不安定性やリスクが増しているかについても見通しを得ることができるだろう。そのうえで，ここで着目した複数の社会的カテゴリーを独立変数として同時に投入した分散関数回帰分析を行い，各集団間不平等および集団内不平等について，他の変数を統制したうえでの固有の効果をみる。こうすることで現代日本の不平等の構成要因と変動要因のうちで，特に重要な要因となっているのは何であるかについて示唆を与えることが分散関数回帰分析の目的である。

3 対数分散による不平等の要因分解の方法

不平等測度としての対数分散

本節では，対数分散による不平等の要因分解の基本的手順について説明した

い (Lemieux 2006；Western and Bloome 2009)。

　まず本章では，不平等の測度として対数所得の分散を用いることとする。一般にある量 X の分散はその X のちらばりの程度を意味するが，これはいいかえると X の分布の不平等度を表しているともいえる。しかし，分散には量のスケールによって大きさが変わってしまうという問題がある。たとえば，ある量 X の分散を V(X) とすると，これを k 倍した kX の分散は，k^2V(X) となる。したがって，分散それ自体は異なるスケールをとる量の不平等度を比較するのに向いていない。しかし，ここで元の量の対数をとった場合には，その分散は元の量のスケールに影響されない。というのは，ある量 X の対数の分散は，V(log(X)) であるが，X を k 倍した kX の対数をとると，log(X)+log(k) であり，分散は定数を加えても不変であるという性質を持つので，V(log(X)+log(k))＝V(log(X)) となる。このように，ある量の対数の分散はスケール不変なので，異なるスケールの量に関する不平等を比較するのに適しているわけである。

平均量の単回帰分析

　さてここでまず対数分散による不平等の分解に入る前に，もっともオーソドックスな平均量の単回帰分析について復習しよう。というのは，平均量の単回帰分析と不平等との要因分解との間には一定の関係があり，これを明らかにしておくことは，対数分散による要因分解のみならず，後で分散関数回帰分析の論理を理解するためにも重要だからである。

　ここで仮に，2005年の社会階層と社会移動全国調査（SSM 調査）における有職男性の所得データを用いて，出生コーホート集団（年齢集団）[5]による集団間不平等を分析するとしよう。その場合には，従属変数を対数所得として，独立変数に年齢集団変数を用いた単回帰分析を行えばよい。ここでは表10-1のように区分した10の年齢集団による単回帰を行った。結果は省略するが，一般に回帰分析を用いることで，独立変数として用いた変数によって従属変数がどの程度，「説明」できるかを知ることができる。対数所得の年齢集団による回帰はカテゴリカルな変数による回帰分析なので，ダミー変数の各係数から，さ

まざまな年齢集団に属する人々の平均所得が基準となる年齢集団の人々の平均所得とどの程度異なるのかがわかる。つまり，平均量による単回帰の結果は，集団間の不平等の程度を表しているわけである。

さらに注目したいのはこの変数によってどの程度説明できない分散，つまり全体の所得不平等の程度が残るかということである。これについては実は予測値と実測値との差を見ればよい。いま，回帰モデルによる予測値を $\hat{y}$ とするとこれと実測値 y との差 $y-\hat{y}$ を残差という。この残差の平方を足しあわせたものが残差平方和 $\sum(y-\hat{y})^2$ であり，これがいま考えている回帰モデルによって説明できなかった部分を表す量となる。実は，この残差平方和は集団内不平等の程度と密接な関係を持つ。より具体的には，この残差平方和を自由度 n で除した量，$\sum(y-\hat{y})^2/n$ が集団内分散，つまり集団内不平等に関する量となる。[6] SSM 2005年のデータでの分析では，残差平方和を自由度で除すと，0.350 である。これは後にみるように，不平等の要因分解をして得られる各年齢集団内不平等の重み付け総和と等しい。

要するに，回帰モデルの枠組みは，集団間不平等を特定の変数によって「説明」したうえで，集団間不平等によって説明できなかった部分，すなわち残差を集団内不平等としてアウトプットするものと理解することができる。別の角度からいえば，ある量の対数を従属変数とした単変量回帰は，対数分散で測定された不平等の集団間不平等と集団内不平等との分解を行っていると理解することさえ可能なのである。

ただし不平等の要因分解と単回帰とには本質的な相違点がある。それは通常の回帰モデルにおいては，各変数の間での誤差，つまり分散が等しいという仮定が置かれることである。ここで仮定されているのは，集団ごとの内的不平等の差異は存在しないということであり，したがってこの仮定の下では，集団内不平等それ自体が集団ごとにいかにして異なりうるかといった問いは生じえないのである。この意味で，回帰モデルにおける集団内不平等は残余カテゴリーそのものとなっている。これに対して，対数分散による不平等の要因分解は明示的に集団内不平等の差を考慮することができる。したがって，要因分解は集団内不

平等をそれ自体として分析するための第一歩として位置づけることが可能である。

そこで，回帰モデルとの前提の相違を念頭に置きながら，対数分散による不平等の要因分解の手順についてみていくことにしよう。いまここで対数所得の分散をあらためて，Vとしよう。さらに要因分解で注目したい集団を c で表す。たとえば先のデータ例で取り上げた年齢集団であれば全部で10集団存在するので，$c=1, \cdots 10$ のインデックスで表現することができる。全体に対する各集団の比率を π_b で表現することにしよう。次に対数所得の全体の平均（全平均）を $\bar{y}$，年齢集団ごとの平均を $\hat{y}_c$，全平均と集団平均との残差を $r_c=\hat{y}_c-\bar{y}$ と書く。また，集団ごとの分散を σ_c^2 で表す。

すると集団間分散Bは，

$$B=\sum_{c=1}^{c}\pi_c r_c^2,$$

となり，集団内分散Wは，

$$W=\sum_{c=1}^{c}\pi_c r_c^2,$$

となる。

これを用いて全体の分散を以下のように分解することができる。

$$V=B+W$$
$$=\sum_{c=1}^{c}\pi_c r_c^2+\sum_{c=1}^{c}\pi_c r_c^2$$

このように，全体の分散は，全平均と集団平均の差の平方の加重和と集団内分散の加重和を足しあわせた量によって分解することができる。先と同様のデータを年齢集団によって分解した結果の一部が223ページの表10−1にある（ただし集団比率の表示は省略）。すでに述べたように，ここでの集団内分散は先の回帰モデルから計算される残差平方和を自由度で除したものと一致する。

このように対数分散による不平等の要因分解を行うと，全体の不平等を (a) 集団間不平等，(b) 集団内不平等，(c) 集団比率，によって分解することが可能である。また，ここでは説明しないが，これに一種の反実仮想的分析を加えることによって，これらの要因の変化が全体的な不平等にどのような影響を与えるかを見積もることもできる（Lemieux 2006；白波瀬・竹内 2009）。

なお，本章ではこれに加えて分散関数回帰分析によって分散それ自体をモデル化し，集団内不平等の固有の効果を推定するが，この手法の説明については後に回すこととする。

4 SSM データを用いた不平等の分解

SSM 調査データ

さて，それでは本節以後，実データを用いて，日本社会の不平等の構成要因を分析していきたい。ここで扱うデータは SSM 調査の19995年および2005年のデータである。[7]

最初にいくつかの注意点を述べておきたい。まず，最終的な問題関心が現代日本社会の不平等の要因理解にあるとはいえ，データの制約や分析の困難さを考慮すると，ここでは想定する母集団についてある程度限定を設けざるをえない。具体的には，本章での分析対象は，調査時点において一定の仕事を持ち，何らかの収入を得ている男性に限定される。このようにすることで，現代社会における不平等のきわめて重要な諸側面，たとえば退職した高齢者間の不平等や女性の間の格差，さらには失業や無職者の貧困といった諸側面を分析の対象外におくことになる。これらは本章の分析の重大な限界である。

またやはりデータ上の制約から，本章での分析はどちらかというと探索的な性格を持つ。たとえば，SSM データの所得は実数値ではなく階級区分データとなっているが，本来的には，分散を計算するうえでは実数値であるほうが当然望ましい。[8] また，後で用いる分散関数回帰分析は，本来，ここで扱うデータよりも大きなサンプルサイズを必要とするものと考えられる。したがって，本章のこの部分に関する分析結果は暫定的なものであり，さらなるデータによる追試を必要とする。

不平等の分解軸

それでは，以下で分析に用いる諸変数について説明しよう。まず，従属変数

は所得の対数値である。所得の不平等度は，この対数所得の分散値によって測定される。

次に不平等の構成要因となりうる諸変数，つまり不平等の分解軸についてであるが，本章では，次の5つのカテゴリー変数，すなわち職業階層，従業上の地位，従業先規模，学歴，年齢集団を用いて，順次，対数分散による不平等の要因分解を行う。そのうえで，同じ変数を独立変数として対数所得の分散関数回帰分析を行う。

なぜこれらの諸変数に着目するかについて以下で説明したい。

職業階層・従業上の地位・従業先規模・教育

もし佐藤嘉倫（佐藤 2009；Sato 2010）がいうように，現代日本において階層構造の流動化と安定化が同時に進んでいるとしたら，おそらくそれは安定性それ自体の不均等な分配として現れるだろう。これを「安定性の格差」と考えるとしたら，この格差はいかなる社会的カテゴリーによって規定されるのかはそれ自体重要な探求課題となるはずである。

本章では次の4つの変数，つまり職業階層・従業上の地位・従業先規模・教育が特に安定性の格差を規定する要因として着目されるべきであると考える。

従来から社会学者は職業階層によるライフチャンスの格差に大きな関心をよせてきたが，オーソドックスな分析で主に対象となっていたのは，平均所得の差，つまり集団間の不平等の程度であった。これに対して，職業階層による集団内不平等，つまり安定性の格差が存在するかどうかについては，十分な関心がよせられてこなかった。しかし，こうした安定性およびその欠如としての不安定性やリスクといった属性は職業階層間の有利不利の格差を考えるうえで重要なファクターとなるはずである。

さらに，職業階層以上に安定性の格差を引き起こす社会的カテゴリーとして想定しうるのは，雇用形態や従業上の地位（正規雇用か非正規雇用か，または自営業かといった区分）であろう。一般的な意味で現代社会における不安定性の拡大トレンドが語られるとき，そこではむしろ職業階層ではなく非正規雇用の増大

等の雇用形態上の変動が焦点となることが多い。そこで以下では，特にとりわけ正規雇用とそれ以外の雇用形態との間で安定性の格差が存在するとの仮説をたてて，これを実証的に検討することにしたい。

　雇用に関する変数の中で，安定性の格差に大きな影響を及ぼすもう1つの要因としては，従業先の企業規模，つまり大企業や官公庁に勤めているのか，それとも中小企業で働いているのか，といった要因が考えられる。常識的に想定できるのは，大企業や官公庁に勤めているほど高く安定した収入を得られるということである。しかしこの傾向が近年になってどのように変化しているのか，あるいは変わりがないのかについてはこれまで十分な議論がなされているとはいえない。そこで本章では，企業規模による安定性の格差についてもSSMデータを用いて検討することにしたい。

　最後に考えるべきは，人々の人的資本が平均所得だけでなく，安定性についても有利性を持つかどうかということである。ここでは人的資本として教育，つまり学歴を用いることとする。教育が平均所得に対して大きな効果を持つというのは人的資本論の中核的命題（Becker 1993）であり，データによって繰り返し実証されている強固な知見である。これに対して，人的資本は安定性についても効果を持つかどうか，つまり教育階層が高いほど人々の生活が安定的となるというような効果が成り立つのかどうかということはこれまであまり検討されていない。だがこの問題は理論的にも実際的にもより注目されるべきであると思われる。たとえば，近年，大学卒業者でさえ安定的なキャリア形成をすることが難しくなりつつあるという指摘がなされることがある。これが本当であるならば，（かつては存在したであろう）安定性に関する人的資本の有利性が近年消滅しつつあるということになる。もし大学卒業者の以後のキャリアが不安定化しているとしたら，それは大学卒集団内不平等の増大という形で現れる可能性がある。これらの点について，SSMデータを用いて検討する。

年齢集団

　以上の社会的諸変数に加えて本章では，年齢集団も分解軸として用いる。年

齢集団に着目した分析は，2000年代の「格差社会論」における1つの焦点であり，そこでの基本的な論点は，人口における年齢構成比の変化が日本社会の不平等の拡大の真の要因であるとの主張が妥当であるかどうかという点であった（大竹 2005；白波瀬・竹内 2009）。この主張では，高年齢層集団ほど所得不平等度が高いという事実がまず前提とされている。そのうえで日本社会における高年齢集団の比率拡大が所得不平等の主要因だとされるわけである。

　SSMデータのサンプルは70歳以下に限定されているので，この主張の是非自体を検証するには適当ではないが，年齢集団内の不平等度の分布がどのようになっているかを確認しておくことは有意義だろう。それだけでなく，1995年から2005年にかけて，不平等度が拡大したり縮小したりした年齢集団が存在するのかどうかという問題もそれ自体として興味深い。特に，格差社会論の文脈で確認すべきなのは，若年層の間での格差である。実は日本社会の不平等を主に人口構成比の変化によると主張した大竹自身も，それとは別に若年層の間での格差が拡大している可能性を指摘している（大竹 2005）。そこでこの傾向がSSMデータにおいても見られるかどうか，とりわけ分散関数回帰を用いて他の要因を統制した後でもなお，若年層における格差拡大の効果が存在するのかどうかは検討する価値がある。

5　SSMデータからみた所得不平等の構成要因とその変動

　ではいよいよ，本節では1995年と2005年のSSM調査の結果を比較して，有職者男性における所得の不平等の要因分解の実態とその変動について検討したい。もっとも，本章では，時系列上の変化が統計的に「有意」であるかどうかを確かめる等の煩雑な統計解析には立ち入らず，あくまで目視によってどのような変化がありそうかを確認するにとどめることとする。

　最初に，全体の不平等度，つまり対数所得の分散についての確認から始めよう。ここでは，偶然にも1995年と2005年とで0.409ポイントとなり，小数点3桁まで一致している[11]。つまり今回のサンプルに関していえば，1995年と2005年

との間で全体の不平等度については変化がないといってよいだろう。しかしながら全体の不平等度に変化がないからといって個々の不平等の構成要因に変化がないとは限らない。これを先に上げた5つの分類軸にそって検討していきたい。

年齢集団

　説明の順序をやや変えて，最初に年齢集団による不平等の要因分解についてみてみよう（表10-1を参照）。まず，全体的な傾向を確認すると，一般に年齢集団ごとの不平等度は，歳を重ねるごとに高まっていく傾向にあることがみてとれる。これは従来の知見を裏付ける結果といえるだろう。つまり高年齢層ほど不平等度が高いという結果である。

　変化の面で興味深いのはまず全体の不平等における集団内不平等が増大しているという点（集団内分散が0.340から0.350へ変化）である。このことは，全体的にみて年齢集団内の多様性が拡大しているということを意味している。特に注目すべきなのは，1995年においてもっとも安定していた（分散の少ない）20代後半から40歳程度までの層において2005年の時点で不平等度が増している点である。先に述べたように，このような若年層の不安定化の是非は格差社会論の論点の1つであり，SSMデータにおいてもこれが実証されたといえる。

　ではなぜ，若年層内での不平等は拡大しているのだろうか。第1に，若年層における非正規雇用の割合が多くなったことを反映している可能性が考えられる。つまり，年齢集団による集団内不平等効果は従業上の地位による効果に媒介されたものであるかもしれない。しかし分散関数回帰分析の結果を先取りするならば，従業上の地位を統制した後も若年層における不安定性の上昇傾向は確認できる。このことは，若年層において媒介効果のみならず，「固有の不安定性効果」が出現しつつある可能性を示唆している。

職業階層・従業上の地位・従業先規模・教育

　次に職業階層・従業上の地位・従業先規模・教育について順にみていこう

第10章　現代日本における所得の不平等

表10-1　年齢集団による分解

	B+W	66-70	61-65	56-60	51-55	46-50	41-45	36-40	31-35	26-30	16-25
1995	0.07+0.340	0.603	0.548	0.493	0.370	0.301	0.292	0.201	0.188	0.195	0.350
2005	0.061+0.350	0.641	0.412	0.431	0.352	0.314	0.263	0.256	0.295	0.292	0.328

注：集団間分散(B)+集団内分散(W)および各集団内の分散のみを表示。

表10-2　職業階層，従業上の地位，従業先規模，教育による分解（上から順に）

	B+W	専門	管理	事務	販売	熟練	半熟練	非熟練	農林
1995	0.064+0.347	0.372	0.205	0.331	0.445	0.283	0.286	0.309	0.771
2005	0.063+0.348	0.282	0.227	0.352	0.361	0.335	0.295	0.218	0.748

	B+W	常時雇用	経営	非正規	自営業
1995	0.042+0.368	0.276	0.345	0.511	0.648
2005	0.044+0.367	0.272	0.418	0.412	0.557

	B+W	1-29	30-299	300-/官公庁
1995	0.015+0.395	0.508	0.349	0.281
2005	0.029+0.380	0.496	0.296	0.290

	B+W	中学	高校	高専・短大	大学・大学院
1995	0.026+0.383	0.502	0.337	0.363	0.404
2005	0.030+0.380	0.497	0.307	0.313	0.409

注：集団間分散(B)+集団内分散(W)および各集団内の分散のみを表示。

（表10-2を参照）。まず全体としてみると，職業階層よりもむしろ，従業上の地位や従業先の規模といった諸変数の方が安定性の格差に与える影響について明白で解釈しやすい傾向を持つようだ。職業階層についていえば，集団内不平等の差は農林業を除けば解釈が難しい。農林業の内部での不平等度がきわめて高いというのは，明らかにこの職種における不安定性を示している（ただし分散関数回帰の結果から見ると，これらは他の要因，おそらく自営という職業形態を媒介している面も大きい）。また，記述統計レベルでは，管理職が安定を享受しているようにみえるが，これはやはり彼らが基本的に雇用労働者であることによることが大きいように思われる（これも特に2005年の分散関数回帰の結果からいえる）。

以上の職業階層に比して，従業上の地位による安定性の格差は明白である。

特に，常時雇用者の圧倒的な安定性が目を引く。この安定性の格差はある意味で常識的に予想しうるが，それでもやはり常時雇用労働者とそれ以外とのこの格差をデータによって実証することは有意義だろう。従業上の地位の中でもっとも不安定なのは自営業である。また，経営も平均所得は高いがその分リスクも大きい（平均所得に関するデータは省略）。次に時系列上の変化をみると，2005年においては経営の不安定性が若干増加する傾向にあり，ますます常時雇用の安定性が目立つようになっている。非正規に関しては2005年にシェアが増えた分，集団内不平等は低下している。非正規の場合には収入が下方で安定しつつあるといえるかもしれない。

　従業先規模による不平等の分解も興味深い。まず全体の変化についていうと，他のカテゴリーとは異なり，2005年において集団内不平等よりも集団間不平等の方が増大している（0.015から0.029へ変化）。つまり記述統計上は企業規模による平均賃金の格差が1995年から2005年にかけて拡大しているということである。集団内不平等の差についていうと，予想通り，大企業・官公庁の安定性が目立っている。これに対して，小規模個人経営は最も不安定である。2005年になると中規模企業の安定性が若干増しているようにみえるが，平均賃金も大きく下げている（平均賃金に関するデータは省略）。なお記述統計レベルでは，2005年において中規模企業と大企業の間の安定性の格差は消滅したかのようにみえるが，分散関数回帰分析の結果では，中規模企業と大企業との安定性の差は依然として存在するようにみえる。

　最後に学歴をみてみると，中学卒がもっとも不平等度が高い。これは1995年時点も2005年時点も変わらない。これは人的資本の低さが安定性に関して不利に働くとの説明を部分的に支持する結果である。学歴の場合には，特に年齢効果との交絡が大きいと考えられるため，分散関数回帰の結果を見てみると，1995年時点では一応，人的資本が高いほど集団内不平等が減少する，つまり安定的であるとの結果が出ている（ただし高卒と大卒・大学院卒との間に実質的差はない）。しかし，2005年になると，かつてもっとも安定していた大卒・大学院卒の集団内不平等が他と比べて増大していることが確認できる（分散関数回帰

第10章　現代日本における所得の不平等

によってこの結果は明瞭となる)。2005年の時点での大学卒業者は平均賃金こそは依然として他の層よりも高いものの，内実が以前より多様化し，また低賃金にとどまるリスクも以前より上昇したといえるかもしれない（平均賃金に関するデータは省略）。

6　分散関数回帰分析

分散関数回帰分析とは

前節では，対数分散による不平等の要因分解を複数の次元において行うことで，さまざまな社会的カテゴリー・集団における集団間不平等と集団内不平等の実態を記述統計レベルで明らかにした。しかしすでに述べたように，この方法で明らかになるのはあくまで記述的な集団内不平等（および集団間不平等）の程度であり，さまざまな要因を統制したそのカテゴリー固有の効果ではない。これを推定するためには，以下で説明する分散関数回帰分析を行わなければならない。

分散関数回帰は，通常の平均量回帰分析と異なり，平均 $\hat{y}_i$ だけでなく分散 σ_i^2 をも共変量の関数としてモデル化する。

$$\hat{y}_i = x_i' \beta$$
$$\log \sigma_i^2 = z_i' \lambda$$

ここで x_i' は $K \times 1$ の平均の共変量ベクトル，z_i' は $J \times 1$ の分散の共変量ベクトルである。

これは一種の階層モデルとして考えることができ，ベイズ推定を用いて係数値を推定することが可能である。すなわち，対数所得 y_i が正規分布 $N(\hat{y}_i, \sigma_i^2)$ にしたがい，さらにこの正規分布のパラメータ $\hat{y}_i$, σ_i^2 が上の式で表される確率モデルに従うと考えるわけである。[12]

分散関数回帰分析の結果はどのようにして解釈できるだろうか。まず分散関数回帰では，平均に関する回帰モデルの係数 β と対数分散に関する回帰モデ

第Ⅱ部　理論的接近と提言

表 10-3　職業階層と従業上の地位の2変数による対数所得の分散関数回帰分析

	λ		λ		λ
切　片	−0.938	熟　　練	−0.05	経　　営	0.189
専　門	−0.043	半熟練	−0.021	非正規	−0.024
管　理	−0.155	非熟練	0.035	自営業	0.413
事　務	0.072	農　　業	0.269		
販　売	−0.107	常時雇用	−0.578		

出所：SSM 2005 データ。

ルの係数 λ をベイズ推定等を用いて同時に推定する。β は通常の回帰分析と同じく，平均に対する各共変量の効果を表す。ただしこのモデルでは，等分散が仮定されていないので実際の推定値は等分散を想定する単純な平均量の回帰分析とは異なる。これに対して，λ は対数分散に対する共変量の効果を表す。注意すべきなのは，ここでは分散が諸個人の「属性」として帰属されている点である。これについては，次の例をみながら説明を試みたい。

例として，職種と従業上の地位の2変数を独立変数としたときの分散関数回帰分析の結果をみてみよう。このモデルで推定される係数 λ の値は表 10-3 の通りである。

これらの係数値は他の変数を統制した後の当該変数の直接効果を表していると解釈することができる。たとえばこのモデルを用いて，専門職かつ常時雇用の個人 i の分散の予測値を計算することが可能である。それは，$\sigma_i = \exp(-0.938 + -0.043 + -0.578) = 0.210$ となる。これはモデル上は個人に属する「分散」であるけれども，意味としては要するに，専門職かつ常時雇用という属性を持つ個人間での所得のちらばりを表していると考えてよい。実際のデータで専門職かつ常時雇用の属性を持つ人々の集団の所得分散を計算すると，0.193 となる（ここでの回帰モデルは主効果のみを考慮しているので，当然，厳密に同じ数値とはならない）。

以上の例からわかるように，分散関数回帰における λ の係数は共変量の固有の効果を表しており，数値が大きいほど，その共変量は分散を大きくする効果を持つといえる。

第10章 現代日本における所得の不平等

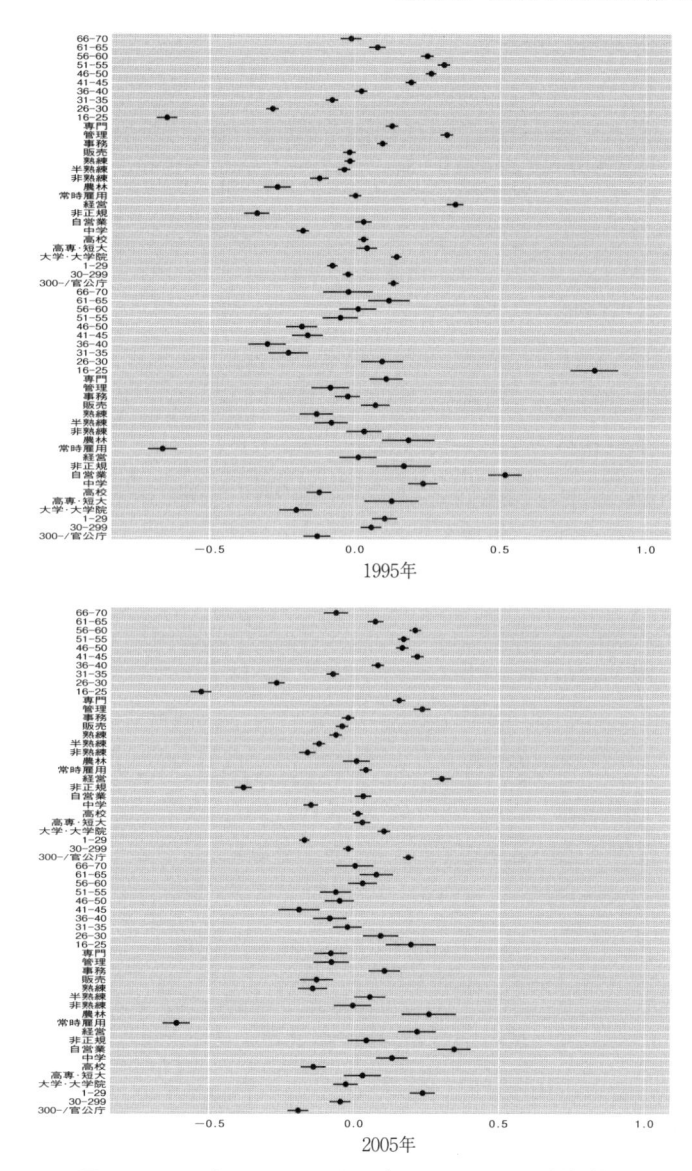

図 10-1 1995年データおよび2005年データを用いた対数所得の分散関数回帰分析の結果

注：上半分は異分散を仮定した平均量の回帰分析，下半分は分散の回帰分析。エラーバーは50％「信頼区間」を表す。

分散関数回帰分析の結果

では実際の分析結果の説明に入ろう。図10-1は1995年と2005年のSSMデータにおける所得の対数値を従属変数とし，独立変数を出生コーホート，職種，従業上の地位，従業先規模，教育とした分散関数回帰分析の結果を示している。ここであらかじめ注意を促しておくと，分散のモデルにおける係数の誤差はかなり大きい（図のエラーバーは50％「信頼」区間）。一般に分散の推定は平均よりも不安定となり，信頼性が低下する。そのため，今回のサンプルサイズ程度のデータでは十分に頑強な結果を得ることは難しい。したがって，ここでは個々の係数値についての細かな解釈をすることは意味がなく，むしろ結果から探索的にある種の傾向性を読み取ることを主としたい。

全体としてみれば，対数分散による不平等の要因分解でみられた記述統計レベルでの傾向性は概ね，再現されているといえるだろう。分散関数回帰分析の結果についてはすでにある程度先取りして前節で説明したので，ここでは概観するにとどめよう。

まず年齢集団についてみてみると，やはり2005年においてはもっとも安定するはずの20代後半から40歳程度までの層における「安定性の谷」のくぼみ方が小さくなっていることが確認できる。職種については，事務と販売の動きが若干不安定であり解釈しづらい。しかしいずれにせよ農林業を除けば，概ね職種による差は存在しないと考えてよさそうだ。従業上の地位については，やはり常時雇用の安定性は際立っている。2005年になって，経営層が不安定性を強めているというのもどうやらいえそうである。従業先規模をみると，2005年において，小規模企業の不安定性がはっきりと強調される結果になっている．学歴についてはすでに述べたように，分散回帰の結果，大学卒が2005年になってより不安定化したことが明らかになった。

7　所得不平等のゆくえ

本章では，現代日本における所得の不平等についてそれを構成する多様な要

因を不平等の要因分解および分散関数回帰分析を用いて概観した。この分析で用いたデータに限っては，1995年と2005年との間で所得の不平等度の変化は見られなかったが，個々の要因に注目してみると，いくつかの注意すべき変化が表れていることが明らかになった。特に社会的要因が生活の安定性／不安定性にもたらす効果に着目すると，常時雇用および大企業や公務員とそれ以外との間でのいわば「安定性の格差」が拡大しつつある兆候がみられる。このことは今後，最新のより信頼性の高いデータによって確認される必要がある。また若年層および大学卒業者の間での多様性の進行も現代社会を特徴付ける大きな社会的変化を反映している可能性がある。これについてもさらなる実証的研究によって引き続き検討されなければならないだろう。

注
(1) 集団内不平等の解釈およびこれを分散関数回帰によって分析する方法については基本的にウェスタンの一連の研究にしたがっている（Western and Bloome 2009 ; Western et al. 2012)。
(2) もちろん，すでに述べたように，集団に属することとはまったく無関係に純粋な個人的事情から生じる不平等も存在し，かつ形式的にはこれらも集団間不平等の残余としての「集団内不平等」に算入されてしまうが，以下ではこれらは純粋に誤差として扱うことができると仮定することにしたい。
(3) 白波瀬佐和子らは「国民生活 基礎調査所得票」を用いた分析によってこの傾向をより厳密な形で実証している（白波瀬・竹内 2009)。
(4) むろん，いかなる要因によって不平等が「引き起こされた」といえるのかは因果推論の問題を含んでおり，厳密には後で説明する分散関数回帰分析の手法によっても特定することは難しい。
(5) 本章での分析で用いているのは厳密には「出生コーホート集団」であるが，以下では便宜的に「年齢集団」という用語をこれと相互互換的に用いる。
(6) 統計環境 "R" の場合，summary 関数によって標準でアウトプットされるのは，これを標準化した「残差標準誤差」である。
(7) 2次分析に当たり，東京大学社会科学研究所附属社会調査・データアーカイブ研究センター SSJ データアーカイブから「1995年 SSM 調査, 1995」(2005 SSM 研究会データ管理委員会) および「2005年 SSM 日本調査, 2005」(2005 SSM 研究会

データ管理委員会)の個票データの提供を受けた。
(8) ただし SSM データを用いた所得の不平等の分析はそれなりの妥当性を持つと考えられる。たとえば相沢・三輪(2008)を参照。
(9) SSM データの所得は階級区分値となっているので,区分の中間値を用いて連続化した。また区分が2005年データとは1995年データとで異なっているが,ここでは1995年データの区分を用いた。
(10) Sato (2008) は平均所得の差についてさえ職業階層よりも従業上の地位の方が影響力を強めている可能性を指摘している。
(11) なお,本分析では,1995年と2005年の所得について物価調整をせずに名目所得をそのまま用いているが,対数所得の分散はいずれにせよ尺度に影響されない。
(12) ベイズ推定およびベイズ階層モデルの基本的な論理と方法については,Gelman and Hill (2007) を参照。なお本章の分散関数回帰分析モデルは Western and Bloome (2009) の示唆を得て,JAGS (Plummer 2003) を用いて実装し,マルコフ連鎖モンテカルロ法によるベイズ推定を行った。JAGS あるいは BUGS 言語によるベイズモデリングについては Kruschke (2010) をも参照した。ただしモデリングの詳細については紙幅の都合上省略し,結果のみを報告することにしたい。

文献

相澤真一・三輪哲,2008,「2005年 SSM データにおける経済的不平等指標の基礎的検討——世帯収入を中心に」三輪哲・小林大祐編『2005年 SSM 日本調査の基礎分析——構造・趨勢・方法』2005年 SSM 調査研究会,95-109。
Becker, Gary S., 1993, *Human Capital: A Theoretical and Empirical Analysis, with Special Reference to Education* (3rd ed.), The University of Chicago Press.
Breen, Richard ed., 2004, *Social Mobility in Europe*, Oxford University Press.
Erikson, Robert and John H. Goldthorpe, 1992, *The Constant Flux*, Clarendon.
Gelman, Andrew and Jennifer Hill, 2007, *Data Analysis Using Regression and Multilevel/Hierarchical Models*, Cambridge University Press.
原純輔・盛山和夫,1999,『社会階層——豊かさの中の不平等』東京大学出版会。
石田浩・三輪哲,2009,「階層移動から見た日本社会——長期的趨勢と国際比較」『社会学評論』59(4):649-662。
鹿又伸夫,2008,「バブル崩壊後の所得格差と社会階層」佐藤嘉倫編『2005年 SSM 調査シリーズ 15 流動性と格差の階層論』(科学研究費補助金報告書)2005年 SSM 調査研究会,47-65。
Kruschke, John K., 2010, *Doing Bayesian Data Analysis: A Tutorial with R and*

BUGS, Academic Press.

Lemieux, Thomas, 2006, "Increasing Residual Wage Inequality: Composition Effects, Noisy Data, or Rising Demand for Skill?" *American Economic Review* 96: 461-498.

Morgan, Stephen L., Grusky, David B., and Gary S. Fields eds., 2006, *Mobility and Inequality: Frontiers of Research in Sociology and Economics*, Stanford University Press.

Morris, Martina and Bruce Western, 1999, "Inequality in Earnings at the Close of the Twentieth Century", *Annual Review of Sociology* 25: 623-657.

Mouw, Ted and Arne Kalleberg, 2010, "Occupations and the Structure of Wage Inequality in the United States, 1980s to 2000s," *American Sociological Review* 75: 402-431.

長松奈美江, 2008, 「職業による所得構造の変化──競争的セクターにおける中間層の所得劣化」佐藤嘉倫編『2005年SSM調査シリーズ15 流動性と格差の階層論』(科学研究費補助金報告書) 2005年SSM調査研究会, 21-46。

大竹文雄, 2005, 『日本の不平等』日本経済新聞社。

Plummer Martyn, 2003, "JAGS: A Program for Analysis of Bayesian Graphical ModelsUsing Gibbs Sampling," http://citeseer.ist.psu.edu/plummer03jags.html.

佐藤嘉倫編, 2008, 『2005年SSM調査シリーズ15 流動性と格差の階層論』(科学研究費補助金報告書) 2005年SSM調査研究会, 133-152。

佐藤嘉倫, 2009, 「現代日本の階層構造の流動性と格差」『社会学評論』59(4): 632-647。

Sato, Yoshimichi, 2008, "Disparity Society Theory and Social Stratification Theory: An Attempt to Respond to Challenges by Disparity Society Theory" 佐藤嘉倫編『2005年SSM調査シリーズ15 流動性と格差の階層論』(科学研究費補助金報告書) 2005年SSM調査研究会, 1-20。

Sato, Yoshimichi, 2010, "Stability and Increasing Fluidity in the Contemporary Japanese Social Stratification System," *Contemporary Japan*, 22(1&2): 7-21.

白波瀬佐和子・竹内俊子, 2009, 「人口高齢化と経済格差拡大・再考」『社会学評論』60(2): 259-278。

橘木俊詔, 1998, 『日本の経済格差』岩波書店。

Western, Bruce and Deirdre Bloome, 2009, "Variance Function Regressions for Studying Inequality," *Sociological Methodology*, 39: 293-326.

Western, Bruce, Bloome, Deirdre and Christine Percheski, 2008, "Inequality among

American Families with Children, 1975 to 2005," *American Sociological Review* 73: 903-920.

Western, Bruce, Bloome, Deirdre, Sosnaud, Benjamin and Laura Tach, 2012, "Economic Insecurity and Social Stratification", *Annual Review of Sociology* 38: 341-359.

Western, Bruce and Jake Rosenfeld, 2011, "Unions, Norms, and the Rise in U.S. Wage Inequality," *American Sociological Review* 76: 513-537.

Wilkinson, Richard G., 2005, *The Impact of Inequality: How to Make Sick Societies Healthier*, The New Press. (＝2009, 池本幸生・片岡洋子・末原睦美訳『格差社会の衝撃——不健康な格差社会を健康にする法』書籍工房早山。)

Wright, Erik O., 1997, *Class Counts: Comparative Studies in Class Analysis*, Cambridge University Press.

第11章

学習能力と高校階層構造
―― 教育不平等の社会学的分析 ――

松岡亮二

1 社会階層と学習能力の関連

高まる学習能力の重要性

　ポスト産業社会に移行するにしたがい，問題解決力など従来の学力とは異なる能力が求められるようになると議論される中（たとえば Drucker 1993，本田 2005），苅谷剛彦（2008）は学習資本主義社会の到来について予見している。日本社会は変化に富んだ知識経済，それに学ぶ側の主体性が尊重される生涯学習社会になりつつあり，「過去に修得した知識や技術よりも，学習能力が人的資本形成の中核」になり，学習は市場化され「学習能力とその成果である人的資本形成とが，社会編成の要になる」。これは「自ら学ぶ」学習能力が「学習資本」となる社会であり，学習資本の「形成・蓄積・転換が社会のあり方と人間形成に広く，深くかかわるようになる」。この「市場競争型の生涯学習社会」では，「利口な人的資本家が，人的資本を自ら増殖させ続けるメカニズムが作動する」とされる。

　苅谷は実証分析を加えることでさらに議論を発展させている。学習能力とは，「学ぶ意欲，好ましい学習習慣，主体的な学びを始動する力，どう学ぶかを学習する力」（Kariya 2009：94）であり，知識社会への移行とともに学習能力の価値は向上し人的資本形成・発展の中心となる――学習能力は学習「資本」となり，他の資本（人的資本，文化資本，社会関係資本，金融資本）に転換させるこ

とも可能となる (Kariya 2009)。「社会で生き残るために学習能力がより大切になるにつれて，環境に適応し市場価値のある学習能力を獲得する若年時の機会が，個人のライフ・チャンスにとってより重要になってくる」——苅谷 (Kariya 2009) はそう論じたうえで，学習能力が個人の社会経済文化的な背景に左右されずに均等であるか疑問を呈し，16の公立小学校と11の公立中学校で2001年に実施された調査のデータを用い分析を行った。学習態度を計測することで間接的に学習能力を計測し，小学5年生と中学2年生の双方で「高い文化グループ」の生徒が高い学習能力得点を持ち，それは国語と算数（数学）の点数とも関連があった。そして学習能力指標を被説明変数とした重回帰分析の結果，小学校5年生でも中学校2年生でも学習姿勢で表される学習能力は等しく分配されていないこと，また，家庭背景がその能力の高さに影響を与えていることを明らかにした。苅谷 (Kariya 2009) は小学校5年生の時点で家庭背景によって学習能力に差があることを強調し，学校が社会経済的に恵まれていない生徒たちに学習能力を身につけさせない場合，人生において学習能力を発展させることができないと懸念を示した。

　苅谷 (Kariya 2009) の研究には主に4点の制約がある。まず，学習能力こそが学習資本の蓄積を発動させる「核となるエンジン」であると論じたが，実際に学習能力の多寡が，学習資本を蓄積しようとする投資行為に影響を与えているかどうかは実証的に検討されていない。また，地域データを基にしているため結果を一般化することはできない。同じくデータの制約のため，主要な論点の根拠となる社会階層の指標が，3つの文化グループに留まっている。最後に，学校水準の分析が行われていないので，学校の持つ特徴と学習能力の関連が論じられていない。

　そこで，本章では，これら4点の制約を解消したうえで，学習能力と社会階層，それに学校制度がどのように「人的資本の自己増殖」を目指した投資行為に影響を与えているのかを実証的に検討する。データは，PISA調査として知られる，OECD（経済協力開発機構）生徒の学習到達度調査 (the Programme for International Student Assessment) の2009年版である。この高校1年生対象の全

国データによって,(1) 学習能力,学力,社会階層,そして学習に対する投資行動の関連,それに (2) 学校制度が投資行為に与える影響の検討が可能となる。次節では,日本の高校段階における学校制度についての,教育社会学の知見をまとめる。

2 日本の高校制度

トラッキング研究

　トラッキングとは,能力別に生徒を別々のグループに分けることを意味する。アメリカでは悪影響が論じられ脱トラッキングが進み,ほとんどの高校は学科トラックのない総合高校となったが,学校の中で生徒たちは異なるレベルのコースを履修しているので,トラックの効果は残っているとされる (Hallinan 1994 ; Oakes 2005)。近年の研究でも,大学進学トラックと職業トラックのような明確な区分はないが,どのコースを履修するかというパターン (course-taking patterns) によってトラッキングは形成され,大学進学を目的とした履修の組み合わせをする生徒は高い社会経済的地位の家庭出身であることがわかっている (Heck, Price and Thomas 2004 ; Lucas 1999)。高いトラックに在籍する生徒は大学進学への準備となる授業を受けるが (Oakes, Ormseth, Bell and Camp 1990),低いトラックの生徒は進学に必要な科目内容を学ぶ機会が限られ,上のトラックに移動する機会は実質的に絶たれている (Oakes 1985, 2005)。また,上位トラックで教師は教えることや共同学習に時間を割くが,下位トラックでは規律を正すことやドリル学習に時間を使う傾向にある (Oakes 1985, 2005)。

日本の高校階層構造研究

　日本の高校制度は学校別の垂直的なランキング・システムであり,前述のようなトラッキングに近く (Rohlen 1983 ; Kariya and Rosenbaum 1999 ; LeTendre, Hofer and Shimizu 2003),似たような特性があると1970年代から指摘され (Sorensen 1970 ; Rosenbaum 1976),近年の研究でもこのランキング・システム

の存在は確認されている (Kariya 2011)。日本でも数多くのトラッキング研究が行われ,生徒の社会階層と高校ランクに関連があること(岩木・耳塚編 1983 ; Rohlen 1983 ; 中西・中村・大内 1997 ; Ono 2001 ; Tsukada 2010 ; Yamamoto and Brinton 2010),高校に入学する前から進学する高校のレベルによって高校卒業後の進路イメージが変わること (Kariya and Rosenbaum 1987),高校ランクと生徒文化,規律,モラルなどに関連があること (Rohlen 1983),高校ランクが大学進学へのアスピレーションに影響を与えること(秦 1977 ; 武内 1981 ; 吉本 1984 ; 荒川(田中)2001 ; 本田 2009 ; 多喜 2011),高校ランクによって同じ普通科であっても通常授業内容に違いがあること(菊地 1986),内発的な学習意欲を形成する要因の1つは高校ランクであること(荒牧 2002),卒業後の進路先に大きな差があること(岩木・耳塚編 1983),低いランクの高校から高いランクの大学に入る可能性が低いこと(中西 2000 ; Ono 2001)などが明らかにされてきた。

トラッキング構造・効果に変化があったかどうかについて2時点間の調査による検証もされたが明らかな変容という結論にはいたらなかった(樋田・岩木・耳塚・苅谷 2000 ; 尾嶋 2001)。また,近年では,高校1年生全員を母集団とするPISAの2003年と2006年データを使用し高校ランクによって教師生徒間の関係性やモラルなどが異なることを示した研究 (Knipprath 2010) や2003年データを使用して高校ランクと進学期待の関連を調べた研究(多喜 2011)が発表され,一部の地域で集められたデータによる既存の研究の知見が,全国規模のデータによって裏付けられた。また,苅谷 (Kariya 2011) は,全国調査のデータによる3つのコーホートの分析から,調査時点で平均年齢23.5歳の最も若いコーホートでは (1) 難関大学に進学する可能性が高いのは私立の進学校からであり,(2) 私立の進学校に通うのは高い社会経済的地位の家庭出身という傾向を見出し,難関大学に進学するルートが生徒の出身家庭の社会経済的背景によって大きく左右される度合いが上の世代と比べると強くなっていると指摘した。

3 学習能力と学習活動の関連

誰が人的資本増殖を試みているのか

　日米のトラッキング研究では通常授業のトラック差に焦点が置かれてきたが，予備校などの教育産業が発達している日本では通常授業以外における学習活動を軽視することはできない。トラック別に教師の期待度やピア・プレッシャーが異なることを考えると，通常授業外学習機会への参加や自習行動にトラッキング効果が見られるはずである。[1]また，それらの通常授業外学習活動を行っているのは「人的資本を自ら増殖」させる「利口な人的資本家」である高い学習能力を持つ個人であるはずだ。では，高校受験を経て入学して僅か3ヶ月の時点で，学習能力の高低によって投資行為に差は生じているのだろうか。そして，その学習という投資行為に，通常授業において格差を固定・拡大していると指摘されるトラッキングは影響を与えているのだろうか。

　まず，(a) 生徒の出身家庭の社会経済的地位，学習能力，学力，それに4つの学習投資行為の関連を相関分析によって確認し，そのうえで，(b) 生徒の学習能力と高校トラッキングが，通常授業外における学習活動に影響を与えているのか——誰が人的資本の増殖を試み，それに対して学校制度が寄与しているのかを明らかにする。

　(仮説) 生徒の学習能力と高校トラッキングそれぞれが生徒の学習活動の有無に影響を与えている。

　苅谷 (Kariya 2009) が実証的に示したように，「高い文化グループ」の生徒は学びに対して積極的な姿勢，すなわち学習能力を持つ。彼らは「利口な人的資本家」であり，自ら学習機会を増大させる傾向がある。また，大学進学へのピア・プレッシャーや教師たちからの高い期待が存在する進学校では，学力向上のために通常授業外学習に取り組む傾向が強まると考えられる。

4 マルチレベル・ロジスティック回帰分析

PISA 調査

データは，PISA2009 の日本サンプルである[2]。PISA は層化二段抽出による全国規模の学力調査として貴重（Knipprath 2010；多喜 2011）であり，日本では高校入学から約3ヶ月後に実施されており学力に対して学校効果は少ないと考えられるが生徒の学習活動の学校間格差を調べるのには相応しいデータといえる。185校・約6,000人が参加した調査は2009年6月中旬〜7月に実施された（国立教育政策研究所 2010）。

被説明変数である通常授業の外における4種類の学習活動は，表11-1が示すように，それぞれ二値変数とした。

学習活動

4つの変数は生徒質問紙の問27と問28に対する生徒の返答を基に作成された。「問27 あなたは，現在，普段の授業とは別に次のような勉強をしていますか。……この授業などを受ける場所は，学校内や家または塾などでもかまいません」（国立教育政策研究所 2010：264）。これに対する「(2) 数学の発展授業」に「はい」と答えた生徒を1，「いいえ」と回答した生徒を0としたのが，「発展授業に参加」である。同じように，「(6) 数学の補習授業」に対する回答を用い「補習授業に参加」，それに「(9) 学力を向上させるための勉強」に対する生徒の答えを基に「学力を向上させるための勉強」を作成した。「数学の勉強をする」は，「問28 あなたは，普段の授業以外に，1週間に次の教科をどのくらい勉強していますか（学校，家，その他の場所で）。ここでは，あなたが学校で学習している教科について，通常の授業以外に，学校，家，その他の場所であなたがどのくらい勉強しているのかをお答えください」（国立教育政策研究所 2010：264）の「(2) 数学」に対して，「まったくしない」を選んだ生徒を0，それ以外のすべての「数学を勉強をする」生徒を1とした。この変数は，苅谷

表11-1 被説明変数（2値）の記述統計

	N	%		N	%
発展授業に参加 (1)	1,783	29.6	数学の勉強をする (1)	4,629	76.7
不参加 (0)	4,239	70.4	まったくしない (0)	1,405	23.3
欠損値	55		欠損値	43	
計	6,077		計	6,077	
補習授業に参加 (1)	2,057	34.2	学力を向上させるための勉強 (1)	2,824	46.9
不参加 (0)	3,966	65.8	しない (0)	3,198	53.1
欠損値	54		欠損値	55	
計	6,077		計	6,077	

(2004) の定義した No Study Kids (NSK) に対する「学ぶ生徒」を意味する。NSK とは，「塾にも行かず（行けずに）家での学習時間がまったくない生徒」（苅谷 2004：144）である。苅谷（2004）の研究では，学校の授業以外でまったく勉強しない「学校での授業を通じた学習だけに依拠している」（苅谷 2004：144）生徒が NSK とされたが，本章では高校1年生，それに塾や家庭での宿題を含む自習だけではなく学校における補習授業も受けていない生徒に限定されている。表11-1に示したように，高校入学後約3ヶ月の時点で，23.3％の生徒は学校における普段の授業の外では一切数学を学んでいない[3]。

説明変数は生徒水準では生徒の出身家庭の社会経済地位（Socioeconomic Status），数学得点[4]，学習能力（Learning Competencies），女性（性別）[5]，学校水準は学校ランク[6]，（職業科に対する）普通科，（公立に対する）私立，都市，大都市である[7]。本章でもっとも重要な2つの変数（生徒社会経済地位と学習能力）はそれぞれ以下のように定義されている。

生徒の出身家庭の社会経済地位

本章で使用する生徒の出身家庭の社会経済地位は，経済・社会・文化的地位指標（Index of economic, social and cultural status）とも呼ばれ，父母それぞれの職業の威信と学歴の高いほう，家庭にある学習机などの教育環境，それに家庭にある本の冊数によって構成される（OECD 2012）[8]。

学習能力

　生徒質問紙の問23「あなたが勉強するとき，次のことをどれぐらいしていますか」（国立教育政策研究所 2010：263）に対する生徒の回答を基に作成された。生徒は項目それぞれについて「ほとんどしない」「たまにする」「よくする」「ほとんどいつもする」のどれかを回答している。学習能力は，生徒の学ぶ姿勢（主体的に学ぶ姿勢と自らの学びに対して責任を持とうとする意識）によって計測できる（Kariya 2009）ことから，全13項目のうち適切な9項目に対する生徒の答えを，学習能力を示す指標として用いた。この9項目のうちの5つは，学習におけるコントロール戦略を表すとされる（OECD 2012）。これらの回答から生徒がどれぐらい主体的に自らの学びをコントロールしようとしているのかがわかる。具体的な項目は以下の通り（OECD 2012：263）。「(2) 勉強するときには，勉強すべきことを正確に理解してから始める」「(6) 読み終えたところまで理解できているかどうかを確認する」「(9) まだ理解できていない考え方がどこであるかを確認するようにしている」「(11) 教科書に書かれている重要な事がらは必ず覚えるようにする」「(13) 何かわからないことがあったら，もっと情報を集めて明らかにしようとする」残りの4つは，精緻化（elaboration）戦略を示す（OECD 2012）。項目は，「(4) 新しい情報をほかの教科で得た知識と関連付けようとする」「(8) その情報が学校以外の場所でどのように役に立つのかを考える」「(10) 自分自身の経験と関連付けることによって，教材をよく理解するようにしている」「(12) 教科書の内容と実生活で起こることを，いかに適合させるかを考える」である。これら9項目についての生徒の回答を，主成分分析によって「学習能力」指標を作成した。[9]

　分析に使用する説明変数の記述統計は表11-2[10]，表11-3，表11-4に示した通りとなっている。

　仮説を検証するためにマルチレベルモデルのロジスティック回帰分析を，4つの被説明変数それぞれに対して行った。説明変数を投入しないモデル1，生徒水準の説明変数のみ投入するモデル2，そして学校水準の説明変数を追加したモデル3の順に検証された。フルモデルであるモデル3は，分析モデルとし

第11章 学習能力と高校階層構造

表11-2 生徒水準の連続説明変数の記述統計

	N	最小値	最大値	平均	標準偏差	歪度	尖度
生徒の社会経済的地位	5,974	−3.586	3.38	0	1	0.00	−0.38
数学得点	6,077	−4.73	2.93	0	1	−0.24	0.06
学習能力	5,990	−1.98	3.25	0	1	0.25	−0.11

表11-3 学校水準の説明変数（2値）の記述統計

		N	%
カリキュラム・トラック	普通科 (1)	139	75.1
	職業科 (0)	46	24.9
学校分類	私立 (1)	51	27.6
	公立 (0)	134	72.4
都市	都市 (1)	87	47.0
	その他 (0)	98	53.0
大都市	大都市 (1)	40	21.6
	その他 (0)	145	78.4

表11-4 学校水準の連続説明変数の記述統計

	N	最小値	最大値	平均	標準偏差	歪度	尖度
学校ランク	185	−3.21	2.28	0	1	0.01	−0.67

て以下のように表される。[11]

Level-1 Model

Probability(被説明変数 $_{ij}=1$) $=\phi_{ij}$

$\log[\phi_{ij}/(1-\phi_{ij})]=\eta_{ij}$

$\eta_{ij}=\beta_{0j}+\beta_{1j}$(生徒の出身家庭の社会経済地位 $_{ij}$) $+\beta_{2j}$(数学得点 $_{ij}$)
 $+\beta_{3j}$(学習能力 $_{ij}$) $+\beta_{4j}$(女性 $_{ij}$)

Level-2 Model

$\beta_{0j}=\gamma_{00}+\gamma_{01}$(学校ランク $_j$) $+\gamma_{02}$(普通科 $_j$) $+\gamma_{03}$(私立 $_j$) $+\gamma_{04}$(都市 $_j$)
 $+\gamma_{05}$(大都市 $_j$) $+u_{0j}$

$\beta_{1j}=\gamma_{10},\ \beta_{2j}=\gamma_{20},\ \beta_{3j}=\gamma_{30},\ \beta_{4j}=\gamma_{40}$

5 学習能力と高校トラックが規定する学習活動

変数間の関連

　仮説を検証する前に，相関分析によって生徒・学校水準それぞれの変数間の関連を確認した。表11-5に示したように，生徒の出身家庭の社会経済地位は，数学得点（係数.301），学習能力（係数.233），それに発展授業参加（.142），補習授業参加（.129），数学の学習をする（.216），学力向上の勉強（.143）と，それぞれ有意水準1％で有意な関連を示した。これらの結果から社会階層が数学得点と学習能力，それに通常授業の外における学習活動の有無に影響を与えていることが伺える。また，数学得点と学習能力も，4つのタイプの学習活動と関連がある。

何が学習活動の有無に影響を与えているのか

　以上の傾向は生徒と学校という2つの水準を考慮したマルチレベルモデルで変数を同時に統制しても見られるのだろうか。マルチレベルモデルのロジスティック回帰分析により要因を分析する。

　表11-6は「発展授業」と「補習授業」それぞれへの参加の有無を被説明変数としたモデル3の分析結果である。学校水準の説明変数のうち，学校ランクと（職業科に対する）普通科が選抜の結果生じた学校トラッキングの要素といえる。この双方が，「発展」的な内容を学ぶ授業参加に対して有意となった。オッズ比（Odds Ratio）によると，他の変数を統制したとき，普通科の高校に在籍している生徒は1.35倍，学校ランクが1標準偏差高い高校（所謂学力偏差値が60の高校）だと1.34倍，公立と比べて私立だと1.58倍の確率で「発展授業」に参加していることになる。生徒水準では生徒の出身家庭の社会経済地位が1標準偏差高いと1.14倍，学習能力が1標準偏差高いと1.46倍，数学得点が1標準偏差高い（学力偏差値が60である）と，0.86倍の確率で授業に参加する（14.4％参加確率が減る）。また，女性が参加する可能性は男性と比べてマイナス15.6％で

第11章 学習能力と高校階層構造

表11-5 生徒変数間の相関係数

	社会経済	数学得点	学習能力	女性	発展	補習	学習	学力向上
社会経済地位	1	0.301**	0.233**	0.037**	0.142**	0.129**	0.216**	0.143**
数学得点		1	0.316**	−0.047**	0.090**	0.073**	0.293**	0.174**
学習能力			1	−0.049**	0.209**	0.165**	0.304**	0.291**
女 性(1)				1	−0.026*	0.049**	0.101**	0.02
発展授業(1)					1	0.297**	0.230**	0.307**
補習授業(1)						1	0.275**	0.238**
学習する(1)							1	0.304**
学力向上(1)								1

注:**p<0.01, *p<0.05

表11-6 モデル3の結果 その1

	発展授業の参加			補習授業の参加		
	係数	標準誤差	オッズ比	係数	標準誤差	オッズ比
学校水準						
切片	−1.003****	0.155	0.367	−1.262****	0.164	0.283
学校ランク	0.292****	0.086	1.340	0.198****	0.064	1.218
普通科(1)	0.302***	0.128	1.353	0.728****	0.161	2.071
私立(1)	0.458****	0.114	1.581	0.166	0.148	1.180
都市(1)	−0.289*	0.155	0.749	−0.194	0.155	0.824
大都市(1)	−0.139	0.164	0.870	−0.229	0.167	0.796
生徒水準						
社会経済地位	0.134****	0.040	1.143	0.076	0.055	1.079
数学得点	−0.155**	0.069	0.856	−0.130***	0.056	0.878
学習能力	0.377****	0.040	1.458	0.324****	0.042	1.382
女性(1)	−0.170***	0.072	0.844	0.185***	0.072	1.203
ランダム効果						
学校水準の分散	0.248****			0.348****		
級内相関	0.070			0.096		

注:*=p<.10, **=p<.05, ***=p<.01, ****=p<.001.

ある。この「発展授業」には高校における補習と塾・予備校・家庭教師による授業が含まれているが,データが集められた高校入学から僅か3ヶ月後に,高い出身家庭の社会経済地位と学習能力を持つ生徒,それに高いランクの学校と普通科に進学している生徒が参加する傾向にある。なお,生徒の数学得点の効果は,点数が低いほうが参加に駆り立てられることを示している。

243

表11-7 モデル3の結果 その2

	数学の勉強をする			学力を向上させるための勉強		
	係数	標準誤差	オッズ比	係数	標準誤差	オッズ比
学校水準						
切片	0.981****	0.146	2.668	−0.339****	0.085	0.712
学校ランク	0.985****	0.061	2.678	0.390****	0.039	1.477
普通科 (1)	0.855****	0.159	2.352	0.213***	0.084	1.238
私立 (1)	0.211	0.134	1.236	0.022	0.082	1.022
都市 (1)	−0.251	0.165	0.778	0.015	0.089	1.015
大都市 (1)	−0.393**	0.185	0.675	−0.021	0.102	0.979
生徒水準						
社会経済地位	0.092	0.057	1.096	0.075	0.051	1.078
数学得点	0.041	0.064	1.043	0.012	0.056	1.012
学習能力	0.672****	0.052	1.958	0.524****	0.046	1.689
女性 (1)	0.346****	0.090	1.414	0.078	0.065	1.081
ランダム効果						
学校水準の分散	0.334****			0.058****		
級内相関	0.092			0.017		

注: *=p<.10, **=p<.05, ***=p<.01, ****=p<.001.

では,同じ数学についての「補習」ではどうだろうか。学校水準では学校ランク,普通科,生徒水準では学習能力,数学得点,それに性別が有意である。高校入学後3ヶ月の時点で,高校ランクは「発展」内容を学ぶ授業だけではなく,学校の内外における補習的授業参加の有無にも影響を与えている。生徒の出身家庭の社会経済地位は有意ではないことから,出身家庭の社会経済地位よりも生徒自身の学習能力が補習的内容を学ぶ授業に参加するという学習投資行為に影響を与えていることがわかる。

では,「数学の勉強をする」,それに「学力を向上させるための勉強」をしているのは誰だろうか。表11-7で示したように,学校ランク,普通科,それに生徒の学習能力が,数学という教科学習をするかしないか,それに「学力を向上させるための勉強」をすることを促している。入学後3ヶ月の時点で,高い学習能力を持つ生徒が,積極的に数学を含む学力を向上させるための勉強をしている傾向がここで確認される。

第11章 学習能力と高校階層構造

　これら4つの分析結果から，学校・生徒の両水準の変数を相互に統制しても生徒の学習能力と学校制度（ランク・普通科）が，通常授業の外における学習活動を引き起こしていることがわかった。

6　学習能力を基盤とする教育不平等

制度による学習投資格差

　2009年のPISAデータを用いた記述統計，相関分析，それにマルチレベル分析の結果から得られた主な知見は以下の通り。

a）高校受験を経て学力別に生徒たちがトラックされた結果，社会経済的に恵まれた生徒が高いランクの高校に集まる一方，ランクの低い高校には社会経済的に恵まれていない出身家庭の生徒が多い[14]。

b）紙幅の制約上注釈で短く述べるに留めたが[15]，生徒質問票への回答によると，高いランクの高校では比較的長い時間の数学の通常授業が行われ，そこでは教師と生徒の関係は良好かつ授業には規律がある。学校質問票の記入者から見た評価でも，生徒と教師双方の振る舞いは高いランクであればあるほど好意的なものである。

c）約3割の生徒が入学後3ヶ月の時点で数学の発展的・補習的内容を追加的授業で学び，76.7％の生徒は数学を学び（23.3％はまったく学ばない），46.9％が学力を向上させるための勉強をしている。

d）マルチレベル・ロジスティック回帰分析の結果によると，「数学の発展授業」，「数学の補習授業」，「数学の勉強をする（宿題を含む自習や学校での補習授業を含めて一切通常授業以外で数学を学んでいない生徒になるか否か）」，「学力を向上させるための勉強」それぞれに，学校水準では学校ランクと普通科，生徒水準では学習能力が影響力を持つ。「発展授業」の参加には，生徒の出身家庭の社会経済地位の効果も有意である。

　これらの知見から，高校受験を経て入学後僅か3ヶ月の時点で，生徒の社会階層と関連を持つ学習能力，それに進学する高校のランクと学科（普通科）が，

245

4つのタイプの学習活動を引き起こすということが確認され,仮説は支持された——高い学習能力を有する学習に積極的な,自らの学びを自己反省的に省みる主体的な力を持つ生徒が,高校入学後3ヶ月で,高い学力を獲得しようと学習活動する傾向がある——それは数学の発展的な授業であったり補習的な授業であったり,学力を伸ばすための教科学習以外の学びである。そのうえ,彼らは高ランクの高校に通学している割合が高く,そこにはトラッキング効果もある。普通科・高いランクの高校の通常授業は時間が長く,教師たちとの関係は良好で,同級生たちにも規律がある。授業の進度もランクが低い学校に比べれば早いことが推測される。高い出身家庭の社会経済的地位を背景に獲得したであろう高い学習能力を持つ生徒たちは,通常授業で受けるトラッキング効果に加えて学習機会を増大するよう促され,宿題を含む自習も行う。もちろん,本章で使われた「発展授業」と「補習授業」という被説明変数からは,追加的な学習機会参加が生徒自身による選択なのか,それとも親や教師に導かれているのかはわからないが,高い学習能力を持つ生徒たちが高校入学後3ヶ月の時点でより多くの教育機会を通常授業の外で得ていることに変わりはない。また,数学という学校教科についての学習機会増大だけではなく,「学力を向上させるための勉強」にも生徒の学習能力とトラッキングの影響は色濃く見られる。学校教科そのものの学習ではない学力向上をめざした学びとは,まさに苅谷(2008)の論じる「学習資本」蓄積をめざした行為であると解釈できるだろう。もちろん,実際に蓄積されるかどうかはこのデータからはわからないが,高校入学後の早い段階で追加的学習という投資行為があり,それが特定の生徒層に偏っていることは確認できる。ここで重要なのは,生徒の学習能力だけではなく,トラッキング要因(普通科・高い高校ランク)がこの学習活動の有無を規定しているという知見である。

　また,大学進学を有利にすると考えられる「発展」的内容の授業参加に,生徒の出身家庭の社会経済地位,それに「私立」が影響していることも重要な点だ。公立ではなく私立の進学校に通学することが難関大学に合格する可能性を高めるという苅谷(Kariya 2011)の知見は,「私立」と「高いランク」,それに

「普通科」が発展的学習を引き起こすという本章の結果と一致する。私立進学校から難関大学へのルートの一部は，私立の進学校に通うことによって通常授業外学習という学習投資行動を促進される効果によって説明できるのかもしれない。私立の進学校に通う高い社会経済的地位の家庭出身者たちが学習機会を拡大しようとする様は，すでに学習資本を持つものが，意識しているか無意識なのかあるいは親の選択が介在しているかはわからないが，より資本を蓄積しようとする動き（戦略）であると理解できるし，現在の高校ランキング・システムがそのような追加学習という投資行為を後押ししているのである。

　普通科や高校ランクのようなトラッキング効果，またそれらを統制しても生徒の学習能力が有意であることは，教育政策の策定過程において考慮されるべき知見である。トラッキング（学校ランクと普通科）効果を統制しても，学習活動をすることで学力という人的資本の一部を向上させようとするのはすでに高い学習能力を持っている生徒である。この（保護者の意向にもおそらく左右されている）自発的な生徒たちの資本蓄積戦略とそれに対するトラッキング効果がすでに存在する学力格差と学習能力格差をさらに拡大させているであろうという知見は，「スーパー・イングリッシュ・ランゲージ・ハイスクール」などのような学力向上政策の是非を検討する際に考慮されるべきではないだろうか。普通科かつ高いランクの高校に追加的に予算を配分して発展学習の機会を与えることは学力・学習資本格差を拡大することを通して社会階層再生産の流れを強くしている可能性があるのだ。

学習投資行動の分化

　本章の知見をまとめると，社会階層が元々の学力と学習能力の格差を生み，高い学力と学習能力を持つ生徒たちは，高いランクの高校に進むことでさらに通常授業の外における学習に向かう——高校制度は，すでに有利な条件を持っている生徒を手助けすることで，家庭環境という初期条件に端を発する格差を拡大していることになる。生徒の出身家庭の高い社会経済的地位が高い学力と学習能力を形成し，そのような恵まれた生徒は，普通科の高ランクの高校に入

学し，より長い時間かつ学問的で規律のある通常授業を受け，学習能力を「核となるエンジン」として追加的な学習機会を得て学力を向上させるための勉強も行う。高い学習能力を持つ「利口な人的資本家」は，高校トラッキング・システムの影響下で通常授業外において学ぶ機会を獲得することを通して「人的資本を自ら増殖」させ，入学後約3ヶ月の時点ですでに大学進学への備えを開始していると考えられる。追加的に学習することが定期試験などでの良い結果につながれば，高まる学力と成功体験が学習意欲という学習能力の蓄積を促すことになり，学習能力はまた新たなる教育機会獲得へと動くエンジンとして機能する――ここには学力向上・学習能力蓄積のサイクルがあり，教育政策によって変更可能なトラッキング・システムがそれを後押ししている。高校トラッキングはすでに有利な生徒たちの資本蓄積サイクルを加速化して，通常授業だけではなく追加的授業参加と個人的な努力まで含む包括的な学びの格差を拡大していることになる。

　学びのサイクルを効率的に回す人的資本家が存在する一方，通常授業以外でまったく数学の学習をしない生徒が23.3％存在した。この生徒たちは宿題を含む自習も高校入学後3ヶ月の時点で「まったくしない」――「学校での授業を通じた学習だけに依拠している」（苅谷 2004：144）高校生版 No Study Kids である。これらの生徒の多くは低い社会経済的地位の家庭出身で学習能力は15歳時点ですでに低く，唯一の学力獲得の機会である通常授業は比較的短く，生徒と教師の関係は良好とは言い難く同級生の規律もない。社会階層を基盤として形成された学力と学習能力，それにトラッキング制度の影響下で，この生徒たちが高校在学中に学習能力を飛躍的に向上させ「利口な人的資本家」となる可能性は低いだろう。学習者の主体性を尊重すればするほど，その結果は自己責任となる（苅谷 2008）以上，出身家庭の社会階層と高校トラッキングの影響があるにもかかわらず，通常授業の外における授業参加の有無，それに学力向上のための勉強や自習などは，個別的な選択と理解される。特に，「発展授業」の参加には生徒の出身家庭の社会経済地位が有意であるが，「補習授業」の参加と「学習する（しない）」「学力向上のための勉強」の有無は，学習能力に

よって左右される——個人の「やる気」の問題として解釈されてしまう可能性が高い以上，人的資本の自己増殖サイクルを回すことができていない低い学習能力しか持たない生徒は，低い高校ランクが水路付ける進路に向かうと考えられる。個人の社会経済的地位を変えることは政策的に非現実的であるが，教育政策によって変更可能なトラッキング・システムが，通常授業だけではなく追加的授業と学習時間という「努力の総量」(苅谷 2008：73) まで含む包括的な学びの格差を拡大していることは政策的に留意されるべきではないだろうか。

発展的であれ補習的であれ，学校における補習も塾・予備校・家庭教師の授業も自習も，何十年にもわたって繰り広げられてきた学習活動である。その意味で日本の教育はずっと部分的には学習の市場化を伴ってきた。今後，小学校や中学校で学校選択制度が広がる[18]ことで，より「選択」の幅は広がるだろう。また，苅谷 (Kariya 2009) が指摘するように，内申書や教師の推薦状による高校・大学受験は，筆記試験と比べて教師による主観的な生徒の学習能力に対する評価を含むことになる。増える選択肢と自己責任化，主観的な評価が以前より重視される流れの中で，社会経済的に恵まれた層の多くは15歳時点までに高い学習能力を獲得し，高校トラッキング・システムに背中を押されながら学習機会を得ることと自習すること——学習に投資することで人的資本を蓄積するサイクルを回し続ける。そんな「利口な人的資本家」は，従来の学歴競争を勝ち抜くだけではなく，大学進学・卒業後も主体的な学びが求められるポスト近代化社会における社会経済的地位獲得レースを有利に進めるだろう——苅谷 (2008) が論じる理念的な学習資本主義社会の到来は，そう遠い未来の話ではないのかもしれない。

付記

本章は Matsuoka, Ryoji, 2013, "Learning competencies in action: tenth grade students' investment in accumulating human capital under the influence of the upper secondary education system in Japan." *Educational studies in Japan: International yearbook*, 7. をもとに，加筆・修正したものである。

第Ⅱ部　理論的接近と提言

注

(1) 通常授業における授業選択については，親の学歴が選択に関連していることを荒牧（2003）が明らかにしている。
(2) 藤田英典（Fujita 2010）は，教科知識を試験している The Trends in International Mathematics and Science Study（TIMSS）と PISA は基本的に似た学力を計測していると論じている。文部科学省による2007年と2009年の全国学力試験のA問題が TIMSS に，B問題が PISA に近く，中学3年生の数学のA問題とB問題の点数は2008年度で0.83，2007年度で0.827という高い相関係数を示している（Fujita 2010）。カリキュラムに沿った試験（TIMSS）によって計測される学力もPISA 型学力も高い関連がある以上，PISA データを基に学力と高校ランクを作ることに妥当性はあると考えられる。なお，標本抽出や学校分類については国立教育政策研究所（2010：21-25）が詳述している。
(3) PISA の2006年データだと21.4％が数学の NSK，国語，理科，「その他の教科」でも NSK の割合は，PISA2006 に参加したすべての教育制度（57の国と地域）の中で日本がもっとも高い（Matsuoka 2013）。
(4) 本章で使用される学力指標は数学である。高校1年生の段階ではまだ必修科目であること，それに国語と理科に比べ発展学習であれ復習のような補習であれ対象になり易い科目であることが主な理由である。事実，PISA2009 では発展と補習授業の双方で数学の授業に参加している生徒数が一番多い。数学の学力は5つの変数（plausible values）で表されている（OECD 2009）。これらはすべてのモデルに別々に投入され結果はそれらの平均であり，リプリケイト・ウエイトも使用され結果の確認が行われた。
(5) 女性は48.6％で1，男性は51.4％で0で示されている。
(6) 学校ランクは各学校における生徒の数学の得点の平均で，平均0・標準偏差1に正規化されている。この変数は正規分布しており，ランクを示す数個のダミー変数を投入するより詳細に偏差値による学校間の序列を表している。
(7) 学校質問紙に対する返答を基に作成された。都市は100,000〜1,000,000人，大都市は1,000,000人以上が住んでいる場所を示している。
(8) 「経済・社会・文化的地位指標」を平均0・標準偏差1に正規化した変数を使用した。
(9) 9つの項目を使わず，コントロール戦略と精緻化戦略それぞれを学習能力の指標としてマルチレベル分析に用いても主な結果に変わりはない。
(10) これらは Westat（2007），白川（2009），OECD（2009）を参照し WesVar 5.1 により算出された。

⑾　マルチレベルモデルの構築はこの分野における代表的な文献（Hox 2010, Raudenbush and Bryk 2002, Raudenbush, Bryk, Cheong, Congdon and Mathilda 2011, Heck and Thomas 2009）に依拠し，HLM7を使用して分析を行った。なお，欠損値は最大でも生徒の出身家庭の社会経済地位の1.7％であり，他のすべての変数の欠損値は1％以下であるので分析に影響はないと考えられる。
⑿　学校水準の変数間の相関分析は紙面の都合上省いた。普通科は学校ランク（.27）と有意水準1％で有意である。
⒀　モデル1と2の結果は紙面の都合上省略し，フルモデルの結果のみ掲載した。なお，生徒水準変数の傾きのランダム効果，それに交互作用項も有意とはならなかったので，すべてのモデルはランダム切片モデルになっている。
⒁　文字数の制限があるので省略したが，高いランクの高校の平均生徒社会経済的地位は高い。学校ランクと学校の平均生徒社会経済地位には高い相関関係（係数．78）がある（有意水準1％で有意）。
⒂　トラックによる通常授業の差は既に多くの先行研究があるが，PISA2009データで同じ傾向が確認されるか補足的な分析を行った。生徒質問票にある各教科あたりの「1校時の授業時間は平均何分間ですか」（問24）と1週間あたり「何校時」受けているか（問25）から，各学校における数学の平均時間を導き出すことができる。学校ランクと週あたりの授業時間数の各学校平均との相関係数は有意水準1％で0.69であり，ランクが高い高校のほうが長い数学の通常授業を行っていることが伺える。また，通常授業の雰囲気も教師と生徒の関係（Teacher-student Relations）から推測することができる。生徒質問票の問30「あなたの学校の先生について，どのように思っていますか」に5つの項目があり，それらに対する生徒回答をまとめた指標の各学校平均値と高校ランクとの間には有意な相関関係がある（有意水準1％で相関係数は0.56）。また，高校ランクと規律（Disciplinary Climate）の相関係数は0.57である（有意水準1％で有意）。紙面の都合でプロット図は省略するが，どの指標でも学校ランクとの関係は明確な右肩上がりを示している——高ランクの高校であればあるほど，数学の通常授業の時間は長く，生徒たちの視点によると教師との関係は良好で授業の中での規律もある。これらの傾向は学校質問票を基にしたデータでも裏付けられる。学校ランクと複数の項目から作られた「生徒の振る舞い（Student Behavior）」指標の相関係数は0.56（有意水準1％で有意）。教師の振る舞い（Teacher Behavior）とランクの関連は強くはないが有意水準5％で有意である（相関係数は0.16）。学校質問票の記入者（基本的に学校長）から見た評価だと，生徒の振る舞いはランクが高ければ高いほど好ましく，その傾向は比較的弱いが教師の振る舞いも高いランクの高校では好意的に報告されている。

(16) 学習能力と学校ランクや普通科との交互作用項は有意ではなかったことから，学校ランクと普通科の効果は追加的なものに留まる。言い換えると，低い社会経済地位の家庭出身者でも高いランクや普通科の高校に進学することができれば，通常授業外の学習に駆り立てられるトラッキング効果を受けることになるので，一定の平等化効果があると解釈できる。ただし，恵まれた社会経済地位の家庭出身者が高校受験という選抜を経て高いランク・普通科の高校に進学する傾向がある以上，学習活動をするように後押しされるトラック効果を受けている多くは恵まれた家庭出身者である。

(17) 中西（2000）は，高校受験でトップレベルの高校への入学に失敗したが，後にトップレベルの大学に合格した「御破算上昇組」の父親の威信スコアが高いと報告している。高校受験に失敗しても出身家庭の社会経済的地位が高い生徒は学校効果とは別に学校の補習，塾・予備校での授業，家庭教師，自習などの学習機会を得ることでトップレベルの大学への合格を果たすことが本章の知見から示唆される。また，職業科に進学しても高校在学中に四年制大学への進学を望み出す（四大シフト）生徒も存在する（中村 2011）が，進学先は低いランクの私立大学なので，職業科という学科トラッキングが高校1年生の時点で持つ学習活動へのネガティブな影響力は考慮されるべきである。

(18) 今後，小学校や中学校で学校選択制度が広がることでトラッキング効果が生じ，学校での通常授業，塾などの追加的授業，それに自習――包括的な学習量の格差が高校受験以前に現状よりも広がる可能性がある。現在でも，藤田（Fujita 2010）は東京と首都圏において中流・上流家庭が子どもを私立学校，国立大学付属校，公立の中高一貫校，そして学校選択制度を使用してより人気のある公立校に送ろうとするリッチ・フライト（rich flight）現象があるとし，これはブラウン（Brown 1990）がペアレントクラシーと呼称するのと似た傾向であると議論している。本章が示した知見のように，小学校や中学校でも進学する学校タイプによって学習行動の差が広がる可能性があり，学力格差拡大の帰結として，高校トラッキングにおける社会階層と高校ランクの関連も強まるかもしれない。

文献

荒川（田中）葉，2001，「高校の個性化・多様化政策と生徒の進路意識の変容――新たな選抜・配分メカニズムの誕生」『教育社会学研究』68：167-185。

荒牧草平，2002，「現代高校生の学習意欲と進路希望の形成――出身階層と価値志向の効果に注目して」『教育社会学研究』71：5-22。

荒牧草平，2003，「現代都市高校におけるカリキュラム・トラッキング」『教育社会学

研究』73:25-42。
Brown, Phillip, 1990, "The 'Third Wave': Education and the ideology of parentocracy," British Journal of Sociology of Education, 11(1): 65-86.
Drucker, Peter Ferdinand, 1993. Post-Capitalist Society, Harpercollins.
Fujita, Hidenori, 2010, "Whiter Japanese schooling?: Educational reforms and their impact on ability formation and educational opportunity," June A. Gordon, Hidenori Fujita, Takehiko Kariya, and Gerald K LeTendre eds., Challenges to Japanese education: Economics, reform, and human rights, Teachers College Press, 17-53.
Hallinan, Maureen, 1994, "Tracking: From theory to practice," Sociology of Education, 67: 79-84.
秦政春, 1977,「高等学校格差と教育機会の構造」『教育社会学研究』32:67-79。
Heck, Ronald H, Carol L Price, and Scott L Thomas, 2004, "Tracks as Emergent Structures: A Network Analysis of Student Differentiation in a High School," American Journal of Education, 110(4): 321-354.
Heck, Ronald H and Scott L Thomas, 2009, An introduction to multilevel modeling techniques (2nd ed.), Routledge.
樋田大二郎・岩木秀夫・耳塚寛明・苅谷剛彦, 2000,『高校生文化と進路形成の変容』学事出版。
本田由紀, 2005,『多元化する「能力」と日本社会——ハイパー・メリトクラシー化のなかで』NTT出版。
本田由紀, 2009,「都立高校『垂直的多様化』の帰結」東京大学教育学部比較教育社会学コース・Benesse教育研究開発センター編『都立高校生の生活・行動・意識に関する調査報告書』ベネッセコーポレーション, 22-33。
Hox, Joop, 2010, Multilevel analysis: techniques and applications (2nd Edition), Routledge.
岩木秀夫・耳塚寛明編, 1983,『現代のエスプリ195 高校生 学校格差の中で』至文堂。
苅谷剛彦, 2000,「学習時間の研究——努力の不平等とメリトクラシー」『教育社会学研究』66:213-230。
苅谷剛彦, 2004,「『学力』の階層差は拡大したか」苅谷剛彦・志水宏吉編『学力の社会学』岩波書店, 127-151。
苅谷剛彦, 2008,『学力と階層』朝日新聞出版。
Kariya, Takehiko, 2009, "From credential society to "learning capital" society: A

rearticulation of class formation in Japanese education and society," Hiroshi Ishida and David H. Slater eds., *Social class in contemporary Japan: Structures, sorting and strategies*, Routledge, 87-113.

Kariya, Takehiko, 2011, "Japanese solutions to the equity and efficiency dilemma? Secondary schools, inequity and the arrival of 'universal' higher education," *Oxford Review of Education*, 37(2): 241-266.

Kariya, Takehiko and James E. Rosenbaum, 1987, "Self-Selection in Japanese junior high schools: A longitudinal study of students' educational plans," *Sociology of Education*, 60(3): 168-180.

Kariya, Takehiko and James E. Rosenbaum, 1999, "Bright flight: Unintended consequences of detracking policy in Japan," *American Journal of Education*, 107(3): 210-230.

菊地栄治，1986,「中等教育における『トラッキング』と生徒の分化過程――理論的検討と事例研究の展開」『教育社会学研究』41：136-150。

Knipprath, Heidi, 2010, "What PISA tells us about the quality and inequality of Japanese education in mathematics and science," *International Journal of Science and mathematics Education*, 8(3): 389-408.

国立教育政策研究所編，2010,『生きるための知識と技能4　OECD生徒の学習到達度調査（PISA）：2009年調査国際結果報告書』明石書店。

LeTendre, Gerald K, Barbara K Hofer, and Hidetada Shimizu, 2003, "What Is Tracking? Cultural Expectations in the United States, Germany, and Japan," *American Educational Research Journal*, 40(1): 43-89.

Lucas, Samuel R, 1999. *Tracking inequality: stratification and mobility in American high schools*, Teachers College Press.

Matsuoka, Ryoji, 2013,「Comparative analysis of institutional arrangements between the United States and Japan: Effects of socioeconomic disparity on students' learning habits」『比較教育学研究』46：3-20。

中村高康，2011,『大衆化とメリトクラシー――教育選抜をめぐる試験と推薦のパラドクス』東京大学出版会。

中西祐子，2000,「学校ランクと社会移動――トーナメント型社会移動規範が隠すもの」近藤博之編『日本の階層システム3――戦後日本の教育社会』東京大学出版会，37-56。

中西祐子・中村高康・大内裕和，1997,「戦後日本の高校間格差成立過程と社会階層――1985年SSM調査データの分析を通じて」『教育社会学研究』60：61-82。

Oakes, Jeannie, 1985, *Keeping track: how schools structure inequality*, Yale University Press.

Oakes, Jeannie, 2005, *Keeping track: how schools structure inequality (2nd ed.)*, Yale University Press.

Oakes, Jeannie, Tor Ormseth, Robert Bell, and Patricia Camp, 1990, *Multiplying inequalities: The effects of race, social class, and tracking on opportunities to learn mathematics and science*, RAND.

OECD, 2009, *PISA Data Analysis Manual: SPSS and SAS, Second Edition*, OECD.

OECD, 2012, *PISA 2009 Technical Report*, OECD.

尾嶋史章,2001,『現代高校生の計量社会学——進路・生活・世代』ミネルヴァ書房。

Ono, Hiroshi, 2001, "Who goes to college? features of institutional tracking in Japanese higher education," *American Journal of Education*, 109(2): 161-195.

Raudenbush, Stephen and Anthony Bryk, 2002, *Hierarchical linear models: applications and data analysis methods*, Sage.

Raudenbush, Stephen, Anthony, Bryk, Yuk Fai, Cheong, Richard, Congdon, and Mathilda, Du Toit, 2011, *HLM 7:Hierarchical linear and nonlinear modeling*, Scientific Software International.

Rohlen, Thomas P., 1983, *Japan's high schools*, University of California Press.

Rosenbaum, James E., 1976, *Making inequality: The hidden curriculum of high school tracking*, Wiley.

白川俊之,2009,「サンプル・ウェイトとリプリケート・ウェイト——二段階標本設計にもとづくデータの特徴と分析時の注意点」尾嶋文章編『学校教育と社会的不平等に関する国際比較研究(第1次報告書)』同志社大学社会学部尾嶋研究室,61-88。

Sorensen, Aage Bottger, 1970, "Organizational differentiation of students and educational opportunity," *Sociology of Education*, 43(4): 355-376.

Stevenson, David L. and Baker, David P., 1992, "Shadow Education and Allocation in Formal Schooling: Transition to University in Japan," *American Journal of Sociology*, 97(6): 1639-1657.

武内清,1981,「高校における学校格差文化」『教育社会学研究』36:137-144。

多喜弘文,2011,「日本の高校トラックと社会階層の関連構造——PISAデータを用いて」『ソシオロジ』170:37-52。

Tsukada, Mamoru, 2010, "Educational stratification: Teacher perspectives on school culture and the college entrance examination," June A. Gordon, Hidenori Fujita,

第Ⅱ部　理論的接近と提言

　　Takehiko Kariya, and Gerald K LeTendre eds., *Challenges to Japanese education: Economics, reform, and human rights*, Teachers College Press, 67-86.
Westat, 2007, *WesVar 4.3 User's Guide*, Westat.
Willms, J. Douglas, 2010, "School Composition and Contextual Effects on Student Outcomes." *Teachers College Record*, 112(4): 1008-1037.
Yamamoto, Yoko and Mary C. Brinton, 2010, "Cultural capital in East Asian educational systems: The case of Japan," *Sociology of Education*, 83(1): 67-83.
吉本圭一，1984,「高校教育の階層構造と進路分化」『教育社会学研究』39：172-186。

第12章
就学前児童の健康格差が教育に与える影響
――経済学的なアプローチを用いた分析――

中室牧子

1 就学前児童の健康はなぜ重要か

　全米でベストセラーとなった『ヤバい経済学――悪ガキ教授が世の裏側を探検する』(Levitt and Dubner 2005＝2006) の中で，著者らはかなりの紙面を割いて子どもの学力の決定要因について論じており，特に最近の研究で明らかになったこととして，就学前の子どもの健康状態が学力と密接に関係しているという実証研究を紹介し，話題となった。就学前児童の健康状態は，認知能力の発達や情操形成の観点から重要であると考えられており，就学後の学力にも何らかの影響を与えるであろうことは想像に難くないが，具体的にどのような健康状態であれば，どの程度学力に影響するのかについては目下，さまざまな研究が行われている最中であり，慎重に検討すべき学術的課題である。こうした一連の研究から得られるエビデンスは，先進国のみならず，開発途上国でも注目を集めるようになってきている。

　世界銀行の推計によると，開発途上国では，5歳以下の就学前児童のおよそ3分の1にあたる1億8000万人が，何らかの健康問題を抱えているとされる。幼児期の健康不良は，発育過程において，脳や免疫システムに影響を与え，学校への通学や家庭での学習を困難にすると考えられ，開発途上国における初等教育普及を妨げる大きな要因の1つとして認識されつつある。ロペスら (Lopez, Mathers, Ezzati, Jamison and Murray 2006) は，0〜4歳の幼児期に何らかの健康

問題を抱えると，5～14歳という学齢期に同様の問題を抱えたときと比較して，身体障害や精神障害の負担が長引くことを明らかにしており，幼児期の健康問題は学齢期のそれと比べると，その後の人生に与える影響がより深刻になるであろうことを示唆している。

本章の目的は，次の2つである。第1は，就学前児童の健康格差がその後の教育にどのような影響を与えるかについて行われた研究のうち，諸外国のデータを用いて行われた実証研究の包括的サーベイを行い，日本のデータを用いた研究への示唆を得ることである。第2に，日本で収集された双生児のデータを用いて，遺伝や家庭環境の要因をコントロールしたうえで，就学前の健康格差が学力や賃金にどのような影響を与えるかを明らかにすることである。こうした研究は，従来，医学や公衆衛生の研究領域であったが，近年，経済学の理論や手法を用いた研究が進んできている。既存研究のサーベイとしては，すでに，Currie (2009)，小原・大竹 (2009)，中室・星野 (2011) など多数存在するが，これらは，子どもの教育成果の決定要因について健康状態のみならず親の所得や学歴などの影響も幅広く論じていること，先進国の論文を中心に取り上げていること，後述するようなセレクションバイアスをコントロールした研究とそうでない研究が混在していることを踏まえ，本章では，特に，(1) 就学前児童の健康状態と教育成果の関係に焦点をあて，(2) 先進国のみならず開発途上国のデータを用いた研究，その中でも (3) 実験データや兄弟・双生児のデータを用いるなどしてセレクションバイアスをコントロールした研究に重点をおいて，その評価を行う。さらに，日本ではこうした研究はいまだ少なく，既存の研究蓄積から結論を導き出すのは時期尚早といえるが，前出の小原・大竹 (2009) や阿部 (2010) などの研究から得られたエビデンスを紹介するほか，筆者が独自に収集した双生児のデータを用いた実証研究を紹介し，日本の今後の政策に対する示唆を得られるよう努める。

2 実証研究における因果推論の問題

教育生産関数のフレームワーク

　初期の研究は，教育における投入と成果の関係をあらわす教育生産関数（Education Production Function）のフレームワークを用いて，就学前児童の健康状態と教育の関係を分析している。一般に，経済学で用いられる生産関数とは，ある一定の技術的制約の下で，生産要素の投入量に対応して生産可能な産出量がどれだけ増加するかを示したものである。このメタファーを教育に応用したものが教育生産関数である。すなわち，教育生産関数は教育における生産要素の投入（Input）と産出（Output）の関係を表す。教育における産出は成績や賃金などで計測されることが多い。それらに必要な投入としては，主に両親の社会経済的地位や学校資源に加えて，子どもの健康状態もその1つであると考えられる。したがって，ある地域に居住する家計 h で養育されている就学前の児童 i の t 期における教育成果 T は，両親の社会経済的地位（P），学校資源（S），子どもの健康状態（H），子どもの生来の能力など観察不可能な要因（A）の関数として，以下のようにあらわされる。

$$T_{it}=f(H_{it}, P_{ht}, A_i, S_{ht})$$

　この教育生産関数は，他の要因を所与としたとき，t 期における教育成果には，t 期（場合によっては，$t-1$ 期）の健康状態の役割が重要な決定要因となっていることを示している。

　これまでに行われた実証研究の多くは，子どもの健康状態をあらわす代理変数を生産関数における投入の1つとして推計式に加え，それぞれの投入が独立であるとの仮定のもと，成果とそれぞれ投入の関係を OLS（Ordinary Least Square）によって推定している。この結果，就学前児童の健康状態は就学後の成績に大きな影響を与えることが明らかになっている。たとえば，一部研究では就学前児童の健康状態の代理変数として，出生時体重を用いて，就学後の成

績との関係を調べたところ，1958年3月の第1週にイギリスで生まれた17,000人の新生児のうち，2,500g以下の低体重で生まれた子どもは，親の社会経済的地位にかかわらず，就学時の数学の成績が低いことが明らかになった（Currie and Hyson 1999）。出生時体重以外に，子どもの健康状態の代理変数として母親の喫煙の有無を用いている研究もある。同じくイギリスのデータを用いた研究は，妊娠中の母親の喫煙は，子どもの就学に悪影響を与えるという結果を示している（Case, Fertig and Paxson 2005）。

潜在的なバイアスの存在

しかし，こうした一連の研究は，子どもの健康状態と教育成果の因果関係について十分な検討をしているとは言い難い。子どもの健康管理や教育に対する両親の行動や支出のパターンは，彼ら自身の生育環境や子どもへの愛情のような（研究者からみれば）観察不可能な要因に基づいて決定されている可能性が高い。両親の意思決定が，このような観察不可能な要因に影響を受けている場合，技術的には，就学前児童の健康状態を表す変数と誤差項が相関し，OLSによる推計値が一致制を持たないという問題が生じる。上述のような問題は省略された変数バイアス（Omitted Variable Bias）として位置づけられる。また，健康な人ほど教育年数が長かったり，生産性が高い傾向がある場合にも同様のことが生じる。これを特にセレクションバイアス（Selection Bias）といい，こうした潜在的なバイアスを総称して，内生性（Endogeneity）があるという。こうしたバイアスは，健康状態が教育に与える影響を，時に過大評価し，時に過小評価する。こうした就学前児童の健康状態と教育成果の関係を推計にあたって，潜在的なバイアスが存在する場合，OLSの推計値は上方にも下方にもバイアスする可能性があることを示す研究もある（Behrman 1994）。したがって，就学前児童の健康状態と教育の関係を厳密に把握するためには，こうしたバイアスのコントロールが必須となる。以下ではバイアスをコントロールした実証研究に重点をおいて，既存の実証研究を概観する。

第12章 就学前児童の健康格差が教育に与える影響

3 非実験データを用いた実証研究

操作変数法を用いた研究

内生性に対処する手法の1つとして，操作変数法（Instrumental Variable Method）がある。たとえば，ガーナの生活水準調査のクロスセクションデータを用いて，6〜15歳の学齢期の児童の身長を就学前児童の栄養状態の代理変数として，それが小学校への入学年齢にどのように影響したかを検証した研究がある（Glewwe and Jacoby 1995）。ガーナでは，6歳で小学校に入学するはずの児童のうち約半数が，平均2年程度遅れて小学校に入学するという「入学遅延」問題が深刻化している。同研究では，幼児期の栄養不足によって身体的・精神的発達が遅れることが小学校の入学遅延の原因となっているとみて，就学前児童の栄養状態と，小学校入学遅延の関係について分析を行っている。居住地から近隣の医療機関への距離と母親の身長を，就学前児童の栄養状態の操作変数として，2段階最小2乗法（TSLS）による推計を行い，就学前児童の栄養状態の不良が，小学校の入学時期を遅延させる原因になっていることを示している。

ほかにも，フィリピンで収集されたセブ健康栄養縦断調査から，1984年生まれの2,192人のパネルデータを用い，8歳時点の身長で計測された就学前児童の栄養状態が，その後の成績にどのように影響したかを検証した研究もある（Glewwe, Jacoby and King 2001）。同研究では子どもの認知能力に差が生じるのは生後24ヶ月以降であるという心理学的知見に基づいて，年上の兄弟の生後24ヶ月時点の身長を就学前児童の栄養状態の操作変数とし，就学前児童の健康状態は成績に大きな影響を与えることを明らかにした。また，それ以外の教育成果への影響をみてみると，宿題への取り組み時間や授業への出席などには結びつかないものの，小学校の入学時期遅延の解消につながることが確認された。

パキスタンの一部地方で収集された800家計のパネルデータを用い，5歳時点の身長で計測された就学前児童の栄養状態が，7歳時点で小学校に在籍して

いる確率に影響したかどうかを検証した研究では，食料価格の長期トレンドからの乖離を就学前児童の栄養状態の操作変数とする推計を行った結果，就学前児童の栄養状態は，小学校に在籍する確率を上昇させることが明らかとなった (Alderman, Behrman, Lavy and Menon 2001)。ジンバブエで収集された1978年から1986年にかけて生まれた665人の若年層のパネルデータを用い，生後12～36ヶ月の子どもの身長を栄養状態の代理変数として，教育期間に影響があるかどうかを検証した研究もある (Alderman, Hoddinott and Kinsey 2006)。この研究の1つの特徴は，データの採集時期にある。1987年から1986年にかけてのジンバブエは，1970年代の後半には内戦によって，1982年から1984年にかけては大規模な干ばつによって食糧事情が急激に悪化するという事態を経験した。こうした事実をもとに，1980年8月18日以前の生存日数の対数値および，1982年から1984年に生後12～36ヶ月であったかどうかというダミー変数の2つを就学前児童の健康状態の操作変数として用いた。この結果，幼児期の栄養状態は，その後の教育年数を延長させることが明らかになった。タンザニアのカゲラ地方で収集された生活水準調査のうち，1994年時点に10歳以下であった子どもの身長を子どもの栄養状態の代理変数として，2004年時点に就学している確率への影響を検証した研究では，地域・共同体レベルの固定効果に加え，家計ごとに報告された作物の損失額と，地域の天候と年齢の交差項を，就学前児童の栄養状態の操作変数として，操作変数法による推計を試みた結果，幼児期の栄養状態は10年後の就学に影響することが明らかになった (Alderman, Hoogeveenm and Rossi 2009)。

兄弟姉妹や双生児のデータを用いた研究

　上記の研究のうち，多くは，家族固定効果モデルによる分析結果も示し，操作変数法による結果と大きく違わないことを明らかにしている。家族固定効果 (Family Fixed Effects) とは，同じ家計で養育を受けた子ども（多くは兄弟姉妹であろう）の差を分析することで，家庭環境や遺伝などの観察不可能な要因をコントロールするものである。しかしこうした家族固定効果モデルでは，同じ

家庭で養育をうけた子どもが，厳密に兄弟姉妹または双子であるかどうかは特定されておらず，養子や異母兄弟姉妹である可能性を排除できていない。特に開発途上国では，異母兄弟姉妹は多く存在する。そこで，兄弟姉妹を特定した分析を上述の家族固定効果とは区別して兄弟固定効果モデル（Siblings Fixed Effects）と呼ぶ。しかし，仮に兄弟姉妹であったとしても能力や嗜好に差があるため，厳密に観察不可能な要因の影響を取り除くことは難しい。こうした中，一部の研究は双生児，特に一卵性双生児のデータを用いた研究を展開している。一卵性の双生児は，まったく同じ遺伝情報を持っているため，家庭環境のみならず，遺伝によってきまっていると考えられる生来の能力の影響をも取り除くことが可能となる。

　兄弟固定効果を用いた代表的な研究では，アメリカの消費生活に関するパネルデータを用い，同じ家庭で養育を受けた兄弟姉妹のデータを比較することで，出生時の体重が，17歳で高校を卒業する確率に影響するかどうかについて検証している（Conley and Bennett 2003）。この結果，2,500g以下で生まれた低体重児は，正常出生体重で生まれた兄弟姉妹と比較すると，17歳で高校を卒業する確率が74％も低くなることが明らかになっている。1950年から1956年の間にイギリス・スコットランドのアバディーン市で生まれた1,645組の兄弟姉妹のデータを用いた研究では（Lawlor, Clark, Smith and Leon 2006），出生時の体重が7歳時点の知能テストの結果に影響していることを明らかにしている。双生児のデータを用いた研究では，アメリカのミネソタ州で，1936年から1955年までの間に生まれた804組の女児の一卵性双生児データを用いて，出生時の体重が教育年数に影響することを明らかにされている（Behrman and Rosenzweig 2004）。これらの研究ではいずれも，OLSによる推計値にはかなり大きな上方バイアスがあることが報告されており，遺伝や家族環境が教育に与える影響が大きいことが示唆されている。

　これらの研究は，いずれも就学前児童の健康状態が教育成果に影響を与えることを示しているものの，サンプル数が少ないことや，出生時の体重や教育年数など重要な質問項目が本人による自己申告などであることなどの問題が指摘

されていたが,出生記録をもとに,1967年から1979年までの間にノルウェーで生まれた約13,000人の双子のデータを用いた研究では (Black, Devereux and Salvanes 2007),出生時の体重が,18歳時点の IQ および17歳で高校を卒業する確率に影響することを明らかになっている。さらに1978年から1985年までの間にカナダのマニトバ州で生まれた約40,000人の兄弟姉妹や650組の双子のデータを用いた研究もある (Oreopoulos, Stabile, Walld and Roos 2008)。同研究では,出生時の体重やアプガールスコアと呼ばれる分娩直後の新生児の健康状態を数値化した指標が,17歳時点の言語科目の成績や17歳で高校を卒業する確率に影響するかどうかを調査した。分析結果によると,就学前児童の健康状態を示す変数は,言語科目の成績との間に統計的に有意な関係は見出せなかったものの,高校を卒業する確率にはプラスの影響を与えることがわかった。同様にアメリカのカリフォルニア州で1960年から1982年に生まれた延べ2,800組の双子女児の出生記録を用いた研究においても,出生時の体重が教育年数に影響することが明らかになっている (Royer 2005)。しかしこうした出生記録に基づく大規模サンプルを用いた研究は,通常の OLS による推計と,兄弟姉妹または双生児のデータを用いた推計には大きな差がないことも明らかにしている。この結果は明らかに,出生時体重が自己申告であった一連の研究の結果とは相反している。このことは,出生時体重が自己申告であることの計測誤差 (Measurement Errors) の影響が大きいとの解釈も可能であることから,計測誤差の修正についても慎重な対応が必要とされるだろう。

疑似実験,自然実験によるデータを用いた研究

疑似実験や自然実験とは,天候の変化や法制度の改正などによって偶発的に発生した環境を利用し,後述するランダム化比較試験想定されるような状況を疑似的に再現し,分析しているものである。しかし,人為的にデザインされたランダム化比較試験とは異なるため,ここでは非実験データによる分析として扱うこととする。疑似実験 (Quasi Experiments) の手法を用いた研究としては,ハックらの研究 (Hack, Flannery, Schluchter, Cartar, Borawski and Klein 2002)

第12章 就学前児童の健康格差が教育に与える影響

がある。先行研究では出生時の体重が2,500 g 以下であることを低体重と定義しているのに対して（たとえば Conley and Bennett 2003 など），彼らは，1,500 g 以下の極低出生体重児のその後の教育への影響を検証している。彼らは，クリーブランド在住で，1977年から1979年の2年間に生まれた242人の極低出生体重児と，233人の標準体重児を対象に，高校を卒業する確率と IQ とを比較している。結果，極低出生体重児は標準体重児に比べて，高校卒業する確率，IQ ともに低くなっており，これまでの研究（Conley and Bennett 2003）とも整合的である。

これ以外にも，1918年に生じたインフルエンザの大流行を自然実験的環境と捉え，この時期インフルエンザに感染していた母親から生まれた子どもは，高校を卒業する確率が15%も低いことを明らかにした研究もある（Almond 2006）。また当該の子らは，成人してから生活類を受ける確率も高いことも明らかになっており，この研究は，出生後のみならず，出生前かあるいは出生直後の健康状態までもが教育成果に影響をもたらすことを指摘している点で興味深い。また，東日本大震災後によって福島第一原子力発電所事故の被害にあった日本に大きな教訓をもたらしたアルモンドらの研究がある（Almond, Edlund and Palme 2009）。1986年4月に生じたウクライナのチェルノブイリ原子力発電所事故の影響を自然実験と捉え，この時期にスウェーデンで出生した子どもの学力に与える影響を明らかにしている。同研究によると，原発事故が生じ，放射能の拡散がもっとも大きかった時点で8週〜25週の胎児だった子どもは，高校に進学する確率が3.6%低く，成績も5.0%程度低いことがわかった。これを兄弟のみのサンプルに絞って，兄弟間の差をみてみると前者が5.6%，後者が8.0%になるため，遺伝や家庭環境を一部コントロールした後では，影響が大きくなることがわかる。チェルノブイリから約300 km 以上も離れており，（政府の公式発表では）「人体に影響のない程度の放射能の拡散」からでも，子どもが受けた健康被害は小さくないものと推察される。ただし，この影響は年齢の高い子どもには見られていない。

非実験データを用いた研究の問題点

　以上の研究を総じてみれば，先進国・開発途上国ともに，就学前児童の栄養状態は，成績，小学校の入学時期，教育年数，所定の年齢での高校の卒業確率などさまざまな教育成果に影響を与えていると結論付けることができよう。しかし，非実験データを用いた研究には，次のような問題点がある。第1に，潜在的なバイアスのコントロールに用いられた計量経済学的手法の妥当性である。すでに述べたように，非実験データを用いた実証研究の多くは，操作変数法を用いているが，操作変数の選択については議論の余地がある。就学前児童の健康状態の操作変数は，両親が子どもの健康管理にあたって影響していると思われる観察不可能な要因と相関しているが，一方で子どもの教育に対する支出や行動パターンとは相関していないことが前提となっている。しかし，先行研究で操作変数として用いられている，居住地から近隣の医療機関への距離と母親の身長が，子どもの教育と相関しないとは考えにくい。たとえば，開発途上国では，医療機関，学校，公共施設などは隣接していることが多く，この場合，医療機関への距離は学校への距離とほとんど等しくなるであろうし，地方共同体が医療機関をどのように支援，運営しているかは，学校のそれにも当てはまる可能性が高い。また，母親の身長は，彼女の労働生産性や所得に影響することを通じて，子どもの教育に対する支出行動を変化させる可能性がある。また，食料価格の長期トレンドからの乖離や，作物の損失額や地域の天候もまた，家計所得や貯蓄に影響することを通じて，子どもの教育に対する支出行動に影響する可能性が高い。年上の兄弟の生後24ヶ月時点の身長は，両親が子どもの教育にどのような資源を分配するかを決定と無関係であるとは考えにくく，外生的ショックは，親の選択にかかる観察不可能な要因とは相関はないものの，地方政府の財政状況の変化を通じて，学校教育の質にかかる変数と相関している可能性は否定できないという問題がある。これに加えて，一部の研究は，操作変数が誤差項と相関しているかどうかのテスト（たとえば，操作変数が複数ある場合には，過剰識別制約検定などが有効であろう）を行っておらず，健康状態をあらわす変数が果たして本当に内生変数であるかどうかはっきりしないものもあ

る。

　一方,家族固定効果・兄弟固定効果・双子固定効果は,いずれも遺伝的要因や家庭環境などが,それぞれ同じ家庭で養育を受けた兄弟姉妹あるいは双子では同じであるという前提に基づいているが,兄弟姉妹であったとしても,能力や嗜好に差があることはすでに述べた通りであるし,また,日本のように従来から長男が跡継ぎであるという意識が根強い社会的環境があれば,同じ家計の中で教育の収益率に異質性（heterogeneity）がないと考えるのは無理がある。この意味では,一卵性双生児のデータを用いた研究は,より厳格であるといえるが,一卵性双生児の大規模サンプルの収集は容易ではなく,サンプルの偏りや少なさから一般化が難しいことが指摘されている。疑似実験や自然実験データもまた,より厳格な手法として注目を浴びているが,就学前の子どもの健康状態と教育の因果関係を明らかにするために適切かつランダムな変化を捉えることは容易ではない。このため,この分野における疑似実験や自然実験に基づく研究蓄積はさほど多くないのが実情である。

　第2に,多くの研究で,家計所得や支出などのコントロール変数を外生であると仮定しているという問題がある。しかし,これらの変数もまた健康状態をあらわす変数と同様,地域共同体や両親の選択にかかる観察不可能な要因に影響を受けている内生変数であると考えられる。また所得や支出のデータには計測誤差がある可能性があり,この点についてもほとんど触れられていない。また,出生時の体重は,母親が妊娠時の家庭の経済状態や,飲酒や喫煙などの生活行動様式と関連していることが知られているが,その母親の妊娠時の属性や環境をあらわす変数は,子どもの健康状態をあらわす変数と同様,観察不可能な要因に影響を受けている内生変数であると考えられる。当然,出生体重への外生的ショックとの識別が必要となってくるが,これについてもほとんど議論されていない。

　最後に,既存の研究は,出版バイアス（Publication Bias）がある可能性が高い。出版バイアスとは,ある仮説について,否定的な結果よりも肯定的な結果が出た研究のほうが出版されやすいため,あたかも真実が肯定的な結果であ

るように受け止められるバイアスのことである。実際に，既存研究では，就学前児童の健康状態と教育成果の関係が統計的に有意ではない，または負であるという結論にいたっている研究は存在しない。以上のことを鑑みると，非実験データを用いた研究は，政策判断の根拠とするには信頼性に乏しく，さらなる研究蓄積が必要とされているように感じられる。その一方で，社会実験によって収集された実験データを用いた政策評価も進んできていることから，以下では一連の研究の成果を概観する。

4 実験データを用いた実証研究

ランダム化比較試験とは

　セレクションバイアスをコントロールする手法の1つに，ランダム化比較試験（Randomized Control Trial）がある。[1]たとえば，貧血症状のある就学前児童に鉄分を含むサプリメントを無償提供することが，のちの教育にどのような影響を与えるかを知りたいとする。これまでみてきた通り，非実験データにおいては，セレクションバイアスや省略された変数バイアスなどをコントロールする必要がある。しかし，就学前に鉄分の摂取が十分であった子どもと，そうでない子どもの教育成果を比較しても，それが鉄分の摂取によるものか，はたまたセレクションの結果なのか，計量経済学的に識別することは非常に難しいこともすでに述べた。しかし，ランダム化比較試験においては，鉄分を摂取するグループとそうでないグループは抽選などにより，完全にランダムになるように振り分けられ，参加者は自分がどちらのグループに振り分けられたのかはわからないようになっている。本人や親に選択の余地はなく，セレクションバイアスをコントロールすることが可能となる。言い換えれば，鉄分を摂取した子どもが，仮に，接種しなかったらどうなっていたかという仮想の反事実を，コントロールグループによって再現することが可能となり，2つのグループの教育成果の差（「処理群の平均処理効果」（Average Treatment Effect on the Treated：ATT）と呼ぶ）は，就学前に十分な鉄分の摂取を受けたかどうかのみに帰結さ

せることができるのである。この手法は，政策評価を厳密に行ううえでの試金石と考えられている。

　セレクションバイアスに対応しながら，特定の政策介入の効果を定量的に評価できることに加えて，ランダム化比較試験においては「効果がなかった介入」についても積極的に情報公開が行われており，政策担当者の注目を集めている。「効果が観察されなかった」という情報も政策担当者には貴重な情報であるばかりか，出版バイアスの可能性を排除できるからである。また，非実験データにおいては，就学前児童の健康状態の代理変数として体重や身長などが用いられており，とるべき政策の具体案について特段の示唆を含むものではなかったが，ランダム化比較試験は，ある特定の栄養素や医薬品の摂取の効果を定量的に評価する目的で設計されているため，具体的な政策立案につながる情報を提供することができる点でも優れている。

ランダム化比較試験を用いた研究

　上記で示した例は，実際にインドネシアのバンドン地方で行われたランダム化比較試験である。たとえばある実験では，貧血症状のある子ども49人を含む205人の就学前児童を対象にして，トリートメントグループには8週間にわたって鉄分を与え，コントロールグループには偽薬を与えた（Soewando, Husaini and Pollitt 1989）。被験者の子どもらが就学した後，ピーボディ式絵画語彙試験の結果を2つのグループの間で比較すると，トリートメントグループの成績が圧倒的に高く，鉄分補給は就学前児童の認知的発達に大きな改善をもたらしたことが明らかになった。別の実験では，インドのバロダ市で，貧血の症状を持つ5～6歳の14組の男子を対象に同様の実験を行ったところ，鉄分補給は動作性知能指数（DAM-IQ）を上昇させるという結果を得た（Seshadri and Gopaldas 1989）。

　栄養状態の改善のために，たんぱく質を含む食料供給を行い，それが後に教育にどのような効果をもたらすかを検証している研究もある（Pollitt, Gorman, Engle, Martorell and Rivera 1993）。同研究では，1969年にグアテマラの4つの村

で，ランダムに振り分けられた2つのトリートメント村の子どもにはたんぱく質の多い163カロリーの粥を，残りの2つのコントロール村の子どもにはたんぱく質の含まれていない59カロリーの飲料を生後約2年間供与し，20年後の1989年に，最終学歴やさまざまな教育成果への影響を検証した。この結果，トリートメント村の子どもは，算数，語彙，読解等の試験において，コントロール村の子どもよりもかなり平均値が高く，しかもこの傾向は低所得者層の子どもほど強いことが明らかになった。男女別にこの効果をみてみると，生後2年間，トリートメント村で食料提供を受けた女性はコントロール村の女性と比較して，1.2学年教育期間が長いことが示された。

ところが，上記のように1980年の後半から1990年前半にかけて開発途上国で実施されたランダム化比較試験は，公衆衛生の専門家や研究者が特定の地域を対象にして行ったものであったことや，同じ被験者に対して複数の介入が行われたこともあって，それぞれの介入の効果を正確に測定することが難しいという問題が指摘されている。最近になって比較的規模の大きい実験が行われるようになり（たとえば，Stoltzfus, Kvalsvig, Chwaya, Montresor, Albonico, Tielsch, Savioli and Pollitt 2001)，タンザニアのザンジバル諸島において，貧血の症状が顕著な6〜59ヶ月の614人の就学前児童を対象にして，鉄分補給とメベンダゾルという駆虫薬の影響について検証したところ，鉄分補給は，言語や運動能力の発達に大きな改善をもたらすものの，駆虫薬には効果がないという結果を得ている。

こうした動きを加速させたのが，米国のマサチューセッツ工科大の貧困行動ラボであり，就学前児童の健康状態と教育の関係についても，国際機関と協力して大規模なランダム化比較試験を行っている。たとえば，インドの首都デリーの幼稚園に在籍する2〜6歳の園児を対象にして，園児らの健康状態を改善するための2つの政策介入を行い，幼稚園への欠席者数を減少させることができるかどうかを検証した実験がある（Bobonis, Miguel and Sharma 2006)。具体的には，対象となった2,392人の園児が在籍する200の幼稚園を，ランダムに3つのグループに振り分ける。そして，2001年から2003年にかけて，1年づつト

リートメントグループとコントロールグループを入れ替え，トリートメントグループには（サンプルの30％程度の子どもが感染している寄生虫を駆虫するため）アルベンダゾールという駆虫薬と，（サンプルの70％程度の子どもにみられる深刻な貧血症状を改善するため）鉄分補給をあわせて行った。介入から5ヶ月後の効果を見ると，コントロール園では欠席者数に大きな変化がなかったのに対し，トリートメント園の欠席者数には3年間で平均して20％程度の減少がみられた。この効果が長期的に持続し，園児らの小学校への入学時期や小学校入学後の成績などにも影響するかどうかは，はっきりと述べられていないものの，同実験に参加した子どもの親の70％以上が，幼稚園に通園していることが小学校入学の重要な動機になると応えていることから，就学前児童の健康状態の改善は，その後の教育にも何らかの影響を及ぼすと考えることが自然であろう。

　また，ケニア西部のブシア・テソ地域の幼稚園を対象にして，給食の無償提供が幼稚園の出席率に与える影響を検証した実験もある（Vermeersch and Kremer 2004）。同実験では，対象となった50の幼稚園のうち，ランダムに振り分けられた25のトリートメント園には，たんぱく質を豊富に含む朝食を給食として毎日無償提供し，残りの25のコントロール園には提供せず，給食を通じて園児らの栄養状態の改善することを試みた。結果，トリートメント園の子どもの出席率が35.9％であるのに対して，コントロール園の子どもは25.9％と統計的に有意な差があることが明らかになった。ただし，認知能力を計測したテストの結果には，2つのグループの間で統計的に有意な差は観察されなかった。

実験データを用いた効果測定の問題点

　貧困行動ラボが行った大規模なランダム化比較試験は，新しい政策評価手法として研究者や政策担当者の間で大きな注目を集めているが，これとて完全無欠ではなく，次のような問題点が指摘できる。第1に，子どもを実験台にするという倫理上の問題が指摘されている。実験は，実験参加者や開発途上国の政府関係者と綿密に合意形成を図りつつ実施されることが望ましいといえよう。

また技術的な問題として，サンプルセレクションバイアスと欠損値バイアスがみられている。サンプルセレクションとは，ランダム化比較試験によって，トリートメントグループとコントロールグループがランダムに振り分けられたとしても，実験開始後に，鉄分補給や駆虫処理の恩恵に与ろうとして，コントロールグループから転出し，トリートメントグループに転入を試みる個人が存在することによって生じるバイアスである。また，欠損値バイアスは，鉄分補給や駆虫処理を受けられることを知って，いったんは幼稚園に参加することを決めた新規入学者が，結局，何らかの理由で通園が難しくなり，出席率を引き下げることによって生じるバイアスであり，この２つのバイアスが顕在化している実験もある（たとえば，Bobonis et al. 2006）。また，この実験において，トリートメントグループは，駆虫処理と鉄分補給の２つの介入を同時に受けており，このどちらがどの程度幼稚園の出席率に影響したかははっきりしないという問題もある。実際に，駆虫処理と鉄分補給の影響を，それぞれ別の実験のなかで検証した研究では，必ずしも駆虫処理と鉄分補給の効果は，同一方向ではないことを示している（Stoltzfus et al. 2001）。また波及効果がみられている実験もある（Vermeersch and Kremer 2004）。トリートメントグループに給食が支給され始めると，競争原理が働き，コントロールグループの一部幼稚園は，新規入園者の獲得のため，学費を引き下げ始めたのである。こうした実験に伴う副次的な効果は，正確なインパクト評価の障害になっている可能性が高い。また，この実験において，給食の無償提供は，出席率を上昇させているが，子どもの身長や体重を変化させていない。すなわち，出席率の上昇は，栄養状態の改善によって生じたものではなく，むしろ，両親が，朝食が無償提供されることの経済的な便益を認識して，子どもを幼稚園に通わせているのではないかとみられる。

　一方，米国で行われている（特に貧困層の）就学前児童に対する支援プログラム（ヘッドスタート，ミシガン州ペリー幼稚園プロジェクト，テネシー州早期教育プロジェクトなど）は，ランダム化比較試験によって就学前児童への支援の効果測定を行っているため信頼性が高いと考えられる。ところが，これらのプログ

ラムは，医療機関での定期健診など健康状態の改善を目的とした支援のみならず，学習支援なども含む包括的なものであり，これらの実験から得られたかのデータを用いて，健康面への支援がその後の教育にどのように影響を与えたかということを特定することは困難である。しかし，これらの就学前児童への支援について，追跡調査のデータが利用可能になってきた最近の研究では，就学前児童への支援は，子どもの学力向上，留年や中途退学の低下，非行や犯罪回避などに効果があり，しかもそれらの効果は持続し，収益率も高いことが証明されている（Oden, Schweinhart and Weikart 2000；Garces, Thomas and Currie (2002) など）。

5　日本のデータを用いた研究

既存研究からわかっていること

わが国のデータを用いた実証研究としては，小原美紀と大竹文雄の研究（小原・大竹 2009）がある。彼らは，国語および算数の平均正答率と，都道府県別平均体重のデータを用いて，成績と低体重児割合は負の相関関係があることを明らかにしている。しかし，同研究はあくまで出生児体重と成績の相関関係をみたにすぎず，これまで問題にしてきたような潜在的なバイアスのコントロールには至っていない。また，阿部彩（阿部 2010）は，2000年生まれの子どもを対象に追跡調査を行っている21世紀出生児縦断調査（厚生労働省）を用いて，子どもの健康格差には親の社会経済的地位の影響が大きいことを明らかにしている。しかし，アメリカやカナダのデータを用いた実証研究で示されているような，健康格差が年齢とともに開いていくとのエビデンスは得られておらず，一定の年齢までは格差が開いていくものの，それ以降はむしろ縮小傾向にあることも示されている。惜しむらくは同研究で用いられている21世紀出生児縦断調査に教育成果に該当する変数が含まれていないため，こうした健康格差が教育にどのような影響を与えているかということは同研究では分析されていない。

第Ⅱ部　理論的接近と提言

双生児データを用いた日本の研究

　これまでの研究成果を概観すると，ランダム化比較試験に基づく実験データ，あるいはランダム化比較試験で想定されるような状況を疑似的に再現し分析した自然実験や疑似実験，あるいは一卵性双生児のデータを用いた研究などは，就学前児童の健康状態と教育の因果関係を明らかにするうえで，より厳格な手段と考えられていることはすでに述べた通りである。しかし，先述したように，データの制約もあって日本ではいまだこの分野についての研究蓄積が少なく，日本の政策決定に有益なエビデンスを導き出すにはいたっていない。

　そこで，筆者が日本で収集した双生児のデータを用いて，潜在的なバイアスをコントロールしたうえで，就学前児童の健康が将来の学力や賃金にどのような影響をもたらしているのかを実証的に明らかにすることを試みる。実証分析に用いたデータは，筆者が2012年3月～4月にかけて楽天リサーチを経由して収集したインターネット調査のモニターから収集したものである。一般にインターネット調査には，回答によって謝礼を得ることを目的とした集団が存在しているため（大隅 2002），こうした集団が双生児でもないのに双生児であるかのように見せかけて回答するという可能性を排除するため，最初の5問で双子かどうかとは無関係の家族に関する質問をし，6問目で双子かどうかを尋ね，そこで「いいえ」と回答した調査対象者をすべてサンプルから除外するという方法で，回答者が双子であることを担保している。本調査では，学歴，成績，収入などのほか，出生時体重についても尋ねている。

　過去の研究では，双生児の両方にインタビューをして教育や健康状態にかかる情報を収集しているか，あるいは出生児記録などを用いているかのいずれかであるが，同調査は設計上の問題から，双子の片方が自分自身と双子の兄弟姉妹について回答を行っている。このため，双子の兄弟姉妹に関する回答は，本人が回答している以上に測定誤差が大きくなっている可能性は否定できない。その一方で，先行研究で指摘されている問題——たとえば，サンプル数が少なく，一部の地域における一部の社会階層の人々をターゲットにしている——はクリアされている。本推計で用いられるサンプルは，日本全国で収集された男

女の1,371組（2,742人）の一卵性双生児である。推計モデルは，2節で紹介した教育生産関数を基本とする。家計 h の双生児（$i=1, 2$）の教育生産関数を次のようにあらわす。[3]

$$T_{1h}=\alpha H_{1h}+\beta P_h+A_h+\gamma S_h+e_{1h} \qquad (1)$$
$$T_{2h}=\alpha H_{2h}+\beta P_h+A_h+\gamma S_h+e_{1h} \qquad (2)$$

　通常の OLS では，（1）（2）式を別々に推計するが，双子固定効果では，（1）と（2）の差分を取って推計する。このことによって，生まれつきの能力や家庭環境，学校要因を取り除いたうえで，健康状態が成績や教育年数，収入にあたえる因果的な効果を明らかにする。ここでの出生時体重は，1,500 g 以下から 4,500 g 以上までを 500 g 刻みで 7 段階であらわしたもの，成績は中学 3 年生時点の成績を「上のほう」から「下のほう」までを 5 段階であらわしたもの，収入は2010年度の税引き前収入を対数化したものである。

　表12-1は，推計結果を示したものである。これをみてみると，OLS の推計結果は一様に出生時体重が成績，教育年数，収入に影響を与えることを明らかにしている。しかし，双子固定効果によって，遺伝的や家庭環境にかかる要因を取り除くと，出生時体重は依然として，中学 3 年生時点の成績には影響するが，学歴や収入にまでは影響を及ぼさないことがわかる。そこで，教育年数や収入を被説明変数とした推計式に，説明変数の 1 つとして中学 3 年生時点の成績を加えると，中学 3 年生時点の成績は，教育年数に対しても収入に対してもプラスの影響を与えていることがわかる。この意味では，出生時体重は，中学 3 年生時点の成績を介して，教育年数や収入にも影響しているということができよう。この意味では，日本においても就学前児童の健康状態は，長期にわたって個人の教育成果に影響を及ぼし続けることが明らかとなった。

　出生時体重は，新生児の健康状態をあらわす指標としてよく用いられてはいるものの，具体的にどのような介入が新生児の健康状態の改善を通じて将来の教育成果に働きかけるのかについては，今後慎重な検討が必要とされる。特に後者のどのような政策介入が有効であるかという点については，本章でも紹介

表12-1 日本の一卵性双生児のデータを用いた実証分析（推計結果）

	OLS			双子固定効果モデル				
	中3の成績	教育年数	収入	中3の成績	教育年数	収入	教育年数	収入
出生時体重	0.00006** (0.00003)	0.00039*** (0.00007)	0.00008*** (0.00002)	0.00021** (0.00011)	−0.00008 (0.00017)	−0.00002 (0.00005)	−0.00019 (0.00015)	−0.00005 (0.00005)
性別 (1＝男性)	0.143*** (0.034)	0.602*** (0.073)	0.465*** (0.025)					
15歳時点の暮らし向き	0.333*** (0.020)	0.461*** (0.046)						
年齢			−0.010 (0.011)					
年齢の二乗			0.000 (0.000)					
結婚 (1＝既婚)			0.061* (0.024)			−0.049 (0.036)		−0.050 (0.036)
現職の勤続年数			0.025*** (0.002)			0.016*** (0.003)		0.015*** (0.003)
1日当たりの平均労働時間			0.089*** (0.006)			0.098*** (0.011)		0.095*** (0.011)
中3の成績							0.535*** (0.074)	0.061** (0.019)

注：*，**，***はそれぞれ5％，1％，0.1％水準で統計的に有意であることを示す。
出所：インターネット調査のデータをもとに筆者が推計。

したランダム化比較試験が有効である。日本においては子どもを実験台にすることへの倫理的な反発から抵抗が強いが，長期的に子どもの教育成果の改善に効果的な政策立案のためには，こうした学問的取り組みへの理解が求められているといえよう。

注
(1) 貧困アクションラボやランダム化比較試験に関する詳細は，Banerjee and Duflo (2011＝2012) が詳しい。また特に教育政策に特化した文献としては，Kremer (2003)，小川・中室・星野 (2010) を参照。
(2) 同調査のデータ収集に当たっては，科学技術研究費（基盤研究A）「非市場型サービスの質の評価と生産性の計測」（研究代表者：廣松毅）からの支援を受けた。記して感謝の意を表したい。

(3) 双子が別々の学校に行っている場合，学校資源は異なると考えるべきであるが，ここでは簡単化のために学校資源は双子の間でも同じであると仮定して分析を進めた。なお，本調査では小学校・中学校については，学校設置の別（私立か公立かなど）や出身の高校・大学名を聞いている。こうした要因をコントロールしてもなお，同様の結果を得られていることを付記しておきたい。

文献

阿部彩，2010，「子どもの健康格差は存在するか――厚労省21世紀出生児パネル調査を使った分析」IPSS Discussion Paper Series，国立社会保障・人口問題研究所．

Alderman, Harold, Jere R. Behrman, Victor Lavy and Rekha Menon, 2001 "Child Health and School Enrollment: A Longitudinal Analysis," *Journal of Human Resources*, 36(1): 185-205.

Alderman, Harold, John Hoddinott and Bill Kinsey, 2006, "A Long Term Consequence of Early Childhood Malnutrition," *Oxford Economic Papers*, 58(3): 450-474.

Alderman, Harold, Hans Hoogeveen and Mariacristina Rossi, 2009, "Preschool Nutrition and Subsequent Schooling Attainment: Longitudinal Evidence from Tanzania," *Economic Development and Cultural Change*, 57(2): 239-260.

Almond, Douglas, 2006, "Is the 1918 Influenza Pandemic Over? Long-Term Effects of In Utero Influenza Exposure in the Post-1940 U. S. Population," *Journal of Political Economy*, 114(4): 672-712.

Almond, Douglas, Lena Edlund and Mårten Palme, 2009, "Chernobyl's Subclinical Legacy: Prenatal Exposure to Radioactive Fallout and School Outcomes in Sweden," *The Quarterly Journal of Economics*, 124(4): 1729-1772.

Banerjee, Abhijit and Esther Duflo, 2011, *Poor Economics: A Radical Rethinking of the Way to Fight Global Poverty*, PublicAffairs.（＝2012，山形浩生訳『貧乏人の経済学――もういちど貧困問題を根っこから考える』みすず書房．）

Behrman, Jere R., 1994, "The Impact of Health and Nutrition on Education," *The World Bank Research Observer*, 11(1): 23-37.

Behrman, Jere R. and Mark R. Rosenzweig, 2004, "Returns to Birthweight," *Review of Economics and Statistics*, 86(2): 586-601.

Black, Sandra E., Paul J. Devereux and Kjell G. Salvanes, 2007, "From the Cradle to the Labor Market? The Effect of Birth Weight on Adult Outcomes," *Quarterly Journal of Economics*, 122(1): 409-439.

第Ⅱ部　理論的接近と提言

Bobonis, Gustavo J., Edward Miguel and Charu Puri-Sharma, 2006, "Anemia and School Participation," *Journal of Human Resources*, 41(4): 602-721.

Case, Anne, Angela Fertig and Christina Paxson, 2005, "The Lasting Impact of Childhood Health and Circumstance," *Journal of Health Economics*, 24: 365-389.

Conley, Dalton and Neil G. Bennett, 2003, "Birthweight and Income: Interactions across Generations," *Journal of Health and Social Behavior*, 42(4): 450-465.

Currie, Janet, 2009, "Healthy, Wealthy, and Wise: Socioeconomic Status, Poor Health in Childhood, and Human Capital Development," *Journal of Economic Literature*, 47(1): 87-122.

Currie, Janet and Rosemary Hyson, 1999, "Is the Impact of Health Shocks Cushioned by Socioeconomic Status? The Case of Low Birth Weight," *The American Economic Review*, 89(2): 245-250.

Glewwe, Paul and Hanan Jacoby, 1995, "An Economic Analysis of Delayed Primary School Enrollment and Childhood Malnutrition in a Low-Income Country," *Review of Economics and Statistics*, 77(1): 156-169.

Glewwe, Paul, Hanan Jacoby, and Elizabeth King, 2001, "Early Childhood Nutrition and Academic Achievement: A Longitudinal Analysis," *Journal of Public Economics*, 81(3): 345-368.

Garces, Eliana, Duncan Thomas and Janet Currie, 2002, "Longer-Term Effects of Head Start," *The American Economic Review*, 92(4): 999-1012.

Hack, Maureen, Daniel J. Flannery, Mark Schluchter, Lydia Cartar, Elaine Borawski and Nancy Klein, 2002, "Outcomes in Young Adulthood for Very-Low-Birth-Weight Infants," *New England Journal of Medicine*, 346(2): 149-157.

Kremer, Michael, 2003, "Randomized Evaluations of Educational Programs in Developing Countries: Some Lessons," *The American Economic Review*, 93(2): 102-106.

Lopez, Alan D., Colin D. Mathers, Majid Ezzati, Dean T. Jamison and Christopher J. Murray, 1996, "The Global and Regional Burden of Disease and Risk factors, 2001: Systematic Analysis of Population Health Data," *Lancet*, 367(9524): 1747-1757.

Lawlor, Debbie A., Heather Clark, George D. Smith and David A. Leon, 2006, "Intrauterine Growth and Intelligence within Siblings Pairs: Findings from Aberdeen Children of 1950s Cohort," *Pediatrics*, 117(5): 894-902.

Levitt, Steven D. and Stephen J. Dubner, 2005, *Freakonomics: A Rogue Economist*

Explores the Hidden Side of Everything, William Morrow. (＝2006, 望月衛邦訳『ヤバい経済学——悪ガキ教授が世の裏側を探検する』東洋経済新報社。)

中室牧子・星野絵里, 2010,「就学前児童の健康状態が教育に与える影響について——諸外国のデータを用いた実証研究のサーベイ」『海外社会保障研究』173: 61-70。

Oden, Sherri, Lawrence J. Schweinhart and David P. Weikart, 2000, *Into Adulthood: A Study of the Effects of Head Start*, High/Scope Press.

小川啓一・中室牧子・星野絵里, 2010,「ランダム化フィールド実験による教育プロジェクトの費用効果分析——ケニアを事例に」『国際教育協力論集』12(2): 29-42。

大隅昇, 2002,「インターネット調査の適用可能性と限界」『行動計量学』29: 20-44。

小原美紀・大竹文雄, 2009,「子どもの教育成果の決定要因」『日本労働研究雑誌』588: 67-84。

Oreopoulos, Phil, Mark Stabile, Randy Walld, and Leslie Roos, 2008, "Short-, Medium-, and Long-Term Consequences of Poor Infant Health: An Analysis Using Siblings and Twins," *Journal of Human Resources*, 43(1): 88-138.

Pollitt, Ernesto, Kathleen Gorman, Patrice L. Engle, Reynaldo Martorell and Juan Rivera, 1993, "Early Supplemental Feeding and Cognition: Effects Over Two Decades," *Monographs of the Society for Research in Child Development*, 58(7): 1-99.

Royer, Heather, 2009, "Separated at Girth: U.S. Twin Estimates of the Effects of Birth Weight," *Applied Economics*, 1(1): 49-85.

Seshadri, Subadra and Tara Gopaldas, 1989, "Impact of Iron Supplementation on Cognitive Functions in Preschool and School Aged Children: the Indian Experience," *The American Journal of Clinical Nutrition*, 50(3): 675-684.

Soewondo, Soesmalijah, M Husaini, and Ernesto Pollitt, 1989, "Effects of Iron Deficiency on Attention and Learning Processes in Preschool Children: Bandung, Indonesia," *The American Journal of Clinical Nutrition*, 50(3): 667-674.

Stoltzfus, Rebecca J., Jane D. Kvalsvig, Hababu M. Chwaya, Antonio Montresor, Marco Albonico, James M. Tielsch, Lorenzo Savioli and Ernesto Pollitt, 2001, "Effects of Iron Supplementation and Anthelmintic Treatment on Motor and Language Development of Preschool Children in Zanzibar: Double Blind, Placebo Controlled Study," *British Medical Journal*, 323(7326): 1389-1393.

Vermeersch, Christel and Michael Kremer, 2004, "School Meals, Educational Achievement and School Competition: Evidence from a Randomized Evaluation," *World Bank Policy Research Working Paper*, 3523.

第13章

教育の地域間格差の政策科学的分析
―― 義務教育教員の給与を事例に ――

秋永雄一・濱本真一

1 義務教育費をめぐる争点
―「金を出すから口も出す」vs.「金を出しても口は出さない」―

義務教育の質の均等化と運営上の裁量

　義務教育費国庫負担金制度は，公立小中学校教員の給与の一部を国が負担する制度である。各都道府県間の財政力格差によって義務教育の担い手である教員の給与に極端な格差が生じることを防ぎ，日本国内のどこの公立小中学校でも同等の質の義務教育を国民が受けられるようにするためのものである。国庫負担金は使用目的が限定されているので，この財源を所管する文部科学省は教員の定数や給与，配置の決定に大きな権限を持つことになる（「金を出すから口も出す」）。

　都道府県間の財政力格差を是正するための制度としては，地方交付税交付金制度がある。この制度は，国からの再配分によって都道府県間の財政力格差を是正することを目的としている。必要な歳出に対して歳入が不足する自治体を対象に，その不足分が使途を限定しない交付金として支給される（「金を出しても口は出さない」）。ただし，交付額の決定に必要な各自治体の歳出（基準財政需要額）の算定には教育費（教員給与）も組み込まれているので，交付金の支給を受けている道府県では，教員給与のほとんどは国庫負担金と交付金でまかなわれている。

第Ⅱ部　理論的接近と提言

　義務教育費を誰が負担するかという問題は，義務教育の公共財としての性格を重視する立場と自治体の義務教育運営の裁量を重視する立場の二極に分かれている。近年では，後者の立場を支持する声が勢いを増してきている。こうした趨勢と，国の財政危機を背景として登場したのが，義務教育費国庫負担金制度の廃止論である。

義務教育費国庫負担金制度——改廃論議の文脈

　義務教育費国庫負担金制度の廃止が政策アジェンダに浮上したのは，小泉内閣時代（2001年4月〜2006年9月）の行財政改革の方針，特に2003年の「三位一体改革」（①税源移譲，②地方交付税交付金制度の見直し，③国庫負担金・補助金の廃止・削減）の方針により，③の廃止対象として，最大の国庫負担金となっている義務教育費国庫負担金に注目が集まったためである。この問題は，2005年1〜9月の中央教育審議会義務教育特別部会での激しい議論を経て，同年11月，当時の経済財政諮問会議の裁定により，制度存続と国負担割合の2分の1から3分の1への引き下げという形で政治決着した。[1]

制度の果たしている役割をどう捉えるか

　公開されている義務教育特別部会の議事録と資料をみると，制度廃止にそれぞれ賛成・反対の立場からの主張の論拠として，さまざまな「エビデンス」が提示されている。[2]しかし，その多くは，制度改廃についての中央教育審議会の見解を決定する審議の場で出されたものであるため，いきおい，自らの主張に沿った制度廃止のメリットやデメリットを示すための「傍証」の性格を帯びているのはやむを得ないであろう。

　2006年度からの国負担割合引き下げ後，その影響を分析する研究が行われている。小川正人と山下絢（小川・山下 2008）は，2004年度から実施されている教育費の総額裁量制（義務教育費国庫負担金の費目指定を外して総額の中で自治体に運用の裁量を与える制度）の運用実態を調査し，この制度の導入が教職員人件費の切り下げを促す危険性を指摘する。また，赤井伸郎と妹尾学（教育行財政研

究委員会 2010) は，財政力の弱い都道府県ほど，一般財源を増やすために教員給与引き下げへのインセンティブが強く働く仕組みをメカニズムベースで指摘し，現実の動向に合致していることを示している。

そうした中にあって，橘木俊詔と松浦司（橘木・松浦 2009）は，廃止によっていかなる不都合が生じるかを，赤井と妹尾とはまったく異なる観点からメカニズムベースで示そうとしている点で異色のものといえる。県外への人口流出を教育投資のスピルオーバーとして捉え，ゲーム理論の考え方を用いて，義務教育費の財源を全面的に都道府県の一般財源に委ねると，人口流出の多い自治体での教育投資へのインセンティブが働かなくなり，日本社会全体で過小投資の望ましくない状態が生じることを論理的に示そうとしている点に，彼らの議論の特徴がある。ただし，橘木らの議論はかなり荒削りであり(3)，制度的要因の検討を捨象しているので，実態に即した具体的政策提言には結びつきにくい。とはいえ，人口流出という，これまで誰も着目しなかった側面から義務教育費の国庫負担金制度の果たしている役割をメカニズムベースで示した点には意義がある。そこで，彼らのモデル（以下，「橘木・松浦モデル」）を一般化・拡張し，そこから得られる理論的結論のインプリケーションについて考察する。これが本章の課題である。

そのために，まず橘木らの議論の概要をたどり，人口移動による教育投資のスピルオーバーに着目する視点の独自性を指摘したうえで，橘木・松浦モデルを一般化した形に表現する。次に，橘木・松浦モデルをさらに拡張して，より現実に即した一般化モデルを提示する。続いて，その一般化モデルに基づいて試論的にデータを当てはめ，最後にそこから得られる暫定的な知見とインプリケーションを整理する。

2 橘木・松浦モデルの独自性とその修正

橘木・松浦モデルの概要

橘木らは，地方自治体の教育投資へのインセンティブが当該自治体の人口流

表 13-1 自治体間の投資ゲーム

		自治体2	
		投資する	投資しない
自治体1	投資する	2, 2	2, 0
	投資しない	0, 2	0, 0

地域移動がない場合の利得行列

		自治体2	
		投資する	投資しない
自治体1	投資する	2, 2	−1, 3
	投資しない	3, −1	0, 0

地域移動がある場合の利得行列

注：左側が自治体1の利得，右側が自治体2の利得。
出所：橘木・松浦（2009：117-118）

入・流出の度合いに左右され，義務教育費の一般財源化はそのインセンティブを減少させ，社会全体での教育への過小投資を招来する危険性を指摘する（橘木・松浦 2009：120）。この結論を，彼らは表13-1のようなシンプルな非協力ゲームのモデルによって演繹的に導き出している。

①義務教育人口が同規模の2つの自治体1と自治体2からなる全体社会を考える。
②自治体が教育に投資した場合，1のコストに対して3のベネフィットが得られるものとする。
③両者の間で義務教育を受けた人口の流入・流出がまったくない場合，自治体1と自治体2の利得行列は表13-1の左表のようになり，自治体1，自治体2ともに教育に投資する戦略を採用することで均衡し，各々の利得は2，全体社会の利得の総和は4となる。[4]
④義務教育を受けた人が全員，自治体1から自治体2に，自治体2から自治体1に移動するとした場合，利得行列は表13-1の右表のようになり，相手が投資しようがしまいが，自分は投資しないことがそれぞれの自治体の最適戦略になる。
⑤その結果，自治体1，自治体2とも「投資しない」ことで均衡し，各自治体の利得は0，全体社会の利得の総和は0となる。
⑥双方とも投資すれば社会全体の利得の総和は4で最大になるので，全体

社会の観点からみればこれがもっとも合理的であるが，各自治体が自らの利得を最適化する戦略を採るかぎり，各自治体にとっても全体社会にとっても，非合理的な結果（ともに利得0）に陥ってしまう。

橘木らは，自治体間の「人口移動による教育投資のスピルオーバー」という要因に着目することによって，義務教育費投入の決定に際して「囚人のジレンマ」状況が生じる可能性を指摘し，ここから次のインプリケーションが得られるという（橘木・松浦 2009：119-120）。

1) 「地方交付税交付金や公共事業を通した中央から地方への再分配政策が批判の対象になっているが，……教育支出に関しては，地方から大都市圏に対する逆の再分配が行われていると解釈できる。」
2) 「従来の議論では，義務教育国庫負担金制度の改革のときに，東京などの大都市圏はともかく，財源不足に陥りがちの地方は過小な教育投資となってしまうということが危惧されてきたが，このモデルでは，財源の大小にかかわらず，投資の決定は地域間の人口移動による教育投資効果が地域外へどの程度波及するかということに依存する。そのため，財源が多い地域でも，人口移動が多ければ，投資を行わない決定を下すことも考えられる。」
3) 「義務教育費の半分を地方公共団体が負担している現在の教育システムでも教育投資が過小となる可能性は否定できない。もし，義務教育の経費が全て地方公共団体の負担となり，義務教育費を一般財源化すると，地方公共団体のなかには人口移動によって投資効果が他の地域にスピルオーバーする義務教育への投資よりも，地元に利益が還元できる他の事業や投資を優先する可能性は否定できない。」
4) 「社会全体で判断すると，教育に対する過小投資となり問題であるが，義務教育の一般財源化という教育財政制度が成立した場合に，地方自治体がこのような行動を取ることはやむを得ないであろう。経済学の観点

からは,各地方公共団体が社会的に最適な教育投資水準を行うインセンティブを組み込んだ制度設計(メカニズム・デザイン)をする方が現実的である。」

1)から4)の指摘は,いずれも義務教育費国庫負担金制度を存続させるか廃止すべきかについて判断するときに,非常に重要な基準となるものであるが,このモデルから必ずしも十分な裏付けが得られたとはいえない。というのも,上記①,②,④の前提は非現実的であると同時に,③で与えられているコストとベネフィットの数値には根拠がないので,このモデルによる論証の現実的妥当性が不明だからである。そこで,ここでは,②,③,④を一般化した橘木・松浦モデルの修正モデルを作成し,どのような条件の下で1)から4)までの指摘が成り立つかを検討する(①の2人モデルから N 人モデルへの拡張は第3節で行う)。

橘木・松浦モデルの一般化

橘木・松浦モデルをそのままの形で一般化するもっとも単純な方法は,数値で与えられている義務教育人口,人口の流出率,義務教育投資のコストとベネフィットを変数で表現した利得行列を作成すればよい(表13-2)。

ここで,①自治体1と自治体2の義務教育人口を p_1, p_2, ②自治体1から2への流出率を π_{12}, 自治体2から1への流出率を π_{21}, ③1人当たりの義務教育のコストを c, ベネフィットを b とする。

ここで,両自治体がともに「投資する」で均衡する条件は,(投資する,投資する)という戦略の組から,自分だけ「投資しない」に戦略を変えても利得が小さくなってしまうこと,言い換えれば,「投資しない」よりも「投資する」ほうが利得が大きいことである。

その条件は,利得の差分により,

$$-cp_1+b(1-\pi_{12})p_1>0 \quad かつ \quad -cp_2+b(1-\pi_{21})p_2>0 \quad (1)$$

これを移項して整理すると,

第13章 教育の地域間格差の政策科学的分析

表13-2 一般化した利得行列

		自治体2	
		投資する	投資しない
自治体1	投資する	$-cp_1+b\{\pi_{21}p_2+(1-\pi_{12})p_1\},\ -cp_2+b\{\pi_{12}p_1+(1-\pi_{21})p_2\}$	$-cp_1+b(1-\pi_{12})p_1,\ b\pi_{12}p_1$
	投資しない	$b\pi_{21}p_2,\ -cp_2+b(1-\pi_{21})p_2$	$0,\ 0$

$$1-\pi_{12}>\frac{c}{b} \quad \text{かつ} \quad 1-\pi_{21}>\frac{c}{b} \tag{1'}$$

となる。(5)

式(1')は次のことを意味する。

各式の左辺は2つの自治体の人口残留率(1-人口流出率)を表しており,その値が,両自治体とも教育投資の費用対効果(ベネフィット/コスト)の逆数よりも大きいとき,両自治体には教育に「投資する」から「投資しない」に戦略を変えるインセンティブは働かない。上の不等号の向きがどちらも逆になると,両自治体の最適戦略は「投資しない」となり,「囚人のジレンマ」状況が生じることになる。ちなみに,両自治体の義務教育人口の規模は影響しない。

橘木・松浦モデル(表13-1)の,左の利得行列は一般化したモデル(表13-2)で$c=1$, $b=3$, $\pi_{12}=\pi_{21}=0$,右の利得行列は$c=1$, $b=3$, $\pi_{12}=\pi_{21}=1$としたときの特殊な場合に該当し,どちらも非現実的な場面を想定している。

上述の橘木らの指摘2)(「財源が多い地域でも,人口移動が多ければ,投資を行わない決定を下すことも考えられる」)や,指摘3)(「義務教育への投資よりも,地元に利益が還元できる他の事業や投資を優先する可能性は否定できない」)は,ここで展開した一般化モデルに沿ってまとめれば,(1')の条件が充たされない場合に起こり得る事態として記述することができる。

3 N人ゲームの一般化モデルへの拡張

2人ゲームから N人ゲームへの拡張

第2節で展開した一般化モデルは2人ゲーム,つまり,全体社会が2つの自

第Ⅱ部　理論的接近と提言

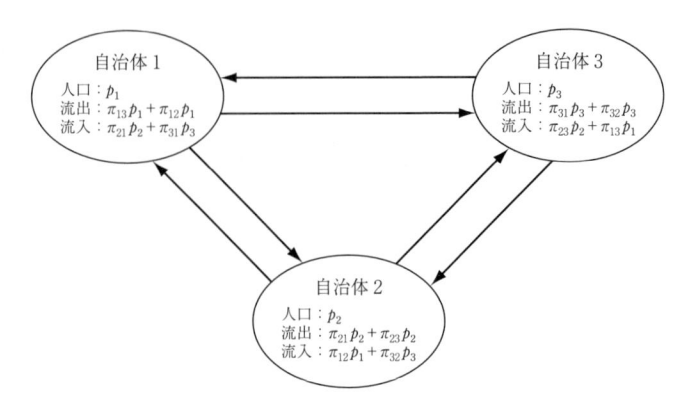

```
      自治体1                              自治体3
    人口：p₁                              人口：p₃
    流出：π₁₃p₁+π₁₂p₁                      流出：π₃₁p₃+π₃₂p₃
    流入：π₂₁p₂+π₃₁p₃                      流入：π₂₃p₂+π₁₃p₁

                    自治体2
                  人口：p₂
                  流出：π₂₁p₂+π₂₃p₂
                  流入：π₁₂p₁+π₃₂p₃
```

図13-1　多くの自治体が参加するゲームの概念図（3団体の例）

治体から構成されているという非現実的な前提①に立っている。しかし，教育費（教員給与）の意思決定をするプレーヤーとしての自治体（都道府県）は47存在する。そのため，2人ゲームからN人ゲームに拡張し，現実に即した理論モデルに構築し直す必要がある。

N人ゲームへの理論モデルの拡張は，以下のようにして行われる。

ある自治体$i \in \mathbb{N}$［自然数］の人口をp_i，そこから別の自治体$j(j \in \mathbb{N}$；$j \neq i)$への人口流出率を$\pi_{ij} \in [0, 1]$とする。図13-1は自治体が3つの場合を例に自治体間の人口移動の関係を示す概念図である。

次に，1人当たりの教育投資コストを$c(>0)$，教育投資1人当たりのベネフィットを$b(>0)$とすると，自治体iが教育に投資したときに得る利得$U_i(inv)$と，教育に投資しなかったときの利得$U_i(not)$は，次のように表される（d_jは自治体jが教育に投資するときに1，投資しないときに0のダミー変数）。

$$U_i(inv) = -cp_i + b\{(1-\sum_j \pi_{ij})p_i + \sum_j d_j \pi_{ji} p_j\} \quad (2)$$
$$U_i(not) = b\sum_j d_j \pi_{ji} p_j \quad (3)$$

式（2）の右辺第1項は，自治体iの教育投資のコストの合計，第2項の$(1-\sum_j \pi_{ij})$は自治体iから他の自治体jに流出することによって失われるベネフィットを差し引いた残りのベネフィットの合計，$\sum_j d_j \pi_{ji} p_j$は他のすべての

第13章　教育の地域間格差の政策科学的分析

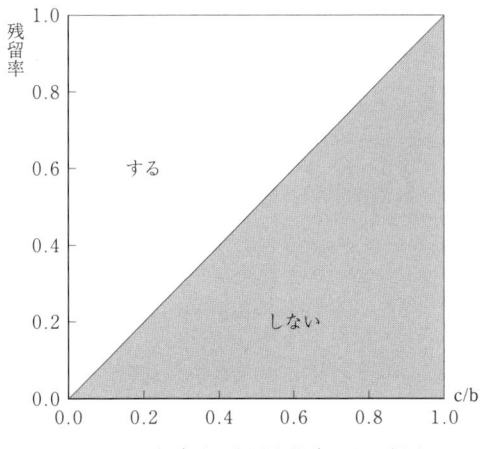

図13-2　投資する領域と投資しない領域

自治体からiに流入してきた人から得られるベネフィットの合計を表している。ダミー変数がかかっているのは，教育投資をした自治体からの流入人口だけが自治体iにベネフィットをもたらすからである。

ここで，教育に投資することが自治体iにとって最適の戦略になる条件は，上の2式より次のようになる。

$$-cp_i+b(1-\sum_j\pi_{ij})p_i>0 \tag{4}$$

これを移項して整理すると，

$$1-\sum_j\pi_{ij}>\frac{c}{b} \tag{4'}$$

となる。

式（4'）は自治体が2つのときのモデルの式（1'）と同じことを表している。左辺は各自治体の人口残留率であり，この値が教育投資の費用対効果（ベネフィット／コスト）の逆数（c/b）を上回ると，自治体iにとっては「投資する」が最適戦略となる。これを，縦軸に人口残留率，横軸に費用対効果（ベネフィット／コスト）の逆数（c/b）をとって図示したのが図13-2である。直線より上の白い領域内に入っていれば，「投資する」ことがその自治体にとって

最適戦略となることを意味する。

全体社会にとって望ましい条件

　$p, \pi, c/b$ がそれぞれ互いに独立であるとき，この条件はすべての自治体について共通なので，全自治体が教育投資を「する」という状態で均衡する条件は次のようになる。

$$\forall_{i\in\mathbb{N}}\left\{1-\sum_j\pi_{ij}>\frac{c}{b}\right\} \qquad (5)$$

　すべての自治体で教育投資「する」ことが最適戦略となる場合が，全体社会にとってもっとも望ましい状態であるが，この状態で均衡するのは全自治体が直線より上の白い領域内に入っているときに限られる。また，すべての自治体が直線より下のグレーの領域に入っている場合は，どの自治体も教育への投資を「しない」のが最適戦略となるという，全体社会にとってもっとも望ましくない状態に陥ってしまうことになる。

「国の負担割合」変数の導入

　ここまで義務教育費が完全に一般財源化された場合（国の負担割合が0の場合）を想定して考察してきた。しかし，先の制度廃止論議の結論は，義務教育費国庫負担金制度の存続と国負担割合の変更というものであった。したがって，国の負担割合を変数としてモデルに組み込み，その値の変化が自治体の意思決定にどのように影響するかについて考えてみる必要がある。

　ここで，国の負担割合を $\Psi\in[0,1]$ とすると，自治体の負担率は $(1-\Psi)$ となるので，式(4')の右辺に自治体負担分 $(1-\Psi)$ を乗じた式(6)が得られる。

$$1-\sum_j\pi_{ij}>\frac{(1-\Psi)c}{b} \qquad (6)$$

　これが，国の負担割合も組み込んで定式化した，自治体 i にとって教育に投資することが最適戦略になる条件である。国の負担割合（(Ψ)の値）が高くなるほど，「投資する」が最適戦略となる領域は増加する。

4 教育に投資する自治体／しない自治体
――実証的検討のための試論――

用いる指標

　本節では，以上のモデルを基にして，教育費の一般財源化の影響や国庫負担の果たしている役割について，可能なデータを用いて実証的検討を試みる。実証的検討をするには，条件式（6）中の人口流出率（$\sum_j \pi_{ij}$）と教育投資の費用対効果 b/c の2つの数値が必要になる。

　しかし，これらを数値化するには困難が伴う。まず，人口流出をフローの側面から捉えるのであれば，いつの時点での流出なのかという問題がある。また，県内で義務教育を受けた人材の何割が最終的に県外に流出するかというストックの側面からみる場合もあり得る。しかし，どちらの側面からみるのであれ，人口流出の実態を正確に把握するのは非常に難しい。また，教育投資の費用対効果は教育にかかるコストとそこから得られる社会的ベネフィットの2つの数値が必要になるが，教育によって得られる社会的ベネフィットは，教育を受けない人との比較で計測されるため，義務教育によってすべての子どもが学校に行っている今日の日本では，そもそも義務教育による社会的ベネフィットを計測することは非常に困難なのである。

　本章は人口流出が自治体の教育投資意欲に及ぼす影響について，上に定式化したモデルから得られる論理的なインプリケーションを導き出すことを主眼としている。したがって，ここでは用いる指標の厳密な妥当性にはこだわらず，可能なデータを用いて試論的な検討を行う。

　まず，人口残留率（1－人口流出率）は，いつの時点での残留に関して計測するかが問題となる。ここでは，中学校，高校の卒業時点に着目し，中学校卒業後の就職者，高等学校卒業後の就職者，大学・短期大学進学者のうち，県内に就職，進学した者の比率で表すこととする。具体的には，

第Ⅱ部　理論的接近と提言

人口残留率
$$=\frac{(中卒後の県内就職者数)+(高卒後の県内就職者数)+(県内大学進学者数)+(県内短大進学者数)}{(中卒後の就職者数)+(高卒後の就職者数)+(大学進学者数)+(短大進学者数)}$$

として定義する。中学校卒業後の高等学校進学者に関しては，多くは県内進学者であるため，ここでは数値から除外する。これを都道府県ごとに計算する。用いるデータは文部科学省『学校基本調査』各年からのものである。

次に教育投資の費用対効果は，サカロポロスとパトリノス（Psacharopoulos and Patrinos 2002）より，OECD の初等教育に関する社会的収益率を用いる。これによると，先進 OECD 諸国では9.4%である。これを用いて教育投資の費用対効果の逆数（c/b）を計算すると，

$$\frac{1}{1+0.094}=0.914$$

となる。

単年度分析

2010年（平成22）の学校基本調査をもとに計算した人口残留率を縦軸，教育投資の費用対効果の逆数（$c/b=0.914$ 一定）の値を横軸にし，都道府県ごとの値をプロットすると図13-3のようになる。

これをみると，国庫負担金制度を廃止して一般財源化するならば，すべての都道府県が「投資しない」領域（45度線の下側部分）に入ってしまい，全体社会（日本社会全体）にとってもっとも好ましくない教育への過小投資の状態が生じることになる。

それに対して，国庫負担制度が存続し，国庫負担の割合が高くなるにつれて，図の45度線は徐々に緩やかな傾きになり，やがて横軸と一致する（全額国庫負担の場合）。この場合，47すべての都道府県で教育投資への意欲が維持される（「投資しない」が最適戦略となる都道府県の数は0）。また，国庫負担金制度が存続し，国庫負担割合が2分の1の場合（22.5度線の下側部分），「投資しない」領域に入るのは8県，3分の1の場合（30度線の下側部分）は22の都道府

第13章　教育の地域間格差の政策科学的分析

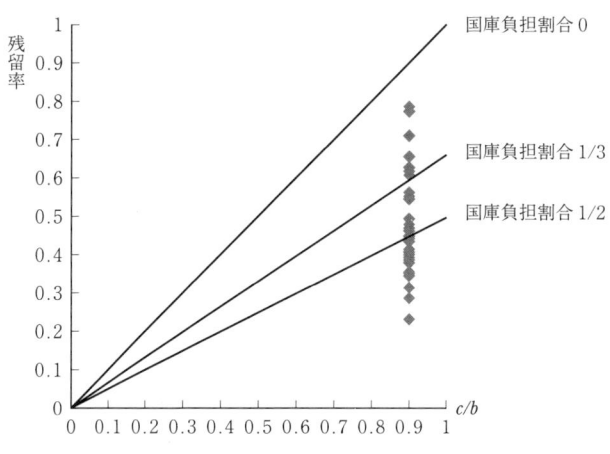

図13-3　都道府県ごとの c/b と残留率のプロット

県となる。

時系列変化

次に，1975年から2010年までの5年ごと（8時点）のデータをもとに，前項でみた残留率と国庫負担率の関係が，過去からどのような推移をしてきたかを把握する。地方ごとに8時点の変化を追ったグラフが図13-4である。収益率は時点により不変という仮定を置いているため，「投資する」領域と「投資しない」領域の境界は時点軸（横軸）に平行な直線で表される。図中では点線でそれを表しており，上の点線が国3分の2負担の際の境界，下の点線が国2分の1負担の際の境界である。これを見ると，1985年あたりから残留率が低下しており，「投資しない」領域（点線の下）に入る都道府県の数が増えてきている。

教育投資を促す条件

これまでの議論から，国庫負担率を増加すれば，「投資する」領域が増え，各都道府県には教育投資のインセンティブが働くことがわかるが，投資のインセンティブを働かせるための負担率は都道府県ごとにばらつきがある。各県が「投資する」ための条件は，式(6)を Ψ について解けばよい。したがってその

第Ⅱ部　理論的接近と提言

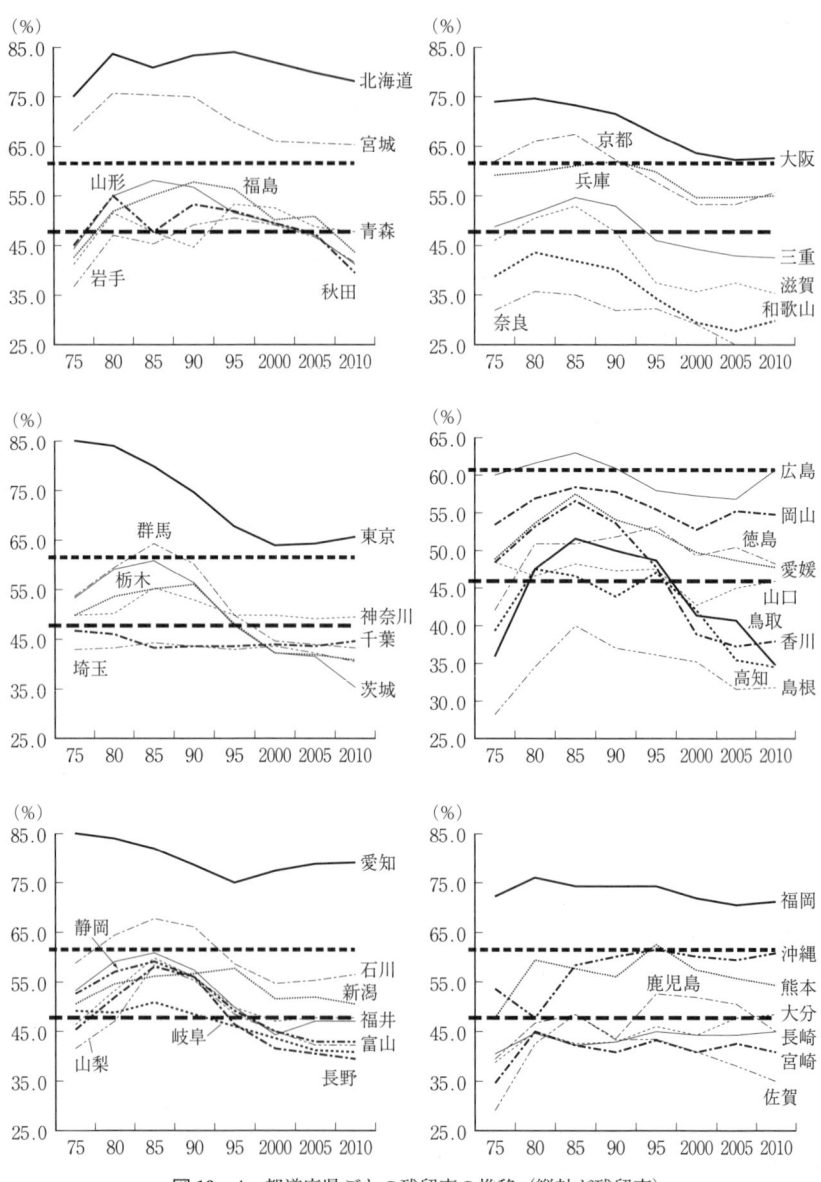

図 13-4　都道府県ごとの残留率の推移（縦軸が残留率）

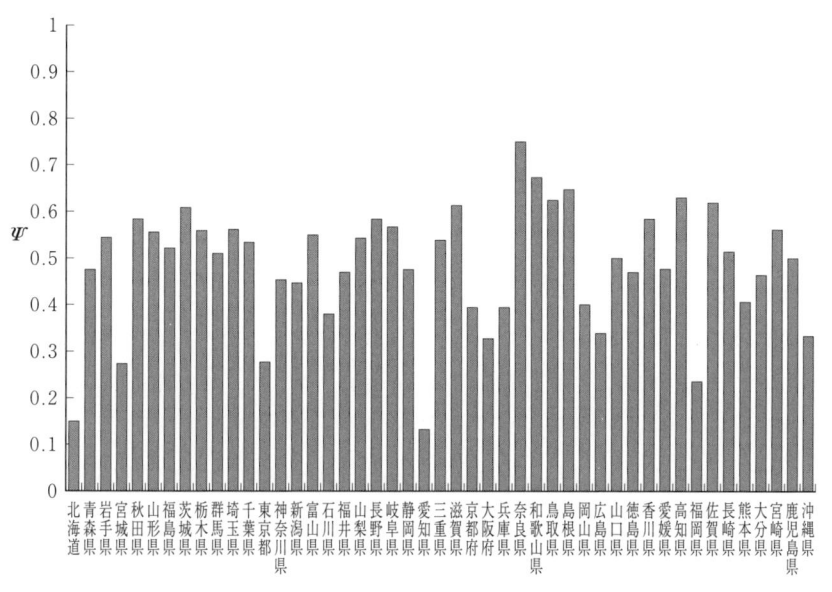

図13-5 都道府県が「投資する」誘因をもつ国庫負担割合（Ψ）

条件は次のようになる。

$$\Psi > 1 - \frac{b}{c}(1 - \sum_j \pi_{ij}) \qquad (6')$$

2010年の値をもとにして都道府県ごとにこの値を計算すると図13-5になる（縦軸：Ψ）。北海道や愛知県のように国庫負担割合が15％程度でも教育投資への誘因を持つ県もあれば，奈良県のように75％もの国庫負担を必要とする県も存在する。ここでの結果は実態を正しく反映したものではないが，そこから読み取るべきインプリケーションは，現行制度のような一律の国庫負担率の下では，都道府県ごとにその効果の現れ方が異なるという点である。

5 人口流出と財政力低下の悪循環をどう断ち切るか

これまでの議論をまとめると，第1に，各自治体の教育投資意欲は県外への人口流出の程度によって影響される，第2に，義務教育費国庫負担の制度は，

人口流出の多い県でも自治体の教育への投資意欲を維持するうえで有効に機能し，この制度の存在が，各都道府県の義務教育の質に影響する教員給与の地域間格差の拡大を防ぐ役割を果たしてきた，ということになろう。

　しかし，本章での議論は各自治体の財政力の違いを捨象している。ここではデータを示さないが，人口流出率の高さと財政力の弱さには正の相関がある。この両者は一方が原因で他方は結果，というような因果関係で結びついているわけではない。流出する人口の大半は生産年齢人口であり，人口流出は，労働力需要の低さ・自治体の財政力の弱さを反映するとともに，高齢化の進行とも相俟って，当該自治体の財政力の弱体化を進めるという，悪循環を生み出す構造が存在しているといえる。

　財政力の弱い自治体は自らの裁量で使える予算が少なく，財政力の弱い自治体ほど，第1節で触れた赤井と妹尾の研究（教育行財政研究委員会 2010）が指摘しているように，教員給与の引き下げによってその一般財源を増やそうとするインセンティブが働き，また，義務教育費の国庫負担率が低くなるほど，そのインセンティブは強く働くことになる。この結果生じるのは，義務教育の質の地域間格差拡大の可能性である。これは，各自治体の努力によって埋められるものというよりも，それを超えた構造的要因に起因するものというべきであろう。そして，この悪循環を乗り超える方策は教育政策の範囲を超えた課題である。しかし，義務教育費（教員給与）の国の負担率をどれくらいにするのが適切か，現行の国庫負担金制度の下で一律に設定されている国の負担率を各都道府県の人口流出の実情に応じて補正することは可能かどうかなど，是正策について検討する余地は多分に残されている。

付記

　本章は，秋永雄一・濱本真一，2012，「義務教育費国庫支出のゲーム理論的展開」『東北大学大学院教育学研究科研究年報』60(2)：1-12 に加筆・修正したものである。

注

(1) 文部科学省は「総額裁量制」の導入（2004年度）などによってこの制度の廃止に強く抵抗し，結果として，国の負担割合は減ったものの，制度を存続させたという点で，「聖域なき構造改革」を標榜する小泉内閣の方針に抗して「聖域」を護持したといえる。

(2) http://www.mext.go.jp/b_menu/shingi/chukyo/chukyo6/index.htm，2012.9.30。

(3) 小塩（2009）も書評で同様のコメントをしている。

(4) いうまでもないが，本章における「均衡」の概念は「ナッシュ均衡」を指す。「ナッシュ均衡」とは「『その状態から自分だけ戦略を変えても自分の利得が等しいままであるか小さくなる』ことがすべてのプレーヤーに当てはまる戦略プロファイル」と定義され，「自分だけ戦略（自分が選べる選択肢のこと）を変えても利得が大きくならないならば，プレーヤー（ゲームに参加する人々）はわざわざ戦略を変えるようなことはしない。そしてすべてのプレーヤーが戦略を変えなければ，その戦略プロファイル（社会状態）は変化しないので，均衡である。この均衡をナッシュ均衡と呼ぶ。これを言い換えれば，もしある戦略プロファイルがナッシュ均衡でないなら，少なくとも1人，戦略を変えれば利得の高くなるプレーヤーがいるということである。ナッシュ均衡であればこのような不安定な状態ではない」と説明される（佐藤 2008：7-8）。

(5) 式（1），（1'）では不等号にイコールが含まれていないので，正確に言えば，この場合の均衡の条件は，狭義ナッシュ均衡（strict Nash equilibrium）の条件である。

(6) 投資意欲を維持するために必要な国庫負担率の値が北海道で低く，奈良県で高いのは，人口残存率の指標の取り方の影響を大きく受けている。たとえば，県内の大学の定員が少ない奈良県では，当然，自宅通学が可能な近隣府県の大学への進学者が多く，実際には県外流出をしていないにもかかわらず，見かけ上の人口流出率が極端に高くなってしまうためである。逆に北海道の人口流出率は，逆の理由で極端に低く見積もられてしまう。その意味では，この指標は不適切のそしりを免れない。しかし，ここでの論点は，どの県かということを示すのが眼目なのではなく，人口流出率の違いによって各都道府県の教育投資への意欲を維持する水準が異なってくる，ということを具体的に例示することにある。

文献

青木昌彦・鶴光太郎編著，2004，『日本の財政改革――「国のかたち」をどう変えるか』東洋経済新報社。

教育行財政研究委員会，2010，『教育行財政研究委員会報告書』国民教育文化総合研

究所。

小川正人・山下絢, 2008,「義務教育国庫負担金総額裁量制の運用実態」『東京大学大学院教育学研究科紀要』47：471-489。

小塩隆士, 2009,「書評：橘木俊詔・松浦司著『学歴格差の経済学』」『日本労働研究雑誌』591：72-75。

Psacharopoulos, George and Harry Anthony Patrinos, 2002, "Returns to Investment in Education: A Further Update," Policy Research Working Paper 2881, 28ps, The World Bank.

佐藤嘉倫, 2008,『ゲーム理論——人間と社会の複雑な関係を解く』新曜社。

橘木俊詔・松浦司, 2009,「人口の地域間移動と義務教育費国庫負担制度」橘木俊詔・松浦司『学歴格差の経済学』勁草書房, 111-128。

第14章
不平等と公正感

川嶋伸佳・大渕憲一

1 日本人の公正観

公正と社会理念

　公正な社会と不公正な社会のどちらに住みたいかと問われて，後者を選ぶ人はほとんどいないであろう。多くの人が公正・公平な社会に住みたいと望んでいることは間違いないが，いざ日本の現状に目を向けると，職場では男女の待遇差が依然として存在しているし，非正規雇用者は正規雇用者に比べて多くの面で不利益を被っている。このような社会状況の中で，多くの国民が日本社会を不公正な場所と捉えているようである。たとえば，1995年以降に実施された複数の社会調査において，7割前後の回答者が世の中は「あまり公平でない」または「公平でない」と回答している（長松 2004）。より最近では，2009年に読売新聞社がイギリスのBBC放送と共同で実施した世論調査において，経済的な豊かさが公平に行き渡っているかという問いに対して「あまり公平ではない」または「全く公平ではない」と回答した日本人は7割以上にのぼった（読売新聞 2009）。

　しかし，そもそも不公正とはどのような状態なのであろうか。本書でも繰り返し論じられている通り，近年になって日本社会の不平等が社会問題化しているが，不平等はいつも不公正と知覚されるわけではない。たとえば，新入社員の給料はほとんどの場合社長の給料よりも安いが，多くの人はそのような不平

第Ⅱ部　理論的接近と提言

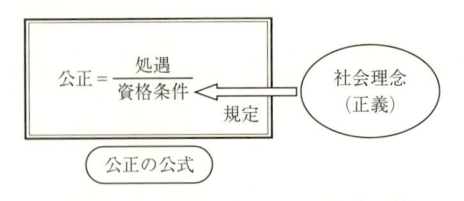

```
公正 = 処遇/資格条件  ← 社会理念（正義）
             規定
公正の公式
```

図14-1　公正の公式と社会理念（正義）
出所：Ohbuchi（2007），大渕（2008）。

等を不公正とは考えない。また，一生懸命努力して大きな成果を挙げた社員が，さぼりがちで人並みの業績しか残さなかった社員よりもたくさんボーナスをもらったとして，それを不公正と評価する人は少ない。一方，同じくらいの業績を残した社員の間で待遇に差があると，人々はそのような状況を不公正と知覚することがある。また，たとえ新入社員と社長の間であったとしても，その給与格差があまりに大きい場合，その状態は公正ではないと判断する人がいるかもしれない。このように，人々が不公正感を抱く場面はさまざまである。

　大渕憲一は，公正を「個人をその資格条件に相応しいやり方で処遇すること」と定義し，「公正の公式」を示した（大渕 2008）（図14-1）。日本においては，公正とよく似た意味で公平や正義といった用語がある。大渕によると，公平がある分配状況の妥当性やある決定の実質的適切さをあらわすのに対して，公正は分配や決定の過程や手続きの正当さを強調するという違いがあるが，両者はともにある社会的行為や決定の適切さを評価する基準である（大渕 2004a）。一方，正義とは「社会はこうあるべきだ」といった達成すべき社会理念をあらわす概念であり，公正・公平に根拠を与える役割を果たしている。なお，本章では公正と公平はほぼ同義と考え，基本的には「公正」と記載する。

　ある状況が公正か否かを決定するために採用される社会理念（正義）は，集団の目標や社会状況において異なる（Deutsch 1985；Tyler, Boeckmann, Smith and Huo 1997＝2000）。大渕は，公正な処遇を決定づける資格条件はその集団の持つ社会理念によって規定されると主張し，さまざまな社会理念とその資格条件の対応を示した（Ohbuchi 2007；大渕 2008）（表14-1）。たとえば，社会階層に基づく秩序維持が社会的目標となる社会においては，出自や家柄など出身階

表 14-1 公正基準と社会理念（正義）

公正基準	社会理念（正義）	公正分配の資格条件
衡　　平	個人権利	個人の能力，努力，業績
平　　等	社会的調和	集団成員性
必要性	福祉・教育	発達段階，困窮，障害
出身階層	階層秩序	家柄，出自
貢献度	国家の繁栄	忠誠，役割遂行
信仰心	宗教的理念	信仰，帰依

出所：Ohbuchi（2007），大渕（2008）をもとに加筆・修正。

層に応じた分配が公正となる。また，国家の繁栄を社会理念とする全体主義的国家においては，国に対する忠誠心や貢献の程度が報酬分配の基準となる。さらに，宗教的な理念や教義が正義とみなされる社会においては，その宗教への信仰と帰依の程度が強い人ほど高い社会的地位を得ることが公正である。ただし，これらの3基準は文化や時代によってはその重要性を増すが，現代日本社会の分配基準としてはそれほど重要とは言えない。

現代日本社会において，社会的資源の分配において一般に受け入れられている基準は，衡平，平等，必要性である（表14-1の上3行）（大渕 2008）。衡平（equity）における資格条件は個人の努力，業績，能力であり，個人の権利や社会の生産性を重視する社会において採用される。一方で，社会的調和を第一の目標とする社会においては，集団成員性に基づいて等しい分配を行う平等（equality）基準が採用される。また，福祉や教育をその社会理念とする集団においては必要性（need）基準が重視され，老人や子どもに対して，さらに病気や障害を持つ人々といった困窮度の高い人たちに対しての手厚い分配が公正とみなされる。

日本人の社会理念

世界価値観調査によると，理想の社会システムについて，収入はもっと平等にすべきか，それとも個々人の努力を刺激するようもっと収入の開きを大きくすべきかという質問に対して，収入の開きを大きくすべきと回答する日本人は2005年調査では65.9％にのぼり，1995年調査よりも18ポイント増加した（電通

総研・日本リサーチセンター 2008）。しかし、この値は2010年調査では38.5％まで下落した（東京大学・電通総研 2011）。この結果は、日本人の間で平等に対する衡平の相対的な重要性が高まっていたが、ここ数年は再び平等性重視の態度が拡大しつつあることを示している。ただし、この質問には今現在の日本社会と比較して「もっと」どのような社会であるべきかという含意がある点には注意が必要である。このように尋ねられた回答者は現在満たされていない面に特に注目した可能性があり、回答割合の増減がすなわち衡平や平等への支持や不支持をあらわすわけでは必ずしもない。

　実際、別の研究においては、日本人の間で社会的調和や弱者保護を強調する平等・必要性志向が今なお強いことが示されている。大渕は、2010年に行った社会調査に基づいて、衡平原理と同時に、平等原理と必要性原理もまた、人々に強く支持されていることを見出した（Ohbuchi 2011）。さらに、実際の社会や集団の場面においては、これら3基準を組み合わせた複合的な分配システムが用いられることが多い（大渕 2008；海野 2000）。たとえば、多くの企業や会社は平等基準に基づいた基本給を設定したうえで、業績に応じた公正分配を付加的に採用している。また、扶養手当や突然の病に伴う休職手当などは、必要性原理に基づく措置である。

　欧米の研究者の中には、日本人には公正（fairness）の観念がないと主張する人もいる（Kidder and Muller 1991）。確かに、欧米文化圏で見られるような能力や実績に基づく衡平原理は、もともと日本人の間でそれほど強いものではなく、せいぜいこの数十年の間に急速にその認識が広まってきた理念と言える。したがって、日本における公正が欧米における fairness と異なる意味を持つように見える場面があるのかもしれない。しかし、これまで見てきた通り公正判断に採用される基準は多様であり、能力や実績に基づく公正判断は公正の一側面にすぎない。多くの研究者が同意するように、分配の公正さを判断する基準には、衡平のほかに少なくとも平等と必要性があり（Deutsch 1985）、日本人の公正感覚はこれら3つの基準から強い影響を受けていると考えるのが妥当であろう。

　このように考えてゆくと、いくつかの理由から、不平等の拡大は多くの日本

人にとって公正とは言えない可能性がある。まず，平等と必要性を重視する人々は，不平等を不公正と判断するであろう。衡平原理のもとでは，それが個人の能力や実績を反映したものである限りにおいて，社会的不平等は許容される。しかし，社会調和と弱者保護をより重要な社会理念とみなす人々にとっては，成員間での格差や困窮する人々が存在するような社会は公正とは言えない。

さらに，衡平原理を強く支持する人々にとっても，行き過ぎた不平等は不公正とみなされる可能性がある。公正判断の基準は複合的であるから，能力や実績に応じた分配原理の拡大を望む人であっても，平等と必要性をないがしろにするほどの過剰な格差に対しては不公正感を抱くはずである。実際，日本労政調査会が管理職を対象に実施した調査を見ると，多くの回答者たちは，人事管理における成果主義の拡大を支持する一方で，社員間の賃金格差は20％前後が適当であると回答している（日本労政調査会 1998）。これは，管理職たちが成果主義の必要性を認めながらも，成員間の格差は一定の水準にとどめ，平等性を維持するやり方で給与を定めるのがよいと考えていることを示している。

2 公正感と社会階層

公正感は社会階層によって異なるのか？

それでは，日本においてどのような立場の人が特に不公正感を抱いているのであろうか。この問いに対して，いくつかの理論仮説が検証されてきた（たとえば，木村 1998；間淵，1996；Umino 1998）。自己利益正当化仮説は，人は自分に有利な社会を公正，不利な社会を不公正と評価すると予想する。この仮説にしたがうと，不平等な社会構造から不利益を被っている人ほど強い不公正感を抱くと考えられる。一方，啓蒙効果仮説においては，高等教育を受けた人は下層の人に対して同情的になり，平等化を志向する結果，社会を不公正と判断すると予想される。また，情報量仮説によると，社会はもともと不公正な場所であるから，社会についての情報量が多い人ほど社会を不公正な場所と判断する。つまり，自己利益正当化仮説は低階層者（低所得者）ほど不公正感が強いと予

測するのに対して，啓蒙効果仮説と情報量仮説は高階層者（高学歴者や社会的地位の高い職業への従事者）ほど不公正感が強いと予想する。

しかし，これまで行われてきた複数の研究を概観するかぎり，いずれかの仮説を支持する一貫した結果が得られているとは言えない。たとえば，年収や学歴が低い人ほど社会全体に対する不公正感（全般的不公平感）が強いことを示す研究がある一方で（長松 2004），個人の属性や社会経済的地位だけでは社会全体に対する不公正感をほとんど説明できないとするものもある（織田・阿部 2000）。また，性別，学歴，所得などといった個別の領域についての不公正感（領域別不公平感）を測定した SSM 調査データの分析によると，1995年のデータにおいては教育年数が長い人ほど不公正感が強いという傾向がおおむね見られる一方，2005年のデータにおいては教育年数が長い人ほど不公正感が強いという効果と同時に，個人所得が低い人ほど不公正感が強いという結果が得られている（斎藤・大槻 2011）。

多元的公正感

全般的不公平感と領域別不公平感は，ともに社会状況に対する個人の認識であると考えられる。これに対して，不公正感には個人の境遇に対する知覚が存在する。つまり，自分が社会においてどのように扱われているかに対する不公正感である。この水準の不公正感は，自分自身の現状が本来あるべき理想像とどの程度異なっているかという評価に基づいて形成される。重要なことは，個人水準の不公正感が社会全体に対する不公正感と必ずしも一致しないということである。たとえば，社会的な観点からは弱者救済を目的とする政策が公正に運用されていると評価する人でも，自分自身の処遇については努力や実力が必ずしも反映されていないことに不公正さを感じる人がいるかもしれない。また，自分自身は能力にふさわしい地位を得ているが，社会には正当な評価を受けていない人が多いと知覚する人がいるであろう。

公正・不公正の判断が判断者の視点によって異なることは，多くの心理学的公正研究によって論じられてきた（たとえば，Brickman, Folger, Goode and

Schul 1981 ; Mikura 1987)。公正感の多元性を論じたブリックマンら（Brickman et al. 1981）は，特定個人（または特定集団）の処遇に対する公正判断と社会全体の状態に関する公正判断を区別することの重要性を指摘し，前者をミクロ公正，後者をマクロ公正と呼んだ。ミクロ公正は，社会の中で個人が現に得ているあるいは得られると期待する利益に基づく公正判断である。他方，マクロ公正は，社会の全体的な利益分配に対する公正判断である。

　タイラーら(Tyler et al. 1997＝2000)は，マクロ水準とミクロ水準の公正判断におけるいくつかの重要な差異を指摘する。まず，これら2つのタイプでは自我関与度が異なる。個人として公正判断をするときは，分配が自分たちに与える影響に関心が向くのに対して，社会全体に対する公正判断においてはその分配の全体的な公正さに関心が向き，個人的結果はあまり重要ではない。また，自己利益への関心においても違いがあり，人々はミクロ水準において個人的な利益を最大化することに関心を持つ一方で，マクロ水準においては成員の行動に対する大社会的な制約に関心を持つ。言い換えると，人々は個人的な公正判断においては社会における自己の利益状態に注目するが，社会全体に対する公正判断においては自己利益への関心は弱く，たとえば効果的な格差是正政策が実施されているか否かなど，社会が全体として適切に運営されているかどうかに関心を持つであろう。

社会階層と多元的公正感

　公正感の多元性理論にしたがうならば，低階層者ほど不公正感が強いという自己利益正当化仮説の予測は，マクロ公正感よりもミクロ公正感において強く支持されるはずである。ミクロ公正判断において，低階層者は自己の恵まれない境遇に注目し，それを不公正なものと知覚するが，高い自己利益水準にある高階層者は，自らが公正な処遇を受けていると考えたがるであろう。一方で，近年の格差拡大は日本社会に対する不公正感を強めると思われるが，これは社会全体の問題であるから，マクロ公正感において判断者の社会経済的地位の影響は見られないであろう。

川嶋伸佳らによる研究（川嶋・大渕・熊谷・浅井 2010）は，2009年に実施した郵送法による社会調査データに基づいて，この予測を検証した。この調査においては，デモグラフィック変数に加えて，ミクロ公正感（例：私は，この社会の中で不公正な扱いを受けている（逆転項目））とマクロ公正感（例：現在の日本の社会状況は，公正とは言えない（逆転項目））が測定された。ミクロ公正感とマクロ公正感をそれぞれ従属変数，デモグラフィック変数を独立変数とする重回帰分析の結果，世帯年収はミクロ公正感とマクロ公正感の両方に有意な正の効果を示したが，その効果はミクロ公正感に対しての方が大きかった。また，追加的な媒介分析の結果，世帯年収からマクロ公正感への正の効果は，ミクロ公正感を媒介した間接的なものであることが示された。

川嶋ら（2010）によると，社会階層の効果はミクロ水準の公正判断においては認められるものの，マクロ水準の公正判断においては弱いか，もしくは間接的なものであり，これまで全般的不公平感や領域別不公平感と社会経済的地位の間に一貫した関連が見られなかったのは，それらがマクロ水準の公正感を問うていたからであると考えられる。また，社会階層からマクロ公正感への見かけ上の効果は，ある事象の生起確率が少数の具体的事例から独断的に推論されるという利用可能性ヒューリスティック（Tversky and Kahneman 1973）によって説明可能である。つまり，自分自身に対する不公正な扱いを想起した回答者は，自分以外の多くの人々も同様に不公正な扱いを受けていると推論する可能性がある。

公正感の多元性を考慮することで，これまでのマクロ公正感研究の結果における年代的な推移を説明できるかもしれない。全般的不公平感と所得との関係は，1990年代以前に実施された調査に基づく研究においては明確には認められないが（織田・阿部 2000；海野・斎藤 1990），2000年以降に実施された調査に基づく研究においては，低所得者ほどマクロ不公正感が強いという結果が得られている（長松 2004；川嶋ほか 2010）。領域別不公平感においても同様に，1995年のSSM調査では見られなかった所得の効果が，2005年調査においては見出されている（斎藤・大槻 2011）。個人的な不公正感が社会全体に対する不公正感を

強めるならば,このような変化はミクロ不公正感を抱く人々の増加によって説明可能である。近年格差がよりいっそう拡大する中で,自分が不公正な扱いを受けていると感じる人々も増加していると考えられるが,彼らはこのような知覚に基づいて,社会全体も不公正な場所に違いないとの思いを強めるであろう。その結果,近年の調査においては,見かけ上は,低階層者ほどマクロ不公正感が強いという結果が得られるようになった可能性がある。

ミクロ公正感と社会階層の関係における充足度の効果

しかし,低階層者ほど不公正感が強いとする研究結果(川嶋ほか 2010)は,公正の社会心理学的理論の予測に必ずしも一致しない。相対的剥奪(Tyler et al. 1997=2000)や分配的公正理論(Adams 1965 ; Ohbuchi 2007)の基本的仮定によると,公正判断においては客観的な利益水準よりもそれが自分にふさわしいものであるかどうかの評価が重要である。この仮定にしたがうならば,低階層者の中でも現在の境遇が自分にふさわしいものであると知覚する人,つまり,衡平,平等,必要性の各資格条件に基づいて自らの処遇が充足されていると感じる人は,不公正感を抱かないであろうという予測が成り立つ。

川嶋は,この予測を検証するために,全国9市区町を対象にして2011年6～8月に実施した郵送法による社会調査データを分析した(川嶋 2012)。この調査では,デモグラフィック変数,ミクロ公正感に加えて,自分自身に対する理想の分配と現実の分配に対する知覚を測定した。自らの処遇が決められる際に,衡平,平等,必要性のそれぞれの分配基準が考慮されるべきと考える程度(理想の分配)と,現実に考慮されていると知覚する程度(現実の分配に対する知覚)の間の差異が大きいほど,回答者は自らがそれぞれの資格条件に基づく充足感を得ていないと考えることができる。たとえば,理想的には努力や業績が強く考慮されるべきなのに,実際はまったく考慮されていないと回答する人は,衡平原理に基づくふさわしい収入や社会的地位を得ていないと感じているはずである。

理想の分配では「あなたの収入や社会的地位は,理想的には,どのような基

準を考慮して決められるべきだと思いますか」という問いに対して，衡平基準（「努力や業績」および「実績や能力」），平等基準（「みんな平等であること」），必要性基準（「生活の大変さ（必要性）」の各観点が考慮されるべき程度を評定させ，現実の分配に対する知覚では「あなたの収入や社会的地位は，実際には，どのような基準を考慮して決められていると思いますか」という問いに対して，理想の分配と同じ3つの観点について考慮されていると感じる程度を評定させた。

3基準それぞれについて現実評価から理想評価を減じたものを充足度とし，各充足度得点が0以上の充足群の割合を世帯年収別で比較したところ，表14-2，表14-3，表14-4のようになった。平等と必要性に関しては高年収者ほど充足群が多い傾向にあるが，衡平に関しては階層間で明確な割合の違いは見られなかった。また，世帯年収は平等および必要性の充足度との間で有意な正の相関を示したが，衡平の充足度との間では有意傾向にとどまった（表14-5）。まとめると，平等および必要性基準では低階層者ほど未充足者が多く，衡平基準でも同様の傾向は見られるが，平等や必要性基準ほど明確ではないと言える。一方，ミクロ公正感は高年収者ほど強かった（表14-5）。また，いずれの基準においても充足度が高い人ほどミクロ公正感が強く（表14-5），この関係はどの年収区分においても同様に認められた（図14-2）。

なぜ低階層者の間で充足度が低いのか

川嶋（2012）の結果は，これまでの公正理論に一致する部分と，そうでない部分がある。同じ年収カテゴリー同士で比較したときは，充足度が高い人ほどミクロ公正感が強く，これは公正判断においてふさわしさの判断が重要であるとする相対的剥奪や分配的公正理論の予測と合致する。一方，特に平等と必要性に関して低年収者ほど充足度が低かったことは，低階層者は自らがふさわしい扱いを受けていないとの知覚に基づいて不公正感を強めていることを示唆している。しかし，伝統的な公正理論に基づくならば，低階層者は自分を同水準の境遇にある人々と比較するかぎり自分のふさわしさに疑問を持つことはない。また，例え自己の恵まれなさを知覚したとしても，それが自分の資格条件にふ

第14章　不平等と公正感

表14-2　衡平の充足群と未充足群の世帯年収別度数と割合

衡平の充足度	世帯年収			合計
	400万円未満	800万円未満	800万円以上	
未充足	192 (77.4%)	185 (81.9%)	129 (76.3%)	506 (78.7%)
充足	56 (22.6%)	41 (18.1%)	40 (23.7%)	137 (21.3%)
合計	248 (100%)	226 (100%)	169 (100%)	643 (100%)

出所：川嶋 (2012)

表14-3　平等の充足群と未充足群の世帯年収別度数と割合

平等の充足度	世帯年収			合計
	400万円未満	800万円未満	800万円以上	
未充足	159 (65.2%)	142 (63.1%)	91 (54.2%)	392 (61.5%)
充足	85 (34.8%)	83 (36.9%)	77 (45.8%)	245 (38.5%)
合計	244 (100%)	225 (100%)	168 (100%)	637 (100%)

出所：川嶋 (2012)

表14-4　必要性の充足群と未充足群の世帯年収別度数と割合

必要性の充足度	世帯年収			合計
	400万円未満	800万円未満	800万円以上	
未充足	175 (70.9%)	163 (72.1%)	104 (61.9%)	442 (69.0%)
充足	72 (29.1%)	63 (27.9%)	64 (38.1%)	199 (31.0%)
合計	247 (100%)	226 (100%)	168 (100%)	641 (100%)

出所：川嶋 (2012)

表14-5　ミクロ公正感と世帯年収の相関係数，および理想の分配基準，現実の分配に対する知覚，充足度得点とミクロ公正感，世帯年収との相関係数

	ミクロ公正感	理想			現実			充足度		
		衡平	平等	必要性	衡平	平等	必要性	衡平	平等	必要性
ミクロ公正感			$-.177^{**}$	$-.241^{**}$	$.314^{**}$	$.133^{**}$	$.075^{*}$	$.301^{**}$	$.243^{**}$	$.251^{**}$
世帯年収	$.114^{**}$		$-.149^{**}$	$-.170^{**}$	$.098^{*}$			$.075^{†}$	$.108^{**}$	$.133^{**}$

注：世帯年収は200万円未満から200万円刻みで1200万円以上までの7カテゴリーで分析。$^{**}p<.01$, $^{*}p<.05$, $^{†}p<.10$. 有意確率が10%以上の値は記載していない。
出所：川嶋 (2012) をもとに作成。

第Ⅱ部　理論的接近と提言

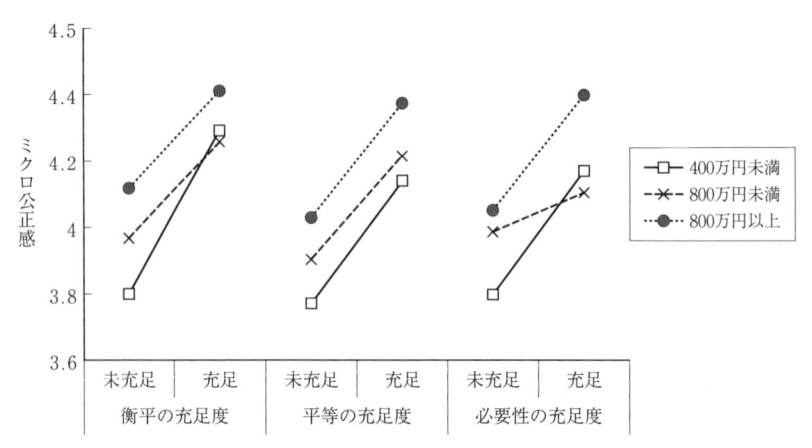

図14-2　各基準における充足度とミクロ公正感の関連性の世帯年収別の比較
出所：川嶋（2012）

さわしいものであると考えるならば，不公正感を抱くことはないであろう。

　なぜ客観的な社会経済的地位が充足度と関連するのか，その原因として2つの可能性が考えられる（川嶋 2012）。第1は，比較他者の変化である。相対的剥奪理論は，低階層者が自己の境遇を同程度の生活水準にある人と比較するから，彼らの間で不公正感は強くないと予測する。この予測は，メディアがいまほど発達しておらず，人々の比較対象が比較的狭い地域や近所づきあいの範囲に限られている時代においてはもっともらしい。しかし，現代日本において，メディアの発達によって人々が自己の境遇を比較する対象は大幅に拡大しており，低階層者は社会全体の中で自己の処遇の水準をより正確に判断する可能性がある。

　数土直紀は，階層帰属意識と地域の関連を検証する中で，これと類似した議論を展開している（数土 2010）。数土によると，1985年のSSM調査においては，大学進学率や上層ホワイトカラー率の高い都道府県に住むこと自体は，おおむね個人の階層帰属意識を低下させる効果を持っていた。しかし，1995年と2005年のSSM調査においては，これらの地域に住むことはおおむね個人の階層帰属意識を高める効果を示した。数土はこの結果について，1985年時点にお

いて人々は身近な地域内での比較を行う傾向があるので，恵まれた人が多い地域に住む人々ほど相対的な不満を感じやすかったが，1995年と2005年時点においては，人々は地域ではなく日本全体との比較において自らの階層を決定するから，そのような相対的不満の効果は見られなくなったと解釈している。

　この議論を公正感に当てはめるならば，現代日本では低階層者は社会全体との比較において自らが相対的に恵まれない境遇にあることを知り，そのことが彼らの充足感を低める原因の1つとなっている可能性がある。現代の日本社会では，人々は新聞，テレビ，インターネットなどを通じて社会全体についてより多くを知ることができる（数土 2010）。ミクロ公正判断の際，低階層者が自分よりも恵まれた多くの人々について考えるならば，彼らが自分はもっとよい境遇に値すると感じても不思議ではない。

　第2は，理想と現実の認識における階層差である。恵まない境遇に置かれた人にとって，平等や必要性が拡大すると自らの境遇が好転するから，それらを理想の分配原理として好む可能性がある。実際，先述の川嶋（2012）において，世帯年収は理想平等および理想必要性との間に負の相関が見られた（表14-5）。これは，低階層者ほど自らの境遇が平等と必要性に基づいて決定されることを望んでいることを示しており，そのことが彼らの間で平等と必要性の充足度が低い原因の1つであると考えられる。

　一方で，平等と必要性が自分の処遇に対して現実に考慮されていると感じる程度については年収による差が見られなかった（表14-5）。平等とは，突き詰めれば全員が等しい処遇を得ている状態であり，平均よりも恵まれない低階層者だけでなく，平均より恵まれた高階層者もまた現実に平等が考慮されていないという感覚を強めた可能性がある。また，現実必要性は「生活の大変さ（必要性）」が考慮されている程度を尋ねたが，生活の大変さという言葉から経済的な困窮度以外の大変さ（たとえば仕事の多忙さなど）を想起する人がおり，このことが階層間の差異を見えにくくしたのかもしれない。この点については問い方を改善したうえで再検討する必要がある。

　衡平原理については傾向が異なり，理想衡平には年収による差が見られない

が，現実衡平と世帯年収との間には正の相関が見られた（表14-5）。つまり，低階層者は高階層者と同程度に自らの処遇が努力や業績によって決められるべきだと答えるが，現実にそれらが考慮されるという感覚は低階層者ほど弱かったと言える。低階層者が自らの処遇決定に衡平原理が採用されるのを否定するならば，彼らは自らが努力や業績に基づく競争に耐えうる人物でないと認めることになる。一方で，衡平を自らの処遇決定において望ましい原理として受け入れたうえで，現実にはそれが正当に機能していないと判断するならば，低階層者は自己評価を維持しながら，恵まれない地位の不当さを訴えることができるであろう。

3　公正感の役割

多元的公正感と抗議行動

　前節では，誰が，なぜ不公正感を抱くのかという疑問に答えるために実施された研究を概観した。公正感の要因を解明するこれらの試みに加えて，社会や集団において公正感がもたらす結果が明らかになれば，公正研究の社会的意義はいっそう高まるものと思われる。心理学的な公正研究においては，公正感が集団や組織へのコミットメントを高め，向社会的な行動を促す一方で，不公正感は人々の怒りや不安を増大し，反社会的な行動を促進することが見いだされてきた（大渕 2004a；田中 2008；Tyler et al. 1997＝2000）。本節では，公正や不公正が人々の態度や行動にどのような影響を与えるのか，「公正感の役割」について検証した研究を紹介する。

　不公正の知覚に伴う不快な感情は，人々にその是正を動機付ける（Adams 1965）。たとえば，衡平原理を強く支持する人にとって，努力や能力が処遇に反映されないような社会は不公正であるが，このような知覚は，自分の実力が正当に評価されないという怒りや，いまの頑張りが無駄に終わってしまうかもしれないという不安を喚起するであろう。これらの不快な感情を回避するために，人々は不公正の是正を試みるのである。実際，大渕は，社会全体に対する

不公正感（マクロ不公正感）が強い人ほど，社会変革に向けた抗議行動が強いことを見出した（大渕 2004b）。

しかし，公正感の多元性を仮定するならば，不公正知覚に伴う脅威はマクロ水準よりもミクロ水準で強いと考えられる。ラーナー（Lerner 1980）の公正世界信念仮説によると，人々は，人生においてそれぞれの価値にふさわしいものを手に入れ，また，手に入れたものにふさわしい存在である，と信じる傾向にある。それゆえ，自らが不公正な扱いを受けていると認めることは，同時に自分が価値のない人間であると認めることを意味し，自己にとって大きな脅威となる。一方，社会が不公正な場所であるとの知覚もまた，将来的に自分自身が不当な被害を受けるかもしれないという不安を喚起する可能性はあるものの，自分自身は必ずしも不公正の直接的対象ではないから，直面する脅威はミクロ水準と比べて弱い。実際，ダルバート（Dalbert 1999）は，自分自身が公正に扱われているという信念（個人的公正世界信念）と，世界が公正な場所であるという信念（一般的公正世界信念）が主観的ウェルビーイングに与える効果を比較する中で，前者は後者に比べて自尊心や主観的幸福感とより強く関連することを見出した。

このように，ミクロ不公正感がマクロ不公正感よりも強い自我脅威を喚起するならば，それに伴う是正行動もまた，ミクロ不公正感においてより強いと考えられる。川嶋らの研究（川嶋・大渕・熊谷・浅井 2012）では，多元的不公正感が抗議行動に及ぼす効果を検証する中で，この予測をおおむね支持する結果を得た。つまり，抗議行動は社会不変信念，社会的非効力感，変革コスト見積もりといった認知的要因によって抑制されるものの，これらの抑制要因を考慮しても，ミクロ不公正感が強い人ほど規範的抗議行動（例：政府の政策に反対する活動に参加したり，支援をする）と反規範的抗議行動（例：交通ルールなど，社会のルールを守る気はしない）の両方が強いことが示された。

川嶋ら（2012）は，同時に，ミクロ不公正感が抗議行動に及ぼす効果がマクロ不公正感の強弱との組み合わせによって異なることを見出した。具体的には，ミクロ不公正感が強い人の中で，マクロ不公正感の弱い人は強い抗議行動を示

すが，マクロ不公正感の強い人は弱い抗議行動しか示さなかった。自分が不公正に扱われていると知覚する人は強い自我脅威状態に置かれ，それを回避するために抗議行動を行うのであるが，社会全体が不公正であると感じる人は，そのような抗議行動が正当には受け入れられず，徒労に終わるであろうと感じ，抗議行動を弱めたものと考えられる。

近年の日本においては，最近でこそ反原発運動などに代表される抗議行動が報道されることはあるが，基本的に個人の政治活動や社会運動などは顕著とは言えない。川嶋ら (2012) によると，このような抗議行動の低調さはミクロ不公正感とマクロ不公正感の乖離によって説明できる。すでに述べた通り，自分が不公正な扱いを受けているとの知覚は強い不快感情を喚起するから，多くの人はそのような知覚を避けようとする。実際，多くの日本人はマクロ水準で不公正感を抱いているにもかかわらず，個人水準について尋ねられると自分は公正に扱われていると回答する (川嶋 2012)。抗議行動を促す原因が個人に対する直接的な不公正知覚であるならば，社会がいかに不公正な場所であろうとも，自分自身の処遇に正当性を感じる人は不公正是正行動を起こさないであろう。さらに，マクロ水準の不公正感は，抗議行動の効果そのものに対する懐疑的な態度を強める可能性がある。

集団内公正と集団間関係

不公正感がその是正行動や規範に沿わない行動を促すのに対して，社会や集団に対する公正知覚は構成員の集団志向的な態度を促進することが知られている。公正の絆仮説 (大渕 2004a) によると，公正感は2つの観点から集団志向的態度を強める。第1は功利的観点で，公正に運営される集団においては，個人はその集団との間に長期的な交換関係を期待できるから，集団に対するコミットメントを強める。第2の集団価値的観点においては，集団同一化の役割が強調される。個人は自尊心を高めたいという基本的な欲求を持っており，その自尊心の一部は所属する集団との同一化を通して得られるものであるが，公正はそれ自体が社会的に優れた価値であるから，集団が公正に運営されている

第14章 不平等と公正感

という知覚は集団の価値を高めると同時に，個人の自尊心を高める役割を果たす。このように，集団内の公正は道具的，非道具的な価値の両面を強めることを通して，個人の集団志向的な態度や行動を促すと考えられている。

公正の絆仮説によると，集団が公正に運営されているほど個人の集団同一化は強まるが，このことは，時として集団間葛藤の激化という否定的な結果をもたらす (Kumagai 2007)。集団間葛藤の特徴の1つに，内集団の構成員が被害を被ったとき，直接の被害者でない別の内集団構成員が，直接の加害者が所属する加害集団の構成員全体に対して報復を行い得ることが挙げられる (熊谷 2008)。たとえば，自国の国民が敵国のテロ攻撃の被害を受けたとして，自国の国民は，テロの実行犯だけでなく，その実行犯が所属する敵国の国民すべてに対して敵意を抱くことがある。このような非当事者間の葛藤において重要な役割を果たすのが，集団同一化である。イゼルビットら (Yazerbyt, Dumont, Wigboldus and Gordijn 2003) によると，個人が内集団に対して強く同一化しているほど，内集団成員が受けた被害に対する怒りと攻撃的行動傾向が強くなる。特に，集団同一化の強い個人はその集団を自己概念の一部として理解するから，集団構成員に対する被害を自己の被害のように感じ，それに対して強い報復的反応を起こすものと考えられる。

熊谷智博と大渕憲一は，このような心理的メカニズムが日本人にも存在することを明らかにした (熊谷・大渕 2009)。彼らは，大学生の実験参加者に対して3人ずつの2グループに分かれて作業をさせるという状況を実験的に設定し，集団間葛藤状況での非当事者攻撃における集団同一化の効果を検証した。彼らはまず，参加者を同一集団内で協力作業をする条件としない条件に分け，集団同一化の強度を操作した。次に，参加者は，同一集団内の1名 (サクラ) が，他集団から不当な評価に基づいて攻撃を受ける (不快なノイズ音を聞かされる) 場面を観察する条件と，正当な評価に基づいて攻撃を受ける場面を観察する条件に分けられた。最後に，参加者には内集団成員に対して攻撃を加えた外集団成員に対して報復する機会が与えられ，その報復動機および実際の攻撃 (外集団成員に与える不快なノイズ音) の強度が測定された。

予測した通り，集団内での協力を経験した群の参加者は，不当な評価に基づいて攻撃を受けた仲間の様子を観察したとき，加害集団の成員に対する報復動機を強め，さらにそれが実際の攻撃行動を強めた。しかし，協力を経験しなかった群の参加者は，不当な評価を観察しても，それによって報復動機を強めることはなかった。協力経験によって内集団に対する同一性を強めた参加者は，自分が直接の被害者でないにもかかわらず，仲間に対する不当な被害を自分自身に対する被害と同一視し，加害者への敵意を強めたものと思われる。

この結果は，集団内公正を追求する動機が，皮肉にも集団間葛藤を激化させる可能性を示している。所属する集団が公正に運営されていることはその集団に所属する個人にとって誇らしいことであるから，彼らは集団への同一化を強める。ところが，そのようにして同一化が強まった人ほど，自分以外の集団成員に対する攻撃に過敏に反応するようになり，報復の連鎖が生じやすい状況が生まれるのである。

4 日本人の公正観
—まとめと課題—

本章では，日本社会において人々が公正感を抱く原因とその結果について，実証研究の結果に基づいて議論してきた。日本人の間では衡平分配だけでなく，平等や必要性分配への支持も根強く，多くの人は格差が拡大する日本の現状を不公正と判断している。しかし，不公正を知覚する程度には階層差が見られ，特に自己処遇に対するミクロ公正判断においては，低階層者ほど強い不公正感を抱くことが示された。メディアが発達した現代社会においては，人々は社会全体についての正確な情報を得ることができるようになったため，低階層者は社会の中で自分の地位を認識し，これに基づいて公正判断を行うものと思われる。また，低階層者ほど平等と必要性を支持する傾向にあることも，彼らの間で不公正感が強い原因であろう。ただし，これらの説明が妥当であることを裏付ける実証データは決して十分とは言えない。人々がどの程度社会の現状を正

確に把握しているのか，また，個人レベルと社会レベルの分配原理の選好が多元的公正感とどのように関連するのかといった点について，今後のより詳細な検証が必要である。

　また，多元的公正感は抗議行動とも密接に関わっている。社会において自分が不公正に扱われているという感覚（ミクロ不公正感）は不快であることから，人々はそれを回避するために，抗議行動によって不公正な社会構造を変革するように動機付けられる。しかし，マクロ不公正感の強い人は抗議行動を行ってもそれは正当に受け入れられないと感じて，それを控えることがある。一方で，公正に運営される集団に所属することは自尊心の高揚につながるから，人々はそのような社会や集団に対するコミットメントを強めるが，集団同一化が強化された人ほど，内集団成員に対する外集団からの攻撃に対して強い敵意と報復動機を持つようになる。このように，公正は人々の社会に対する感情，動機，行動を理解するうえでの重要な概念であり，集団や組織の水準でそれが果たす役割については比較的多くの研究知見がある。しかし，社会全体の水準において公正感の結果に注目した研究は日本においては十分とは言えず，さらなる検証が望まれる。

文献

Adams, J. Stacey, 1965, "Inequity in social exchange," L. Berkowits ed., *Advances in experimental social psychology vol. 2*, Academic Press, 267-299.

Brickman, Philip, Folger, Robert, Goode, Erica & Schul, Yaacov, 1981, "Microjustice and macrojustice," M. J. Lerner & S. C. Lerner eds., *The justice motive in social behavior*, Plenum, 173-202.

Dalbert, Claudia, 1999, "The world is more just for me than generally: About the personal belief in a just world scale's validity," *Social Justice Research*, 12(2): 79-98.

電通総研・日本リサーチセンター，2008，『世界主要国価値観データブック』同友館．

Deutsch, Morton, 1985, *Distributive justice: A social-psychological perspective*, Yale University Press.

川嶋伸佳，2012，「ミクロ公正感と社会階層——ふさわしさ知覚の効果の検証」

『Center for the Study of Social Stratification and Inequality (CSSI) Working Paper Series』No. 3。

川嶋伸佳・大渕憲一・熊谷智博・浅井暢子，2010，「社会階層と公正感——多元的公正判断と社会的属性の関係」『文化』73(3/4)：83-99。

川嶋伸佳・大渕憲一・熊谷智博・浅井暢子，2012，「多元的公正感と抗議行動——社会不変信念，社会的効力感，変革コストの影響」『社会心理学研究』27(2)：63-74。

Kidder, Louise H. & Muller, Susan, 1991, "What is fair in Japan" H. Steemsma & R. Verton eds., *Social justice in human relations vol. 2: Social and psychological consequences of justice and injustice*, Plenum, 138-152.

木村邦博，1998，「教育，学歴社会イメージと不公平感」『理論と方法』13(1)：107-126。

Kumagai, Tomohiro, 2007, "Intra-group fairness, group identification, and inter-group aggression," Ohbuchi Ken-ichi ed., *Social justice in Japan: Concepts, theories and paradigms*, Trans Pacific Press, 171-191.

熊谷智博，2008，「集団間葛藤」大渕憲一編著『シリーズ21世紀の社会心理学12 葛藤と紛争の社会心理学』北大路書房，52-61。

熊谷智博・大渕憲一，2009，「非当事者攻撃に対する集団同一化と被害の不公正さの効果」『社会心理学研究』24(3)：200-207。

Lerner, Melvin J., 1980, *The belief in a just world: a fundamental delusion*, Plenum.

間淵領吾，1996，「全般的不公平感と領域別不公平感」『中央大学社会科学研究所研究報告第17号 日本人の公正観』中央大学社会科学研究所，79-101。

Mikula, Gerold, 1987, "Exploring the experience of injustice," Gun Semin and Barbara Krahe eds., *Issues in contemporary German social psychology*, Sage, 74-96.

長松奈美江，2004，「全般的不公平感の発生の条件——男女間の規定構造の差異に注目して」直井優・太郎丸博編『情報化社会に関する全国調査中間報告書』大阪大学大学院人間科学研究科先端情報環境学研究分野・先進経験社会学研究分野・社会データ科学研究分野 158-170。

日本労政調査会，1998，「機会の平等と格差の公正さを——生産性本部『個別化の進展と労使関係』」『総合資料 M&L』243：42-53。

織田輝哉・阿部晃士，2000，「不公平感はどのように生じるのか——生成メカニズムの解明」海野道郎編『日本の階層システム2 公平感と政治意識』東京大学出版会，103-125。

大渕憲一, 2004a,「公正の社会心理学――社会的絆としての公正」大渕憲一編著『日本人の公正観――公正は個人と社会を結ぶ絆か?』現代図書, 3-30。

大渕憲一, 2004b,「社会的公正感と国に対する不変信念」大渕憲一編著『日本人の公正観――公正は個人と社会を結ぶ絆か?』現代図書, 165-197。

Ohbuchi, Ken-ichi, 2007, "The structure of justice: Theoretical considerations," Ohbuchi Ken-ichi ed., *Social justice in Japan: Concepts, theories and paradigms*, Trans Pacific Press, 72-92.

大渕憲一, 2008,「不平等と公正」原純輔・佐藤嘉倫・大渕憲一編『社会階層と不平等』放送大学教育振興会, 209-221。

Ohbuchi, Ken-ichi, 2011, "Social Class and Values in Japan," Ohbuchi Ken-ichi and Asai Nobuko eds., *Inequality, Discrimination, and Conflict in Japan: Ways to Social Justice and Cooperation*, Transpacific Press, 41-64.

斎藤友里子・大槻茂実, 2011,「不公平感の構造――格差拡大と階層性」斎藤友里子・三隅一人編『現代の階層社会3 流動化のなかの社会意識』東京大学出版会, 219-232。

数土直紀, 2010,『日本人の階層意識』講談社。

田中堅一郎, 2008,『荒廃する職場／反逆する従業員――職場における従業員の反社会的行動についての心理学的研究』ナカニシヤ出版。

東京大学・電通総研, 2011,「『世界価値観調査2010』日本結果速報 日本の時系列変化〈1981~2010年結果より〉」(http://www.dentsu.co.jp/books/publication/concerned_insight/pdf/wvs_news_report.pdf) (2012年12月4日確認)。

Tversky, Amos and Kahneman, Daniel 1973, "Availability: A heuristic for judging frequency and probability," *Cognitive Psychology*, 5(2): 207-232.

Tyler, Tom R., Boeckmann, Robert J., Smith, Heather J. and Huo, Yuen J., 1997, *Social justice in a diverse society*, Westview Press. (=2000, 大渕憲一・菅原郁夫監訳,『多元社会における正義と公正』ブレーン出版。)

Umino, Michio, 1998, "A sense of fairness in modern Japan: An evaluation of stratification system" 宮野勝編『公平感と社会階層 (1995年 SSM 調査シリーズ 8)』1995年 SSM 調査研究会, 57-73。

海野道郎, 2000,「豊かさの追求から公平社会の希求へ――階層意識の構造と変容」海野道郎編『日本の階層システム2 公平感と政治意識』東京大学出版会, 3-36。

海野道郎・斎藤友里子, 1990,「公平感と満足感――社会評価の構造と社会的地位」原純輔編『現代日本の階層構造2 階層意識の動態』東京大学出版, 97-123。

読売新聞, 2009,『経済的な豊かさが公平に行き渡っているか』9月22日朝刊。

Yzerbyt, Vincent, Dumont, Muriel, Wigboldus, Daniel, and Gordijn, Ernestine, 2003, "I feel for us: The impact of categorization and identification on emotions and action tendencies," *British Journal of Social Psychology*, 42: 533-549.

終 章

よりよい社会を求めて

大渕憲一

1 社会的格差の理論

　イデオロギー的には平等を唱える共産主義国でも国民の間に大きな格差があることは公然の事実であり，程度の差はあれ，どの国でも経済的・社会的資源の不平等があると言って過言ではない。近年の日本においても格差問題は主要な政治争点である。それはしばしば経済発展か社会保障かという対比で論じられ，大まかに言えば前者は格差容認，後者は格差是正の論陣になりやすい。しかし，経済成長策が格差容認というのは単純すぎる見方で，経済成長をいかに実現するか，その方法を論じた経済思想そのものにも格差に対する姿勢の異なる2つの潮流がある。
　格差を容認する代表的経済思想は新自由主義政策の理論的根拠となったトリクルダウン理論に見られる。これは古典的近代経済学が原理としたもので，トリクルダウン（trickle down）とは「徐々に流れ落ちる」という意味である。福祉を通して経済資源を低所得層に直接配分するのではなく，企業活動を活性化させるようにそれを利用するなら，それによって富裕層はますます資産を増殖させるが，しかしその富は自然に下に向かって流れ落ちるから，結果としては国民全体の利益が増すとする発想である。しかし，この思想も格差社会を理想としているわけではない。自由な経済活動が保証されるなら階層間の移動が起こり，富裕層の交替が行われる中で社会全体にまんべんなく富が行き渡り，最

終的には平等な社会が実現されるであろうと仮定されている。しかし，我が国における小泉内閣の構造改革路線に対する現在の評価に見られるように，こうした新自由主義政策は結果として格差を拡大しただけであると批判されている。

　これと対照的な経済思想は，ボトムアップあるいは底上げ戦略と呼ばれるものに見られる。失業対策や最低賃金の引き上げなどによって低所得者の収入を増加させ，これによって国民の消費活動を拡大することが経済の活性化を促すとする考え方である。この思想そのものは経済発展を達成する手段としてボトムアップを提唱するものだが，それは格差の縮小を促す政策を含んでいる。しかし，少なくとも現時点では，政府のこうした施策は効果を上げておらず，依然として格差改善は進んでいないと見られている。

　これらの経済思想は経済成長の手段として推奨する政策が異なっているだけで，最終的にめざすところは富が国民の間に行き渡った平等な世界であるという点では共通している。その意味で，イデオロギー的にはいずれも広義の平等主義と言ってよいであろう。しかし，社会にとって格差は必要であるとして，積極的にこれを肯定する考え方もある。その1つは佐藤嘉倫（本書第1章）があげている機能主義的社会階層論である。この立場は，社会を機能的に運営するには，重要な役割に有能な人材を配置する必要があり，それにはそれなりの報酬を用意する必要があると主張するものである。この理論は，個人ではなく役割に対して社会的資源が不平等に配分され，個々人はそのポジションを獲得する競争に参入するという考え方であって，特定社会の階層構造を正当化するものではない。

　この社会学理論とある意味で表裏一体を為す考え方は心理学の分野にもあり，それは，人々の間には能力や資質において違いがあるのだから，それに応じて処遇が異なるのは当然であるとする立場である。その典型はプラトーたち（Pratto, Sidanius and Levin 2006）の社会的支配理論（social dominance theory）に見られる。彼らの主張は個人というよりは集団に焦点を当てたもので，世の中には優れた集団と劣った集団があり，これらの間で社会的パワーや資源分配に格差があることは必然的なものであると信じる人々が少なからず存在するという

ものである。

2 格差是正を阻む社会的要因

　しかし我が国では，格差を容認し，これが必要であるという主張は少なくとも公の席ではほとんど聞かれることがない。むしろ反対に，格差をなくそうという平等主義の主張ばかりが目につく。それは格差が問題視された10年以上前から主張され始めたもので，どの党の選挙候補者も格差是正を訴えて議席の獲得をめざしてきたと言ってもいいであろう。それにもかかわらず，格差問題がいっこうに改善されないのはなぜであろうか。それには，格差是正を阻む原因があるのではないだろうか。本節では，そうした要因のうち社会的なものを取り上げることにするが，そのほとんどは，本書の他の章において明示的あるいは暗示的に議論されたものである。

　まず，雇用の不平等を分析した佐藤（第1章）は，「非正規雇用者のさまざまな困難は，現実の急激な変化とそれに対応しきれていない雇用・福祉レジームの谷間に彼ら・彼女が陥っていることから生じている」として，制度の遅れを指摘している。「失業は経済的資源だけでなく，他の人々と関わる機会や能力を発揮する機会，他者からの承認をえる機会を奪うことによって，他の領域での社会的排除を引き起こす」と論じる永吉希久子（第4章）もまた，失業者に技能向上プログラムへの参加を義務付けるスウェーデンの例を紹介し，失業手当の給付だけでよしとする我が国の制度がこの点で不十分であると問題視する。

　雇用形態とともに経済格差を生み出す社会的要因とされるものは学歴だが，日本においては，学歴社会として批判の対象になった高度成長期よりもむしろ現在の方がその経済的効用は強まっているとされる（橘木，2010）。学歴の基礎となる学力に関して生育環境の影響が大きいことは教育の研究分野では自明のことである。この問題を社会学的に分析した松岡亮二（第11章）は，恵まれた家庭の子どもは潜在能力を親から遺伝されるとともに，親による豊富な修学支援によってその能力が促進され，高い学歴を達成するチャンスが高まることを

見いだした。中室牧子（第12章）は，生育環境の影響力に対して別の観点からアプローチしている。彼女は，幼児期の健康状態が高等教育学業成績と相関すること，したがって，それがその後の学歴と年収に影響を及ぼすことを示している。これらの研究は，我が国において「家庭環境という初期条件に端を発する格差」が拡大していることを示唆している。

家族に関わる格差問題の1つとして母子世帯に注目した下夷美幸（第5章）は，日本の母子世帯の貧困率が先進諸国の中で突出して高いことを上げ，日本の家族政策が旧来の父親稼ぎ主モデルから脱却できていないことがその原因であるとしている。

多民族国家インドネシアを分析対象とした木村敏明（第2章）は，この国に内在する大きな経済的格差は民族間問題という衣をまとい，仮想的格差によって誇張されて表面化すると論じた。また，外国人労働者や外籍新娘の増加によって新しい文化的不平等が発生している台湾について，沼崎一郎（第3章）は，彼らは「単に所得の上で最底辺に位置づけられるだけではない。言語が不自由で，台湾の漢人文化にも馴染みが薄いために，文化的にも困難な生活を余儀なくされているのである。……対照的に……（教育程度も高く留学経験もある）台湾人男性の企業経営者や管理職の活動は国際的に広がっている。彼らは……積極的に子どもたちをバイリンガル・バイカルチュラルに育てようと努力する」として，台湾における新しい不平等は経済のグローバル化によって生じたものだとしている。

指摘された多くの要因に共通している点は，経済的環境や国際情勢の変化に社会制度が追いつかないために格差が拡大している，あるいは是正されないというものである。しかし，時間が経てば自然に制度が追いつき，問題が改善されるというものでもないであろう。これを達成するには政治的力動が必要であり，これを駆動するため国民の側にはイデオロギーの変化が必要である。格差の中にも容認できるものとそうでないものがあるが，変革を実現するには，国民の多くが格差を不当と認識し，これは改善されるべきであるとするイデオロギーの高揚が不可欠である。

しかし，日本においても格差が問題になって以降10年以上が経つのにいっこうに効果的改善策が打ち出されないところを見ると，社会的格差には経済情勢などの外在的要因以外に，社会を構成する人々の側にも何らかの原因があると考えることも必要であろう。実際，日本よりも格差が大きく，しかもそれが以前から問題視されながら，いっこうに改善される気配のない国々も少なくない。次節では，こうした人々の心の中に存在する要因，すなわち格差是正を阻む心理的要因について取り上げることとする。

3 格差是正を阻む心理的要因

心理的要因を論じるにあたってあらかじめ断るべき点は，これらの要因は人間心理の一般的特徴を捉えたものであって，前節で論じられた具体的な社会問題とは必ずしも直結しないということである。心理的要因は個々の社会的問題の背景にはあるかもしれないが，前景に突出する要因とはなり得ないものである。しかし，社会的格差に関わる問題を解決するためには，どの問題であれ，つねに社会の構成員に広く理解と支持を求める必要がある。構成員たちの多くがもしもここで論じるような心理的障壁を持っているとするなら，解決策を具体的に構想し，それを実行するにあたって，こうした内的要因のはたらきについても十分に理解し，可能な範囲でこれに対処する手立てを考える必要があろう。そうしたことを念頭に，格差是正を阻む心理的障壁を述べてみたい。

本節の議論は主として池上知子（2012）の近著『格差と序列の心理学——平等主義のパラドクス』に負うところが大きい。氏は格差問題について，主として日本における学歴格差について10年以上前から実証的に検討を続けており，興味深い知見を生み出してきた。私たちのグローバル COE においても，2009年，民族紛争の研究で世界的に知られたオックスフォード大学の M. ヒューストン教授を仙台に招いて「社会的公正，階層，そして集団間紛争（Social Justice, Social Stratification, and Intergroup Conflict）」というテーマで国際シンポジウムを行った際，池上氏にはコメンテーターを務めてもらった。その意味で，

氏は私たちと問題意識を共有しているといえよう。

公正世界信念

　これは50年ほど前，ラーナーという社会心理学者が発見したある実験的現象に端を発して，よく知られるようになったものである。彼らの実験において (Lerner and Simmons 1966)，女子大学生たちは，記憶検査を受けているある学生が罰として電気ショックを与えられる様子を観察した。その理不尽な仕打ちを受けている被害者に対して，自分がその状態を改善することができると信じるよう仕向けられた実験参加者と比較して，それができないと思わされた参加者は，被害者の人物像を（同じ人物であるにもかかわらず）より否定的に評価したのである。ラーナーは，人々は，不幸な目に遭っている人を見ると，同情するとともに，その人にはそうした不幸に遭うにふさわしい何か問題があるのではないかと思う傾向があると指摘した。これは公正世界信念 (just world belief) と呼ばれ，世界は公正にできており，ある人が受ける処遇はその人にふさわしいものであるという見方を導くものである。この信念内容を詳しく述べてみると「努力した者は報われ，そうでない者は報われない」あるいは「善良な人には幸福が訪れ，性悪な人には不幸が待っている」といった見方が含まれている。これは「世の中は公平であって欲しい」という願望を含んだ信念で，人々の間に広く存在することが知られている (Lerner and Miller 1978)。

　「善行は報われ，悪行は罰せられる」という因果応報の観念は世俗的倫理や宗教的教義に広く見られるが，これも公正世界信念を反映したものである。また最近では，スポーツやビジネスの分野で成功した人たちがテレビに登場し，「諦めないで頑張ればきっと夢は叶う」と若者たちを鼓舞する様子がしばしば見られる。努力すればきっと報われるという信念は確かに向上心や意欲を高める考え方である。実際，心理学にも，自己効力感と呼ばれる概念があり，自己についてこうした信念を持つ人は作業遂行にあたって強いモチベーションと忍耐心を示すことが見いだされている（坂野・前田 2002）。しかし，「努力すれば」の信念は，逆からすると，うまくいかなかった人は努力しなかったからだとい

う解釈になる。成功した人は努力したからであり，成功しなかった人はそれが不足していたからであるというのは，一部に真実を含み，それが過剰に一般化されながら，人々の処世術や人間観・社会観の一部となっている。

　良かれ悪しかれ，世の中はその人に相応しい結果が与えられるようになっているというのが公正世界信念だが，これは向上心を刺激するとともに，現状を肯定するものであり，仮に社会的格差が存在するとしても，それはなるべくして生じたものであるとこれを容認する傾向を生み出す。その意味で，公正世界信念は現状肯定を促すものである。たとえ，現状において格差や不平等のある社会構造に直面しても，人々がそれには相応の存在理由があると考えるなら，直ちにこれを変革すべきであるとは思わないであろう。その意味で，公正世界信念は格差是正の心理的障壁であると言えよう。

　公正世界信念は人々のコントロール願望から派生したものだという見方がある。世の中は不合理・理不尽なことだらけで，何が起こるかわからないという予測不可能性は人々を不安にさせる。そうではなく，人々は，この世はこうすればこうなると予測可能な世界であると信じたいのである。公正世界信念は不確実感を減少させ，人々が未来に希望を持って生きることを後押しする力を持っている。しかし，これにはすでに述べたような副作用があり，社会的格差是正を妨害する心理的障壁として働く可能性がある。

システム正当化

　これは，近年，欧米で注目を集めている社会心理学理論である。これもまた，社会に不平等が存在するのに，なぜ簡単には社会変革が起こらないのかを人間心理の面から説明しようとするものである。世界には現在でも多くの独裁国家が存在する。2011年の民主主義指数（Economist Intelligence Unit 2012）によると，対象国167国中52国が独裁国家とみなされ，世界の人口の37.5％がそこに住んでいる。時折，そうした国で独裁政権を倒そうと市民が立ち上がって暴動や内戦が起こることがあるが，しかしこれはごく例外であって，大半の独裁国家では，不平等極まりない圧制下に置かれながら，国民の多くがじっと我慢してい

るのが現状である。その主たる原因が暴力支配や情報統制といった政治体制にあることは言うまでもないが，理由はそれだけだろうか。ジンという政治歴史学者は，人々には長いものには巻かれる傾向，強大な環境には反発するよりも服従する傾向があると述べている（Zinn 1968）。

一方，独裁国家ではない民主的とされる国々でも，その多くは社会内部に大きな格差を抱えている。OECD（2012）の資料によると，むしろジニ係数の高い国々，なかでもそのトップ10（米国，英国，オーストラリアなどが含まれる）のほとんどは民主国家とされている社会である。これらの国では報道の自由および公職選挙制度があり，平和的な手段によって社会変革をもたらすことが可能であるにもかかわらず，なぜ不平等は是正されないままに放置されているのであろうか。それを強圧的政治体制のせいにできないことは明らかである。

この不合理で釈然としない社会現象を心理学の観点から説明しようと試みたのがジョストのシステム正当化理論である（Jost, Banaji and Nosek, 2004）。彼はこの2004年の論文において，次のように主張した。(1) 人々は，自己利益に反するものであっても，現在の社会体制を正当化しようとする動機傾向を持っている。(2) この動機は，現体制の中でもっとも恵まれない低階層の人々の間ですら見られる。(3) この動機はしばしば非意識的で，人々が明確に自覚しているものではない。不平等な社会体制のもとで恵まれた立場にある高階層の者たちが現状を正当化しようとするのは，それが自己利益を守ることにつながるからであり，その理解は容易である。しかし，現体制の中で不利益を被っている低階層の者たちも同様であるというジョストたちの主張は真実なのであろうか。

私たちは，2010年12月，東京で開催したグローバル COE 国際シンポジウム「社会的不平等とその正当化」にジョストを招き，彼のシステム正当化の理論と研究に関する講演を聴くことができた。その中で彼は私たちの疑問に答える多くの実証的知見を提示したが（Jost 2010），たとえば，彼は1998年のギャロップ調査を引用し，アメリカの低所得者の過半数が現在のアメリカの市場システムを公正であると評価していることを示した。これに対し日本人を対象に

社会的公正感を調査した川嶋伸佳（2012）の結果は複雑である。「社会は公正か」と聞くと（マクロ公正感），全体として否定的回答が多いが，「自分は社会から公正に扱われていると思うか」と聞くと（ミクロ公正感），肯定的回答が増え，高階層でも低階層でも過半数の人が「公正に扱われている」と回答した。また，学歴の観点からこれを検討した池上（2012）は，低学歴の者は学歴社会において不利益を被る立場にあるにもかかわらず，高学歴者と同様に学歴主義を支持していることを見いだした。これらは，聞き方にもよるが，日本人の間でシステム正当化が見られることを示唆している。

システム正当化の理由については複数の解釈が試みられてきた。まず，心的慣性とでも言うべき人間の変化に対する抵抗感が上げられる。変革には多大のコストがかかるのに対して，それが好ましい結果をもたらすかどうか不確実なときには，多少不満があっても現状維持を志向するというのは合理的選択である。このとき，変えられない現状に不満を持ち続けることは苦痛でもあるので，「これは分相応のものである」と自分を納得させ，精神的安定を得るために現システムの正当化が行われると解釈されている（Jost et al. 2004）。ジョストはこれに加えて，少なくともアメリカ人の間には，現システムの中でもいつかは自分も恵まれた境遇に這い上がることができるといった非現実的なまでの楽観的期待（ポジティブ幻想）があることを指摘している（Jost, Blout, Pfeffer, & Hunyady 2003）。

さらに，ジョスト（Jost 2010）は，人々が積極的に現システムを支持しようとすることがあると主張する。それは社会に対して外部から脅威が与えられたときである。9.11同時多発テロのあとアメリカ国民は党派の違いを超えてこぞってブッシュ大統領の政策を支持するようになった。2012年現在の中国において，共産党政府は日本からの領土的脅威をしきりに強調しているが，これは社会内部の不満を抑え，現体制に対する支持を得るためと解釈されている。外的脅威は人々の集団依存と集団所属意識を強めるが，そうした心的状況では集団内の階層や格差を超えて仲間意識が強められ，自国のすべてを美化する自集団高揚（ナショナリズム）が起こりやすいことから，システム正当化が強まると

解釈される。

相補的世界観

　システム正当化の研究から生まれた別の格差正当化心理は相補的世界観と呼ばれ，日本では池上 (2012) が詳しく論じているので，彼女の論述に基づいてこれを紹介する。相補的世界観とは，経済的に恵まれない人は，別の面ではこれを補うように恵まれているはずであるという信念である。ジョストたち (Jost, Kivetz, Rubini, Guermandi and Mosso 2005) はさまざまな国での調査を通してこれを確認したが，一般的に，経済的地位が高い人たちは「知的，精力的」など有能さ次元においては高く評価されるが，「親しみやすい，誠実」などの人間性次元においては低く評価され，経済的地位の低い人はその逆のパターンで評価される傾向があることを見いだした。

　こうした相補的ステレオタイプは確かに人々の会話に頻繁に登場する。「都会人は便利で豊かな生活を満喫しているが，人と人の結びつきが希薄で孤独である。地方の町は不便で貧しいが，そこで暮らす人たちは人間関係に恵まれ，心は豊かである」といった地域ステレオタイプ，あるいは「高学歴の人は優秀だが利己的で冷たい。一方，低学歴の人は，能力は今一つだが，優しくて思いやりがある」など，学歴に関しても能力と人間性の相補性が語られることがある（池上 2012）。

　相補的世界観には一定の根拠がある場合もある。産業化以前の農村共同体では季節的農作業のために協働作業が不可欠だし，居住地が隣接していることから日常的な交流も活発である。こうした相互依存の強い協働文化が人々の他者志向性を強める一方，産業化社会では人々の間で協働性は薄れ，職住分離によって交流も断片的になるので，人々の相互依存性と他者志向性が弱まるのは必然と思われる。経済的豊かさと人間性に関する相補的世界観は人々の生活体験にも根差しており，一部の真実を含んでいるが，それが誇張され，無条件に一般化されてしまっているものと思われる。ステレオタイプとは総じてそうしたものであろう。一部の真実とはいえ，そのような誇張されたステレオタイプ

が人々の間に普及していることには，人々の側にこれを受け入れる心理的素地があると考えられる。

　ジョストたちの研究は，さらに，こうした相補的世界観を強く抱いている人ほど，経済的格差に寛容で，そうした不平等をもたらす現在の社会システムを支持する傾向が強いことを示すものであった。それゆえ，この信念もまた格差を正当化する心理の一面を表すものであった。それはどのような心理メカニズムによるものであろうか。

　相補的世界観に立つと，経済的には恵まれていない人たちも他の面では恵まれているのだから，両面を合わせて考えれば，彼らがそれほど酷い境遇にあるとは言えないし，一方，経済的に恵まれている人も他の面では不遇な人たちだから，総体としてみれば，人々の境遇はバランスが取れているという見方になる。大局的に見れば，世の中は公平にできているという結論に落ち着くので，たとえ経済面で格差や不平等があるといっても，これに対する憤懣は和らげられ，現在のシステムに対する寛容性が高まると考えられる。

　相補的世界観もまた，このように，世の中は公正であるという見方を強めるものだが，しかし，先に述べたような公正世界信念と同じものではない。川嶋伸佳と大渕憲一（第14章）は，人々がある状態を公正かどうか判断する際，3つの基準を用いることを論じている。それは衡平，平等，必要性である。格差正当化心理として最初に述べた公正世界信念は，人はそれぞれの資格（能力や努力）にふさわしい処遇を受けるというものなので，これは衡平基準から見た公正さを表している。一方，相補的世界観では，どんな人にも恵まれた面とそうでない面があり，大局的に見れば世の中はバランスが取れるようになっているという信念なので，これは平等基準から見た公正さにあたると思われる。

心理的障壁とのその除去

　本節では，格差是正を阻む心理的障壁として，公正世界信念，システム正当化，相補的世界観を取り上げて，その心理機構を考察してきた。そこに含まれる心理的障壁要因としては，次のようなものがあげられる。(1) 社会的公正へ

の盲目的信頼：世の中は公正にできていると思いたいという願望を込めた信念が人々の間に存在する。衡平基準からみた公正さについては公正世界信念として，一方，平等基準から見た公正さについては相補的世界観という認識傾向として見られる。(2) 変革コストと不確実性：現状を打破し，社会システムの変革を実現するには心理的・物理的なコストが必要である。また，その結果が現状よりも必ず良くなるという確信が持てないこともある。こうしたコストへの負担感と不確実性の回避が，現状の変革をためらわせることがある。(3) 認知的不協和の低減：現状が不公正であると思いながらもそれが改善できないと認知的不協和を起こす。この不快な心的状態を避け「仕方のないことだ」と自分を納得させるために，現状もまったく不合理なわけではないと正当化を試みることがある。(4) 非現実的楽観主義：これが日本人にも当てはまるかどうか不明だが，ジョストによると，アメリカの貧困層の人たちは自分もいつかは現システムのもとで恵まれた地位に昇ることができると信じているので，現状を余り悲観的には見ない傾向があるとされる。

　こうした現実正当化の心理は，恵まれない境遇に置かれた人の苦悩を緩和するものであるが，同時に，現状を受け入れ，これを変革しようとする動機付けを低下させる。それゆえ，格差を認知し，これを是正することを目指す社会運動や社会政策は，それを効果的に実施するためには，人々の間にあるこうした半ば非意識的な心理的障壁の存在を勘案する必要がある。特に重要なことは，現システムの犠牲者とも言うべき低階層者にもそうした心理的障壁があるということであり，それを認識せず，彼らを不用意に犠牲者とみなすようなやり方を取るなら，反発を招く可能性がある。

4　不平等の是正に向けて
―必要性基準からみた不公正―

　格差問題は社会的公正と密接に結びついている。あるタイプの格差が公正なものであると認知されるなら，それは容認されたりむしろ推奨されるが，不公

正であると判断されると，格差は非難され，その改善が求められる。しかし，川嶋と大渕（第14章）が論じているように，公正判断の基準は一通りではない。歴史的に見ると，社会理念の違いに基づいて多様な基準が公正判断に用いられてきたが，日本を含め，現代の民主社会では一般に衡平，平等，必要性の3種類が人々の間で公正基準として通用している。

　本書の各章ではさまざまな社会領域での格差が論じられてきたが，もちろんそれは正すべき不公正な格差として扱われている。それがどの基準に照らしての不公正かを見てみると，多くは必要性基準であることがわかる。たとえば，本書において，佐藤（第1章）と永吉（第4章）によって指摘された非正規雇用者を対象とした支援制度整備の遅れ，松岡（第11章）と中室（第12章）が問題視する家庭環境という初期条件に端を発する学歴格差の固定化，あるいは下夷（第5章）があげている日本の母子世帯の貧困率の高さなど，これらはすべて日本において拡大しつつある格差の犠牲者に対する救済策の不十分さを強調するものである。それゆえ，これらは公正さの必要性基準が十分に満たされていないという批判である。言い換えると，今日の日本社会における不平等問題のもっとも深刻な側面は必要性基準から見た不公正であると言えよう。

　格差是正の心理的障壁に関して述べたように，衡平基準や平等基準からみた不平等に関しては，人々はこれを正当化し，不公正とはみなさない傾向がある。つまり，人々は衡平や平等に反する不平等については心理的耐性があり，それを容易には不公正とはみなさない。しかし必要性に関してはそうではない。この基準に反する不平等について人々は非常に敏感で，その状態を問題視する傾向が強い。このことは社会調査のデータからも裏付けられている。日本人の成人を対象とした2010年の私たちの調査において（Ohbuchi 2011），回答者たちに3種類の公正基準のどれを重要とみるか聞いたところ，必要性を上げる人の割合がもっとも高かった。

　参照すべきデータはないが，必要性基準からみた不公正さの是正を最優先とするのは日本人だけではない可能性がある。なぜなら，正義論の思想家たちの主張にも同様のものが見られるからである。第1に，よく知られているように，

ロールズ（Rawls and Kelly 2001＝2004）は，その格差原理において，社会的格差が容認されるのは，その制度の中で恵まれた地位に就く者の活動によってもっとも恵まれない地位の人たちの境遇が改善される場合であると主張している。彼の論旨は合理的観点からのもので，「人生は一回限りである」など人間の特質に基づいて純粋合理的に考察するなら，誰でも恵まれないものたちの置かれた状況を改善するように社会制度をデザインすべきであるとの結論にいたるはずだというものであった。第2に，セン（Sen 1992＝1999）は自由と平等という人類の普遍的価値の中には「自己を発展させ，人間らしい生き方を実現する」という権利が含意されていると主張して，恵まれない境遇にあるものの救済がどのような社会にあっても最優先の課題であると述べたが，これは価値理念に基づく主張である。

　センの主張は，民族紛争などの解決に実践的に関わる社会科学者たちの考え方にも影響を与えている。かつて彼らの間では，人間が生きていくうえで必須な基本的欲求といえば食欲や睡眠欲などの生物学的欲求だと考えられていたが，近年はセンが主張するように，自己実現，自尊心，社会的受容など精神的・社会的欲求こそが人間にとって基本的であるという考えが強まっている。それは，被抑圧民族の人たちが自己の生命すら顧みず，民族の自決と誇りのために抵抗運動に身を投じる行動は生物学的欲求の見地からは説明できないからである（Bar-Tal 2011＝2012）。こうした考え方からすると，必要性という基準を満たすためには，単に生存だけではなく，精神的・社会的欲求をも満たす程度の生活水準が必要であることになる。これこそが，今日の日本において対応が求められている格差是正の焦点であろうと思われる。

　必要性に欠ける不公正な不平等を憎む気持ちは，日本人の場合，こうしたイデオロギーに加えて伝統的価値も関連しているように思われる。たとえ当人自身のせいとはいえ，身近に苦しむ人がいるのを放置できないといった感覚を持つ人たちは少なくないし，恵まれた人たちの中でも，生活の貧しさで苦労する人を尻目に，自分たちだけぜいたくな暮らしをすることに後ろめたさを感じる人たちもいる。こうした伝統的共同体意識の強い日本人は，弱者保護を基調と

する集団運営を特に好むという見方もある（大渕 2008）。

その理由としては心理的，理念的，合理的などさまざまなものが挙げられるが，それらの結果として，現代の日本において不平等の中でも人々が強く不公正と感じ，その是正を求める不平等は必要性基準に基づくものであるということができる。

文献

Bar-Tal, Daniel, 2011, *Intergroup conflicts and their resolution: A social psychological perspective*, Psychology Press. （＝2012，熊谷智博・大渕憲一訳『紛争と平和構築の社会心理学――集団間の葛藤とその解決』北大路書房。）

de Mandeville, Bernard, 1714, *The fables of the bees: Or*. （＝1985，泉谷治訳『蜂の寓話――私悪すなわち公益』法政大学出版局。）

Economist Intelligence Unit, 2012, *Democracy index 2011: Democracy under stress*. http://pages.eiu.com/rs/eiu2/images/EIU_Democracy_Index_Dec2011.pdf（2012年11月8日アクセス）

池上知子，2012，『格差と序列の心理学――平等主義のパラドクス』ミネルヴァ書房。

Jost, John T., 2010, "A system justification perspective on social stratification and inequality," Paper presented at the International Symposium of the Center for the Study of Social Stratification and Inequality, Tohoku University (Tohoku University Tokyo Office, December 18).

Jost, John T., Banaji, Mahzarin R., & Nosek, Brlan A., 2004, "A decade of system justification theory: Accumulated evidence of conscious and unconscious bolstering of the status quo," *Political Psychology*, 25: 881-919.

Jost, John T., Blount, Sally, Pfeffer, Jeffrey and Hunyady, György, 2003, "Fair market ideology: Its cognitive-motivational underpinnings," *Research in Organizational Behavior*, 25: 53-91.

Jost, John T., Kivetz, Yifat, Rubini, Monica, Guermandi, Grazia and Mosso, Cristina, 2005, "System-justifying functions of complementary regional and ethnic stereotypes: Cross-national evidence," *Social Justice Research*, 18: 305-333.

川嶋伸佳，2012，「ミクロ公正感と社会階層――ふさわしさ知覚の効果」未公刊論文。

Lerner, Melvin J., & Miller, Dale T., 1978, "Just world research and the attribution process: Looking back and ahead," *Psychological Bulletin*, 85: 1030-1051.

Lerner, Melvin J. & Simmons, Carolyn H., 1966, "Observer's reaction to the 'innocent victim': Compassion or rejection?" *Journal of Personality and Social Psychology*, 4: 203-210.

OECD, 2012, *OECD Factbook 2011-2012*, http://www.oecd-ilibrary.org/economics/oecd-factbook-2011-2012_factbook-2011-en（2012年11月8日アクセス）

大渕憲一，2008，「不平等と公正」原純輔・佐藤嘉倫・大渕憲一編著『社会階層と不平等』放送大学教育振興会，209-221。

Ohbuchi, Ken-ichi, 2011, "Social class and values in Japan" Ohbuchi, Ken-ichi and Asai, Nobuko eds., *Inequality, discrimination and conflict in Japan: Ways to social justice and cooperation*, Trans Pacific Press, 22-40.

Pratto, Felicia, Sidanius, Jim & Levin, Shara, 2006, "Social dominance theory and the dynamics of intergroup relations: Taking stock and looking forward," *European Review of Social Psychology*, 17: 271-320.

Rawls, John & Kelly, Erin, 2001, *Justice as fairness: A restatement*, Harvard University Press.（＝2004，田中成明訳『公正としての正義再説』岩波書店。）

Sen, Amartya, 1992, *Inequality reexamined*, Harvard University Press.（＝1999，池本幸生・野上裕生・佐藤仁訳『不平等の再検討――潜在能力と自由』岩波書店。）

坂野雄二・前田基成，2002，『セルフ・エフィカシーの臨床心理学』北大路書房。

橘木俊詔，2010，『日本の教育資格』岩波新書。

Zinn, Howard, 1968, *Disobedience and democracy: Nine fallacies on law and order*, Vintage.

あとがき

　序章でも述べたように，本書は社会階層と不平等教育研究拠点の10年間にわたる研究成果を集約したものである。序章では拠点の研究プログラムについてのみ解説したが，ここでは教育プログラムに触れておきたい。なぜなら，本拠点は研究と教育を車の両輪のように組み合わせて研究教育活動を推進してきたからである。

　教育プログラムの対象となったのはフェロー（ポスドク）と博士課程大学院生である。フェローは国際社会学会のメーリングリストやウェブサイトをはじめとして，さまざまな国際的なネットワークを通じて公募した。その結果，毎年数多くの優れた若手研究者が応募してきて，選考に困るほどだった。彼ら・彼女らは国内外のトップクラスの大学院で博士号を取得し，本拠点に最先端の研究を導入してくれた。また大学院生の役割モデルにもなってくれた。

　大学院生は学内公募で選考した。もともと資質の高い学生が集まったが，本拠点の国際的かつ学際的なプログラムで教育を受けるうちに，研究の視野を広げるとともに，国際会議で報告したり国際的雑誌に投稿したりするようになった。拠点設立時は後述するワークショップで「なぜ英語で報告しなければならないのか」と疑問に思っていた大学院生も次第に積極的に国際的な場で活躍するようになった。

　教育プログラムでは拠点の専任教員が大いに活躍してくれた。グローバルCOEプログラムの5年間で准教授1名，助教6名を雇用した。彼ら・彼女らは優れた研究者であるばかりでなく，英語による授業科目開講や英語論文執筆や英語報告の個人指導などに熱心に取り組み，フェローと大学院生が国際的に活躍する基盤を形成してくれた。

　本拠点の研究教育プログラムの最大の特徴は，定期的に英語によるワーク

ショップを行ったことである。国内外の一流の研究者を招聘して最先端の研究について語ってもらうとともに，フェローや大学院生にも報告を課して英語による報告に慣れさせた。またさまざまな分野の研究者が報告を行うので，自然と学際的な雰囲気が生まれた。さらに研究部門別のワークショップも開催し，それぞれの研究部門における部門メンバーの研究を深めていった。国際的・学際的な定期的ワークショップと研究を深化させる部門別ワークショップによって，フェローや大学院生は自ら研究を推進する力をつけていった。

また国際的なシンポジウムも数限りないほど開催した。これには2つの効果があった。1つは当然のことながら，最先端の研究について議論を重ねることで拠点における研究を高度な水準で推進できたことである。もう1つはフェローや大学院生が，いままで雲の上の人だと思っていた世界一流の研究者と直接話をすることで世界を身近に感じるようになったことである。

さらに本拠点メンバーでもあるデービッド・グラスキーが所長を務めるスタンフォード大学「貧困と不平等研究センター」とのサマースクールは，フェローや大学院生の鍛錬の場となった。毎夏，本拠点かスタンフォードのセンターにおいて，5日間にわたるサマースクールを開催し，主に大学院生が自分の博士論文構想を報告した。日米大学院生の交流の場は，両者にとって知的刺激に満ちたものだった。

本書の内容の多くは，これらのワークショップやシンポジウム，サマースクールにおける拠点メンバー間の議論が元になっている。拠点における研究と教育の両輪がうまく噛み合った結果，メンバー間で活発な議論が展開した。それが本書に結実している。たとえば，第1章は，執筆担当の佐藤嘉倫が今井順をはじめとして拠点メンバーたちとのワークショップやシンポジウムにおける議論を積み重ねた結果として生まれたものである。また第4章も，執筆担当の永吉希久子が拠点メンバーと制度と不平等の関連について議論を重ねる過程から生み出された成果である。

この教育プログラムからは多くの研究者が巣立っていき，現在，全国各地で研究活動や後進の指導にあたっている。本拠点で投じられた一石がこのように

あとがき

して水面の波紋のように広がっていく様こそが，私たちがこのプログラムを立ち上げる際にめざしたことの1つであり，この面では大きな成果をあげることができたと自負している。

　グローバル COE プログラムが終了する2013年3月で本拠点は一応の区切りをつける。しかしそれが終わりではない。東北大学で融合的研究を推進する国際高等研究教育機構と連携しながら，10年間で蓄積した研究教育成果と国際ネットワークを生かして，次のステップに進むつもりである。

　最後に，21世紀 COE プログラムとグローバル COE プログラムによって本拠点を支援してくれた文部科学省，総長裁量経費のような財政的支援だけでなく学術的支援もしてくれた東北大学および文学研究科，そして10年間にわたり研究教育活動を支援してくれた拠点事務局の和泉愛玲さん，大友復夫さん，木村美穂さん，尾崎寛昭さん，遠藤弘さんに感謝の意を表する。

　　2013年2月

　　　　　　　　　　　　　　　　　　　　　　　　佐藤嘉倫・木村敏明

人名索引

あ行

秋永雄一　11
アベグレン, J.C.　25
池上知子　325, 329, 330
イザキ, S.　10, 192, 197
石田賢示　9
イゼルビット, V.　315
今井順　10, 25, 27, 338
岩田正美　29
エスピン - アンデルセン, G.　82
大西仁　5
大渕憲一　11, 12, 300, 302, 312, 331, 333

か行

金子勝　5
苅谷剛彦　233, 234, 236, 237-239, 249
川島伸佳　11, 307, 308, 311, 313, 329, 331, 333
木村敏明　8, 324
熊谷智博　315
グラスキー, D.　338
クンチャラニングラート　37
玄田有史　21

さ行

酒井正　22
佐藤嘉倫　1, 7, 219, 322, 323, 333, 338
下夷美幸　9, 324, 333
蒋介石　53, 54, 62, 64
蒋経国　53, 54, 62, 64
ジョスト, J.T.　328-332
白波瀬佐和子　22
ジン, H.　328

た行

菅山真次　26
数土直紀　310
スハルト　41, 46, 47, 49
セホダ, M.　93
セン, A.　334

た行

タイラー, T.　305
瀧川裕貴　10
竹中歩　9
橘木俊詔　5, 11, 283
ダルバート, C.　313
太郎丸博　20
陳水扁　54, 55, 65
辻本昌弘　9
デュルケーム, E.　170

な行

永瀬伸子　22
中室牧子　9, 11, 324, 333
永吉希久子　8, 323, 333, 338
沼崎一郎　8, 324
野村正實　27

は行

浜田宏　10
濱本真一　11
樋口美雄　22
ヒューストン, M.　325
ブーケ, J.H.　40
フォレンホッヘン, C.V.　36
二村一夫　26
ブッシュ大統領　329

341

プラトー, F.　322
フリグスタイン, N.　175, 176
ブリックマン, S. P.　305
ポランニー, K.　168

　　　　　　ま 行

馬英九　55, 56
松浦司　11, 283
松岡亮二　11, 323, 333
マルクス, K.　168

宮本太郎　24
武者陵司　5

　　　　　や・ら・わ 行

吉原直樹　5
ラーナー, M.　313, 326
李登輝　54, 55, 65
レッグ, J. D.　37, 40
ロールズ, J.　334
ワヒド, アブドゥルラフマン　49

事項索引

あ行

アジア人材資金構想　126
アメリカ　235
一卵性双生児　263, 267, 274
イデオロギー　324
移動　166-170, 172, 179
　　──障壁　21
移民　121-134, 140, 142, 144, 145, 147, 148, 152, 154
　　──の地位達成　9
因果応報　326
インドネシア　6, 8, 324
SSM調査　16
エスニシティ　70
エスニック・アイデンティティ　55
エスニックグループ　55, 63, 69
エスノポリティクス　54, 55
OECD　234, 328
オールドカマー　127
回帰分析　128, 129

か行

外国人労働者　65-67, 71, 73, 74
外国籍配偶者　65, 69, 71, 73, 74
外省人　54, 55, 62-65
　　──意識　65
外的脅威　329
格差　178
　　安定性の──　229
　　地域間──　296
　　賃金──　19, 20
学習活動　237, 238, 246
学習資本　233, 234, 246, 247
学習資本主義社会　233
学習態度　234
学習能力　234, 237, 239, 240, 242, 245, 247, 248
学習の市場化　249
学歴　323
　　──主義　329
家族固定効果　262, 267
家族政策　115
学校基本調査　292
学校選択制度　249
学校ランク　239, 242, 245
家庭環境　324
企業規模　178
企業形態　164
企業内組合　25, 175
企業福祉　177
企業別組合　174, 177
疑似実験　264
規制緩和　29, 163, 178
機能主義的社会階層論　24, 322
義務教育費国庫負担金　11, 281, 282, 285, 286, 291
客家人　55, 63-65
　　──意識　64
キャリア　165, 171, 175
キャリアパス　134
ギャロップ調査　328
教育生産関数　259, 275
教育達成　11
教育投資　11
強制執行制度　111

343

兄弟固定効果　267
　　——モデル　263
均衡　284
グローバリゼーション　53,54,61,65,73,74
グローバル COE プログラム　2,4,339
経済思想　321
経済社会学　164
計測誤差　264,267
契約　166-170,172,179
ゲーム理論　11,283
結婚　22
　　——格差　29
欠損値バイアス　272
建国五原則　38
原住民　55,63-65,72
現状肯定　327
抗議行動　313
高校ランク　236,246
講集団　9,140-145,147,149,151-156
交渉された秩序　166
公正　299,300,302,303
　　——研究部門　3
　　——の絆仮説　314
　　——の公式　300
　　社会的——　332
公正感　11
　　社会的——　329
　　マクロ——　12,305,306,313,329
　　ミクロ——　12,305-307,313,329
公正世界信念　12,313,326
高度技能人材　122,128,131,132
公認宗教　38,39
公平　300
衡平　301,302,307,311
　　——基準　331
国際移動研究部門　4
国際的なシンポジウム　338
国民党（中国国民党）　53-56,63,65

個人剥奪度　194
国家　10
国庫負担金　281-283,292,296
子どもの貧困率　99
雇用・福祉レジーム　7,25,30,179
　　——の機能不全　28
雇用関係　10,164,166,172,177,179
雇用形態　164,178
雇用保障　24
雇用レジーム　25
孤立　80,81,93
コントロール願望　327

　　　　　　　　さ　行

最適戦略　290
在日　127
在留資格　132
サマースクール　3,338
参加者選抜　141,147-149,152,154
産業化社会　330
サンプルセレクションバイアス　272
資金交換　141,146,153
自己効力感　326
自己責任　248
自己束縛　141,152,154
自集団高揚　329
システム正当化　12
　　——理論　328
自然実験　264,265
自尊心　313,314
失業　8,79-83,85-87,89,92-94
　　——手当　323
児童扶養手当　107
ジニ係数　6,8,188-191,197,200,328
市民権　166,167,170
　　企業——　27,29
　　産業——　10,168,173,174,177,179
社会移動　121,128

事項索引

――研究　3
社会階層　3, 11, 236, 247, 248
　　――研究　3
　　――と社会移動全国調査　15
　　――と不平等教育研究拠点　1
　　――と不平等の構造と変動研究部門　3
社会規制　82, 83, 86, 87, 93, 94
社会給付　82-84, 86, 90, 92, 94
社会経済（的）地位　235-237, 239, 242, 244-249
社会参加　79
社会的支配理論　322
社会的収益率　292
社会的排除　8, 23, 79-84, 86, 87, 89-92, 94, 178
社会的フィールド　165
社会的ポジション　24, 26
社会ネットワーク　124
社会保障　24
　　――制度　8, 81, 82, 84, 92, 94
社会理念　300
就学児童の健康状態　11
従業員　177
終身雇用　15, 25, 165, 166, 176, 177
　　――制　27, 29
囚人のジレンマ　285, 287
充足度　308, 310
集団間葛藤　315
集団間不平等　209, 211, 216
集団同一化　314, 315
集団内不平等　210-212, 216
集団内分散　212
集団分散　212
収入　11
主観的幸福感　10, 187, 188
出入国管理及び難民認定法　121, 127
出版バイアス　267, 269
準拠集団　199

使用者　10
省籍矛盾　63
省略された変数バイアス　260, 268
職業別組合　173-175
処理群の平均処理効果　268
私立　239, 246, 347
新移民　65, 74
人口移動　285, 287, 288
新自由主義　321
新成長戦略　126
新制度論　164
心的慣性　329
人的資本　19-21, 125, 128, 130, 132, 233, 237, 247, 248
　　――家　248
心理的障壁　12, 325
心理的要因　12, 325
スタンフォード大学「貧困と不平等研究センター」　3, 338
生活保障　24
正義　300
正規雇用　7, 163, 177, 178
　　――者　6
正義論　333
成均館大学サーベイリサーチセンター　3
制度　164-166, 178
　　社会――　8, 324
正当化　333
生徒文化　236
正の同化　9, 123, 124, 126, 127, 129, 130, 133
政府　10
セーフティネット　85, 94
積極的労働市場政策　82-85, 88, 89, 92, 93
セレクションバイアス　260, 268, 269
総額裁量制　282
操作変数　266
　　――法　261
双生児データ　11

345

相対的剥奪　192, 200, 307, 308
相対的剥奪度　10
　社会全体の——　196
相補的ステレオタイプ　330
相補的世界観　12, 330
底上げ戦略　322
外籍新娘　69

た 行

第3号被保険者制度　105
対数分散　11, 212, 215
台湾　8, 324
多元化　62, 65, 67, 69, 70, 74
多様性の中の統一　39
男性稼ぎ主モデル　9, 27, 28, 30, 104
男性非正規雇用者　29
　——比率　15
地位　164, 166, 171, 173-175, 178, 179
　——達成　130
　——役割構造　23
　社会的——　173
　職業的——　124
中央教育審議会　282
中央研究院社会学研究所・民族学研究所　3
中国系住民　46, 49
通常授業外の学習活動　11
デフォルト　10
伝統的価値　334
同化（理）論　9, 121, 123, 128
投資行為　234, 237, 246, 247
独裁国家　327
トラッキング　235, 237, 246-249
トリクルダウン　321

な 行

内生性　260
ナショナリズム　329
21世紀COEプログラム　1, 4, 339

二重経済　39, 40
日系人　140-143, 145-151, 154
日本型経営　25
日本型雇用慣行　15
日本経営者団体連盟　28
ニューカマー　121, 127
人間性次元　330
認知的不協和　332
年功序列　25
年功賃金　177
農村共同体　330
No Study Kids (NSK)　239

は 行

パート法　10
配偶者控除　104
配偶者特別控除　104
波及効果　272
剥奪度　193
発展授業　238, 243, 245, 246, 248
比較　175
東アジア研究部門　3
非現実的楽観主義　332
PISA　234, 236, 238, 245
非正規雇用　7, 83, 86, 87, 92, 93, 163, 177, 178
　——者　6
　——者比率　15
必要性　301, 302, 307, 311
　——基準　333
　——に基づいた不公正の是正　12
ひとり親世帯　6
ひとり親のためのニューディール　109
費用対効果　289, 292, 292
平等　301, 302, 307, 311
　——基準　331
　——主義　322
不確実性　332
福祉レジーム　25

事項索引

福佬人　55, 63-65
ふさわしさ　308, 309
双子固定効果　267, 275
普通科　239, 242, 245, 246
負の同化　9, 122, 125, 128, 130-133
不平等　3, 163, 172, 178, 179, 299, 302
　　──研究　3
　　──の要因分解　212, 214
　　新しい──　8
　　雇用の──　323
　　所得──　10, 11
普遍的価値　334
プリンストン大学社会学部　3
分散関数回帰分析　11, 214, 225, 226
分配的公正理論　307, 308
平均量の単回帰分析　215
ベイズ推定　225
変革コスト　332
ホームレス　29, 30
母子（家庭）世帯　6, 9, 324
ポジティブ幻想　329
母子福祉政策　9
補習授業　238, 245, 246, 248
ポスト産業社会　233
ボトムアップ　322
本省人　54, 55, 62-64
　　──意識　64

ま 行

マイノリティ　139, 154, 157
　　──研究部門　3
マルチレベルモデル　240, 242
民主国家　328

民主主義指数　327
民進党（民主進歩党）　53-55, 63-65
民族紛争　334
面識関係　141, 150, 151, 153-155

や 行

有能さ次元　330
養育費　111
　　──政策　9
　　──相談支援センター　113
四大族群　65

ら 行

楽観的期待　329
ランダム化比較試験　264, 268-272, 274, 276
履行確保制度　111
留学生30万人計画　126
労使関係　169
労働過程　170
労働基準　169
労働組合　10
労働契約　167
労働市場　167, 169
労働者　10
労働組織　171
労務管理制度　171
ロジスティック回帰分析　242, 245
ロンドン大学クイーン・メアリー・カレッジ　3

わ 行

ワークショップ　337, 338

347

《執筆者紹介》執筆順，＊は編著者

＊佐藤嘉倫（さとう・よしみち）序章・第1章
- 1957年　東京都生まれ
- 1987年　東京大学大学院社会学研究科博士課程（社会学専攻）単位取得退学，博士（文学）
- 現　在　東北大学ディスティングイッシュトプロフェッサー
- 専　門　行動科学，社会学
- 主　著　Social Exclusion: Perspectives from France and Japan, （共編）Trans Pacific Press, 2012.
『現代の階層社会1――格差と多様性』（共編）東京大学出版会，2011年。
Japan's New Inequality: Intersection of Employment Reforms and Welfare Arrangements, （共編）Trans Pacific Press, 2011.
『ワードマップ　ゲーム理論――人間と社会の複雑な関係を解く』新曜社，2008年。
Deciphering Stratification and Inequality: Japan and Beyond, Trans Pacific Press, 2007.

＊木村敏明（きむら・としあき）序章・第2章
- 1965年　神奈川県生まれ
- 1999年　東北大学大学院文学研究科博士課程後期修了，博士（文学）
- 現　在　東北大学大学院文学研究科准教授
- 専　門　宗教学，宗教人類学
- 主　著　Stratification in Cultural Contexts, （編著）Trans Pacific Press, 近刊。
『聞き書き震災体験――東北大学90人が語る 3.11』（監著）新泉社，2012年。
『宗教と現代がわかる本 2012』（共著）平凡社，2012年。
「地震と神の啓示――西スマトラ地震をめぐる人々の反応」『東北宗教学』Vol. 5, 2009年。

沼崎一郎（ぬまざき・いちろう）第3章
- 1958年　宮城県生まれ
- 1991年　Michigan State University, College of Social Science, Department of Anthropology, Ph. D. (Anthropology)
- 現　在　東北大学大学院文学研究科教授
- 専　門　文化人類学，東アジア研究
- 主　著　『つながりの文化人類学』（共編著）東北大学出版会，2012年。
『交錯する台湾社会』（共編著）アジア経済研究所，2012年。

永吉希久子（ながよし・きくこ）第4章
- 1982年　大阪府生まれ
- 2010年　大阪大学大学院人間科学研究科修了，博士（人間科学）
- 現　在　東北大学大学院文学研究科准教授
- 専　門　社会学
- 主　著　「日本人の排外意識に対する分断労働市場の効果」『社会学評論』63(1), 2012年。
『外国人へのまなざしと政治意識』（共著）勁草書房，2011年。

下夷美幸（しもえびす・みゆき）第5章
- 1962年　鹿児島県生まれ
- 1988年　お茶の水女子大学大学院家政学研究科修士課程修了，博士（社会科学）
- 現　在　東北大学大学院文学研究科准教授
- 専　門　家族社会学
- 主　著　『養育費政策にみる国家と家族——母子世帯の社会学』勁草書房，2008年。
『固定された性役割からの解放（講座ジェンダーと法 第2巻）』（共著）日本加除出版，2012年。

竹中　歩（たけなか・あゆみ）第6章
- 1966年　神奈川県生まれ
- 2000年　Columbia University, Department of Sociology, Ph. D. (Sociology)
- 現　在　Bryn Mawr College, Department of Sociology, Associate Professor
- 専　門　社会学
- 主　著　How Contexts of Reception Matter: Comparing Peruvian Migrants' Economic Trajectories in Japan and the U.S., （共著）*International Migration*, 2012.
How Diasporic Ties Emerge: Pan-American Nikkei Communities and the Japanese State, *Ethnic and Racial Studies*, 32(8), 2009.

石田賢示（いしだ・けんじ）第6章
- 1985年　石川県生まれ
- 2011年　東北大学大学院教育学研究科博士課程前期修了
- 現　在　東北大学大学院教育学研究科博士課程後期
- 専　門　教育社会学
- 主　著　「若年労働市場における社会ネットワークと制度的連結の影響——社会ネットワークによるスクリーニング機能」『社会学年報』40，2011年。

中室牧子（なかむろ・まきこ）第6章・第12章
- 1975年　奈良県生まれ
- 2010年　Columbia University, Graduate School of Arts and Science, Ph. D.（教育経済学）
- 現　在　東北大学大学院文学研究科助教
- 専　門　教育の経済学
- 主　著　Schooling and Migrant Remittances in Transition Economies: The Case of Albania and Tajikistan, *International Development Planning Review*, 32(3), 2010.
Mobility of Skilled Labor in Transition Economies: The Perspectives from Brain-Drain, Brain-Waste, Brain-Circulation and Brain-Gain, （共著）*Journal of International Cooperation Studies*, 18(1), 2010.

辻本昌弘（つじもと・まさひろ）第7章
- 1972年　奈良県生まれ
- 2000年　東北大学大学院文学研究科博士課程修了，博士（文学）
- 現　在　東北大学大学院文学研究科准教授
- 専　門　社会心理学
- 主　著　『心理学の視点24』（共著）国際文献社，2012年。

今井　順（いまい・じゅん）第8章
　　1967年　生まれ
　　2006年　State University of New York at Stony Brook, Ph. D. (Sociology)
　　現　在　北海道大学大学院文学研究科准教授
　　専　門　比較雇用関係論，経済社会学，労働社会学
　　主　著　*The Transformation of Japanese Employment Relations: Reform Without Labor*, Houndmills/Basingstoke, Palgrave Macmillan, 2011.
　　　　　Japan's New Inequality: Intersection of Employment Reforms and Welfare Arrangements, （共編著）Trans Pacific Press, 2011.

浜田　宏（はまだ・ひろし）第9章
　　1970年　兵庫県生まれ
　　2001年　関西学院大学大学院社会学研究科博士課程後期課程単位取得退学，博士（社会学）
　　現　在　東北大学大学院文学研究科准教授
　　専　門　数理社会学
　　主　著　「線形結合モデルは科学的説明たりうるか？」『理論と方法』27(2)，2012年。
　　　　　『格差のメカニズム——数理社会学的アプローチ』勁草書房，2007年。

瀧川裕貴（たきかわ・ひろき）第10章
　　1975年　愛知県生まれ
　　2003年　東京大学大学院人文社会系研究科博士課程単位取得退学，博士（社会学）
　　現　在　東北大学国際高等研究教育機構先端融合シナジー研究所助教
　　専　門　数理社会学，公共社会学，社会階層論
　　主　著　『公共社会学1——リスク・市民社会・公共性』（共著）東京大学出版会，2012年。
　　　　　「持続する不平等を説明する——相対的リスク回避モデルを中心に」『理論と方法』49，2011年。

松岡亮二（まつおか・りょうじ）第11章
　　1977年　東京都生まれ
　　2012年　University of Hawaii at Manoa, College of Education, Ph. D. (Education)
　　現　在　東北大学大学院文学研究科グローバルCOEプログラム「社会階層と不平等教育研究拠点」COEフェロー
　　専　門　教育社会学，教育政策学，比較教育学
　　主　著　Comparative analysis of institutional arrangements between the United States and Japan: Effects of socioeconomic disparity on students' learning habits, 『比較教育学研究』46，2013年。
　　　　　Tracking effect on tenth grade students' self-learning hours in Japan, 『理論と方法』53，2013年。

秋永雄一（あきなが・ゆういち）第13章
- 1951年　東京都生まれ
- 1985年　東京大学大学院教育学研究科博士課程単位取得退学
- 現　在　東北大学大学院教育学研究科教授
- 専　門　教育社会学
- 主　著　『教育社会学——第三のソリューション』（共編訳）九州大学出版会，2005年。
『日欧の大学と職業』（共著）日本労働研究機構，2001年。

濱本真一（はまもと・しんいち）第13章
- 1987年　千葉市生まれ
- 現　在　東北大学大学院教育学研究科博士課程前期課程
- 専　門　教育社会学
- 主　著　「公立中高一貫校の拡大規定要因分析——学校タイプによる傾向の違いに着目して」『社会学年報』41，2012年。

川嶋伸佳（かわしま・のぶよし）第14章
- 1982年　大阪府生まれ
- 2012年　東北大学大学院文学研究科博士課程修了，博士（文学）
- 現　在　東北大学大学院文学研究科助教
- 専　門　社会心理学
- 主　著　「多元的公正感と抗議行動——社会不変信念，社会的効力感，変革コストの影響」（共著）『社会心理学研究』27，2012年。

大渕憲一（おおぶち・けんいち）第14章・終章
- 1950年　秋田県生まれ
- 1977年　東北大学大学院文学研究科博士課程中退，博士（文学）
- 現　在　東北大学大学院文学研究科教授
- 専　門　社会心理学
- 主　著　『新版　人を傷つける心』サイエンス社，2011年。
『謝罪の研究』東北大学出版会，2010年。

　　　　　　不平等生成メカニズムの解明
　　　　　　──格差・階層・公正──

2013年3月15日　初版第1刷発行　　　　　〈検印省略〉

　　　　　　　　　　　　　　　　定価はカバーに
　　　　　　　　　　　　　　　　表示しています

　　　　　　編著者　　佐　藤　嘉　倫
　　　　　　　　　　　木　村　敏　明
　　　　　　発行者　　杉　田　啓　三
　　　　　　印刷者　　坂　本　喜　杏

　　　　　　発行所　株式会社　ミネルヴァ書房
　　　　　　　　607-8494　京都市山科区日ノ岡堤谷町1
　　　　　　　　　　電話代表　(075)581-5191
　　　　　　　　　　振替口座　01020-0-8076

　　　© 佐藤嘉倫・木村敏明, 2013　冨山房インターナショナル・新生製本
　　　　　　ISBN 978-4-623-06562-2
　　　　　　　　Printed in Japan

MINERVA 社会学叢書 （*は在庫僅少）

① 労使関係の歴史社会学　　　　　　　　　　　　　　　　　　山田信行 著
④ 転　　職　　　　　　　　　　　　　グラノヴェター 著　渡辺　深 訳
*⑤ 公共圏とコミュニケーション　　　　　　　　　　　　　　　阿部　潔 著
*⑥ 階級・国家・世界システム　　　　　　　　　　　　　　　　山田信行 著
⑦ 社会学的創造力　　　　　　　　　　　　　　　　　　　　　金子　勇 著
⑧ 現代高校生の計量社会学　　　　　　　　　　　　　　　　尾嶋史章 編著
⑨ 都市と消費の社会学　クラマー 著　橋本和孝・堀田　泉・高橋英博・善本裕子 訳
*⑩ 機会と結果の不平等　　　　　　　　　　　　　　　　　　　鹿又伸夫 著
⑭ ボランタリー活動の成立と展開　　　　　　　　　　　　　　李　妍焱 著
⑯ 大集団のジレンマ　　　　　　　　　　　　　　　　　　　　木村邦博 著
⑰ イギリス田園都市の社会学　　　　　　　　　　　　　　　西山八重子 著
⑱ 社会運動と文化　　　　　　　　　　　　　　　　　　　　野宮大志郎 編著
*⑲ ネットワーク組織論　　　　　　　　　　　　　　　　　　　朴　容寛 著
㉑ 連帯の条件　　　　　　　　　　ヘクター 著　小林淳一・木村邦博・平田　暢 訳
*㉒ エスニシティ・人種・ナショナリティのゆくえ　ワラス 著　水上徹男・渡戸一郎 訳
㉔ ポスト工業化と企業社会　　　　　　　　　　　　　　　　　稲上　毅 著
㉕ 政治報道とシニシズム　　　　　カペラ／ジェイミソン 著　平林紀子・山田一成 監訳
㉖ ルーマン 法と正義のパラドクス　　　　　　　　　トイプナー 編　土方　透 監訳
㉗ HIV/AIDS をめぐる集合行為の社会学　　　　　　　　　　　本郷正武 著
*㉘ キャリアの社会学　　　　　　　　　　　　　　　　　　　　辻　勝次 編著
㉚ 再帰的近代の政治社会学　　　　久保田滋・樋口直人・矢部拓也・高木竜輔 編著
㉛ 個人と社会の相克　　　　　　　　　　　　　　　　土場　学・篠木幹子 編著
㉝ 地域から生まれる公共性　　　　　　　　　　　　　　　　　田中重好 著
㉞ 進路選択の過程と構造　　　　　　　　　　　　　　　　　中村高康 編著
㉟ トヨタ人事方式の戦後史　　　　　　　　　　　　　　　　　辻　勝次 著
㊱ コミュニケーションの政治社会学　　　　　　　　　　　　　山腰修三 著
㊲ 国際移民と市民権ガバナンス　　　　　　　　　　　　　　　樽本英樹 著
㊳ 日本に生きる移民たちの宗教生活　　　　　　　　　三木　英・櫻井義秀 編著

ミネルヴァ書房
http://www.minervashobo.co.jp/